Das Kosmosbuch der Vögel

Nicholas Hammond/Michael Everett

Das Kosmosbuch der Vögel

Über 340 europäische Vogelarten in Farbe
Ein großer Kosmos-Naturführer

Gestaltet von Roger Phillips
Aus dem Englischen übersetzt und bearbeitet von
Dr. Helmut Demuth

Kosmos · Gesellschaft der Naturfreunde
Franckh'sche Verlagshandlung · Stuttgart

Titel der Originalausgabe: „Birds of Britain and Europe“, erschienen bei Pan Books Ltd., London 1980, unter ISBN 0 330 26023 5

Mit 646 Farbfotos, 342 mehrfarbigen Kartenskizzen und 342 einfarbigen Vogelsilhouetten (Fotografennachweis siehe Seite 11).

CIP-Kurztitelaufnahme der Deutschen Bibliothek

Hammond, Nicholas:
Das Kosmosbuch der Vögel : über 340 europ. Vogelarten in Farbe ; e. großer Kosmos-Naturführer / Nicholas Hammond ; Michael Everett. Aus d. Engl. übers. u. bearb. von Helmut Demuth. – 2. Aufl. – Stuttgart : Franckh, 1984.
Einheitssacht.: Birds of Britain and Europe ⟨dt.⟩
ISBN 3-440-05426-8
NE: Everett, Michael:; Demuth, Helmut [Bearb.]

Umschlag von Edgar Dambacher unter Verwendung zweier Aufnahmen von Hans Reinhard. Die Vorderseite zeigt einen Star, die Rückseite Höckerschwäne.

Vorsatz von Edgar Dambacher unter Verwendung von 69 Eizeichnungen von Walter Söllner

2. Auflage, 11.–15. Tausend
Franckh'sche Verlagshandlung, W. Keller & Co., Stuttgart / 1984

Printed in Italy / Imprimé en Italie / LH 14 Ste / ISBN 3-440-05426-8
Satz: G. Müller, Heilbronn
Herstellung: Editoria, Trento / Italien

Grünschenkel

Geleitwort

Vogelkunde ist eine „scientia amabilis“. Kein Wunder, wenn daher ständig neue Vogelbücher auf dem Markt erscheinen, die alle ihre Leser finden. In der Tat hat auch fast jedes Buch seine besondere Note.
Der vorliegende Band, den der Ornithologe Dr. Demuth für die deutsche Ausgabe bearbeitet hat, wendet sich in erster Linie an die Freunde der Vogelfotos. Hier wurden zahlreiche fotografische Dokumente zusammengetragen, um einen Überblick über Europas Vogelwelt zu bieten. Manchen mag dabei vielleicht stören, daß die meisten Fotos die Vögel am Brutplatz zeigen. Aus Gründen des Naturschutzes dürfen ja gefährdete Vogelarten grundsätzlich nicht mehr am Nest fotografiert werden. Auch sind Störungen am Brutplatz anderer Arten zu vermeiden. Einem verantwortungsbewußten Tierfotografen muß man das aber heute nicht mehr sagen. Es gibt genügend Aufnahmen von den meisten europäischen Arten am Nest, daß es neuer nicht mehr bedarf! Deshalb ist m.E. nichts dagegen einzuwenden, wenn zu Dokumentationszwecken, beispielweise für ein solches Buch, aus vorhandenem Bildmaterial entsprechende Fotos ausgewählt werden. Es hieße „das Kind mit dem Bade ausschütten“, wollte man ganz auf die Verwendung solcher Dokumente verzichten. Sie sind nun einmal vorhanden und sollten auch genutzt werden, wenn es angebracht ist!
Wer Vögel schützen will, muß zumindest über gewisse Grundkenntnisse verfügen. Solche werden durch Bücher wie das vorliegende vermittelt. Die Freude an der Vogelbeobachtung führt dann automatisch zu den Problemen, mit denen wir uns heute im Naturschutz befassen müssen. Schon aus dieser Sicht sind diesem Buch viele Freunde zu wünschen.

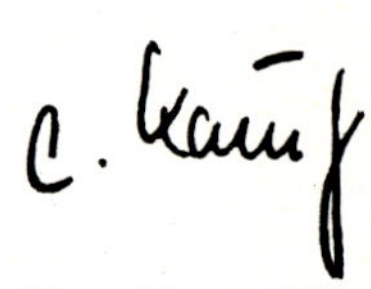

Dr. Claus König
Präsident des
Deutschen Bundes für Vogelschutz

Teich-
rohrsänger
Sumpf-
rohrsänger
Mönchs-
grasmücke
Zaun-
grasmücke
Haus-
rotschwanz
Braun-
kehlchen
Drossel-
rohrsänger
Nachtigall
Stein-
schmätzer
Wasser-
Amsel
Nacht-
schwalbe
Hecken-
braunelle
Zaun-
könig
Teichhuhn
Schwarzmilan
Rebhuhn
Amsel
Pirol
Dohle
Star
Bleßhuhn
Fasan
Rot-
kehlchen
Garten-
rotschwanz
Mauer-
segler
Silbermöwe
Rauch-
schwalbe
Mehl-
schwalbe
Sing-
drossel
Lachmöwe
Austernfischer
Eichelhäher
Elster

Das Kosmosbuch der Vögel

Sumpfohreule

Einführung

Wir alle können Vögel beobachten, aber trotz der vielen auf dem Markt befindlichen Vogelbücher ist das richtige Bestimmen oft schwierig. Viele der angebotenen Bücher umfassen ein so weites Gebiet, daß derjenige, der nur gelegentlich Vögel beobachtet, durch die Fülle von Möglichkeiten verwirrt wird.
Wir haben daher versucht, nur Vögel auszuwählen, die man in Europa leicht beobachten kann.
Wir haben uns entschlossen, statt Zeichnungen lieber Fotografien zu verwenden, da die Zeichner – wie gute Vogelkenner sie auch sein mögen – dazu neigen, idealisierte Geschöpfe darzustellen. Fotografien dagegen zeigen lebendige Vögel, denen man ansieht, daß das Leben seinen Zoll verlangt: zerschlissene Federn, zerrupftes Gefieder usw.
Wir haben uns auch bemüht, auf Fotografien in Gefangenschaft gehaltener Vögel zu verzichten. In sechs Fällen jedoch mußten wir auf solche Aufnahmen zurückgreifen, da wir diese Arten sonst nicht hätten zeigen können. Wir hoffen, daß dieses Buch dem angehenden Vogelfreund eine Anregung gibt, aus der sich ein weitergehendes Interesse an der Vogelkunde entwickelt, aber auch daß der fortgeschrittene Vogelbeobachter eine zusätzliche Informationsquelle findet.

Zu diesem Buch

Von geringfügigen Abweichungen abgesehen – die den Vergleich ähnlicher Arten ermöglichen sollen –, sind wir der weithin bekannten Systematik von PETERS gefolgt. Diese erscheint zwar auf den ersten Blick äußerst verwirrend, ist aber dennoch logisch aufgebaut: Peters beginnt mit den alten Arten und endet mit den jüngst entwickelten, d.h. das Buch beginnt mit den Seetauchern und endet mit den Sperlingsvögeln.
Für jede der beschriebenen Arten sind jeweils der deutsche und der wissenschaftliche Name aufgeführt. Der wissenschaftliche Name besteht aus zwei Teilen (binäre Nomenklatur): dem Gattungs- und dem Artnamen. Manchmal ist noch ein dritter Name angegeben, der die Unterart oder geographische Rasse bezeichnet.
So heißt z.B. die mitteleuropäische Schafstelze *Motacilla flava flava,* während die auf den Britischen Inseln brütende Schafstelze *Motacilla flava flavissima* genannt wird. Beides sind Rassen ein- und derselben Art (*flava*) der Gattung *Motacilla.* Die verwandte Gebirgsstelze *Motacilla cinerea* gehört zwar zur selben Gattung, ist jedoch eine eigene Art.
Als „Habichtartige“ bezeichnet man alle Greifvögel (einschließlich der Geier) mit Ausnahme der Falken und natürlich der Eulen.
„Sperlingsvögel“ ist ein häufig verwendeter Name, der alle Arten von den Lerchen bis zu den Webervögeln umfaßt. Die Sperlingsvögel bilden zusammen die größte Ordnung der Passeriformes.

Systematische Einordnung der Vogelfamilien nach Peters

Deutscher Name	Wissenschaftlicher Name	Seite
Seetaucher	*Gaviidae*	28–29
Lappentaucher	*Podicipedidae*	30–33
Sturmtaucher	*Procellariidae*	37–38
Sturmschwalben	*Hydrobatidae*	39
Tölpel	*Sulidae*	36
Kormorane	*Phalacrocoracidae*	34–35
Reiher	*Ardeidae*	40 46
Störche	*Ciconiidae*	46–47
Ibisse und Löffler	*Threskiornithidae*	48–49
Flamingos	*Phoenicopteridae*	48
Entenvögel	*Anatidae*	51–71
Habichtartige	*Accipitridae*	74–85
Falken	*Falconidae*	86–89
Hühner	*Phasianidae*	94–101
Rallen	*Rallidae*	102–105
Kraniche	*Gruidae*	102
Trappen	*Otididae*	106
Austernfischer	*Haematopodidae*	107
Regenpfeifer	*Charadriidae*	107–111
Schnepfen	*Scolopacidae*	112–127
Säbelschnäbler und Stelzenläufer	*Recurvirostridae*	125–126
Triele	*Burhinidae*	128
Rennvögel und Brachschwalben	*Glareolidae*	129
Raubmöwen	*Stercorariidae*	132–133
Möwen	*Laridae*	134–140
Seeschwalben	*Sternidae*	141–145
Alken	*Alcidae*	146–149
Tauben	*Columbidae*	154–156
Kuckucke	*Cuculidae*	157
Eulen	*Strigidae*	158–164
Nachtschwalben	*Caprimulgidae*	165
Segler	*Apodidae*	166
Eisvögel	*Alcedinidae*	167
Bienenfresser	*Meropidae*	168
Racken	*Coraciidae*	169
Wiedehopfe	*Upupidae*	168
Spechte	*Picidae*	169–173
Lerchen	*Alaudidae*	174–176
Schwalben	*Hirundinidae*	177–179
Rabenvögel	*Corvidae*	180–186
Würger	*Laniidae*	234–235
Wasseramseln	*Cinclidae*	195
Zaunkönige	*Troglodytidae*	194
Braunellen	*Prunellidae*	225
Sänger	*Muscicapidae*	195–223
Timalien	*Timaliidae*	192
Schwanzmeisen	*Aegithalidae*	191
Beutelmeisen	*Remizidae*	192
Meisen	*Paridae*	188–191
Spechtmeisen	*Sittidae*	194
Baumläufer	*Certhiidae*	193
Stare	*Sturnidae*	232–233
Pirole	*Oriolidae*	179
Seidenschwänze	*Bombycillidae*	233
Stelzen	*Motacillidae*	226–231
Finken	*Fringillidae*	236–245
Ammern	*Emberizidae*	246–251
Webervögel	*Ploceidae*	244 und 252

Schmutzgeier

Bei der Beschreibung der einzelnen Arten steht jeweils ein Farbfoto, eine Verbreitungskarte und eine Silhouette des betreffenden Vogels. So kann der Leser schon beim flüchtigen Nachschlagen sehen, ob diese Art zu einer bestimmten Jahreszeit in der betreffenden Gegend überhaupt anzutreffen ist. Die Silhouette lenkt die Aufmerksamkeit auf die Gestalt des Vogels, die in Verbindung mit der Bewegungsweise einen wichtigen Hin-

weis zur Bestimmung des Vogels gibt. Die unter jeder Silhouette stehende Maßangabe gibt die Länge des Vogels von der Schnabel- bis zur Schwanzspitze an.
Wir zeigen nach Möglichkeit das normale Federkleid der Vögel; man darf aber nie vergessen, daß die Färbung individuell verschieden sein kann, vor allem bei größeren Vögeln (z.B. den Greifvögeln). Hin und wieder sehen wir auch Vögel mit beträchtlichen Abweichungen in der Ausfärbung des Gefieders, die durch fehlerhafte Pigmentierung entstanden sind, wie Albinismus (rein weißes Gefieder, rote Augen), Leukismus (außergewöhnlich helles Gefieder), Melanismus (außergewöhnlich dunkles Gefieder), Xanthismus (gelbliches Gefieder) und Erythrismus (rötliches Gefieder). Weit bekannt ist vor allem der Teilalbinismus bei unseren Stadtamseln.
Für jede Art sind im Text die wichtigsten Merkmale für Gefieder, Stimme und Verhalten beschrieben. Jede Art bevorzugt einen bestimmten Biotop, und man wird Waldvögel wahrscheinlich nicht auf Berggipfeln antreffen und Hochgebirgsvögel nicht im Wald – da Vögel aber fliegen können, können sie natürlich unerwartet überall auftauchen. Im Frühjahr und Herbst z.B. sehen wir auf dem Durchzug viele Arten, die nirgendwo in der näheren und weiteren Umgebung brüten. Trotzdem sollte man vor jeder endgültigen Bestimmung den Biotop noch einmal überprüfen. Wenn man weiß, daß bestimmte Arten in bestimmten Biotopen vorkommen, wird die Bestimmung viel leichter, da man weiß, welche Arten man in einem bestimmten Gebiet vorfinden kann. Man muß jedoch beachten, daß sich die Biotopansprüche der Arten überschneiden können. Auf den Seiten 12–27 haben wir einige typische Beispiele verschiedener Biotope aufgezeigt.
Viele Vögel sieht man meist nur im Flug, deshalb haben wir auch auf den Seiten 50, 72, 73, 90–92, 130, 131, 150–153 und 187 die Flugbilder ähnlicher Arten abgebildet. Die Seiten 93, 224 und 228 zeigen Spuren und andere Lebenszeichen, die auf die Anwesenheit ganz bestimmter Vogelarten hindeuten.

Zu den Verbreitungskarten

Die Verbreitungskarten, die bei jeder Art unter dem Artnamen stehen, zeigen Europa vom Eismeer bis zum Mittelmeer und vom Atlantik bis zum Schwarzen Meer. Die Farben in diesen Karten haben folgende Bedeutung:

Grau =	Brutgebiet
Gelb =	Winterquartier
Gelb auf grauem Grund =	Art kommt in diesem Gebiet ganzjährig vor
Kein Gelb in der Karte =	Art überwintert außerhalb Europas
Kein Grau in der Karte =	Art kommt nur außerhalb der Brutzeit bei uns vor

Auf dem Zug vom Brutgebiet ins Winterquartier und zurück sieht man die Arten natürlich auch in den dazwischenliegenden Gebieten. In den Karten ist das Verbreitungsgebiet eingezeichnet, in dem die Arten normalerweise vorkommen; vereinzelt können die Arten auch anderswo auftauchen, und bei manchen Arten scheint sich das Verbreitungsgebiet zur Zeit recht schnell zu verändern.

Altvögel – Jungvögel

Als Altvogel oder adulten (ad.) Vogel, bezeichnet man Vögel, die ausgewachsen und brutreif sind. Jungvögel nennt man im ersten Sommer juvenil (juv.), vom ersten Herbst bis zur Brutreife bezeichnet man sie als immatur (imm.). Bei manchen Arten macht das Gefieder bis zur Brutreife mehrere Stadien durch. Es kann dann als „erstes Winterkleid“, „zweites Sommerkleid“ usw. bezeichnet werden. Diese Übergangskleider machen das richtige Ansprechen der Vögel, vor allem bei Möwen und Greifvögeln, recht schwierig.

Ratschläge zum Bestimmen eines Vogels

Es gibt ausgezeichnete Feldführer, die in eine Anoraktasche passen, aber keiner von diesen hat soviel Platz für Abbildungen wie unser Buch im Großformat.
Wir bezweifeln, daß es sinnvoll ist, einen unbekannten Vogel sofort nach einem Buch bestimmen zu wollen. Beim Durchblättern des Buches verschwendet man u.U. wertvolle Sekunden oder gar Minuten, in denen der Vogel schon davonfliegen kann. Statt dessen schlagen wir vor, den Vogel so lange wie möglich genau zu beobachten, schnell ein paar Notizen zu machen (Größe, Gefieder, Silhouette, Biotop etc.) und diese später in Ruhe anhand der Beschreibungen und Abbildungen im Buch zu überprüfen.

Wir beobachten Vögel

Die Grundregel beim Beobachten von Vögeln heißt: Das Wohlergehen des Vogels steht an erster Stelle. Niemals den Vogel stören!
Meistens beobachtet man Vögel auch auf fremdem Grund und Boden. Man muß sich dementsprechend rücksichtsvoll verhalten und bedenken, daß meist alle Vogelbeobachter nach denen beurteilt werden, die sich schlecht benehmen. Dies ist besonders im Ausland wichtig; holländische und deutsche Beobachter haben z.B. auf den Shetlandinseln einen sehr schlechten Ruf; britische Vogelbeobachter sind in manchen Mittelmeerländern wenig geschätzt, und auf den Scillyinseln werden alle Vogelbeobachter mit Mißtrauen betrachtet.

Die „Topographie“ eines Vogels

Es war uns nicht immer möglich, Spezialbezeichnungen für die Körperteile eines Vogels zu vermeiden, so daß wir auf dieser Seite anhand der Abbildungen kurz die einzelnen Benennungen erklären wollen:

Vogelkundliche Vereinigungen

In der Bundesrepublik gibt es zwei Vereinigungen, die das ganze Land erfassen: Da ist zunächst der Deutsche Bund für Vogelschutz (DBV), einer der größten europäischen Naturschutzverbände. Er arbeitet auf breiter Front, betreut eine Reihe von Schutzgebieten, überwacht die Einhaltung von Vogelschutzgesetzen, arbeitet in Umweltschutzfragen eng mit den Regierungen von Bund und Ländern zusammen, unternimmt Untersuchungen über Bedrohungen von Vögeln und ihrer Umwelt und führt mit Hilfe von Filmen, Vorträgen, Veröffentlichungen, Ausstellungen und Führungen ein ausgedehntes Bildungsprogramm durch, wobei er sich besonders um die Jugend bemüht. Überall im Land bestehen Landesverbände, und die Mitglieder erhalten alle zwei Monate die Zeitschrift „Wir und die Vögel". Beitrittserklärungen nehmen die Kreisgruppen sowie die Geschäftsstelle des DBV, Achalmstraße 33, 7014 Kornwestheim, entgegen.

Wer sich intensiver mit der Vogelkunde beschäftigen will, kann sich der Deutschen Ornithologischen Gesellschaft (DOG) anschließen. Mitglieder erhalten vierteljährlich das „Journal für Ornithologie" sowie „Die Vogelwarte". Auskunft erteilt der Schatzmeister, Dr. Stefan Peters, Senckenberganlage 25, 6000 Frankfurt.

Daneben gibt es in den einzelnen Bundesländern weitere ornithologische Vereinigungen.

In der DDR sind die Vogelkundler im Fachausschuß Ornithologie und Vogelschutz im Kulturbund der DDR zusammengeschlossen, der die Monatsschrift „Der Falke" herausgibt, in Österreich in der Österreichischen Gesellschaft für Vogelkunde, deren Organ „Egretta" in unregelmäßigen Abständen erscheint; in der Schweiz gibt es die ALA Schweizerische Gesellschaft für Vogelkunde und Vogelschutz, die die Zeitschrift „Der ornithologische Beobachter" veröffentlicht.

Weitere Literatur

ANDREWS, J.: Vögel erkennen – leicht gemacht. Kosmos-Verlag, Stuttgart

ARNHEM, R.: Die Vögel Europas. Kosmos-Verlag, Stuttgart

BRUUN/SINGER/KÖNIG: Der Kosmos-Vogelführer. Kosmos-Verlag, Stuttgart

GLUTZ v. BLOTZHEIM, U. (Hrsg.): Handbuch der Vögel Mitteleuropas. (Akademische Verlagsgesellschaft, bisher ersch.: Band I–VII, IX)

HEINZEL/FITTER/PARSLOW: Pareys Vogelbuch. Parey Verlag Hamburg

JONSSON, L.: Vögel in Wald, Park und Garten. Kosmos-Verlag, Stuttgart

–: Die Vögel der Meeresküste. Kosmos-Verlag, Stuttgart

–: Vögel der Fluren und am Wasser. Kosmos-Verlag, Stuttgart

KÖNIG, C.: Europäische Vögel. (3 Bände), Belser Verlag, Stuttgart

MAKATSCH, W.: Die Vögel an Seen und Teichen. Neumann Verlag, Radebeul/Berlin

–: Die Vögel in Feld und Flur. Neumann Verlag, Radebeul/Berlin

–: Die Vögel in Haus, Hof und Garten. Verlag Neumann-Neudamm, Melsungen

–: Die Vögel in Wald und Heide. Verlag Neumann-Neudamm, Melsungen

–: Die Vögel an Strand und Watt. Verlag Neumann-Neudamm, Melsungen

PETERSON/MOUNTFORD/Hollom: Die Vögel Europas. Parey Verlag, Hamburg

Die Fotografien

Großen Dank schulden wir den Fotografen, deren Werk dieses Buch zum Leben bringt. Die Aufnahmen sind das Ergebnis von vielen Stunden hingebungsvoller Arbeit. Die Auswahl ist international, mit Fotos aus Belgien, Deutschland, Finnland, Großbritannien, Irland, den Niederlanden, Schweden, der Schweiz und den Vereinigten Staaten. Auf Seite 11 sind die Bildautoren jedes einzelnen Bildes in der Reihenfolge der Seiten aufgeführt.

Bildnachweis

Befindet sich auf einer Seite mehr als ein Bild, bedeutet a oben links, b oben rechts, c unten links, d unten rechts

1a John Robinson, b Richard T. Mills, c Norbert Jorek (Bio-Info), d Rolf Müller (Bio-Info); 2–3 Chris Knights; 4a u. b Norbert Jorek (Bio-Info), c Richard T. Mills; 5 Norbert Jorek (Bio-Info); 6 Richard T. Mills; 7 Richard F. Porter; 9a John Robinson, b Michael W. Richards (RSPB); 12 Richard T. Mills; 13 René Pierre Bille; 14a u. b Richard T. Mills; 15 Michael W. Richards (RSPB); 16 Michael W. Richards (RSPB); 17a Stuart Housden, b Richard T. Mills; 18a Richard T. Mills, b Michael W. Richards (RSPB); 19 Michael W. Richards (RSPB); 20a Michael W. Richards (RSPB), b u. c Richard T. Mills; 22a Michael W. Richards (RSPB), b Richard T. Mills; 23 Frank V. Blackburn; 24a u. b Richard T. Mills; 25a Richard F. Porter, b Udo Hirsch (Bruce Coleman); 26a Michael W. Richards, b Richard F. Porter, c R.J. Chandler; 27 Rolf Müller (Bio-Info); 28a Richard T. Mills, b W. Stribling (Ardea), c Bryan Sage (Ardea); 29a Dennis Green, b R.J. Chandler, c Norbert Jorek (Bio-Info); 30a R.J. Chandler, b V. Probst (Bio-Info); 31a R.J. Chandler, b M. Oshowski (Bio-Info); 32a Frank V. Blackburn, b R.J. Chandler, c W. Curth (Bio-Info); 33a Richard T. Mills, b René Pierre Bille; 34a Norbert Jorek (Bio-Info), b J.B. u. S. Bottomley (Ardea); 35a Dennis Green, b Richard F. Porter; 36 Richard T. Mills; 37 Michael W. Richards (RSPB); 38 Richard Vaughan (Ardea); 39a Richard Vaughan (Ardea), b S. Roberts (Ardea); 40a V. Probst (Bio-Info), b Richard T. Mills; 41 W. Curth (Bio-Info); 42 M.E.J. Gore; 43 W. Curth (Bio-Info); 44a M.E.J. Gore, b Richard T. Mills, c M.E.J. Gore; 45a u. b René Pierre Bille, c Werner Rummel (Bio-Info); 46a M. Oshowski (Bio-Info), b Hans-Jürgen Markmann (Bio-Info); 47a Richard T. Mills, b Richard F. Porter; 48a Richard F. Porter, b A.J. Deane (Bruce Coleman), c M.E.J. Gore; 49 H. Gläder (Bio-Info); 50a P.J. Sellar, b I.R. Willis, c Richard T. Mills, d M.E.J. Gore, e David de Lossy, f Chris Knights, g Richard F. Porter, h S.C. Porter, i David Fisher; 51 Richard T. Mills; 52a Reiner Harscher (Bio-Info), b H. Gläder (Bio-Info); 53 Frank V. Blackburn; 54a David de Lossy, b John Robinson, c Richard T. Mills; 55a Richard T. Mills, b Günther Synatzschke (Bio-Info); 56 Hans-Jürgen Markmann (Bio-Info); 57a Dennis Green, b Peter Lamb (Ardea); 58 Michael W. Richards (RSPB); 59 Frank V. Blackburn; 60a Frank V. Blackburn, b Michael W. Richards (RSPB), c Robert T. Smith (Ardea), d K. Wothe (Bio-Info); 61a Michael W. Richards (RSPB), b R.J. Chandler, c K. Worthe (Bio-Info); 62a u. b René Rierre Bille, c Richard T. Mills; 63a u. b Norbert Jorek (Bio-Info), c K. Wothe (Bio-Info); 64a u. b Richard T. Mills, c Robert T. Smith (Ardea); 65a Chris Knights, b René Pierre Bille, c Norbert Jorek (Bio-Info); 66a Frank V. Blackburn, b Michael W. Richards (RSPB); 67a Bryan Sage (Ardea), b G.K. Brown (Ardea), c Jerry Hout (Bruce Coleman); 68a John Wightman (Ardea), b G.K. Brown (Ardea), c Robert T. Smith (Ardea), d John Wightman (Ardea); 69a Ian Beames (Ardea), b John Wightman (Ardea); 70a Hinrich Goos (Bio-Info), b u. c Kenneth W. Fink (Ardea); 71a Hinrich Goos (Bio-Info), b Charlie Ott (Bruce Coleman), c Joe Van Wormer (Bruce Coleman); 72a Jeremy Sorensen, b Richard T. Mills, c Chris Knights, d R.V. Collier, e Chris Knights, f Richard T. Mills, g Chris Knights, h R.J. Chandler, i Richard T. Mills; 73a René Pierre Bille, b Richard T. Mills, c Michael W. Richards (RSPB), d Richard T. Mills, e Michael W. Richards (RSPB), f René Pierre Bille, g Barry Walker, h René Pierre Bille, i Richard T. Mills; 74a Richard T. Mills, b René Pierre Bille; 75a Richard T. Mills, b Bruce Coleman; 76a Dennis Green, b u. c Hans-Jürgen Markmann (Bio-Info); 77a W. Curth (Bio-Info), b René Pierre Bille; 78a M.E.J. Gore, b Peter Steyn (Ardea); 79a E. Hüttenmoser (Bio-Info), b Hans Reinhard (Bruce Coleman); 80a André Fatras (Ardea), b Michael W. Richards (RSPB); 81a Frank V. Blackburn, b u. c Hans-Jürgen Markmann (Bio-Info); 82 Richard T. Mills; 83a E. Hüttenmoser (Bio-Info), b Mac Dougal Timber Tops (Ardea); 84a W. Curth (Bio-Info), b Chris Knights; 85a Richard T. Mills, b Frank V. Blackburn; 86a u. b Frank V. Blackburn; 87a Dennis Green, b R.J. Chandler; 88 Frank V. Blackburn; 89a Hugh Maynard (Bruce Coleman), b J.A. Bailey (Ardea); c E. Hüttenmoser (Bio-Info); 90a David Fisher, b Richard T. Mills, c David Fisher, d Stuart Housden, e Richard T. Mills, f Michael W. Richards (RSPB), g u. h René Pierre Bille, i R.J. Tulloch (Bruce Coleman); 91a David Fisher, b u. c René Pierre Bille, d David Fisher, e I.R. Willis, f Richard T. Mills, g David Fisher, h M.E.J. Gore, i Richard T. Mills; 92a David Fisher, b Richard F. Porter, c Richard T. Mills, d René Pierre Bille, e Frank V. Blackburn, f u. g Richard T. Mills, h Richard F. Porter, i Richard T. Mills; 93a u. b Richard T. Mills, c Frank V. Blackburn, d u. e J. Sorensen, f John Robinson, g u. h Richard T. Mills, i John Robinson; 94a Richard T. Mills, b u. c René Pierre Bille, d P.J. Sellar; 95a E. Hüttenmoser (Bio-Info), b P.J. Sellar, c u. d René Pierre Bille; 96a u. b Georg Quedens (Bio-Info); 97a u. b René Pierre Bille; 98a E. Hüttenmoser (Bio-Info), b Michael W. Richards (RSPB); 99a Klaus Bogon (Bio-Info), b R.V. Collier, c René Pierre Bille; 100a Richard T. Mills, b Michael W. Richards (RSPB); 101a, b u. c René Pierre Bille; 102a Ake Lindau (Ardea), b M. Oshowski (Bio-Info); 103 Michael W. Richards (RSPB); 104a Richard T. Mills, b Frank V. Blackburn; 105a Michael W. Richards (RSPB), b Frank V. Blackburn; 106a Manfred Danegger (Bio-Info), b John Gooders (Ardea), c M.D. England (Ardea); 107a u. b Richard T. Mills, c Norbert Jorek (Bio-Info); 108a John Robinson, b Barry Walker; 109a Frank V. Blackburn, b Richard F. Porter; 110a Richard T. Mills, b Dennis Green, c Michael W. Richards (RSPB); 111a Dennis Green, b René Pierre Bille, c R.J. Chandler, d Richard T. Mills; 112a David de Lossy, b Dennis Green; 113 Frank V. Blackburn; 114 Richard T. Mills; 115 Richard T. Mills; 116a Norbert Jorek (Bio-Info), b M. Oshowski (Bio-Info), c Richard T. Mills; 117a David de Lossy, b Norbert Jorek (Bio-Info); 118a u. b Richard T. Mills; 119a Barry Walker, b Jeremy Sorensen, c Norbert Jorek (Bio-Info); 120a P.J. Sellar, b R.J. Chandler, c Reiner Harscher (Bio-Info); 121a Richard T. Mills, b Norbert Jorek (Bio-Info); 122a Richard T. Mills, b Norbert Jorek (Bio-Info), c David Fisher; 123a Richard T. Mills, b Norbert Jorek (Bio-Info); 124a Jeremy Sorensen, b u. c Ake Lindau (Ardea); 125 Rolf Müller (Bio-Info); 126a Richard T. Mills, b P.J. Sellar, c Norbert Jorek (Bio-Info); 127a Richard T. Mills, b u. c David de Lossy; 128a Frank V. Blackburn, b David de Lossy; 129a David Fisher, b M. Oshowski (Bio-Info); 130a Richard T. Mills, b R.J. Chandler, c, d, e, f, g Richard T. Mills, h René Pierre Bille; i Richard T. Mills; 131a David de Lossy, b René Pierre Bille, c Jeremy Sorensen, d, e, f, g, h, i Richard T. Mills; 132a Dennis Green, b P.J. Sellar; 133a u. b Dennis Green; 134 Richard T. Mills; 135a Richard T. Mills, b René Pierre Bille; 136a u. b Richard T. Mills; 137a Bruce Coleman, b u. c Richard T. Mills, d Edgar T. Jones (Ardea); 138a u. b R.J. Chandler, c Pekkla Helo (Bruce Coleman); 139a u. b Richard T. Mills; 140a Frank V. Blackburn, b Barry Walker, c Michael W. Richards (RSPB), d Dennis Green; 141a Norbert Jorek (Bio-Info), b Graeme Chapman (Ardea); 142a Frank V. Blackburn, b André Fatras (Ardea); 143a M. Oshowski (Bio-Info), b Richard T. Mills; 144a Georg Quedens (Bio-Info), b Jeremy Sorensen; 145a S.C. Porter (RSPB), b J.B. u. S. Bottomley (Ardea); 146 Richard T. Mills, 147a R.V. Collier, b Richard T. Mills; 148a u. b Richard T. Mills, c Chris Knights; 149 Frank V. Blackburn; 150a Chris Knights, b Michael W. Richards (RSPB), c Richard T. Mills, d Michael W. Richards (RSPB), e David Fisher, f Richard T. Mills, g H. Gläder (Bio-Info), h L.R. Dawson (Bruce Coleman), i Richard F. Porter; 151a u. c Richard T. Mills, b I.R. Willis, d Richard T. Mills, e Richard T. Mills, f Barry Walker, g R.V. Collier, h Dennis Green, i P.J. Sellar; 152a Richard T. Mills, b Gary R. Jones (Ardea), c R.J. Chandler, d u. e René Pierre Bille, f, g, h, i Richard T. Mills; 153a Richard T. Mills, b Michael W. Richards (RSPB), c u. d Richard T. Mills, e Richard F. Porter, f David Fisher, g David de Lossy, h u. i David Fisher; 154a Frank V. Blackburn, b J.A. Bailey (Ardea); 155a Richard T. Mills, b S.C. Porter (RSPB); 156a S.C. Porter (RSPB), b Frank V. Blackburn; 157a Frank V. Blackburn, b John Robinson; 158a Bruno Roth (Bio-Info), b Frank V. Blackburn; 159a Edmund Abel (Bio-Info), b René Pierre Bille; 160a John Wightman (Ardea), b P.J. Sellar; 161a Antti Leinonen (Bruce Coleman), b Dennis Green, c Rolf Müller (Bio-Info); 162a Richard T. Mills, b Norbert Jorek (Bio-Info); 163a Dennis Green, b Günther Synatzschke (Bio-Info); 164a René Pierre Bille, b Werner Rummel (Bio-Info); 165 Frank V. Blackburn; 166a David Fisher, b u. c René Pierre Bille; 167 Michael W. Richards (RSPB); 168a Richard F. Porter, b K. Wothe (Bio-Info); 169a W. Curth (Bio-Info), b u. c Frank V. Blackburn; 170a K. Wothe (Bio-Info), b u. c René Pierre Bille; 171 Frank V. Blackburn; 172a Rolf Müller (Bio-Info), b John Robinson; 173a Chris Knights, b Frank V. Blackburn; 174a Werner Layer (Bio-Info), b David de Lossy; 175a M. Oshowski, b Tom Willock (Ardea); 176a Frank V. Blackburn, b u. c Richard T. Mills; 177a John Gooders (Ardea), b Hans Reinhard (Bruce Coleman); 178a Stephen Dalton (Bruce Coleman), b u. c René Pierre Bille; 179a Bruno Roth (Bio-Info), b Alfred Krug (Bio-Info), c Richard F. Porter, d Richard T. Mills; 180a Richard T. Mills, b E. Hüttenmoser (Bio-Info); 181a Richard T. Mills, b E. Hüttenmoser (Bio-Info); 182 Dennis Green; 183a Frank V. Blackburn, b M. Oshowski (Bio-Info); 184 John Robinson; 185a M. Oshowski (Bio-Info), b J.B. u. S. Bottomley (Ardea); 186a Richard T. Mills, b E. Hüttenmoser (Bio-Info); 187a Richard T. Mills, b R.J. Chandler, c Richard T. Mills, d Richard F. Porter, e Barry Walker, f René Pierre Bille, g Richard T. Mills, h u. i René Pierre Bille; 188 Barry Walker; 189a John Robinson, b Frank V. Blackburn; 190a u. b Frank V. Blackburn; 191a Frank V. Blackburn, b Michael W. Richards (RSPB); 192a Rolf Müller (Bio-Info), b Michael W. Richards (RSPB); 193a Frank V. Blackburn, b Dieter-Josef Stahl (Bio-Info); 194a u. b Frank V. Blackburn; 195a Richard T. Mills, b Michael W. Richards, c Richard Vaughan (Ardea); 196a Richard T. Mills, b Frank V. Blackburn, c Richard T. Mills; 197a Richard T. Mills, b Frank V. Blackburn; 198a u. b Richard T. Mills; 199a, b, c u. d René Pierre Bille; 200a, b u. c Richard T. Mills, d David Fisher; 201a, b u. c Frank V. Blackburn, d Richard T. Mills, e Rolf Müller (Bio-Info); 202a Frank V. Blackburn, b John Robinson; 203a Josef Strasser (Bio-Info), b Richard T. Mills, c Frank V. Blackburn; 204a Kevin Carlson (Ardea), b Roland Mayr (Bio-Info); 205a Barry Walker, b Richard T. Mills; 206a M.D. England, b K. Wothe (Bio-Info); 207 Frank V. Blackburn; 208a u. b K. Wothe (Bio-Info); 209 Michael W. Richards (RSPB); 210 Richard T. Mills; 211a M.D. England (Ardea), b Kevin Carlson (Ardea); 212a Richard T. Mills, b M.E.J. Gore; 213a K. Wothe (Bio-Info), b Frank V. Blackburn, c David Fisher, d K. Veromann (Bio-Info); 214a u. b Frank V. Blackburn; 215a K. Wothe (Bio-Info), b Kevin Carlson (Ardea); 216a M.D. England (Ardea), b Chris Knights, c Brian Bevan (Ardea); 217a Frank V. Blackburn, b M.D. England (Ardea); 218 Frank V. Blackburn; 219a John Robinson, b David Fisher; 220a Dennis Avon and Tony Tilford (Ardea), b John Robinson; 221a David Fisher, b Richard T. Mills; 222a S.C. Porter (RSPB), b Frank V. Blackburn, c u. d Rolf Müller (Bio-Info); 223a Frank V. Blackburn, b Helmut Blesch (Bio-Info); 224a Nicholas Hammond, b Jeremy Sorensen, c Heather Angel, d u. e Jeremy Sorensen, g u. h Frank V. Blackburn, i Nicholas Hammond; 225a Barry Walker, b E. Hüttenmoser (Bio-Info); 226a David de Lossy, b K. Wothe (Bio-Info); 227a u. b Richard T. Mills, c René Pierre Bille; 228a Richard T. Mills, b u. c John Robinson, d Richard T. Mills, e David M. Elcome, f John Robinson, g, h u. i Frank V. Blackburn; 229a Barry Walker, b Jeremy Sorensen, c David Fisher, d Norbert Jorek (Bio-Info); 230a Frank V. Blackburn, b H. Gläder (Bio-Info), c René Pierre Bille; 231a Rolf Müller (Bio-Info), b Richard T. Mills; 232 Richard T. Mills; 233a René Pierre Bille, b u. c Richard F. Porter; 234a Frank V. Blackburn, b Peter F. R. Jackson (Bruce Coleman); 235a Frank V. Blackburn, b Georg Quedens (Bio-Info), c Richard Vaughan (Ardea), d M.D. England (Ardea); 236a Georg Quedens (Bio-Info), b René Pierre Bille; 237a Richard T. Mills, b R.V. Collier; 238a Frank V. Blackburn, b Barry Walker; 239a u. b Frank V. Blackburn; 240 Richard T. Mills; 241a Frank V. Blackburn, b Richard T. Mills; 242a David Fisher, b Richard T. Mills; 243a K. Wothe (Bio-Info), b Frank V. Blackburn, c René Pierre Bille; 244a René Pierre Bille, b E. Hüttenmoser (Bio-Info); 245a u. b Frank V. Blackburn, c René Pierre Bille; 246 Frank V. Blackburn; 247a Richard T. Mills, b Frank V. Blackburn; 248a Richard T. Mills, b Frank V. Blackburn; 249a Frank V. Blackburn, b Brian Bevan (Ardea), c u. d René Pierre Bille; 250a V. Probst (Bio-Info), b René Pierre Bille; 251a David Fisher, b L.R. Dawson (Bruce Coleman), c Ernest Dutscher (Bruce Coleman); 252a u. b Richard T. Mills; c S.C. Porter (RSPB).

Die verschiedenen Biotope

Obwohl Vögel weniger streng an einen bestimmten Biotop gebunden sind als andere Tiere, ziehen sie doch bestimmte Lebensräume vor. Im Bestimmungsteil dieses Buches wird bei jeder Art angegeben, welchen Biotop sie bevorzugt. Auf den folgenden Seiten werden die einzelnen Biotope anhand von Text und Bildern kurz beschrieben.

Mattenregion („Moorland") Die Mattenregion liegt unterhalb der arktisch-alpinen Zone der Gebirge. Obwohl diese Landschaft den Eindruck einer ursprünglichen Wildnis macht, ist sie vom Menschen geformt. Beweidung hat nur die zähesten Pflanzen überleben lassen. Dennoch haben sich manche Tierarten an die hier herrschenden Lebensbedingungen anzupassen verstanden. In den höhergelegenen nördlichen und westlichen Gebieten Großbritanniens bestimmt dieser durch Abholzung und Beweidung stark ausgedehnte Biotop, das „Moorland", das Bild der Landschaft.

Hochgebirge Das Leben im Hochgebirge, in dem z.T. das ganze Jahr hindurch Schnee liegt, ist hart, und man trifft hier nur wenige Arten an – diese sind aber dafür um so interessanter. Diese Alpendohlen wurden im Juni im Val d'Armiviez in der Schweiz fotografiert.

Natürlicher Kiefernwald (links) Im natürlichen Kiefernwald stehen die Bäume meist weit auseinander, und das auf den Waldboden fallende Licht ermöglicht einen reichen Pflanzenwuchs. Dieser liefert Nahrung für die Vögel und viele Insekten, die wiederum den Vögeln ebenfalls als Nahrung dienen.

Nadelholzforsten (links unten) In weiten Teilen Mitteleuropas ist der ursprüngliche Laubwald durch Aufforstungen mit Nadelhölzern, vor allem Fichten im Bergland, Kiefern im Tiefland, ersetzt worden. Junge Schonungen bieten vielen Vogelarten gute Lebensbedingungen, aber wenn die Bäume größer werden, erlaubt der Lichtmangel keinen Pflanzenwuchs auf dem Waldboden mehr. Es bleiben nur noch ein paar Vogelarten übrig, die sich von den auf den Bäumen lebenden Insekten und den Samen der Bäume ernähren.

Berglaubwald (unten) Vogelbeobachten im Laubwald ist sehr lohnend. Im Bergland müssen die Bäume auf schlechten Böden ums Überleben kämpfen und erreichen selten eine große Höhe. Berglaubwälder ziehen eine Reihe interessanter Vogelarten an, die z. T. im Flachland nicht vorkommen, und lohnen daher fast immer einen Besuch.

Tieflandlaubwald Es gibt zwar in Europa kaum noch Urwald, aber viele Wälder sind alt und weisen eine Vielfalt von Bäumen unterschiedlicher Größe und Altersstufe auf. Alter Laubwald mit vielen umgestürzten, faulenden Bäumen und zahlreichen Lichtungen mit reichem Unterholz beherbergt sehr viele Vogelarten. Eine Warnung: Waldvögel sind meist schwer zu beobachten, wenn man sich nicht absolut ruhig verhält. Statt im Wald spähend umherzugehen, sollte man sich still an einem gemütlichen Platz hinsetzen. Am besten bekommt man die Vögel an einem Waldteich zu sehen, weil sie dorthin zum Trinken kommen.

Macchie (links) Der Buschwald (die Macchie) der Mittelmeerländer ist ein trockener, halb wüstenhafter Biotop. Die Macchie ist vor allem wegen der dort brütenden Grasmücken für den Vogelfreund interessant. Die zahlreichen Insekten, Eidechsen und Schlangen bieten Würgern und Greifvögeln ausreichend Nahrung.

Korkeichenwälder Die Korkeichenwälder im Mittelmeerraum bieten vielen Vögeln Schutz, und einige Arten, die im offenen Gelände Nahrung suchen, brüten auch in den Korkeichen.

Parklandschaft Viele Vögel des lichten Waldes haben sich an die Parklandschaft mit einzelstehenden Bäumen angepaßt. Der Wert dieser Gebiete für die Vögel hängt davon ab, ob einheimische oder fremdländische Bäume und Sträucher angepflanzt worden sind. Einheimische Bäume ziehen einheimische Insekten an, die den Vögeln wiederum als Nahrung dienen. – Auf Seen und Teichen in Parks wird oft Ziergeflügel gehalten, und daher werden auch Wildenten angezogen.

Heidelandschaft Die mit Heidekraut, Ginster und Wacholder bestandene Heide mit ihren sauren Böden beherbergt viele interessante Insekten und Reptilien. Einige Vogelarten in Nordeuropa brüten nur in der Heide.

Gärten Je mehr natürliche Flächen umgepflügt oder zubetoniert werden, desto wichtiger werden die Gärten. Ein Garten mit verschiedenartigen Pflanzen, Sträuchern und Bäumen, die den Vögeln die passende Nahrung bieten, kann sehr viele verschiedene und interessante Arten anlocken. (In sehr strengen Wintern kann das Bereitstellen von Futter und Wasser viele Vögel vor dem Hungertod retten.)

Acker- und Weideland Fast 50% der Oberfläche der Bundesrepublik werden landwirtschaftlich genutzt. Dieser Lebensraum hat daher auch für die Tierwelt eine große Bedeutung. Manche Vogelarten sind zum Brüten und zur Nahrungssuche auf offenes Gelände angewiesen; anderen bieten Hecken, alleinstehende Bäume und Feldgehölze Nistplätze und Nahrung. Leider fallen immer mehr dieser Hecken, Bäume und Sträucher der Flurbereinigung und der Mechanisierung der Landwirtschaft zum Opfer. Vogelbeobachter müssen wissen, daß man die Felder nicht zertrampeln darf und daß man vor dem Betreten von Privatland die Erlaubnis des Besitzers einholen muß.

Gebirgsbäche (links) Schnell fließende Gebirgsbäche sind schwierige Lebensräume, dennoch haben es einige Arten verstanden, sich diesen Verhältnissen anzupassen.

Tieflandflüsse (unten) Langsam fließende Gewässer in der Ebene können für die Vögel sehr wertvoll sein, wenn die Ufer nicht zu gründlich befestigt sind. Ist eine reichliche Ufervegetation vorhanden und gibt es nicht allzuviel Störungen, ist an diesen Flußläufen ein reiches Vogelleben zu finden.

Kiesgruben (links) Der Bedarf an Kies für den Bau von Straßen und Gebäuden hat den Vögeln unerwarteten Nutzen gebracht. Die Kiesgruben füllen sich mit Wasser, Pflanzen siedeln sich an, und es entstehen „Paradiese aus zweiter Hand“. Manchmal wird dieser Vorgang durch Anpflanzungen und das Einsetzen von Fischen noch unterstützt bzw. beschleunigt. Im Sommer brüten hier mancherlei interessante Vogelarten, und im Winter bieten die Kiesgruben den nordischen Wasservögeln eine Zuflucht.

Seen Wenn sie nicht zu tief sind, um Wasserpflanzen und Insekten zu beherbergen, und wenn dort nicht zuviel Freizeitbetrieb herrscht, sind Seen zu allen Jahreszeiten für den Vogelbeobachter interessant. Im Sommer brüten dort Taucher, Enten, Seeschwalben und andere Wasservögel, und im Winter finden sich Scharen von Wintergästen aus dem Norden ein.

Sümpfe Einst gab es in Europa ausgedehnte Sumpfgebiete, in denen viele Arten von Wasservögeln brüteten. Viele dieser Gebiete sind heute verschwunden, einige wurden aber noch rechtzeitig unter Schutz gestellt, und durch die Regulierung des Wasserstandes wird dafür gesorgt, daß sie nicht verlanden, verbuschen und sich schließlich in Wald verwandeln.

Felsküsten Die Steilküsten des Nordatlantiks und der Nordsee beherbergen riesige Kolonien von felsbrütenden Seevögeln. Das Meer ist hier sehr nahrungsreich, und die Felsen bieten hervorragende Nistplätze. Die Steilküsten der Britischen Inseln, Frankreichs und Norwegens sind von weltweiter Bedeutung. Hier leben mehr als Dreiviertel aller Baßtölpel und Tordalken der Welt. In Deutschland finden wir diesen Biotop nur auf der Insel Helgoland.

Watt (links) Das Watt ist wahrscheinlich der artenreichste Biotop, vor allem im Bereich der Flußmündungen, wo Salzwasser und Süßwasser aufeinanderstoßen und sich die Vertreter zweier Faunentypen begegnen. Der regelmäßige Wechsel der Gezeiten legt Schlickbänke frei, auf denen zahlreiche Schnepfenvögel Nahrung finden.

Salzwiesen Wenn die Flut kommt, müssen die Scharen von Wasservögeln, die im Watt Nahrung suchen, sich auf das Deichvorland zurückziehen, wo sie rasten und auf die Ebbe warten. Bei der geringsten Störung erheben sich Scharen von Vögeln in die Luft. In diesem Biotop sind also wieder äußerste Vorsicht und Ruhe oberstes Gebot.

Dünen Flachküsten können wichtige Brutplätze für Seeschwalben und Möwen sein. In den dichtgedrängten Kolonien hält sich ständig ein Teil der Altvögel auf, während die anderen auf See Nahrung suchen. Stößt man am Strand auf eine Seevogelkolonie, so darf man sie auf keinen Fall stören: Beutegreifer, wie z.B. Ratten und Füchse, warten nur auf die Gelegenheit, unbewachte Eier oder Junge zu rauben.

Müllkippen Menschliche Aktivitäten wirken sich nicht immer schädlich für die Tiere aus. Manche Vogelarten haben es verstanden, die neugeschaffenen Biotope bestens zu nutzen. Müllkippen bieten keinen schönen Anblick, es lohnt sich aber, die Scharen von Möwen, die häufig hier Nahrung suchen, näher zu betrachten – vielleicht ist eine Seltenheit darunter. Auch wenn das nicht der Fall ist, hat man hier eine gute Gelegenheit, sich die verschiedenen Arten und Alterskleider einzuprägen.

Vogelzugstraßen Manche Vogelarten ziehen in großen Scharen auf überlieferten Zugstraßen. Da die Segelflieger (z. B. Greifvögel, Störche) im Gegensatz zu den Ruderfliegern (z. B. Kraniche) die Überquerung des offenen Meeres scheuen, laufen ihre Zugstraßen an den Meerengen zusammen, z. B. bei Gibraltar und am Bosporus. Hier kommt es dann zu eindrucksvollen Zusammenballungen.

Häfen und Wasserstraßen In Häfen und auf belebten Wasserstraßen kann man oft interessante Vogelbeobachtungen anstellen. Die Fußgänger auf der Themsebrücke bräuchten nur hinunterzuschauen, um die beiden Krähenscharben zu beobachten.

Hochspannungsleitungen Hochspannungsleitungen, die ganz Europa durchziehen, verschandeln die Landschaft, und zahlreiche Vögel fallen ihnen zum Opfer. Andererseits aber nutzen viele Vögel die Leitungen zur Rast oder zum Ansitz und lassen sich hier besonders gut beobachten.

Winter

Sommer

Eistaucher
Gavia immer

68–81 cm

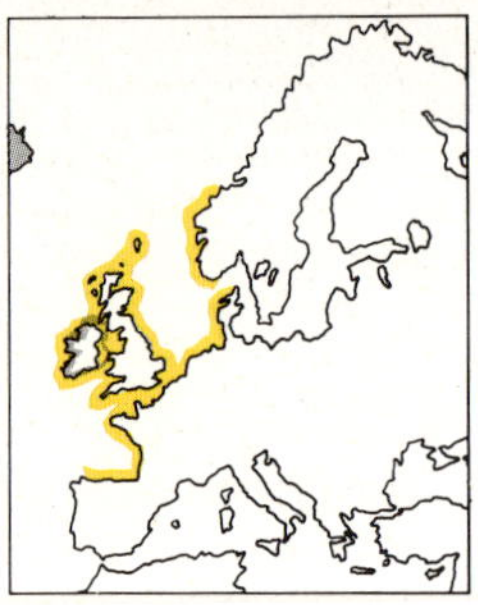

Kennzeichen: Rücken schwarz-weiß kariert, Kopf und Hals schwarz mit gestreiftem Kragen. Im Winter dunkel mit weißer Kehle und Unterseite. Alle Seetaucher sind reine Wasservögel, die von der Wasseroberfläche aus nach Nahrung tauchen. Zur Fortbewegung unter Wasser dienen die großen Füße. Kraftvoller Flug; dabei hängt der Hals durch, die Füße ragen über den Schwanz hinaus.
Stimme: Zur Brutzeit ein seltsames Gelächter und langgezogenes Jaulen. Bellender Flugruf. Im Winter meist stumm.

Biotop: Brütet auf Seen im hohen Norden (in Europa nur in Island). Überwintert auf Küstengewässern, gelegentlich auch im Binnenland auf Stauseen und dgl.
Nahrung: Hauptsächlich Fische (wie bei allen Seetauchern).
Fortpflanzung: Das Nest aus Uferpflanzen steht auf dem Boden, unmittelbar am Wasser, oft auf einer kleinen Insel. Gewöhnlich 2 Eier, die 29 Tage von beiden Eltern bebrütet werden. Die Jungen können fast sofort gut schwimmen.

Gelbschnabel-Eistaucher
Gavia adamsii

84–91 cm

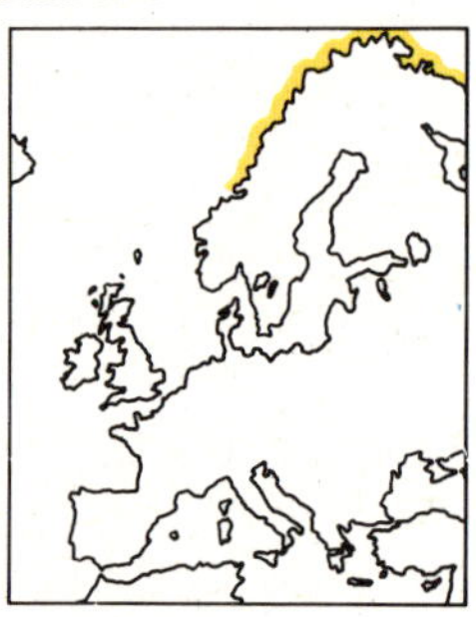

Kennzeichen: Ähnliches Gefieder wie Eistaucher, aber mit gelblichem oder weißlichem Schnabel, der wegen der abgeknickten Unterkante des Unterschnabels aufgeworfen erscheint. Manche Eistaucher haben einen hellen Schnabel, dessen First aber immer dunkel ist, und der nie aufgeworfen wirkt. Beim Gelbschnabel erscheint die Stirn oft geschwollen.
Stimme, Biotop und Nahrung: Ganz ähnlich wie beim Eistaucher. Brütet in der östlichen Arktis, überwintert nach Westen bis zur norwegischen Küste. Erscheint selten, aber regelmäßig in den nördlichen britischen Küstengewässern, anderswo nur ausnahmsweise.

Sommer

Prachttaucher
Gavia arctica

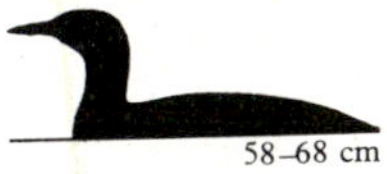
58–68 cm

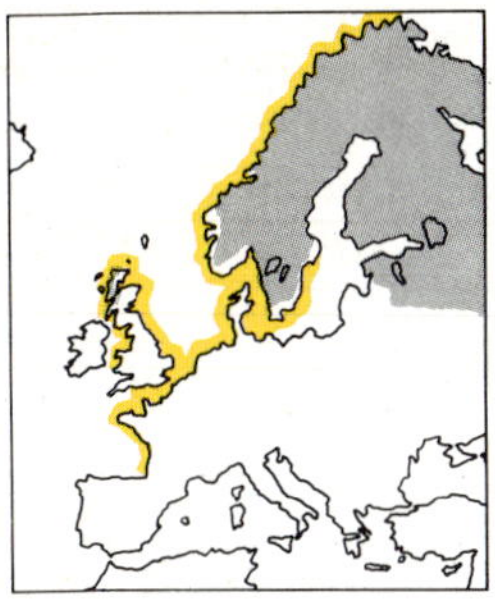

Kennzeichen: Kopf und Nacken grau, Kehle schwarz, an den Seiten weiß gestreift, Oberseite dunkel mit weißen Flecken. Schnabel gerade. Im Winter ähnlich Sterntaucher, aber dunkler, vor allem Scheitel und Nakken; Rücken ungefleckt.
Stimme: Zur Brutzeit ein hohes, ansteigendes Jaulen und ein tiefes Bellen. Im Winter gewöhnlich stumm.
Biotop: Zur Brutzeit meist größere Seen als beim Sterntaucher. Fliegt zur Nahrungssuche auch aufs Meer hinaus. Im Winter gewöhnlich auf Küstengewässern.
Nahrung: Wie Eistaucher.
Fortpflanzung: Nest wie Eistaucher. Gewöhnlich 2 Eier, die hauptsächlich vom Weibchen ausgebrütet werden; Brutzeit 28–30 Tage. Die Jungen sind mit 60–65 Tagen flügge.

Sommer

Winter

Sommer

Sterntaucher
Gavia stellata

53–58 cm

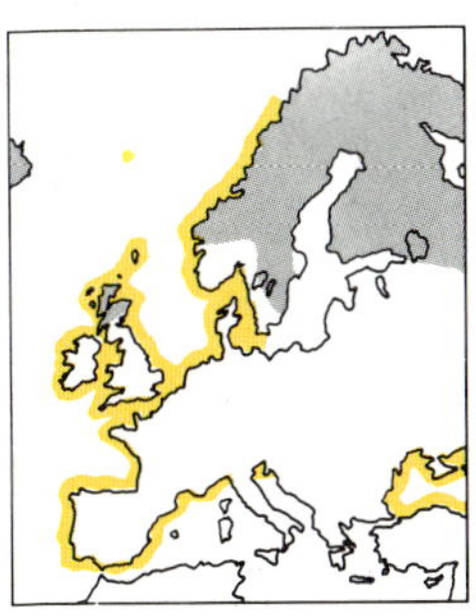

Kennzeichen: Grauer Kopf, rotbrauner Kehlfleck, graubraune Oberseite, aufgeworfener Schnabel. Im Winter weiß von der Stirn über die Kehle bis zur Unterseite; Oberseite fein weiß gesprenkelt.
Stimme: Zur Brutzeit ein rauhes Quäken und ein hohes Jaulen. Im Winter gewöhnlich stumm.
Biotop: Im Sommer hauptsächlich kleine Seen und dergl.; fliegt zur Nahrungssuche oft aufs Meer hinaus. Im Winter gewöhnlich auf Küstengewässern, gelegentlich auch im Binnenland.
Nahrung: Wie Eistaucher.
Fortpflanzung: Nest wie Eistaucher. Die Eier (1–2) werden 26–28 Tage bebrütet, hauptsächlich vom Weibchen. Die Jungen verlassen das Nest nach 24 Stunden und können gleich gut schwimmen.

Haubentaucher
Podiceps cristatus

48 cm

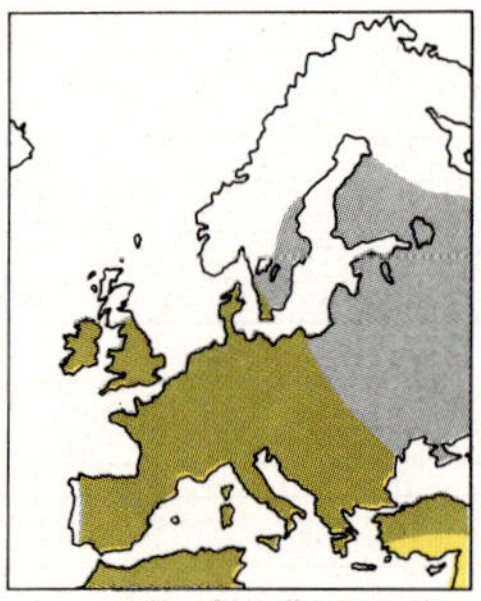

Kennzeichen: Brauner Rücken. Schlanker weißer Hals, dunkle „Ohren", schwarz-rote Kopfkrause. Im Winter schwarzer Scheitel, weißer Brauenstreif, rosa Schnabel. Größter Lappentaucher mit dem längsten, dünnsten Hals. Alle Lappentaucher sind reine Wasservögel, die von der Wasseroberfläche aus nach Nahrung tauchen.
Stimme: Zur Brutzeit hauptsächlich bellende oder quäkende Laute, aber auch noch andere Rufe. Im Winter gewöhnlich stumm.
Biotop: Brütet an Süßwasserseen, Stauseen, Flüssen usw.; überwintert im Binnenland und auf Küstengewässern.
Nahrung: Fische, Molche, Kaulquappen und Wirbellose sowie etwas pflanzliche Nahrung.
Fortpflanzung: Schwimmendes, in der Vegetation verankertes Nest aus feuchten Wasserpflanzen im Schilf und dgl. Die 3–5 Eier werden von beiden Eltern 27–29 Tage lang bebrütet. Die Jungen können fast sofort gut schwimmen. Die spektakuläre Balz beider Partner auf offenem Wasser ist oft zu beobachten. 1–3 Jahresbruten.

Winter (zweiter von rechts ein Rothalstaucher)

Balz

Sommer (kleines Bild: Winter)

Rothalstaucher
Podiceps griseigena

43 cm

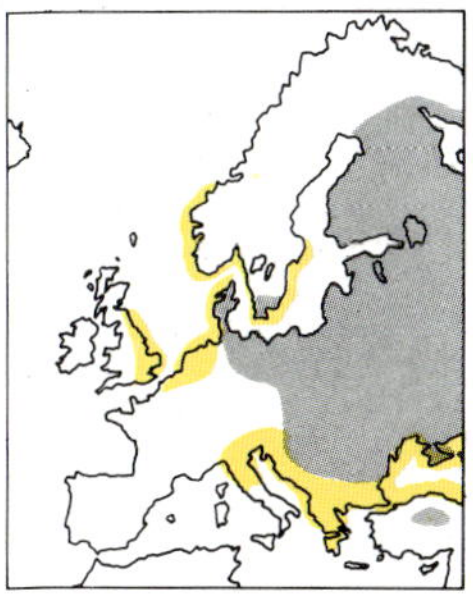

Kennzeichen: Rücken graubraun, Hals rostrot, Wangen hellgrau, Scheitel schwarz. Schnabel gelb mit dunkler Spitze. Im Winter gedrungener als Haubentaucher, Hals und Wangen grauer; schwarze Kappe reicht bis zum Auge.
Stimme: Zur Brutzeit ein jaulender Ruf und ein scharfes, hohes „kick"; im Winter gewöhnlich stumm.
Biotop: Brütet auf Seen und Teichen mit reicher Ufervegetation; überwintert vorwiegend auf Küstengewässern, gelegentlich auch im Binnenland.
Nahrung: Kleine Fische, Lurche und allerlei Wirbellose sowie etwas pflanzliche Nahrung.
Fortpflanzung: Nest wie beim Haubentaucher. Die 4–5 Eier werden 22–27 Tage von beiden Eltern bebrütet. Die Jungen können schon bald nach dem Schlüpfen gut schwimmen. Gemeinsame Balz beider Partner auf offenem Wasser.

Sommer

Winter

Ohrentaucher
Podiceps auritus

33 cm

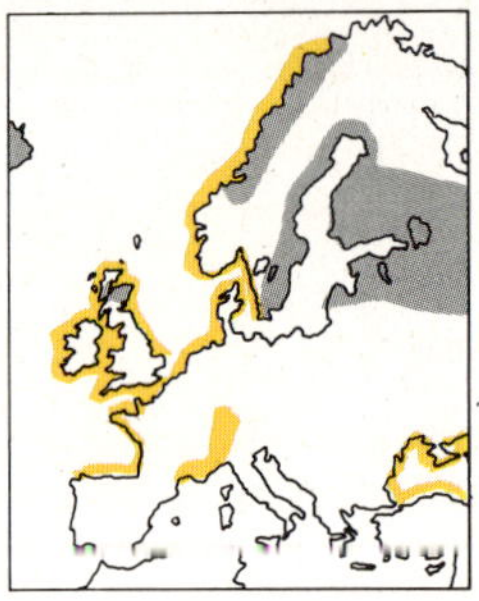

Kennzeichen: Kleiner Taucher, Hals und Flanken rotbraun, Kopf schwarz mit goldenen Ohrbüscheln. Im Winter schwarze, scharf abgegrenzte Kappe, die bis zum Auge reicht, Hinterhals schwarz, Wangen und Vorderhals weiß. Schnabel kurz, gerade.
Stimme: Am Brutplatz verschiedene trillernde Rufe, im Winter gewöhnlich stumm.
Biotop: Brütet auf Seen und Teichen im Binnenland. Überwintert gewöhnlich an der Küste in Flußmündungen, Buchten usw., aber auch auf Süßwasser.
Nahrung: Kleine Fische, Wirbellose usw. sowie etwas pflanzliche Nahrung.
Fortpflanzung: Brütet manchmal in lockeren Kolonien. Das Nest wird von beiden Partnern gebaut. Die 3–5 Eier werden von beiden 20–25 Tage bebrütet. Die Jungen können schon bald nach dem Schlüpfen gut schwimmen.

Schwarzhalstaucher
Podiceps nigricollis

30 cm

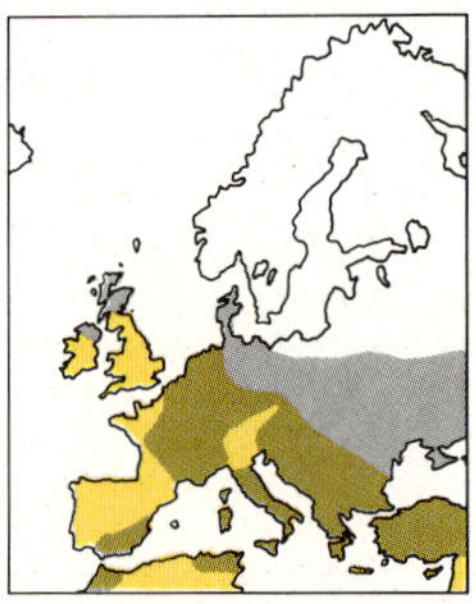

Kennzeichen: Kleiner Taucher mit schwarzem Kopf und Hals, goldenen Federbüscheln hinter dem Auge und rotbraunen Flanken. Im Winter dem Ohrentaucher ähnlich, aber mit aufgeworfenem Schnabel; Hals und Wangen weniger hell, und die schwarze Kappe reicht bis unter das Auge.
Stimme: Zur Brutzeit verschiedene schnatternde Laute und ein leises „pi-ip"; sonst meist stumm.
Biotop: Dicht bewachsene Teiche und Seen. Überwintert sowohl auf Binnengewässern (auch Stauseen) wie an geschützten Küsten.
Nahrung: Hauptsächlich Wirbellose, besonders Insekten, aber auch kleine Fische; nimmt, wie alle Lappentaucher, auch eine gewisse Menge Federn auf.
Fortpflanzung: Brütet oft gesellig; 3–4 Eier, die von beiden Eltern 20–21 Tage bebrütet werden. Die Jungen werden, wie bei allen Lappentauchern, oft von den Eltern auf dem Rücken getragen.

Sommer

Sommer

Zwergtaucher
Tachybaptus ruficollis

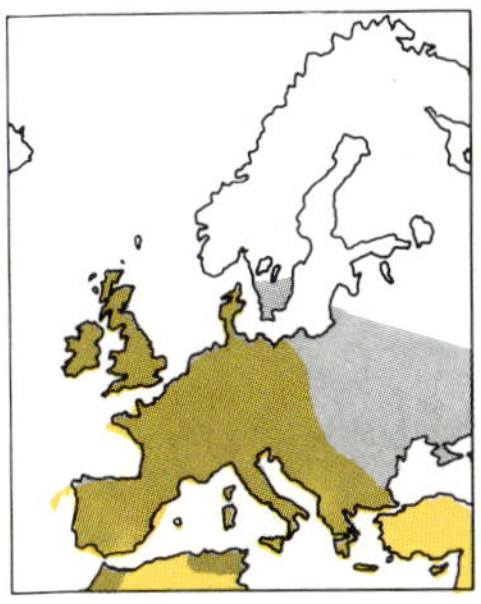

Winter

Kennzeichen: Winziger Taucher, im wesentlichen dunkel, aber Hals und Wangen kastanienrot; an der Wurzel des kleinen Schnabels ein deutlicher weißlicher Fleck. Im Winter viel heller, mit weißlicher Kehle und ganz fahlem Hals. Taucht oft und versteckt sich gern; selten längere Zeit zu beobachten.
Stimme: Am bekanntesten ist ein lautes, hohes, oft steigendes und fallendes Trillern; außerhalb der Brutzeit meist stumm.
Biotop: Brütet auf Süßwasser aller Art, auf kleinen Teichen, Flüssen, Stauseen usw. Im Winter sowohl im Binnenland wie auf geschützten Küstengewässern.
Nahrung: Ganz kleine Fische, Wirbellose und Wasserpflanzen.
Fortpflanzung: Typisches Lappentauchernest in der Ufervegetation. 4–6 Eier, die 3 Wochen lang von beiden Partnern bebrütet und gewöhnlich beim Verlassen des Nestes mit faulenden Pflanzen bedeckt werden. Meist zwei Bruten.

Krähenscharbe
Phalacrocorax aristotelis

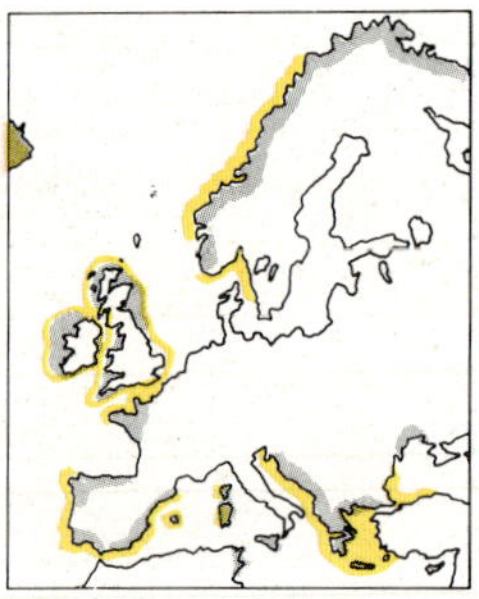

Kennzeichen: Schlank, mit dünnem Hals und Schnabel. Adulte Vögel glänzend grünschwarz mit gelber Schnabelspalte, im Frühjahr mit aufrichtbarem Stirnschopf. Jungvögel bräunlich, unterseits ohne oder mit wenig Weiß. Kraftvoller Flieger, ausgezeichneter Schwimmer und Taucher.
Stimme: Am Brutplatz ein rauhes Krächzen und dgl.; sonst stumm.
Biotop: Im wesentlichen Seevogel, hauptsächlich an Felsküsten, im Winter auch an anderen; im Binnenland normalerweise selten. Ruht auf Klippen, Pfählen, Bojen usw.
Nahrung: Hauptsächlich Fische, aber auch Weich- und Krebstiere, die, nach Tauchen von der Wasseroberfläche aus, unter Wasser schwimmend erbeutet werden.
Fortpflanzung: Koloniebrüter. Großes Nest aus Tang und dgl. auf Klippen oder zwischen Felsen. 2–3 Eier, die etwa 33 Tage lang von beiden Eltern bebrütet werden. Die Jungen sind mit etwa 53 Tagen flügge.

Altvogel

Jungvogel

Altvogel der atlantischen Rasse mit Jungen

Kormoran
Phalacrocorax carbo

90 cm

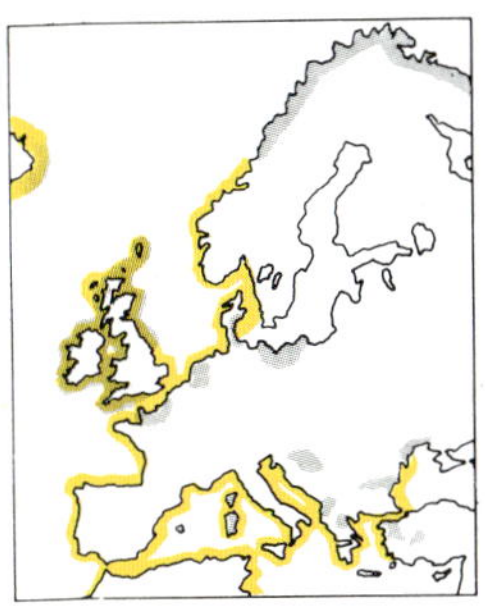

Festlandrasse

Kennzeichen: Größer und schwerer gebaut als Krähenscharbe. Adulte Vögel oben schwarz und dunkelbraun, unten glänzend blauschwarz, im Brutkleid mit weißem Kinn und weißem Fleck an den Weichen und – vor allem bei der Festlandrasse – mit viel Weiß an Oberkopf und Hinterhals. Jungvögel ähnlich Krähenscharben, aber mit dickerem Hals, stärkerem Schnabel und viel Weiß an Brust und Bauch. Ausgezeichneter Schwimmer und kraftvoller Flieger.
Stimme: Am Nest heiser krächzende und brummende Laute; sonst meist stumm.
Biotop: Auf den Britischen Inseln und in Norwegen vorwiegend Seevogel, auf dem Kontinent an Süßwasser.
Nahrung: Hauptsächlich Fische. Taucht wie Krähenscharbe entweder mit einem Satz von der Wasseroberfläche oder gleitet wie ein U-Boot unter Wasser. Ruht auf Klippen, Bäumen usw., hält dabei wie die Krähenscharbe die Flügel zum Trocknen ausgebreitet.
Fortpflanzung: Koloniebrüter. Das große Nest steht in der Regel auf Bäumen, an der Küste auch auf Felsabsätzen und Klippen. 3–4 Eier, die von beiden Partnern bebrütet werden. Die Jungen schlüpfen nach rund 30 Tagen und sind nach weiteren 50 Tagen flügge.

Zwei Altvögel mit einem Jungen

Baßtölpel
Sula bassana

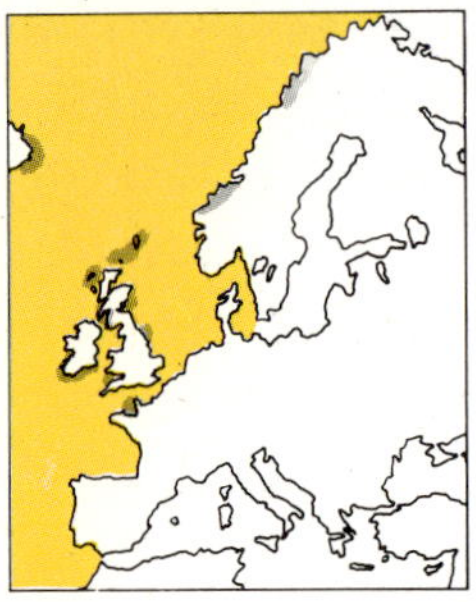

Kennzeichen: Gänsegroßer Seevogel, zigarrenförmig mit schmalen Flügeln; Spannweite 180 cm. Altvögel weiß, Kopf und Hinterhals mit rahmgelbem Anflug, Flügelspitzen schwarz; Jungvögel zuerst dunkelbraun gefleckt, später scheckig, zuletzt fast wie adulte. Hervorragender Flieger.
Stimme: Am Brutplatz, gelegentlich auch auf See, rauhe, krächzende Rufe.
Biotop: Offenes Meer; an Land nur zum Brüten an felsigen Küsten, vornehmlich auf Inseln.

Nahrung: Fische, die nach spektakulärem Stoßtauchen aus Höhen bis zu 30 m unter Wasser schwimmend erbeutet werden. Schwimmt, ehe er wieder auffliegt.
Fortpflanzung: Brütet in oft riesigen, dicht gedrängten Kolonien; Nest aus Tang und anderem pflanzlichem Material. Gewöhnlich ein Ei, das von beiden Partnern 43–45 Tage lang bebrütet wird. Im Alter von etwa 2 Monaten wird das Junge von den Eltern verlassen; es verläßt das Nest rund 10 Tage später endgültig.

Eissturmvogel
Fulmarus glacialis

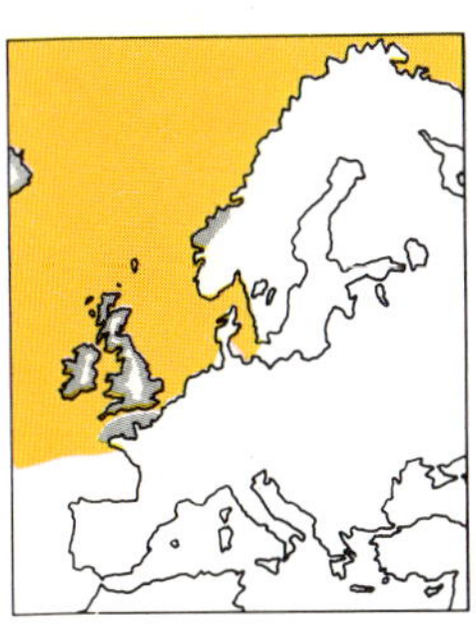

Kennzeichen: Oben hell- bis dunkelgrau, unten weiß. Möwenähnlich, aber stiernackig mit dunklen Augen und schmalen Schwingen. Äußerst geschickter Flieger, meist im Gleitflug auf starren Flügeln, unterbrochen von schnellen, flachen Flügelschlägen. Fliegt die meiste Zeit, schwimmt aber gut; an Land nur am Nest.
Stimme: Verschiedene glucksende Laute; am Nest ein lautes, rauhes Gackern. Außerhalb der Brutzeit gewöhnlich stumm.
Biotop: Die offene See; brütet auf Klippen, Hängen usw., sogar auf Mauern und Gebäuden am Meer, seltener auf Felsabsätzen im küstennahen Binnenland. Hauptsächlich in Nordwesteuropa, dehnt sein Brutgebiet nach Süden aus.
Nahrung: Fische, Krebstiere und Fischereiabfälle; gelegentlich auch Aas.
Fortpflanzung: Baut kein Nest; die Eier (eins, selten zwei) werden auf den nackten Fels oder in eine ganz flache Mulde gelegt. Beide Eltern brüten 8 Wochen lang; die Jungen fliegen nach etwa 8 Wochen aus.

Schwarzschnabel-Sturmtaucher

Puffinus puffinus

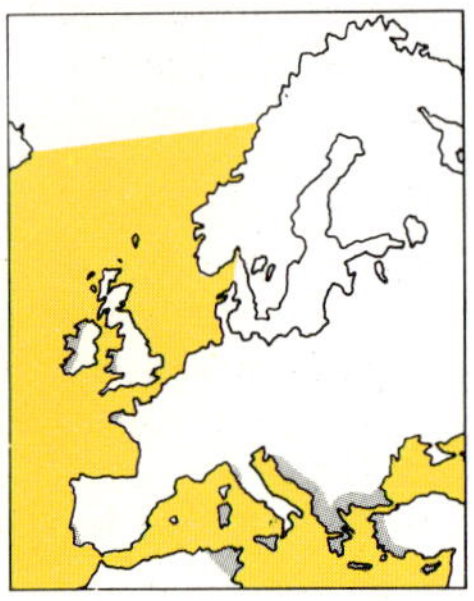

Kennzeichen: Scharf abgesetzt oben dunkel, unten weiß, was besonders auffällt, wenn der Vogel beim Fliegen auf einer Flügelspitze wendet und dabei abwechselnd schwarz und weiß aussieht. Fliegt schnell und niedrig und folgt dabei dem Auf und Ab der Wellen.
Stimme: Am Brutplatz wild jaulende und gurrende Rufe; sonst stumm.
Biotop: Die offene See, kommt nur nachts zum Brüten an Land; abends sammeln sich oft große Scharen auf dem Meer vor der Küste. Brütet auf Inseln, Klippen und Berghängen. Im Binnenland selten.
Nahrung: Hauptsächlich kleine Fische, aber auch Weichtiere.
Fortpflanzung: Nistet kolonieweise in selbstgegrabenen Höhlen. Das eine Ei wird in einer Nestkammer etwa 1 m vom Eingang entfernt abgelegt und von beiden Partnern 51–54 Tage lang bebrütet. Das Junge wird nach 60 Tagen von den Eltern verlassen. Es verläßt die Höhle etwa 14 Tage später.

Sturmschwalbe
Hydrobates pelagicus

15 cm

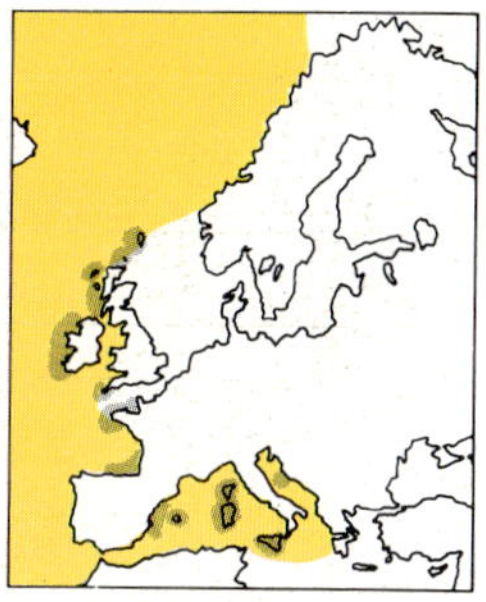

Kennzeichen: Winziger, rußschwarzer Seevogel mit weißem Bürzel und gerade abgeschnittenem Schwanz; zeigt manchmal eine schmale weiße Flügelbinde und Weiß auf den Unterflügeldecken. Kraftlos wirkender, flatternder Flug dicht über dem Wasser; folgt oft Schiffen.
Stimme: Normalerweise nur nachts am Brutplatz zu hören, ein seltsames, ungleichmäßiges Schnurren, das plötzlich mit einem scharfen „tschicka" endet.
Biotop: Die offene See, kommt nur nachts zum Brüten auf felsigen oder steinigen Inseln und sturmumtosten Stränden an Land. Wird gelegentlich von Stürmen ins Binnenland verschlagen.
Nahrung: Plankton, Fischereiabfälle, kleine Fische.
Fortpflanzung: Koloniebrüter, nistet in Höhlen oder unter Steinen, auch in alten Steinwällen und verfallenen Gebäuden. Ein Ei, das von beiden Eltern etwa 40 Tage lang bebrütet wird; das Junge fliegt mit 60–66 Tagen aus.

Wellenläufer
Oceanodroma leucorrhoa

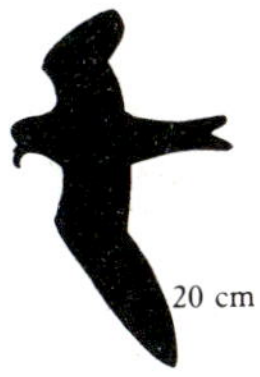

20 cm

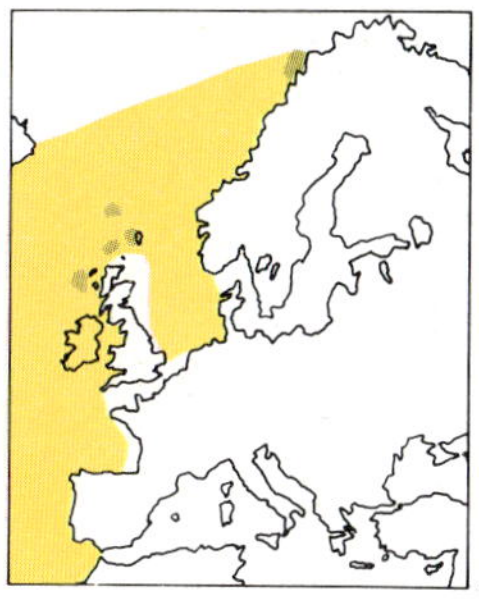

Kennzeichen: Größer, langflügliger und brauner als Sturmschwalbe, mit grauen Flügeldecken; ein deutliches Unterscheidungsmerkmal ist der viel kraftvollere, leichte, hüpfende Flug. Folgt Schiffen nicht. Der gegabelte Schwanz ist im Feld normalerweise nicht zu erkennen.
Stimme: Nachts in den Brutkolonien schnurrende und glucksende Laute, im Flug ein scharfes „wicka-wicka"; außerhalb des Brutgebietes meist stumm.
Biotop: Die offene See, kommt nur nachts zur Brutzeit an Land; Ansprüche an den Nistplatz ähnlich wie bei Sturmschwalbe.
Nahrung: Plankton, Kot von Meeressäugetieren, kleine Fische, Weich- und Krebstiere.
Fortpflanzung: Koloniebrüter, nistet in Höhlen oder zwischen Steinen, in verfallenen Gebäuden usw. Ein Ei, das über 50 Tage lang von beiden Eltern bebrütet wird; das Junge ist erst nach über 7 Wochen flügge.

Graureiher
Ardea cinerea

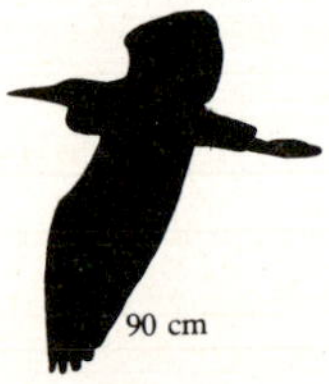

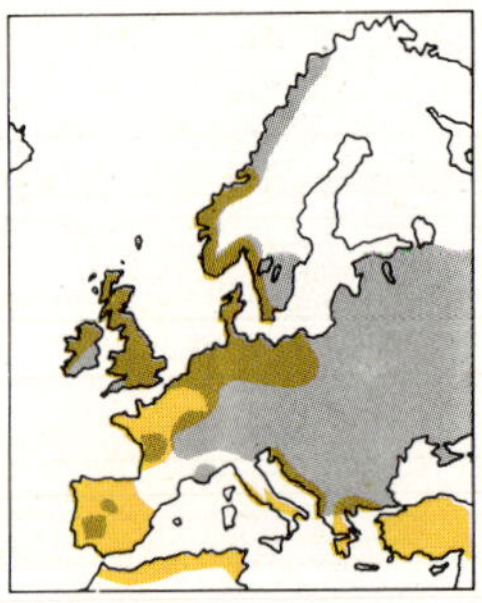

Kennzeichen: Groß, oben hellgrau, unten weiß. Unterhals mit zwei schwarzen Längsstreifen, Scheitelmitte weiß, übriger Oberkopf und zwei lange Scheitelfedern schwarz, Schwingen schwärzlich. Steht oder watet in seichtem Wasser. Kraftvoller Flug mit langsamem, tiefem Flügelschlag und zwischen die Schultern zurückgelegtem Kopf.
Stimme: Am Nest quäkende und krächzende Laute sowie Schnabelklappern; im Flug ein lautes, rauhes „frarnk".
Biotop: Feuchtgebiete aller Art im Binnenland und an der Küste, sofern seichtes Wasser vorhanden ist.
Nahrung: Fische, Lurche, Reptilien, Kleinsäuger, kleine Wasservögel und Insekten. Pirscht geduldig im Flachwasser und ergreift die Beute mit blitzschnellem Zustoßen des dolchförmigen Schnabels.
Fortpflanzung: Koloniebrüter. Das große, sperrige Nest steht gewöhnlich in einem Baum, gelegentlich im Schilf, in manchen Gebieten auf Klippen. Beide Partner bebrüten die 3–5 Eier etwa 4 Wochen lang; die Jungen fliegen mit 50–55 Tagen aus.

Jungvogel

Altvogel

Purpurreiher
Ardea purpurea

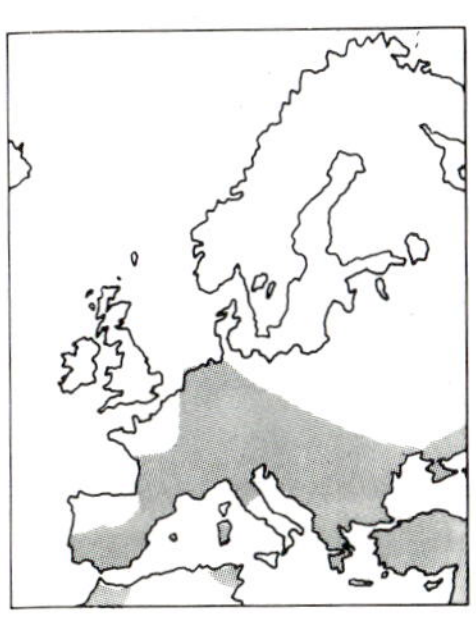

Kennzeichen: Kleiner, schlanker und dunkler als Graureiher, oben dunkelgrau, unten rotbraun, ebenso der sehr dünne, schwarzgestreifte Hals. Jungvögel oben rostfarben, unten weißlich. Im Flug hängt der Hals stärker durch als beim Graureiher, und die viel größeren Füße ragen hinten weit über.
Stimme: Nicht so ruffreudig wie Graureiher. Flugruf ähnlich, aber etwas höher.
Biotop: Sümpfe, Teiche und andere Feuchtgebiete mit viel Deckung bietender Ufervegetation, besonders Schilffelder. Im allgemeinen heimlicher als Graureiher.
Nahrung: Hauptsächlich Fische, Lurche, Kleinsäuger usw., aber auch – wie Graureiher – mancherlei Wirbellose.
Fortpflanzung: Koloniebrüter, nistet gewöhnlich im Röhricht, manchmal auch auf Büschen im Sumpf, seltener auf Bäumen. Brutverhalten ähnlich wie beim Graureiher.

Silberreiher
Casmerodius albus

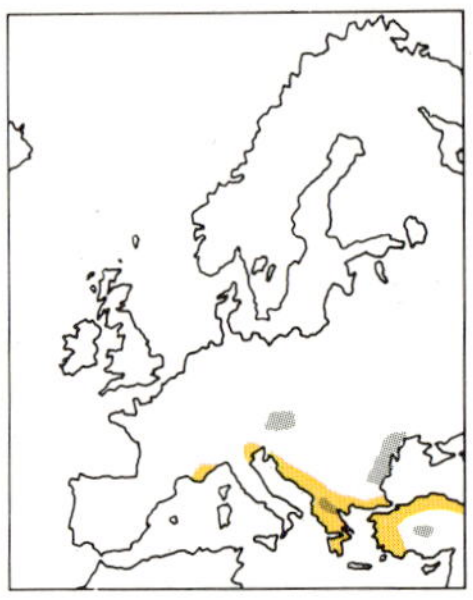

Kennzeichen: Großer, langhalsiger, sehr schlanker, rein weißer Reiher; Schnabel zur Brutzeit gelb, sonst schwarz, Beine und Füße schwärzlich. Keine Schmuckfedern am Kopf, aber zur Brutzeit bilden die verlängerten Schulterfedern einen durchsichtigen Umhang, der bis über den Schwanz hinabhängt.
Stimme: Ein heiseres Krächzen.
Biotop: Selten, an Seen, Lagunen, Flußufern, in Sümpfen usw. in Südosteuropa. Gewöhnlich nur im Winter in seichten Küstengewässern und Deltas.

Nahrung: Hauptsächlich Fische und Wasserinsekten, aber auch Kleinsäuger und andere Insekten. Fischt im Flachwasser wie Graureiher, langsam, vorsichtig pirschend oder lauernd.
Fortpflanzung: Nistet in Kolonien, gewöhnlich im Röhricht, (in Europa) seltener auf Büschen oder Bäumen. 3–5 Eier; beide Partner brüten (25–26 Tage). Die Jungen sind nach etwa 6 Wochen flügge.

Seidenreiher
Egretta garzetta

56 cm

Kennzeichen: Kleiner, zierlicher, rein weißer Reiher mit schwarzen Beinen, gelben Füßen und langem, dünnem, schwarzem Schnabel. Zur Brutzeit mit langen, bandförmigen Genickfedern und einem Umhang aus verlängerten Brust- und Schulterfedern.
Stimme: Am Brutplatz verschiedene krächzende und blubbernde Rufe.
Biotop: Seichte Feuchtgebiete – Sümpfe, Lagunen usw.
Nahrung: Kleine Fische, Lurche, Insekten, Kleinsäuger usw. Pirscht nach Reiherart, läuft aber auch im Flachwasser und schnappt Beute auf. Sucht auch oft wie andere Reiher weitab vom Wasser auf dem Trockenen Nahrung.
Fortpflanzung: Nistet in Kolonien, oft zusammen mit anderen Reihern, gewöhnlich auf Bäumen oder Büschen. 3–5 Eier; beide Partner brüten (etwa 3 Wochen). Die Jungen verlassen das Nest mit rund 30 Tagen.

Kuhreiher
Ardeola ibis

Kennzeichen: Kleiner, untersetzter, „pausbackiger“ weißer Reiher; im Brutkleid Scheitel, Brust und Rücken gelbrötlich. Schnabelwurzel zur Brutzeit gelbrot, Beine rötlich (sonst gelblich bis dunkel). Nicht so an Wasser gebunden wie andere kleine Reiher; sehr gesellig. Häufig bei weidendem Großvieh.
Stimme: Zur Brutzeit verschiedene krächzende Rufe.
Biotop: Seichte Feuchtgebiete aller Art, aber auch offenes Weideland usw., selbst in Trokkengebieten.
Nahrung: Hauptsächlich Insekten, die vom weidenden Vieh aufgescheucht werden.
Fortpflanzung: Nistet in Kolonien, oft zusammen mit anderen Reihern, auf Bäumen, Büschen und im Röhricht. 4–5 Eier; beide Partner brüten (etwas über 3 Wochen). Die Jungen verlassen das Nest nach 30 Tagen.

Brutkleid

Ruhekleid

Rallenreiher
Ardeola ralloides

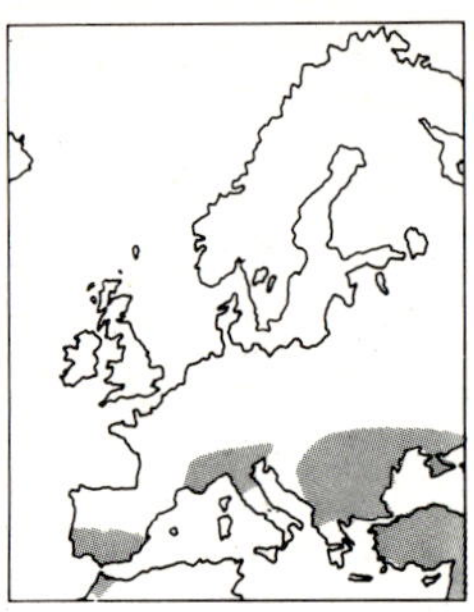

Kennzeichen: Kleiner, gedrungener, dickhalsiger, hellockergelber Reiher, im Brutkleid mit langen, schmalen, schwarz-weißen Schmuckfedern an Kopf und Hals. Flügel und Schwanz weiß, was oft erst im Flug sichtbar wird. Beine grünlich (im Brutkleid rosa), Schnabel grünlich mit dunkler Spitze (im Brutkleid bläulich).
Stimme: Zur Brutzeit ein rauhes „karr“, „karr“, „karr“.
Biotop: Seichte Feuchtgebiete. Heimlich, hält sich meist in der Deckung, selten im offenen Gelände zu sehen.
Nahrung: Sucht seine Beute – Insekten und ihre Larven, Lurche und kleine Fische – meist in der Dämmerung.
Fortpflanzung: Nistet meist in geringer Zahl in gemischten Kolonien zusammen mit anderen Reihern im Röhricht, auf Büschen oder Bäumen. 4–6 Eier, die 22–24 Tage vorwiegend vom Weibchen bebrütet werden. Die Jungen verlassen das Nest mit 30–35 Tagen.

Altvogel

Jungvogel

Nachtreiher

Nycticorax nycticorax

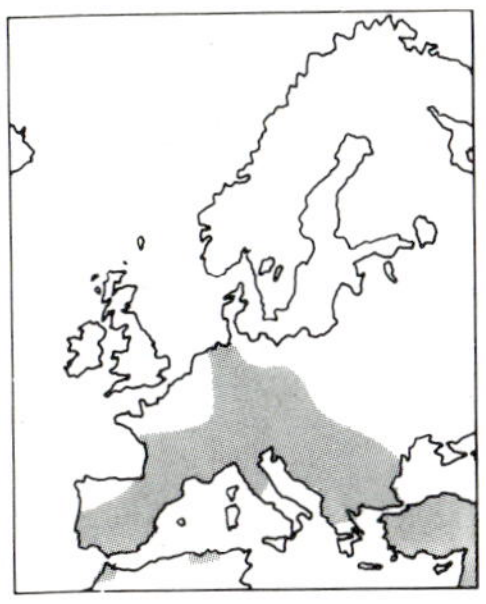

Kennzeichen: Kleiner, gedrungener Reiher; Stirn, Gesicht, Unterseite und die langen Schmuckfedern am Hinterkopf weiß, Scheitel und Rücken schwarz, Flügel grau. Kurzer, dunkler Schnabel. Jungvögel dunkelbraun, kräftig weißgelb getropft. Vorwiegend dämmerungsaktiv.
Stimme: Rauhe, krächzende Rufe, oft in der Dämmerung zu hören.
Biotop: Dicht bewachsene Feuchtgebiete – Sümpfe, Flußufer, Gräben, Teiche usw. Bei der Nahrungssuche auch in offenen Sümpfen. Setzt sich gern auf Bäume, wie die meisten kleinen Reiher.
Nahrung: Sucht seine Nahrung – hauptsächlich Lurche, Insekten, kleine Fische – gewöhnlich von der Abenddämmerung an.
Fortpflanzung: Koloniebrüter, meist auf Bäumen oder Büschen, manchmal im Röhricht. 3–5 Eier; beide Partner brüten (etwa 3 Wochen). Die Jungen verlassen das Nest rund 3 Wochen nach dem Schlüpfen.

Zwergdommel

Ixobrychus minutus

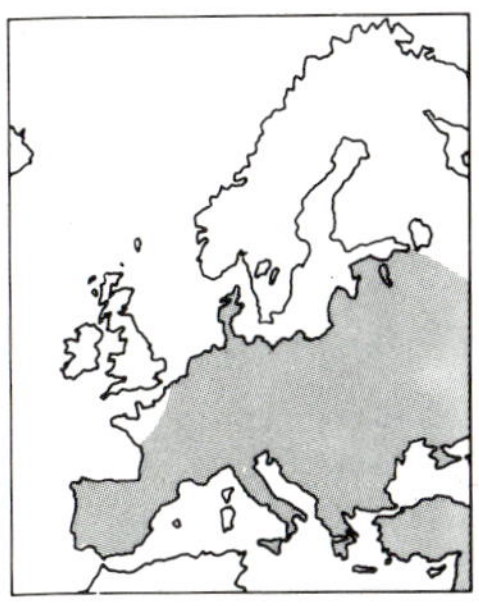

Kennzeichen: Kleiner, heimlicher Vogel, meist nur zu sehen, wenn er aus der dichten Sumpfvegetation auffliegt. Scheitel und Oberseite dunkel, beim Weibchen brauner, Flügeldecken und Unterseite weißgelb, beim Weibchen stärker gestreift. Dämmerungsaktiv, außer zur Brutzeit.
Stimme: Verschiedene krächzende Rufe; der dumpfe, klopfende Balzruf wird anhaltend etwa alle 2 Sekunden wiederholt.
Biotop: Reich bewachsene Sümpfe, Teiche, Flußufer, Gräben, Röhricht usw.
Nahrung: Kleine Fische, Lurche und Insekten, die sie in Deckung am Wasser lauernd oder langsam pirschend erbeutet.
Fortpflanzung: Nistet in dichter Vegetation an oder über dem Wasser, manchmal in kleinen, lockeren Kolonien. 5–6 Eier; beide Partner brüten (17–19 Tage). Die Jungen verlassen das Nest mit 17–18 Tagen.

Männchen

Rohrdommel
Botaurus stellaris

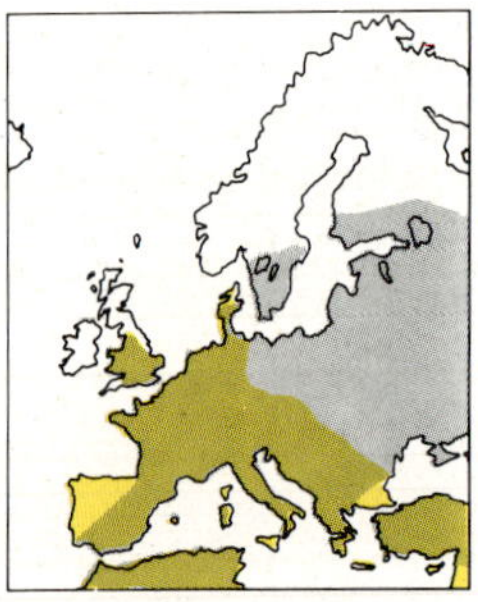

Kennzeichen: Großer, gelbbrauner, oben dunklerer Reiher, dunkel längsgestreift und quergewellt. Wirkt in normaler Haltung untersetzt und geduckt, im Flug fast wie eine große Eule. Heimlich, sucht aber gelegentlich auch im offenen Gelände Nahrung; meist nur in niedrigem Flug über dem Röhricht zu sehen.
Stimme: Der tiefe, wie ein Nebelhorn klingende Balzruf ist weithin zu hören. Flugruf rauh und tief, fischreiherähnlich.
Biotop: Im wesentlichen ausgedehntes Röhricht, aber zur Nahrungssuche oder im Winter auch andere Feuchtgebiete.
Nahrung: Hauptsächlich Fische, Lurche, Insekten und andere Wirbellose, aber auch kleine (und junge) Vögel und Säugetiere. Jagt auf dem Anstand oder langsam pirschend.
Fortpflanzung: Häufig polygam. Nistet im Röhricht. 5–6 Eier, die 25–26 Tage nur vom Weibchen bebrütet werden. Die Jungen verlassen das Nest schon mit 15–20 Tagen, werden aber erst 7 Wochen nach dem Schlüpfen flügge.

Schwarzstorch
Ciconia nigra

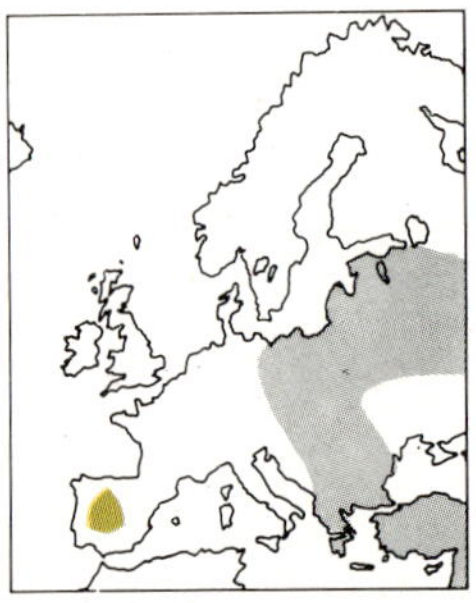

Kennzeichen: Glänzend schwarz, Unterseite weiß; langer, dolchförmiger roter Schnabel, lange rote Beine. Störche fliegen im Gegensatz zu Reihern mit ausgestrecktem Hals.
Stimme: Ein umfangreiches Repertoire von fauchenden, krächzenden, stöhnenden usw. Lauten; klappert selten.
Biotop: Einsame Waldwiesen und Sümpfe.
Nahrung: Hauptsächlich Fische, Lurche, Wasserinsekten, aber auch andere Wirbellose, Kleinsäuger usw.
Fortpflanzung: Großes Nest aus Ästen und Zweigen, gewöhnlich auf hohen Bäumen, manchmal auf Felsen. 3–5 Eier, die rund 5 Wochen von beiden Partnern bebrütet werden; die Jungen werden mit 9–10 Wochen flügge.

Weißstorch
Ciconia ciconia

Kennzeichen: Großer, weißer Vogel mit schwarzen Schwungfedern, langem rotem Schnabel und langen roten Beinen. Schreitet gemessen. Kraftvoller Flug mit langsamem Flügelschlag; guter Segelflieger. Auf dem Zug in großen Verbänden.
Stimme: Bis auf ein Zischen fast stumm; statt dessen lautes Schnabelklappern.
Biotop: Sümpfe, feuchtes und trockenes Wiesenland.
Nahrung: Sehr abwechslungsreich, Insekten und andere Wirbellose, Lurche, Kleinsäuger, Reptilien; gelegentlich Fische.
Fortpflanzung: Großes Nest, ursprünglich auf Bäumen, bei uns meist auf Gebäuden. Gewöhnlich 4 Eier, die 33–34 Tage von beiden Partnern bebrütet werden; die Jungen werden mit 58–64 Tagen flügge.

Sichler
Plegadis falcinellus

56 cm

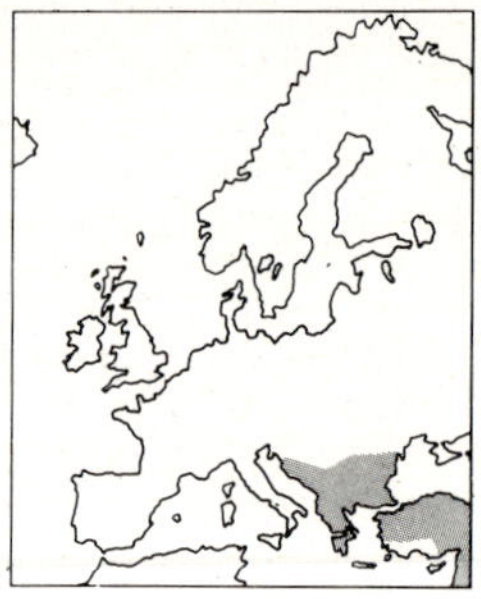

Kennzeichen: Erinnert an Brachvogel, mit langem, gebogenem Schnabel und langen Beinen, aber mit breiten, runden Flügeln. Oberseite, Flügel und Schwanz dunkelgrün mit metallischem Glanz. Unterseite im Brutkleid rotbraun, im Ruhekleid schwarzbraun. Fliegt mit ausgestrecktem Hals, gern im Gleitflug. Setzt sich oft auf Bäume.
Stimme: Meist stumm; läßt gelegentlich ein Krächzen hören.
Biotop: Sümpfe und andere Feuchtgebiete, auch an der Küste.
Nahrung: Hauptsächlich Insekten und ihre Larven; auch andere Wirbellose.
Fortpflanzung: Brütet in Kolonien, oft zusammen mit Reihern, im Röhricht, manchmal auch auf Büschen und Bäumen. Gewöhnlich 4 Eier; beide Eltern brüten (3 Wochen). Die Jungen werden mit etwa 4 Wochen flügge.

Flamingo
Phoenicopterus ruber

127 cm

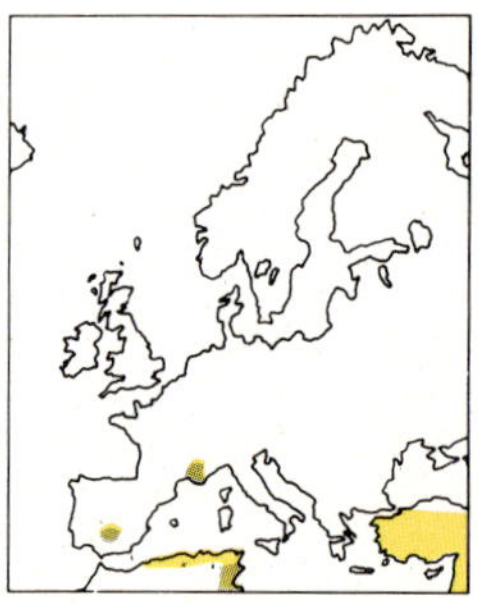

Kennzeichen: Überaus langhalsiger, langbeiniger Vogel mit grotesk geknicktem Schnabel. Weiß, rosa überhaucht; rot-schwarze Flügel, Beine rosa – der Chile-Flamingo, ein häufiger Parkflüchtling, hat graue Beine mit rosa Gelenken. Fliegt mit ausgestrecktem Hals. Sehr gesellig.
Stimme: Gänseähnlich, verschiedene trompetende und schnatternde Laute.
Biotop: Seichte Brackwasserlagunen, Salzseen, Salinen und dgl.
Nahrung: Kleinlebewesen, Pflanzen, die in langsamem Vorwärtsschreiten aus dem Schlamm gesaugt und durch feine Lamellen gefiltert werden; der Kopf wird dabei so eingetaucht, daß der Oberschnabel zuunterst ist.
Fortpflanzung: Koloniebrüter. Die kegelförmigen Schlammnester stehen auf Schlammbänken oder im seichten Wasser. 1 Ei; beide Partner brüten (28–32 Tage). Die Jungen sind mit 10–11 Wochen flügge, bleiben aber noch wenigstens 3 Wochen länger in „Kindergärten“ beisammen. 1 Jahresbrut (brütet nicht alljährlich).

Löffler
Platalea leucorodia

Kennzeichen: Weiß, langhalsig und langbeinig, mit langem, löffelförmigem Schnabel (bei Altvögeln schwarz, bei Jungvögeln rosa). Altvögel zur Brutzeit mit gelblichem Kropf und gelblicher, meist herabhängender Federhaube; Jungvögel haben schwarze Flügelspitzen. Fliegt mit ausgestrecktem, leicht durchhängendem Hals.
Stimme: Meist stumm; am Nest gelegentlich Grunzlaute und Schnabelklappern.
Biotop: Offene, seichte Feuchtgebiete mit reicher Vegetation; zum Nahrungserwerb auch im Watt.
Nahrung: Hauptsächlich allerlei kleine Wassertiere, die er im Wasser watend unter Hinundherschwenken des Kopfes erbeutet.
Fortpflanzung: Brütet in Kolonien, in Europa meist im Schilf, gelegentlich auf Büschen und Bäumen. 3–4 Eier; beide Eltern brüten (etwa 3 Wochen). Die Jungen werden mit 45–50 Tagen flügge.

Silberreiher *(Casmerodius albus):* Langsamer Flügelschlag, aber Flug leichter als beim Graureiher, Flügel spitzer; Halskrümmung deutlich. Lange ausgestreckte Beine. Siehe S. 42.

Seidenreiher *(Egretta garzetta):* Im Flug dem Silberreiher ähnlich, aber kleiner, Flügel runder. Gelegentlich Gleitflug. Gelbe Füße manchmal zu sehen. Siehe S. 43.

Kuhreiher *(Ardeola ibis):* Gedrungener und kurzbeiniger als die anderen weißen Reiher, im Brutkleid Brust und Rücken rötlichgelb. Schneller, flacher Flügelschlag. Helle Beinfärbung nicht immer zu sehen, aber gutes Merkmal. Siehe S. 44.

Purpurreiher *(Ardea purpurea):* Flug leichter, schwebender als beim Graureiher. Flügel weniger gerundet, aber Hinterrand gebogen. Deutlich gekrümmter Hals. Zehen oft deutlich zu sehen. Siehe S. 41.

Graureiher *(Ardea cinerea):* Breite, gerundete Flügel, langsamer Flügelschlag, Kopf eingezogen, Beine ausgestreckt. Flugruf ein rauhes „frarnk". Siehe S. 40.

Löffler *(Platalea leucorodia):* Weiß, Hals und Beine ausgestreckt. Flügel ziemlich spitz, Flügelschlag langsam (aber nicht so langsam wie beim Graureiher), oft von Gleitflügen unterbrochen. Siehe S. 49.

Weißstorch *(Ciconia ciconia):* Der ausgestreckte Hals hängt leicht durch. Schwingen wirken gefingert. Flügelspitzen und -hinterrand schwarz. Siehe S. 47.

Flamingo *(Phoenicopterus ruber):* Flugbild – Hals und Beine ausgestreckt – wirkt grotesk. Rasche Flügelschläge mit gelegentlichem Gleitflug. Formationsflug. Flugruf gänseähnliches Trompeten. Siehe S. 48.

Kranich *(Grus grus):* Hals und Beine im Flug ausgestreckt; Beine wirken relativ kurz. Flügelhinterrand schwarz. Auffälliger weißer Streifen auf Wangen und Hals. Fliegt auf dem Zug in Linie oder V-Formation. Flugruf ein kennzeichnendes rauhes „kruh". Siehe S. 102.

Jungvogel (links) und altes Männchen

Höckerschwan
Cygnus olor

152 cm

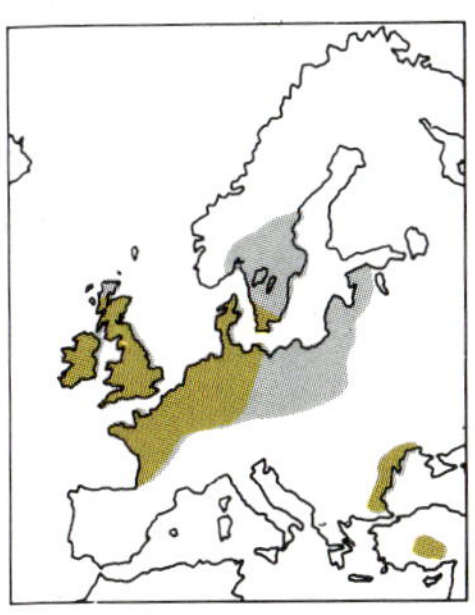

Kennzeichen: Mächtiger, schneeweißer Vogel mit anmutig geschwungenem Hals; Schnabel orange mit auffallendem schwarzem Höcker an der Wurzel. Jungvögel bräunlich (zunehmend weiß) – bei der häufigen Mutante „immutabilis" von Geburt an weiß –, Schnabel graurosa, ohne Höcker.
Stimme: Viel weniger ruffreudig als andere Schwäne; verschiedene schnaubende und zischende Laute. Im Flug meist stumm, aber die Schwingen erzeugen ein kennzeichnendes singendes Geräusch.
Biotop: Im westlichen Europa halbzahm auf Gewässern aller Art, meist auf Süßwasser, aber nicht selten auch auf See nahe der Küste.
Nahrung: Gründelt nach Wasserpflanzen, weidet aber auch an Land.
Fortpflanzung: Riesiges Nest aus Wasserpflanzen. Brütet gelegentlich in Kolonien. 5–7 Eier; nur das Weibchen brütet (etwa 5 Wochen). Die Jungen werden von beiden Eltern betreut; sie sind mit $4^1/_2$ Monaten flügge und werden im Herbst oder Winter von den Eltern vertrieben. 1 Jahresbrut (wie bei allen Entenvögeln). Lebenslange Dauerehe (wie bei allen Schwänen und Gänsen).

Singschwan
Cygnus cygnus

152 cm

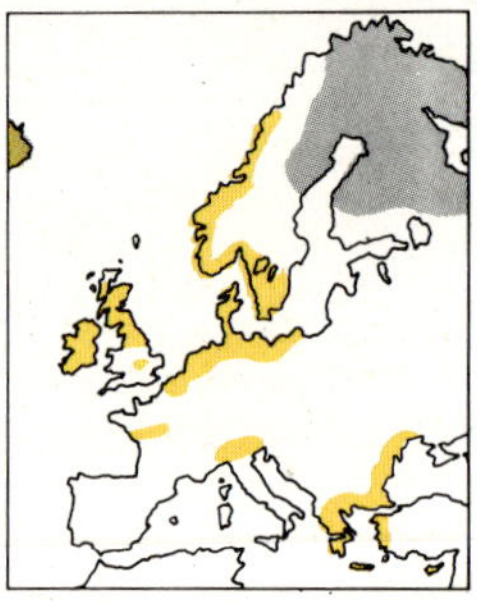

Kennzeichen: So groß wie Höckerschwan, aber der dünne Hals wird viel gerader getragen; Schnabel schwarz mit gelbem Keil an den Seiten. Jungvögel mehr grau als braun. Außerhalb der Brutzeit sehr gesellig.
Stimme: Sehr ruffreudig; laute Trompetentöne, besonders im Flug.
Biotop: Zur Brutzeit Sümpfe, Moore und Seen. Im Winter ausgedehnte Feuchtgebiete aller Art, zur Nahrungssuche auch Weiden und Äcker.
Nahrung: Wie Höckerschwan, weidet gelegentlich weitab vom Wasser.
Fortpflanzung: Brütet in Sümpfen, auf kleinen Inseln und dgl. Brutverhalten wie Höckerschwan, Brutdauer 35–40 Tage. Die Jungen sind mit 2 Monaten flügge, bleiben aber noch bis zum nächsten Frühjahr bei den Eltern.

Zwergschwan
Cygnus columbianus

122 cm

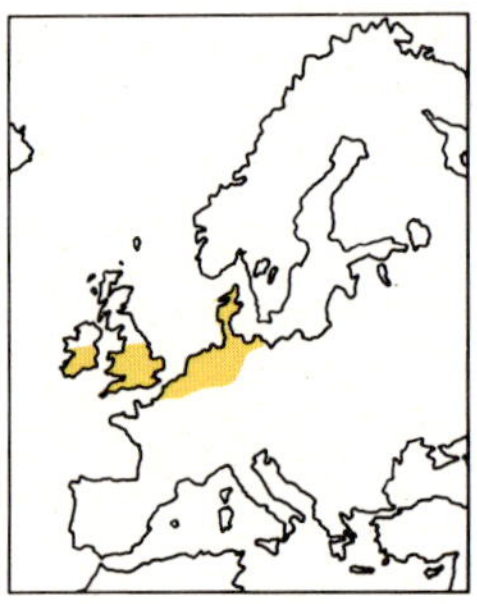

Kennzeichen: Kleiner und kurzhalsiger als Singschwan; gelber Schnabelfleck kleiner und rundlicher. Der gerade getragene Hals erscheint weniger eckig. Jungvögel silbergrau.
Stimme: Sehr stimmfreudig. Rufe klangvoller, weniger schnell als beim Singschwan; im Verband ein angenehmes, plauderndes „Babbeln".
Biotop: Brütet in der sowjetischen Tundra, überwintert hauptsächlich auf Binnengewässern, besonders auf überschwemmten Wiesen. Sehr gesellig, oft zusammen mit Singschwänen.
Nahrung: Fast rein pflanzlich; weidet wie Singschwan.
Fortpflanzung: Ähnlich wie Singschwan. Meist 4 Eier. Brutdauer 29–30 Tage. Die Jungen sind mit 40–45 Tagen flügge, bleiben aber bis zur nächsten Brutzeit bei den Eltern.

Zwergschwan (rechts) mit Singschwan und Bleßhuhn

Kanadagans
Branta canadensis

92–102 cm

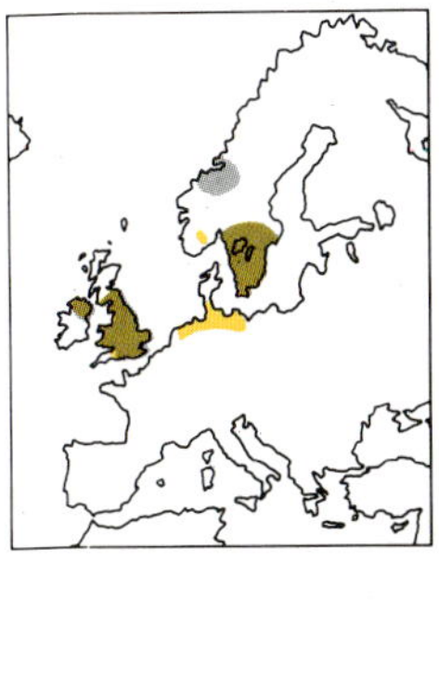

Kennzeichen: Große bräunliche Gans mit weißlicher Brust, schwarzem Kopf und Hals und breitem, weißem Kehlfleck. Schnabel und Beine schwarz.
Stimme: Ein lautes, weittragendes „ah-hong" (zweite Silbe höher als erste).
Biotop: Aus Nordamerika eingeführt, in Großbritannien und Skandinavien weitverbreitet auf stehenden Gewässern aller Art; weidet gern auf Wiesen und Äckern, auch weitab vom Wasser.
Nahrung: Hauptsächlich Gräser.

Fortpflanzung: Nistet im Schutz der Vegetation, gern auf Inseln. 5–6 Eier. Wie bei allen Gänsen brütet nur das Weibchen (etwa 4 Wochen), während das Männchen in der Nähe wacht. Die Jungen werden von beiden Eltern betreut; sie sind mit etwa 63 Tagen flügge, bleiben aber bis zum Beginn der nächsten Brutzeit im Familienverband. Lebenslange Einehe, wie bei allen Gänsen.

Weißwangengans
Branta leucopsis

58–69 cm

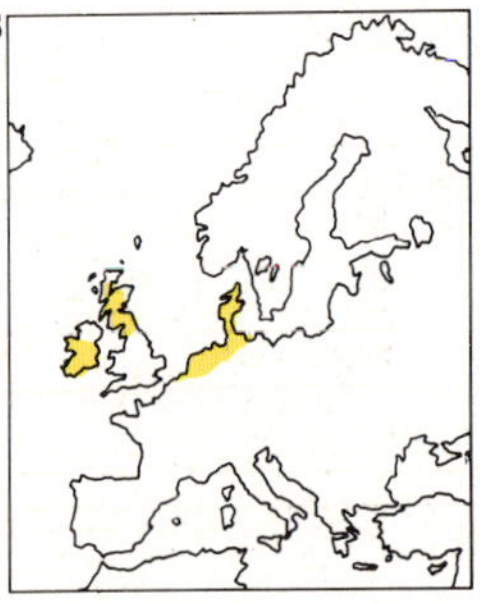

Kennzeichen: Kleine dunkle Gans, leicht kenntlich am weißen Gesicht; Hals und Vorderbrust schwarz, Unterseite hellgrau, Mantel blaßgrau, schwarz-weiß gebändert, Schwanz schwarz, Ober- und Unterschwanzdecken weiß. Kleiner schwarzer Schnabel und schwarze Beine.
Stimme: Eine Reihe kurzer bellender Rufe; ein größerer Trupp hört sich an wie eine Meute kleiner Hunde.
Biotop: Brütet an Felsküsten in der Hocharktis, überwintert im Sumpf- und Weideland meist in Küstennähe, seltener im Binnenland zusammen mit anderen Gänsen.
Nahrung: Gräser; weidet in großen Verbänden.
Fortpflanzung: Meist 3–5 Eier; Brutdauer 24–26 Tage. Die Jungen sind mit 7 Wochen flügge. In manchen Jahren kein Bruterfolg.

dunkelbäuchige Rasse

hellbäuchige Rasse

Ringelgans
Branta bernicla

56–61 cm

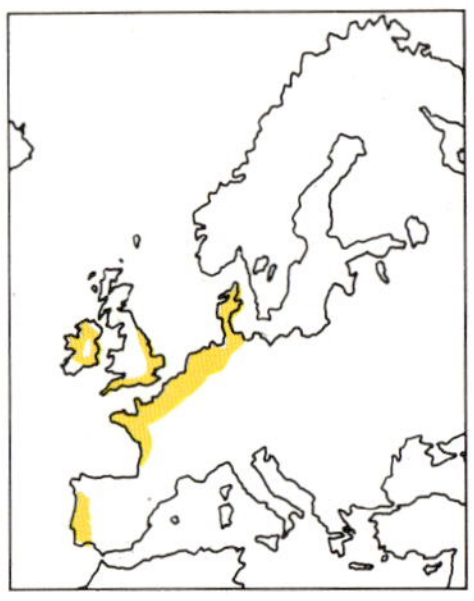

Kennzeichen: Kleine dunkle Gans, Hals und Brust schwarz, Oberseite dunkel graubraun, „Heck" auffallend weiß. Brust, Vorderbauch und Flanken dunkel bräunlichgrau (bei der östlichen Rasse *B. b. bernicla)* oder heller grau (bei der westlichen Rasse *B. b. hrota).* Kleiner schwarzer Schnabel und schwarze Beine. Nur Altvögel tragen an beiden Halsseiten einen kleinen weißen Halbmond. Fliegt im Gegensatz zu anderen Gänsen meist in ungeordneten Haufen.
Stimme: Verschiedene tiefe, rauhe, einsilbige Rufe. Die Äußerungen eines größeren Trupps sind sehr charakteristisch und klingen wie ein anhaltendes Knurren.
Biotop: Brütet an den Küsten der Hocharktis, überwintert fast nur an der Küste auf Salzwiesen und im Watt.
Nahrung: Hauptsächlich Meerespflanzen, vor allem Seegras; weidet gelegentlich an Land nahe der Küste.
Fortpflanzung: Meist 3–5 Eier; Brutdauer 24–28 Tage. Die Jungen sind mit 7 Wochen flügge. In manchen Jahren kein Bruterfolg.

Bleßgans
Anser albifrons

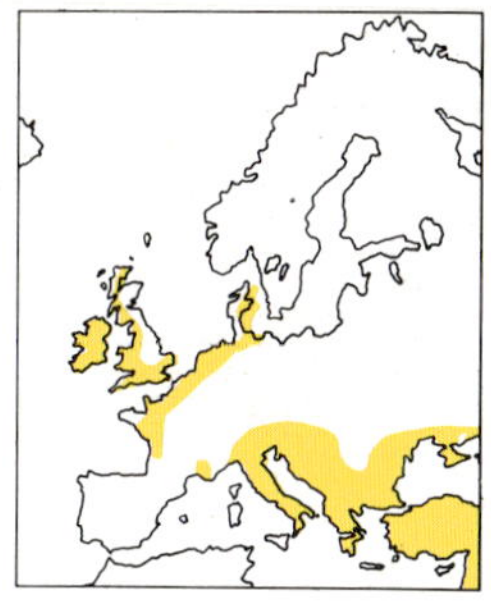

Kennzeichen: Kleiner und dunkler als Graugans; Altvögel mit deutlicher weißer Stirnblesse und dunkel gefleckter Unterseite. Beine orange, Schnabel rosa (bei der dunkleren, im Norden Großbritanniens überwinternden grönländischen Rasse orangegelb). Sehr gesellig, wie alle Gänse.
Stimme: Sehr hoch, weniger nasal als bei der Graugans; Rufe meist zweisilbig. Sehr ruffreudig.
Biotop: Brütet in der Tundra, überwintert auf Salzwiesen und Weideland, in Sümpfen usw., seltener auf Ackerland. Übernachtet wie alle grauen Gänse im Röhricht, auf Seen oder Schlickflächen.
Nahrung: Hauptsächlich Gräser.
Fortpflanzung: Meist 5–6 Eier; Brutdauer 22–28 Tage. Die Jungen sind mit rund 5 Wochen flügge.

Zwerggans
Anser erythropus

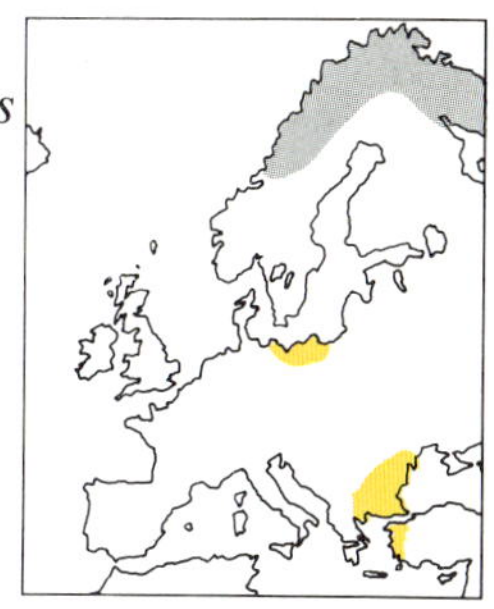

Kennzeichen: Wie eine kleine, dunkle Bleßgans, mit kleinerem Schnabel und steilerer Stirn. Die weiße Blesse der Altvögel reicht bis auf den Scheitel. Aus der Nähe erkennt man den leuchtend gelben Augenring.
Stimme: Rufe noch höher als bei der Bleßgans, mit kennzeichnenden Quieklauten vermischt.
Biotop: Brütet im skandinavischen Fjell, überwintert hauptsächlich in Südosteuropa auf Steppen und Weiden, meist zusammen mit Bleß- und Saatgänsen.
Nahrung: Wie Bleßgans.
Fortpflanzung: Meist 4–5 Eier. Brutdauer 25 Tage. Die Jungen sind mit etwa 5 Wochen flügge.

Graugans

Anser anser

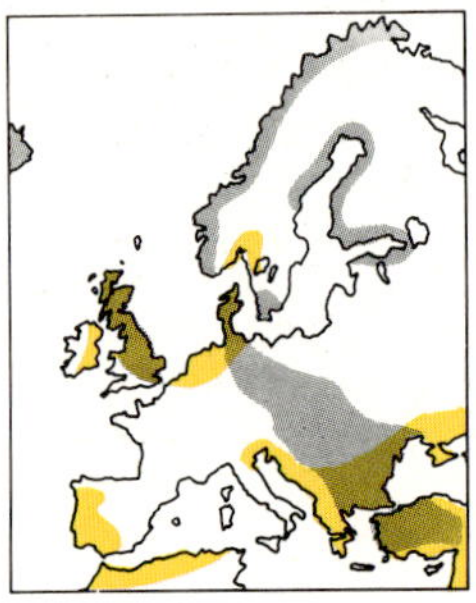

Kennzeichen: Große, hell graubraune Gans mit besonders im Flug auffallenden silbergrauen Vorderflügeln und weißem „Heck". Beine fleischfarben, der kräftige Schnabel orange bzw. (bei der helleren östlichen Rasse *A. a. rubirostris)* rosa.
Stimme: Lautes, nasales Trompeten, wie bei der von ihr abstammenden Hausgans, meist zwei- bis dreisilbige Rufe, „aah-ang-ang", „gagagag", „gingangang" usw.
Biotop: Brütet in Sümpfen und Flachmooren, meist an Binnenseen, aber auch an der Küste, halbwilde Populationen auch an kleineren Teichen, in Kiesgruben usw. Überwintert auf Weide- und Ackerland sowie an Flußmündungen.
Nahrung: Hauptsächlich Gräser, aber auch andere Futterpflanzen, Unkräuter und Feldfrüchte.
Fortpflanzung: Nistet im Schutz der Vegetation auf Inseln oder am Wasser. Brutverhalten wie bei allen Gänsen (s. Kanadagans). 3–4 Eier, Brutzeit etwa 4 Wochen. Die Jungen werden mit 9–10 Wochen flügge.

Kurzschnabelgans

Anser brachyrhynchus

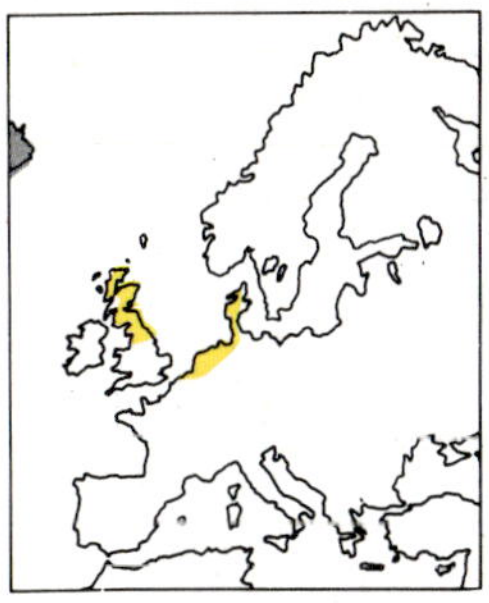

Kennzeichen: Oberseite grauer als bei anderen grauen Gänsen, Kopf und Hals dagegen sehr dunkel; im Flug hebt sich der graue Vorderflügel ab, wenn auch nicht so leuchtend wie bei der Graugans. Füße rosa, der kleine Schnabel schwarz mit rosa Binde.
Stimme: Zwei- bis dreisilbige, recht hohe Trompetentöne, dazwischen kennzeichnende hohe „uink-uink"-Rufe, auf dem Boden wie in der Luft.
Biotop: Zur Brutzeit in der Tundra; im Winter wie andere graue Gänse. Gern auf Ackerland.
Nahrung: Wie andere graue Gänse.
Fortpflanzung: Meist 4–5 Eier; Brutdauer 25–28 Tage. Die Jungen sind mit 8 Wochen flügge.

Saatgans

Anser fabalis

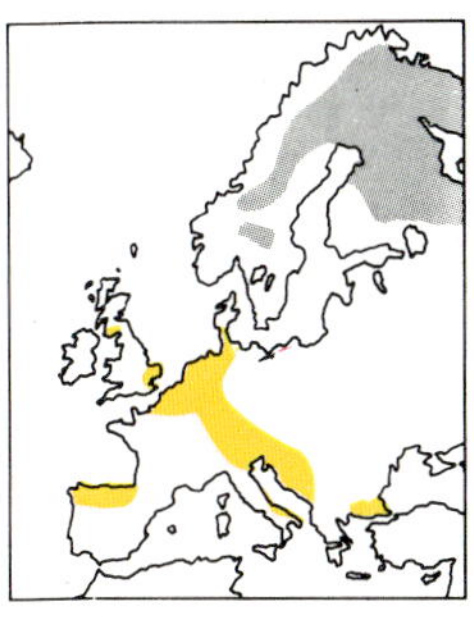

Kennzeichen: Dunkel, recht braun, am ehesten mit der Kurzschnabelgans zu verwechseln, die auch als Rasse der Saatgans angesehen wird; Kopf und Hals heller als bei dieser, aber dunkler als bei der Graugans. Vorderflügel nicht abstechend. Schnabel kräftig (bei den Taigarassen länger, bei den Tundrarassen höher), schwarz mit mehr oder weniger breiter orangegelber Binde und schwarzem Nagel.
Stimme: Eine Reihe tiefer, voller, zwei- bis dreisilbiger Rufe, „kajak, kajakak" und dgl. Nicht so stimmfreudig wie andere graue Gänse; Verbände fliegen manchmal stumm.
Biotop: Zur Brutzeit an Flüssen und Seen in der arktischen Taiga und Tundra. Im Winter Wiesen-, Weide- und Ackerland, meist in der Nähe offenen Wassers.
Nahrung: Wie andere graue Gänse.
Fortpflanzung: Meist 4–5 Eier; Brutdauer 27–29 Tage. Die Jungen sind mit rund 2 Monaten flügge.

Weibchen (links) und Männchen

Brandgans (Brandente)

Tadorna tadorna

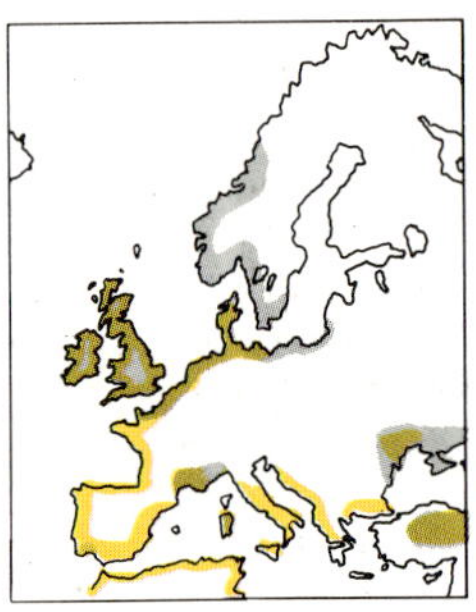

Kennzeichen: Unverwechselbar, große, recht gänseartige Ente, hauptsächlich weiß, mit schwarzgrünem Kopf und Hals, schwarzen Schwingen und Rückenstreifen und einem rostroten Brustband. Schnabel rot, beim Männchen mit deutlichem Höcker. Im Flug fallen die weißen Vorderflügel auf.
Stimme: Hauptsächlich am Brutplatz zu hören, beim Weibchen ein tiefes Quaken, beim Männchen hohe Pfiffe, in Erregung bei beiden tiefe, rauhe Rufe.
Biotop: Hauptsächlich an flachen Sand- oder Wattküsten, lokal auch im Binnenland. Zum Mausern versammeln sich die meisten Brandgänse Nordwesteuropas auf dem Großen Knechtsand vor der deutschen Nordseeküste.
Nahrung: Hauptsächlich kleine Schnecken, Muscheln, Würmer und Krebstiere.
Fortpflanzung: Nistet vorwiegend an der Küste, aber auch an Binnengewässern, in Kaninchenbauen, unter Gebüsch oder Steinen. 8–15 Eier, nur das Weibchen brütet (etwa 4 Wochen). Die Jungen werden anfänglich von beiden Eltern betreut, später aber in großen „Kindergärten" unter Führung von ein oder zwei Altvögeln zusammengefaßt; sie sind mit 7–8 Wochen flügge. 1 Jahresbrut.

Stockente
Anas platyrhynchos

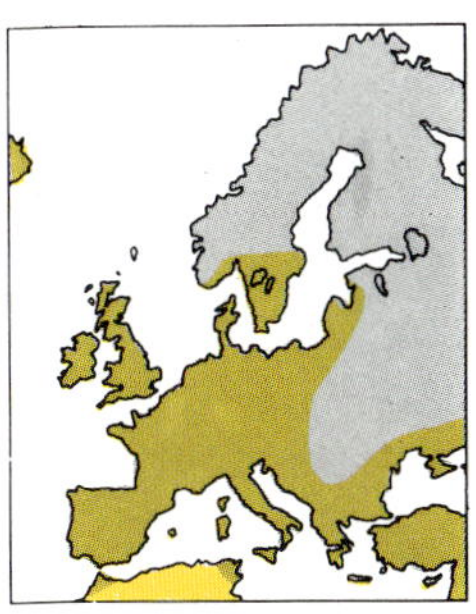

Kennzeichen: Männchen („Erpel") im Brutkleid hauptsächlich grau mit glänzend grünem Kopf, weißem Halsring, dunkelbrauner Brust und grünlichgelbem Schnabel; im Ruhekleid wie bei allen Enten dem Weibchen ähnlich. Dieses („Ente") hellbraun, dunkler gefleckt mit hornfarbenem Schnabel; beide haben weißlichen Schwanz und violettblauen, weiß eingefaßten Flügelspiegel. Reißender Flug; fliegt direkt vom Wasser auf (wie alle Gründelenten).
Stimme: Wie bei der von ihr abstammenden gewöhnlichen Hausente beim Weibchen ein lautes Quaken, beim Erpel ein leiser, hoher Pfiff.
Biotop: Süßwasser aller Art, auch dicht bei Wohngebieten. Im Winter oft am Watt und in küstennahen Feuchtgebieten. Zur Nahrungsaufnahme auch auf Feldern weitab vom Wasser.
Nahrung: Mannigfaltig, vorwiegend pflanzlich, aber auch Weichtiere und Würmer. Gründelt („Köpfchen in das Wasser, Schwänzchen in die Höh'") nach Unterwasserpflanzen und weidet an Land.
Fortpflanzung: Das mit viel Daunen gepolsterte Nest steht gewöhnlich gut versteckt am Boden, manchmal auch in hohlen Bäumen und an Gebäuden. Bei allen Enten obliegen Brutgeschäft und Jungenaufzucht allein dem Weibchen. 7–16 Eier; Brutdauer 22–29 Tage. Die Jungen werden mit knapp 3 Wochen flügge.

Mandarinente
Aix galericulata

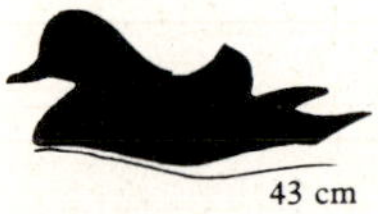

43 cm

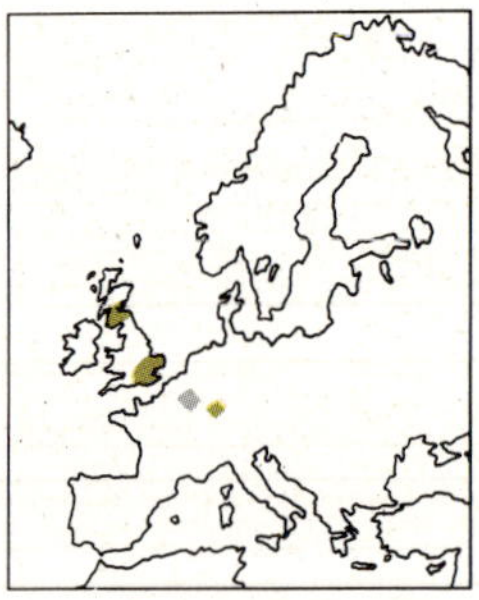

Kennzeichen: Erpel im Brutkleid unverwechselbar – kleine bunte Ente mit orange „Segeln“ auf den Flügeln und bunter Haube. Ente schlicht graubraun mit weißer Gesichtszeichnung und weißlich gefleckter Brust.
Stimme: Gewöhnlich hört man von fliegenden Vögeln einen kurzen Pfiff.
Biotop: Stammt aus Ostasien, lebt vor allem in Südengland halbwild auf Parkteichen, Flüssen usw., gewöhnlich in Waldnähe.
Nahrung: Hauptsächlich pflanzlich, auch Sämereien, dazu allerlei Wirbellose.
Fortpflanzung: Brütet gewöhnlich in Baumhöhlen. 9–12 Eier, Brutdauer etwa 4 Wochen. Die Jungen werden von der Mutter aus der Höhle gerufen und zum Wasser geführt.

Männchen (kleines Bild: Weibchen)

Weibchen

Männchen

Schnatterente
Anas strepera

51 cm

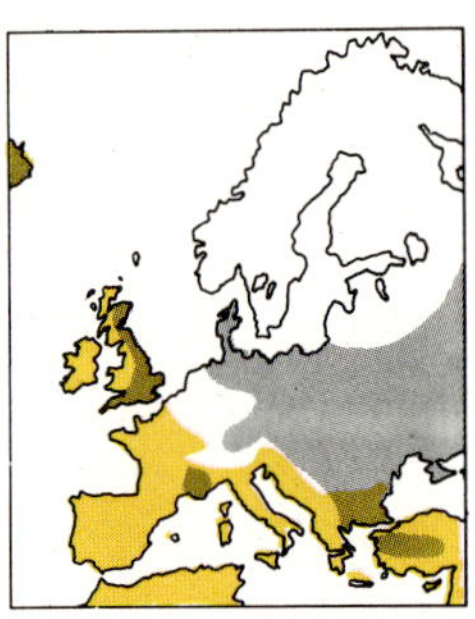

Kennzeichen: Erpel im wesentlichen grau und braun (sieht von weitem ganz grau aus) mit schwarzem „Heck“, Ente wie eine schlanke Stockente, aber Schnabelseiten orange, Schwanz braun. Beide zeigen, vor allem im Flug, weißen Flügelspiegel und weißen Bauch.
Stimme: Beim Weibchen lang gereihtes Quaken, beim Erpel hohe Grunzpfiffe und tiefes Schnarren.
Biotop: Ruhige Süßwasserseen, Teiche usw., auch Sümpfe. Im Winter häufiger zu beobachten, aber selten an der Küste.
Nahrung: Wie Stockente.
Fortpflanzung: Typisches Entennest mit viel Daunen, in dichter Vegetation nahe am Wasser, 8–12 Eier; Brutzeit knapp 4 Wochen. Brutverhalten wie Stockente, Führungszeit etwa 7 Wochen.

Männchen (links) und Weibchen

Pfeifente
Anas penelope

46 cm

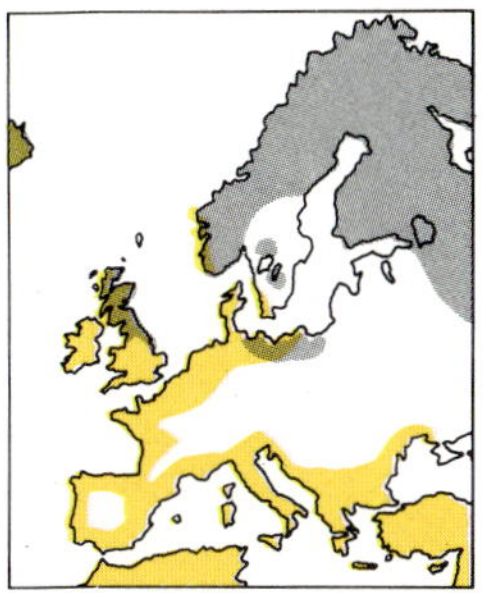

Kennzeichen: Erpel hellgrau mit rotbraunem Kopf, rahmgelber Stirn und weinrötlicher Brust; Ente rötlicher als andere Enten, mit kleinem Schnabel, kurzem Hals und runder Stirn. Beide zeigen im Flug weißen Bauch, der Erpel weißes Flügelfeld.
Stimme: Beim Weibchen ein Schnarren, beim Erpel ein lauter Pfiff.
Biotop: Zur Brutzeit größere vegetationsreiche Gewässer, im Winter oft in sehr großen Verbänden vorwiegend in Feuchtgebieten an der Küste, aber auch an größeren Gewässern und in Überschwemmungsgebieten im Binnenland; sucht regelmäßig auf Feldern Nahrung.
Nahrung: Fast rein pflanzlich; weidet mehr und gründelt seltener als andere Gründelenten.
Fortpflanzung: Typisches mit Daunen gepolstertes Entennest im Heidekraut, Gras oder Farnkraut usw. versteckt. 7–8 Eier, Brutzeit 24–25 Tage. Die Jungen sind mit rund 6 Wochen flügge.

Weibchen

Männchen

Krickente
Anas crecca

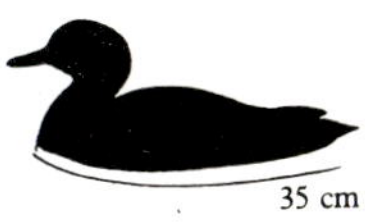

35 cm

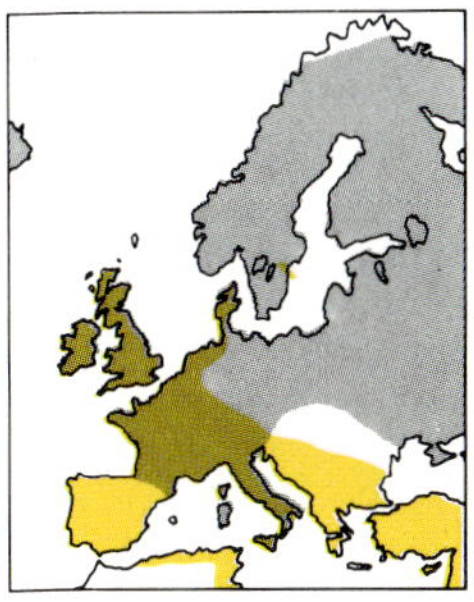

Kennzeichen: Unsere kleinste Ente. Erpel silbergrau, hat braunen Kopf mit breitem, vom Auge nach hinten gehendem grünem, beige eingefaßtem Streifen, weißen Seitenstreifen sowie rahmgelbes und schwarzes „Heck". Ente braun, dunkel gefleckt, mit dunklem Scheitel. Flügelspiegel schwarz und metallisch grün. Sehr beweglich, schneller, äußerst wendiger Flieger.
Stimme: Beim Weibchen ein hohes, nasales Quäken, beim Erpel ein wohlklingendes „krick, krick". Sehr stimmfreudig.
Biotop: Zur Brutzeit Sümpfe, Moorteiche, feuchte Heide usw. Im Winter Feuchtgebiete aller Art im Binnenland, selten an der Küste.
Nahrung: Wie Stockente; sucht ihre Nahrung meist in ganz seichtem Wasser watend.
Fortpflanzung: Wie Stockente. 8–10 Eier; Brutzeit 21–22 Tage, Führungszeit 44 Tage.

Männchen Weibchen

Knäkente
Anas querquedula

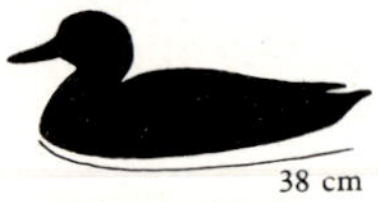

38 cm

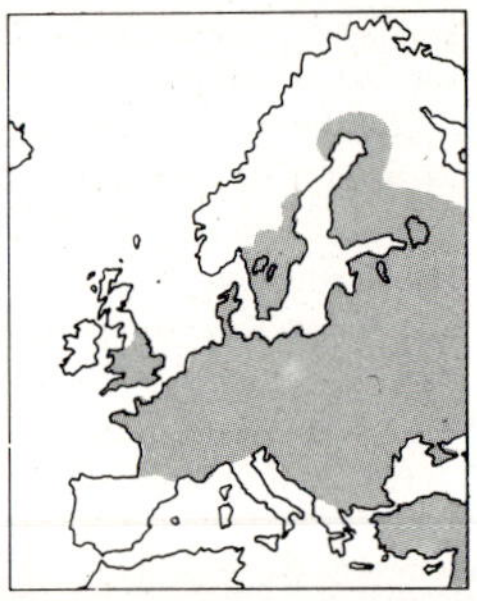

Kennzeichen: Wenig größer als Krickente. Erpel mit auffallendem weißem Brauenstreif, langen, schwarz-weißen Schulterfedern, scharf von der braunen Brust abstechenden silberweißen Seiten und im Flug sichtbaren hellgrauen Vorderflügeln. Ente der Krikkente sehr ähnlich, aber fahler, mit weißlicher Kehle und deutlich gestreiftem Gesicht. Spiegel unauffällig. Schneller, wendiger Flieger.
Stimme: Beim Weibchen ein kurzes, krickentenähnliches Quäken, beim Erpel ein unverwechselbares Knarren.
Biotop: Zur Brutzeit kleinere, deckungsreiche Binnengewässer; zur Zugzeit Binnengewässer aller Art.
Nahrung: Wie andere Gründelenten.
Fortpflanzung: Brütet in der Ufervegetation. 10–11 Eier; Brutzeit etwa 3 Wochen; Führungszeit 5–6 Wochen.

Männchen (in der Mitte) mit Stockenten

Spießente
Anas acuta

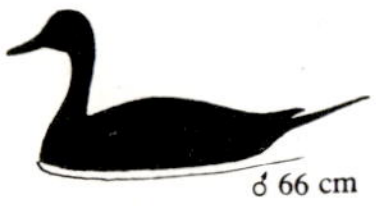

♂ 66 cm
♀ 56 cm

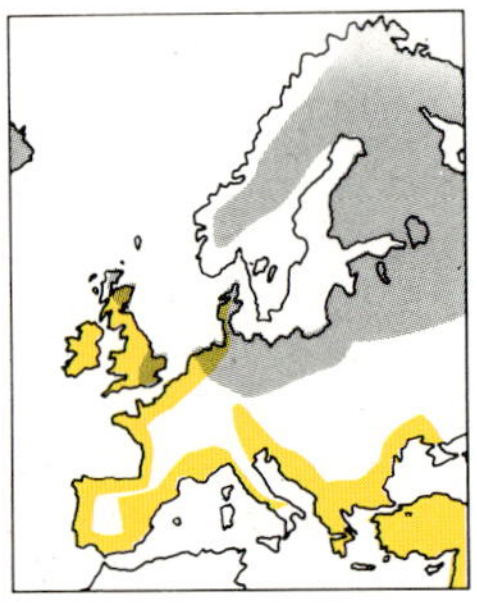

Kennzeichen: Erpel schlank, langhalsig, mit langem spitzem Schwanz; Rumpf silbergrau, Kopf braun, Brust und Hals weiß. Weibchen wie schlanke, blasse Stockente mit dünnem Hals, spitzem, braunem Schwanz und grauem Schnabel. Spiegel wenig auffällig.
Stimme: Balzruf des Erpels krickentenähnlich; Rufe des Weibchens rauh und tief.
Biotop: Zur Brutzeit offene Landschaft mit größeren, vegetationsreichen Gewässern, vor allem Moore, aber auch Überschwemmungsgebiete und Viehweiden; im Winter vor allem an der Küste, aber auch an größeren Binnengewässern.
Nahrung: Ähnlich wie Stockente, gründelt tiefer.
Fortpflanzung: 7–9 Eier, Brutzeit etwa 3 Wochen, Führungszeit etwa 7 Wochen.

Männchen

Weibchen

Löffelente

Anas clypeata

51 cm

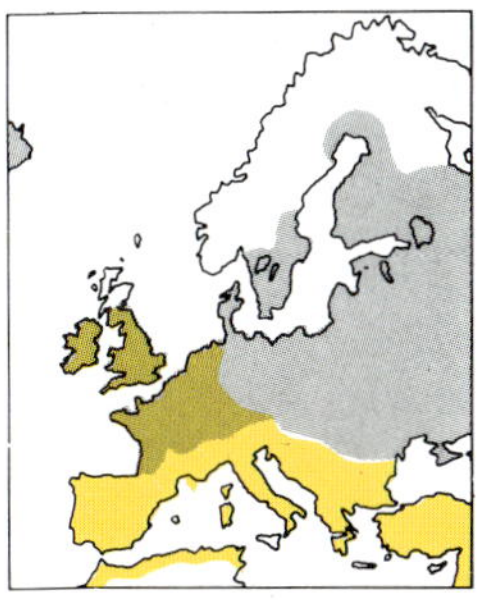

Kennzeichen: Erpel unverwechselbar, Kopf flaschengrün, Brust weiß, Bauch und Flanken rostbraun, Heck schwarz-weiß, Vorderflügel himmelblau. Ente wie kleine Stockente, Vorderflügel hellgrau. Der schwere Löffelschnabel (beim Erpel schwarz, beim Weibchen hornfarben) zeigt beim Schwimmen nach unten.
Stimme: Balzruf des Erpels zweisilbig, tief und rauh; Ente ruft zweisilbig quakend.
Biotop: Zur Brutzeit reich bewachsene, flache Binnengewässer; im Winter auch an offenen Gewässern, gern an der Küste.
Nahrung: Pflanzlich und tierisch gemischt (Wasserpflanzen und kleine Wassertiere), wird vornehmlich schwimmend aus dem Wasser gefiltert.
Fortpflanzung: Nistet gut versteckt, aber oft an offeneren, trockeneren Stellen als andere Gründelenten. 8–12 Eier, Brutzeit 22–25 Tage, Führungszeit 6–7 Wochen.

4 Männchen und 1 Weibchen

Kolbenente

Netta rufina

56 cm

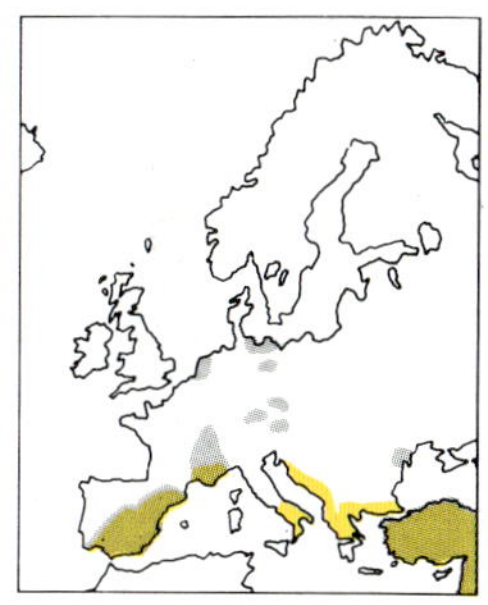

Kennzeichen: Erpel mit dickem orange Kopf mit aufrichtbarer Haube und rotem Schnabel; Hals, Brust, Unterseite und „Heck" schwarz, Schultern weiß, Rücken braungrau. Flanken weißlich. Weibchen hell graubraun mit dunkelbraunem Oberkopf und abstechend blassen Wangen. Im Flug fallen besonders beim Erpel die breiten weißen Flügelbinden auf.
Stimme: Balzruf des Erpels ein lautes „bät"; Flugruf des Weibchens erinnert an fernes Hundegebell.
Biotop: Flache Seen und Teiche mit reicher Ufervegetation sowie Lagunen. Im Winter auch offenere Gewässer; selten auf dem Meer.
Nahrung: Fast rein pflanzlich. Echte Tauchente, gründelt aber auch.
Fortpflanzung: Nistet gut versteckt nahe am Wasser. 8–10 Eier, Brutzeit rund 4 Wochen. Das Männchen nimmt größeren Anteil an der Brut als bei anderen Enten.

Männchen

Weibchen

Reiherente
Aythya fuligula

43 cm

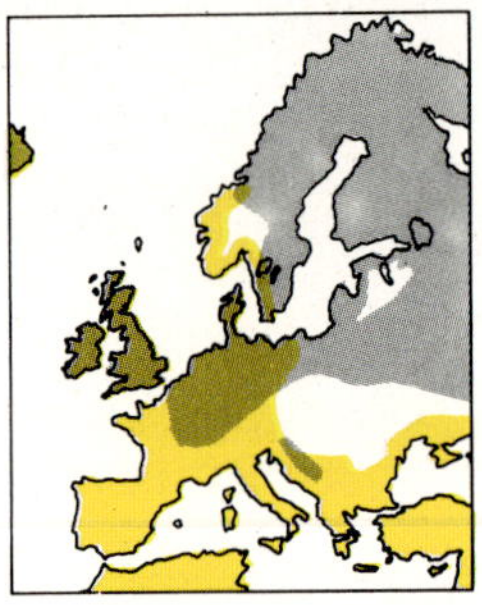

Kennzeichen: Tauchente, Erpel ganz schwarz mit „Hängezopf", nur Flanken und Bauch weiß. Ente dunkelbraun mit helleren Flecken und weißlichem Bauch; manchmal etwas Weiß an der Schnabelwurzel (nie soviel wie bei der Bergente). Beide zeigen im Flug eine auffallende weiße Flügelbinde.
Stimme: Weibchen ruft rauh „karr-karr"; Erpel schweigsamer, zur Brutzeit leise Balzpfiffe.
Biotop: Süßwasser aller Art, sogar Parkteiche; nur selten auf dem Meer.
Nahrung: Hauptsächlich kleine Wassertiere, vor allem Muscheln und Schnecken, weniger Fische, dazu Sämereien.
Fortpflanzung: Wie bei anderen Enten. 6–14 Eier, Brutdauer 23–26 Tage. Die Ente verläßt die Jungen manchmal schon nach wenigen Tagen.

Bergente
Aythya marila

48 cm

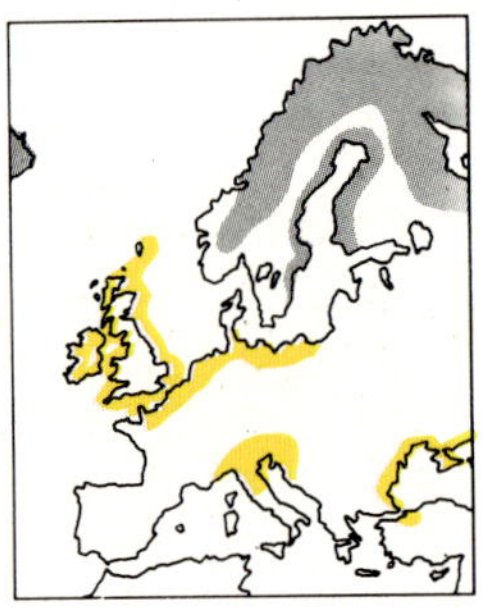

Kennzeichen: Echte Tauchente. Erpel schwarz mit silbergrauem „Sattel"; Flanken und Bauch weiß. Ente dunkelbraun mit helleren Seiten und großem weißem Fleck an der Schnabelwurzel. Beide zeigen im Flug eine breite weiße Flügelbinde.
Stimme: Meist stumm; Ente ruft knarrend „karr-karr"; Erpel läßt zur Brutzeit verschiedene pfeifende und gurrende Rufe hören.
Biotop: Zur Brutzeit stehende Gewässer; im Winter hauptsächlich an der Küste, meist in großen Verbänden.
Nahrung: Hauptsächlich kleine Wassertiere, vor allem Muscheln und Schnecken, die durch Tauchen von der Wasseroberfläche aus erbeutet werden.
Fortpflanzung: Brütet oft in lockeren Kolonien. 6–14 Eier. Brutzeit 23–26 Tage. Die Jungen können, wie bei allen Tauchenten, schon nach wenigen Stunden gut tauchen.

Ente (links) und Erpel

Weibchen und zwei Männchen

Tafelente
Aythya ferina

46 cm

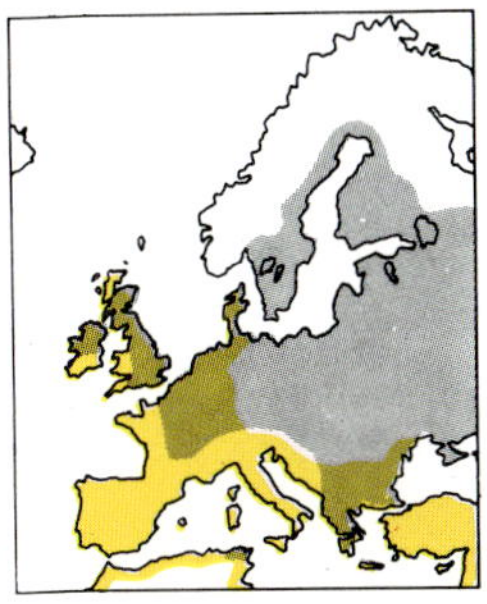

Kennzeichen: Auffallend fliehende Stirn. Erpel silbergrau mit rostrotem Kopf und schwarzer Brust, Ente graubraun mit abstechend fahlem Gesicht. Unauffällige graue Flügelbinde.
Stimme: Selten zu hören; Ente ruft schnarrend „körr“.
Biotop: Süßwasser aller Art; im Winter meist in großen Verbänden auf größeren Binnengewässern, selten auf dem Meer.
Nahrung: Hauptsächlich Wasserpflanzen, aber auch kleine Wassertiere. Taucht von der Wasseroberfläche aus.
Fortpflanzung: Nistet unmittelbar am oder im Wasser. 6–11 Eier, Brutdauer 24–28 Tage; Führungszeit 50–55 Tage.

2 Weibchen

Männchen

Moorente
Aythya nyroca

41 cm

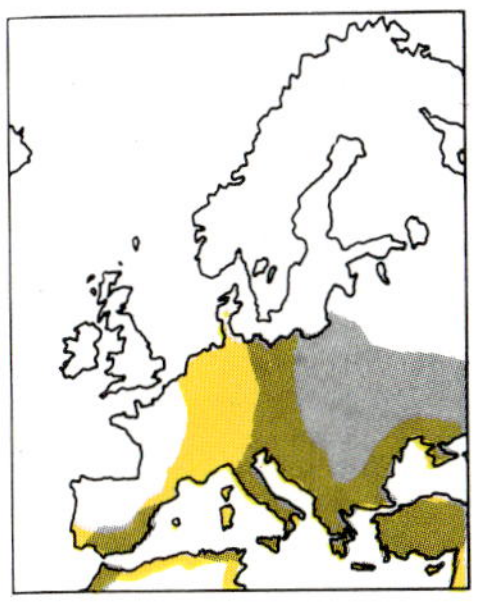

Kennzeichen: Unsere kleinste Tauchente, Erpel und Ente sehr ähnlich, mit auffallend weißem „Heck“ (bei der Reiherente selten, nie so ausgedehnt), Oberseite schwarzbraun, Kopf intensiv kastanienbraun, besonders beim Erpel; dieser hat weiße Augen. Zeigt im Flug deutliche weiße Flügelbinde und weißen Bauch.
Stimme: Ähnlich wie Tafelente, aber leiser.
Biotop: Nahrungsreiche, dicht bewachsene seichte Gewässer im Tiefland; im Winter auch auf offeneren Gewässern.
Nahrung: Vor allem Wasserpflanzen, dazu kleine Wassertiere.
Fortpflanzung: Ähnlich Tafelente. 8–10 Eier, Brutdauer 25–27 Tage. Die Jungen sind mit etwa 56–60 Tagen flügge.

Weibchen

Eiderente
Somateria mollissima

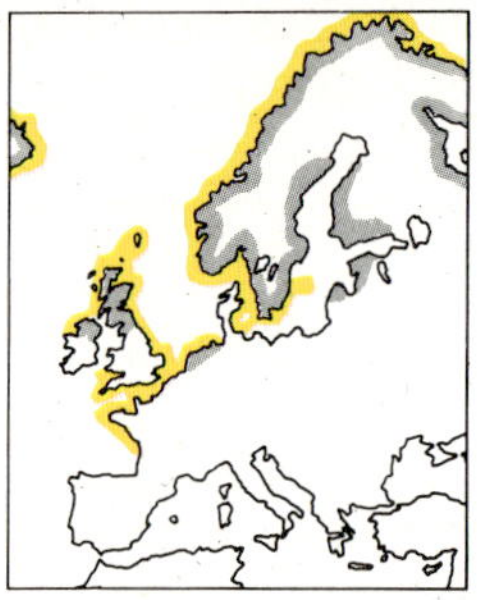

58 cm

Männchen und Weibchen

Kennzeichen: Größte Tauchente. Erpel im Prachtkleid als einzige Ente oben weiß, unten schwarz, Oberkopf schwarz, moosgrüner Nackenfleck, Schnabel grünlich. Ente dunkelbraun, dicht schwarz gebändert. Junge und mausernde Erpel sehr variabel gescheckt, aber immer kenntlich am arttypischen geraden Profil.
Stimme: Zur Paarbildungszeit sehr ruffreudig. Erpel laut „uhuh uhuh", Ente gackernd „goggoggoggoggog" und knarrend ‚korr'.
Biotop: Fast nur an der Küste.
Nahrung: Hauptsächlich Muscheln und Krebstiere.
Fortpflanzung: Nistet oft kolonieweise, meist dicht am Meer. Die Nester sind mit den berühmten Eiderdaunen gepolstert. Gewöhnlich 4–6 Eier, Brutdauer knapp 4 Wochen. Manchmal führen mehrere Weibchen ihre Jungen gemeinsam. Die Jungen werden mit 70 Tagen flügge.

Männchen

Weibchen

Prachteiderente
Somateria spectabilis

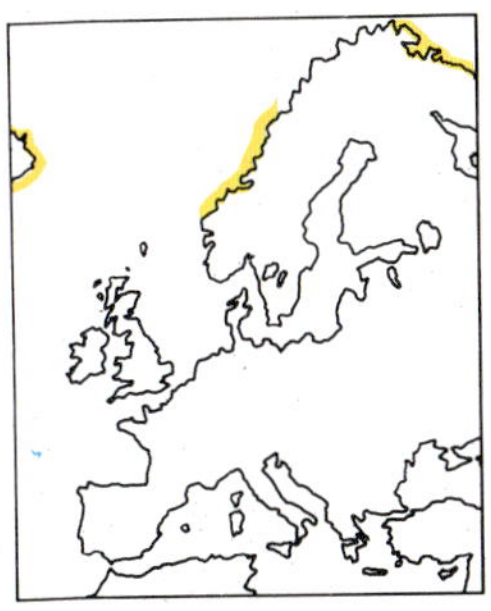

Kennzeichen: Erpel unverwechselbar, auf dem Wasser vorn weiß, hinten schwarz; Kopf hellgrau mit großem orange Stirnschild und kleinem Schnabel. Ente schwer von Eiderente zu unterscheiden, aber kleiner, mehr rötlichbraun mit runderem Kopf und kürzerem Schnabel.
Stimme: Ähnlich wie Eiderente; Ruf des Erpels stärker auf der letzten Silbe betont.
Biotop: Ähnlich wie Eiderente. Nistet in der Arktis an Süßwasserteichen in der Tundra. In Nordwesteuropa (Nordschottland und Nordnorwegen) regelmäßiger Wintergast in geringer Zahl.
Nahrung: Hauptsächlich Muscheln und Krebstiere.
Fortpflanzung: Meist 4–7 Eier. Einzelheiten der Brutpflege unbekannt, aber wohl ähnlich wie bei der Eiderente.

Weibchen und zwei Männchen

Scheckente
Polysticta stelleri

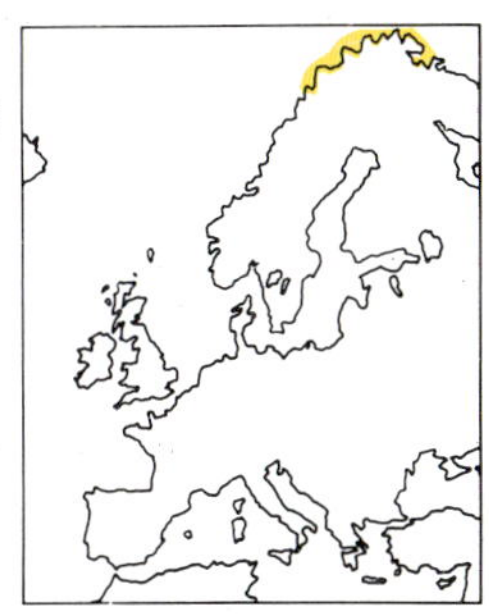

Kennzeichen: Kleine Tauchente. Erpel im Prachtkleid unverwechselbar: Kopf weiß mit moosgrüner Holle; Kehle, Hals und Oberseite schwarz, Vorderbrust und Seiten weiß, Unterseite rötlich. Ente wirkt wie weibliche Schwimmente, zeigt im Flug dunkelblauen Spiegel mit auffälliger weißer Begrenzung.
Stimme: Beim Erpel sanft gurrend, bei der Ente rauh krächzend.
Biotop: Felsküsten. Im westlichen Europa regelmäßig nur an der nordnorwegischen Küste zu beobachten.
Nahrung: Kleine Weich- und Krebstiere.
Fortpflanzung: Meist 6–8 Eier. Einzelheiten der Brutpflege unbekannt, vermutlich ähnlich wie bei der verwandten Eiderente.

Männchen

Weibchen

Trauerente
Melanitta nigra

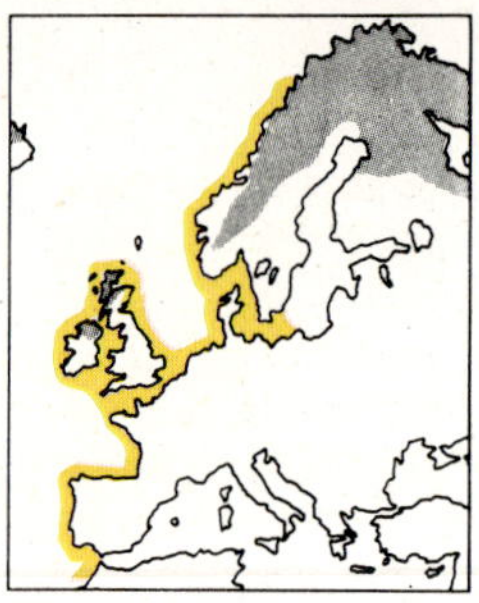

48 cm

Kennzeichen: Kleine Tauchente. Erpel ganz schwarz, Schnabel mit Höcker und gelbem Fleck. Ente dunkelbraun mit scharf vom dunklen Scheitel abstechenden hellen Wangen (s. Kolbenente), aber viel dunkler als diese und mit kleinem Kopf. Die deutlich größere Samtente *(M. fusca)* ist in allen Kleidern durch weißen Flügelspiegel und rote Füße unterschieden. Männchen im Prachtkleid schwarz mit weißem Augenfleck und gelben Schnabelseiten; Vögel im Schlichtkleid dunkel graubraun mit zwei hellen Wangenflecken.

Stimme: Ente rauh knarrend, Erpel flötend und gurrend.

Biotop: Zur Brutzeit Süßwasserseen, zur Mauserzeit (im Sommer) und im Winter hauptsächlich auf dem Meer, oft in großen Verbänden.

Nahrung: Hauptsächlich Weichtiere, ferner Krebstiere und Insekten.

Fortpflanzung: Nistet in dichter Vegetation meist nahe am Wasser. Gewöhnlich 5–7 Eier, Brutdauer rund 30 Tage, Führungszeit 6–7 Wochen.

Männchen

Weibchen

Schellente
Bucephala clangula

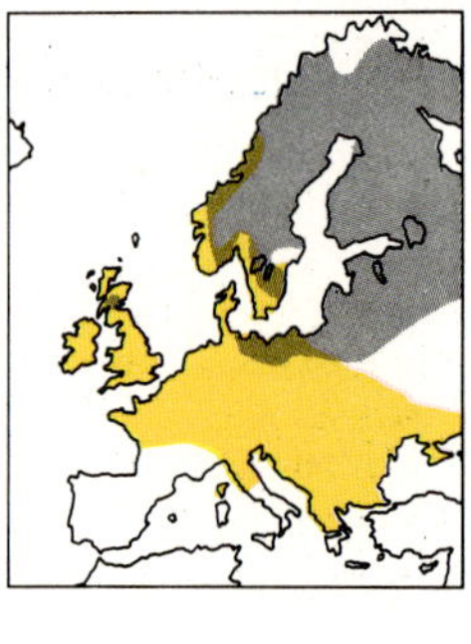

46 cm

Kennzeichen: Rundliche Tauchente. Erpel fast ganz weiß mit schwarzer Rückenmitte und dickem schwarzem Kopf mit rundem weißem Fleck zwischen Auge und Schnabel. Ente grau mit rundem braunem Kopf, vom Erpel im Ruhekleid durch gelbe Schnabelspitze, beide von Jungvögeln durch weißen Halsring unterschieden. Zeigt im Flug große weiße Flügelfelder; die Flügel erzeugen dabei ein lautes Klingeln („Schellente").

Stimme: Gewöhnlich stumm; einige knarrende Laute.

Biotop: Zur Brutzeit Seen und langsame Flüsse mit bewaldeten Ufern; im Winter offene Binnengewässer und Meeresbuchten.

Nahrung: Hauptsächlich Insekten, Krebstiere, Schnecken und Muscheln, weniger Fische.

Fortpflanzung: Nistet in Baumhöhlen; nimmt gern Nistkästen an. 6–15 Eier, Brutdauer 30 Tage. Die Jungen springen gleich nach dem Schlüpfen aus dem Nest und werden höchstens 2–3 Wochen vom Weibchen geführt; sie werden mit rund 60 Tagen flügge.

Männchen (links) und Weibchen im Winter

Weibchen (rechts) und zwei Männchen im Sommer

Eisente
Clangula hyemalis

41–53 cm

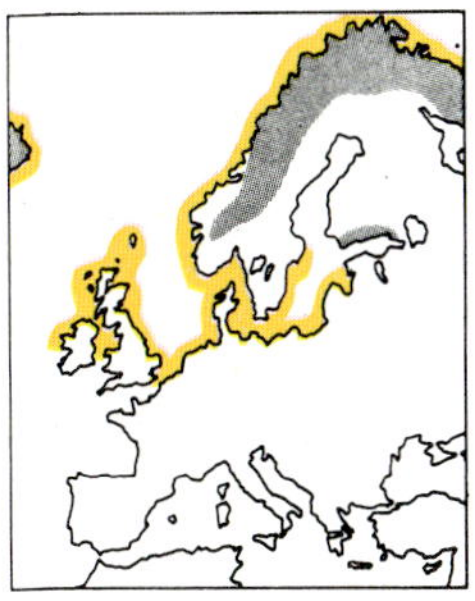

Kennzeichen: Erpel im Sommer überwiegend braun mit weißen Kopfseiten und weißem Bauch, im Winter weiß mit schwarzem Ohrfleck, schwarzer Brust und schwarzen Schulter- und Rückenstreifen; immer mit langen schwarzen Schwanzspießen und schwarz-rosa Schnabel. Weibchen ähnlich gezeichnet, aber bräunlicher mit kürzerem, spitzem Schwanz und grauem Schnabel. Flügel bei beiden dunkel, ohne Abzeichen. Fliegt schnell und gewandt.
Stimme. Ruffreudig, besonders vor Brutbeginn. Der Erpel hat mehrere laute, melodische, mehrsilbige Rufe, die Ente leisere, bellende Rufreihen.
Biotop: Brütet vor allem an kleinen, seichten Süßwasserteichen in der Tundra. Überwintert auf See, z. T. weitab vom Land, gelegentlich auch auf größeren Binnengewässern.
Nahrung: Insekten, kleine Krebstiere, Muscheln und Schnecken.
Fortpflanzung: Nistet in niedriger Vegetation nahe am Wasser. 6–8 Eier, Brutdauer 24 Tage, Führungszeit etwa 5 Wochen.

Zwei Männchen (außen) und zwei Weibchen

Gänsesäger
Mergus merganser

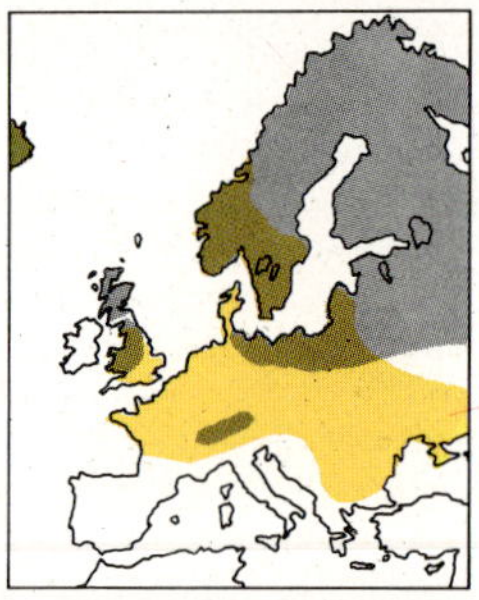

66 cm

Kennzeichen: Größer als Stockente, mit langem rotem Schnabel. Erpel überwiegend weiß (unten mit lachsrosa Anflug), Kopf schwarzgrün, Vorderrücken und Schultern schwarz; Weibchen aschgrau, Kopf mit zottigem Schopf rotbraun, Vorderhals und Brust scharf abgesetzt weiß.
Stimme: Weibchen heiser quakend, Männchen krächzend.
Biotop: Im Sommer Seen und Flüsse mit baumbestandenen Ufern, im Winter größere Binnengewässer, auch Stauseen; seltener auf dem Meer.
Nahrung: Hauptsächlich Fische, die wie bei allen Tauchenten durch Tauchen von der Wasseroberfläche aus erbeutet werden.
Fortpflanzung: Brütet in Höhlen in Bäumen, Steilwänden, Mauern u. dgl. oder zwischen Steinen; nimmt Nistkästen an. Gewöhnlich 7–13 Eier, Brutdauer 32 Tage; die Jungen sind mit fast 2 Monaten flügge.

Männchen

Weibchen

Mittelsäger
Mergus serrator

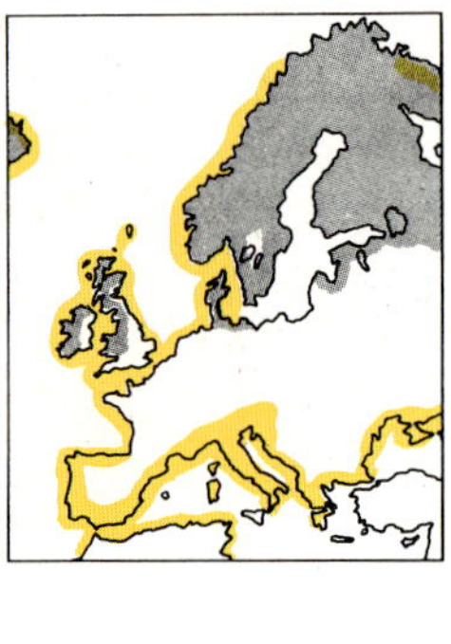

58 cm

Kennzeichen: Stockentengroß, schlank, mit struppiger Haube und langem, dünnem, rotem, gezähntem Schnabel. Erpel mit schwarzgrünem Kopf, breitem weißem Halsband, rotbrauner Brust und weißem Seitenstreif; Ente vom sehr ähnlichen Gänsesägerweibchen unterschieden durch geringere Größe, insgesamt bräunlichere Färbung und allmählichen Übergang vom Weiß des Vorderhalses zum Graubraun des Hinterhalses.
Stimme: Gewöhnlich stumm; zur Brutzeit hört man u. a. vom Erpel einen kratzenden Doppellaut, von der Ente ein rauhes Knurren.
Biotop: Zur Brutzeit vorwiegend an der Küste und an größeren und kleineren Seen, aber auch an Flüssen; im Winter fast nur vor der Küste, selten im Binnenland.
Nahrung: Hauptsächlich Fische, aber auch andere kleine Wassertiere.
Fortpflanzung: Nistet gewöhnlich an geschützten Stellen in der Ufervegetation. 7–12 Eier, Brutdauer gut 4 Wochen. Die Jungvögel werden oft in großen Schoofen zusammengefaßt und sind mit etwa 60 Tagen flügge.

Ein Weibchen (rechts) und zwei Männchen

Zwergsäger
Mergus albellus

41 cm

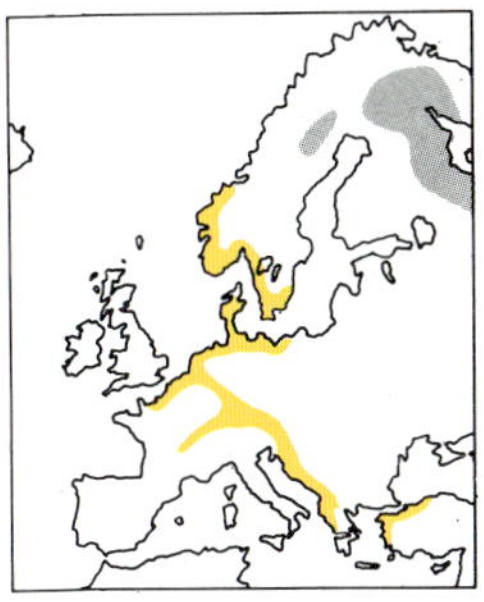

Kennzeichen: Kleine, kurzschnäbelige Tauchente. Erpel unverkennbar, vorwiegend weiß mit schwarzem Augenfleck, kurzer schwarzweißer Haube und schwarzem Rükken; Ente und Jungvögel vorwiegend grau mit rotbrauner Kappe und scharf davon abstechenden weißen Wangen.
Stimme: Meist stumm, Männchen ein leises, hohes Knarren, Weibchen ein rauhes, einsilbiges Knurren.
Biotop: Im Sommer seichte Seen und langsam fließende Flüsse in Waldgebieten, im Winter hauptsächlich Binnen-, seltener Küstengewässer.
Nahrung: Wie bei anderen Sägern.
Fortpflanzung: Nistet in Baumhöhlen nahe am Wasser, auch in Nistkästen. 6–9 Eier; gelegentlich Mischgelege mit Schellente. Brutdauer 30 Tage; die Jungen sind mit 10 Wochen flügge.

Schwarzkopfruderente
Oxyura jamaicensis

41 cm

Kennzeichen: Kleine Tauchente mit langem, steifem Schwanz, der beim Schwimmen meist aufgerichtet wird. Erpel rotbraun mit schwarzem Kopf, weißen Wangen und schwarzem Unterschwanzdecken und blauem Schnabel; Ente graubraun mit unscharfem Längsstreif auf der hellen Wange und dunklem Schnabel. Erpel im Ruhekleid ähnlich Ente, aber ohne dunklen Wangenstreif.
Stimme: Meist stumm. Balzende Erpel klappern mit dem Schnabel und schlagen damit gegen die Brust; Weibchen klappern ebenfalls, verfügen daneben über verschiedene Rufe.
Biotop: Aus Nordamerika in Großbritannien eingebürgert, dort auf kleinen Teichen, Stauseen, Kiesgruben usw.
Nahrung: Hauptsächlich Insektenlarven und Samen von Wasserpflanzen.
Fortpflanzung: Nistet gut versteckt nahe am Wasser. 6–10 Eier, Brutdauer 25–26 Tage.

Weibchen (kleines Bild: Männchen)

Höckerschwan *(Cygnus olor):* Fliegt mit lang ausgestrecktem Hals und langsamen, regelmäßigen Flügelschlägen. Bewegung der Flügel durch die Luft erzeugt kennzeichnendes Dröhnen. Großer Kopf und Schnabelhöcker. Siehe S. 51.

Singschwan *(Cygnus cygnus):* Kraftvoller Flügelschlag; Flügel erzeugen leises Zischen. Vom Höckerschwan durch kleineren Kopf und noch schlankeren Hals unterschieden. Lauter, klangvoller, etwas gänseartiger Ruf. Siehe S. 52.

Zwergschwan *(Cygnus columbianus):* Kleiner als Sing- und Höckerschwan. Hals kürzer, Flügelschlag schneller. Flugrufe weich und tief. Siehe S. 52.

Kanadagans *(Branta canadensis):* Langer, dünner Hals läßt sie fast schwanenähnlich erscheinen. Schneller Flug mit tiefen, regelmäßigen Flügelschlägen. Klangvoller, trompetender Ruf. Siehe S. 53.

Weißwangengans *(Branta leucopsis):* Im Flug fallen die silbergraue Oberseite und die ziemlich spitzen Flügel auf. Flugruf rauh, bellend, an kleine Hunde erinnernd. Siehe S. 54.

Ringelgans *(Branta bernicla):* Schneller Flügelschlag. Fliegt selten in geordneter Formation. Geringe Größe und kurzer Hals können im Gegenlicht zu Verwechslung mit Stockente führen. Siehe S. 54.

Kurzschnabelgans *(Anser brachyrhynchus):* Fliegt mit schnellen, fließenden Flügelschlägen in geschlosseneren Verbänden als andere graue Gänse. Kopf klein und dunkel; Vorderflügel hell, aber dunkler als bei Graugans. Flugruf hoch „uink-uink". Siehe S. 57.

Graugans *(Anser anser):* Schneller, kraftvoller Flug. Hellgraue Vorderflügel stechen vom dunklen Hinterrand ab. Bauch gewöhnlich ungefleckt. Klangvoller dreisilbiger Flugruf. Siehe S. 56.

Bleßgans *(Anser albifrons):* Flügel schmaler, Kopf eckiger als bei anderen grauen Gänsen. Flugruf höher als bei Grau- und Saatgans. Altvögel haben dunkel gefleckten Bauch und weiße Gesichtszeichnung. Siehe S. 55.

Gänsesäger *(Mergus merganser):* Gerader, gleichmäßiger Flug mit schnellen Flügelschlägen. Erpel: schwarzer Kopf, schwarze Flügelspitzen. Weibchen und Jungvögel: rotbrauner Kopf, weißer Unterhals und weißes Feld am Flügelhinterrand. Siehe S. 70.

Brandgans *(Tadorna tadorna):* Flug mehr gänse- als entenartig. Farben ähnlich wie bei männlichen Gänsesägern und Löffelenten, aber anders verteilt; auch andere Gestalt. Männchen pfeift, Weibchen quakt. Siehe S. 58.

Pfeifente *(Anas penelope):* Erpel hat weißes Feld im Vorderflügel. Beide Geschlechter haben grünen Spiegel und helle Unterflügel mit abstechendem dunklem Hinterrand. Fliegt in dicht geschlossenen Verbänden. Siehe S. 61.

Stockente *(Anas platyrhynchos):* Flacher Flügelschlag; die Flügel gehen kaum tiefer als der Rumpf. Leuchtend blauer Spiegel mit schmaler weißer Begrenzung. Ruf des Erpels ein leises Quieken, der Ente das bekannte Quaken. Siehe S. 59.

Spießente *(Anas acuta):* Erscheint im Flug schlank, mit schmalen, spitzen Flügeln, dünnem Hals und langem, spitzem Schwanz. Schneller Flügelschlag. Weißer Flügelhinterrand. Fliegt häufiger in Keilformation als andere Enten. Siehe S. 62.

Knäkente *(Anas querquedula):* Von oben erkennt man die hell blaugrauen Vorderflügel; von unten ist der Kontrast zwischen brauner Brust und hellem Bauch auffällig. Schneller Flügelschlag. Siehe S. 62.

Löffelente *(Anas clypeata):* Der riesige Schnabel läßt den Hals sehr lang erscheinen. Flügel spitz. Beide Geschlechter haben hellblaue Vorderflügel und grünen Spiegel mit schmaler weißer Begrenzung. Siehe S. 63.

Tafelente *(Aythya ferina):* Rundlich, erscheint schwerfällig, aber Flug schnell und kraftvoll. Von oben stechen dunkelgraue Vorderflügel vom hellgrauen Hinterrand ab; von unten auffallender Kontrast zwischen dunkler Brust und hellem Bauch. Siehe S. 65.

Reiherente *(Aythya fuligula):* Gedrungen wie Tafelente, wirkt aber weniger schwerfällig. Gerader Flug mit schnellen Flügelschlägen. Das dunkelbraune Weibchen wirkt im Flug fast schwarz. Beide Geschlechter haben breites weißes Band im Hinterflügel. Siehe S. 64.

Schmutzgeier
Neophron percnopterus

58–66 cm

Kennzeichen: Kleinster Geier (gut bussardgroß), mit langen, spitzen Flügeln, keilförmigem Schwanz, nacktem Kopf und dünnem Schnabel. Altvögel schmutzig weiß mit schwarzen Schwungfedern, gelbem Vorderkopf und gelben Füßen; Jungvögel erst dunkelbraun, später scheckig bis fast weiß.
Stimme: Fast stumm.
Biotop: Streicht vom Brutplatz im Gebirge überall in der Umgegend umher. Besucht Müllkippen, Schlachthöfe usw.
Nahrung: Eßbare Abfälle aller Art, auch Aas; lauert dabei auf Abfälle von der Mahlzeit größerer Geier.
Fortpflanzung: Dauerehe. Horstet in einer Spalte oder Höhle oder unter einem Felsüberhang an einer Felswand. 2 Eier; beide Gatten brüten, Brutdauer 6 Wochen. Die Jungen werden mit 2½ bis 3 Monaten flügge, doch hält die Familie noch länger zusammen.

Bartgeier
Gypaetus barbatus

102–114 cm

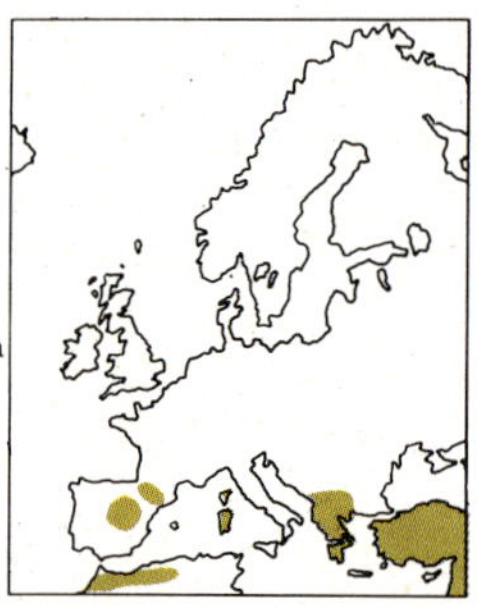

Kennzeichen: Sehr großer Greifvogel. Flugbild mit langen, spitzen Flügeln und langem, spatelförmigem Schwanz falkenhaft. Altvögel oben schwarzgrau, unten weiß bis rostrot, Kopf weißlich mit schwarzem „Schnurrbart“. Jungvögel erst einfarbig schwarzbraun, später dunkel und hell gefleckt mit schwarzem Kopf.
Stimme: Meist stumm. Erregungsruf ein hohes, dünnes „kii-ii“.
Biotop: Einsame Hochgebirge; in Europa sehr selten geworden.
Nahrung: Frischtote Tiere, vor allem deren Knochen, die er oft aus großer Höhe fallen läßt, um an das Mark zu gelangen; erbeutet auch Kleinsäuger und Schildkröten. Erscheint meist nach den anderen Geiern am Aas.
Fortpflanzung: Dauerehe. Horstet in Höhlen oder Nischen in Felswänden, 1–2 Eier; beide Gatten brüten (bei größerem Anteil des Weibchens) etwa 8 Wochen. Die Jungen fliegen nach etwa 110 Tagen aus.

Gänsegeier
Gyps fulvus

97–104 cm

Kennzeichen: Sehr großer Greifvogel mit langen, breiten Flügeln, sehr kurzem, fast gerade abgeschnittenem Schwanz und kleinem Kopf. Altvögel sandfarben mit weißer, Jungvögel dunkler mit brauner Halskrause; Schwingen und Schwanz schwarz. Kopf und Hals mit weißem Flaum bedeckt.
Stimme: Meist stumm; am Horst krächzende und pfeifende Laute.
Biotop: Vor allem im Gebirge; zur Nahrungssuche überall im Umland.
Nahrung: Aas aller Art; an Kadavern von Großtieren versammeln sich oft große Mengen.
Fortpflanzung: Dauerehe. Horstet auf Felsabsätzen oder in Höhlen in Felswänden. 1 Ei; beide Gatten brüten (7–8 Wochen). Das Junge fliegt nach gut 4 Monaten aus.

Mönchsgeier
Aegypius monachus

99–107 cm

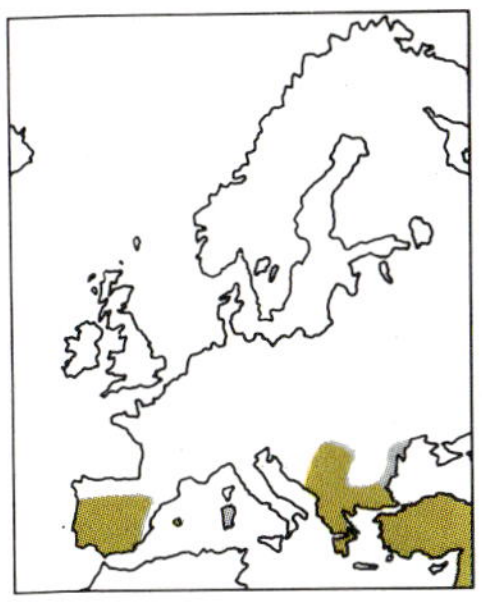

Kennzeichen: Etwas größer als Gänsegeier, aber viel dunkler (sieht von weitem schwarz aus), mit längerem Schwanz und wuchtigerem Kopf und Schnabel. Halskrause dunkelbraun; Kopf nackt, bei Altvögeln bläulich, bei Jungvögeln schwarzbraun.
Stimme: Meist stumm; am Horst verschiedene krächzende Laute.
Biotop: In Europa sehr selten geworden, auf abgelegene bewaldete Gebirge beschränkt.
Nahrung: Fast ausschließlich Aas. Weniger gesellig als Gänsegeier.
Fortpflanzung: Dauerehe. Horstet auf Bäumen, nur ausnahmsweise an Felswänden. 1 Ei; beide Gatten brüten (50–55 Tage). Die Jungen fliegen nach etwa 4 Monaten aus.

Altvogel mit Jungen

Helle Form

Dunkle Form

Mäusebussard
Buteo buteo

51–56 cm

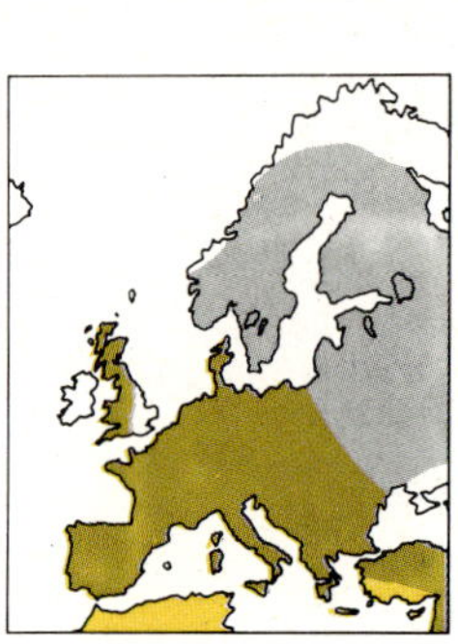

Kennzeichen: Mittelgroßer, gedrungener Greifvogel mit breiten Schwingen und relativ kurzem Schwanz. Färbung sehr variabel, von fast weiß bis fast schwarz, meist oben braun, unten heller, oft mit dunklem Fleck am Flügelbug. Schwanz eng gebändert mit dunkler Endbinde. Segelt mühelos auf leicht V-förmig gehobenen Flügeln mit gefächerten Schwungfedern; rüttelt gelegentlich.
Stimme: Bekanntester Ruf ein helles, klagendes, weithin hörbares Miauen.
Biotop: Vorzugsweise Waldgebiete mit angrenzenden freien Flächen, aber auch offenes Gelände mit kleinen Wäldchen, vor allem im Winter.

Nahrung: Vorwiegend kleinere Säugetiere von Wühlmaus- bis Kaninchengröße, aber auch Vögel, Kriechtiere, Lurche, Insekten und Würmer; geht auch an Aas. Jagt von einer niedrigen Warte aus oder im Suchflug, schlägt seine Beute nach kurzem Gleitflug am Boden.
Fortpflanzung: Horstet meist auf Bäumen, gelegentlich auch an Felswänden. 2–3 Eier; anscheinend brüten beide Partner. Brutdauer durchschnittlich 33 Tage. Die Jungen sind nach 6–7 Wochen flügge.

Rauhfußbussard
Buteo lagopus

51–56 cm

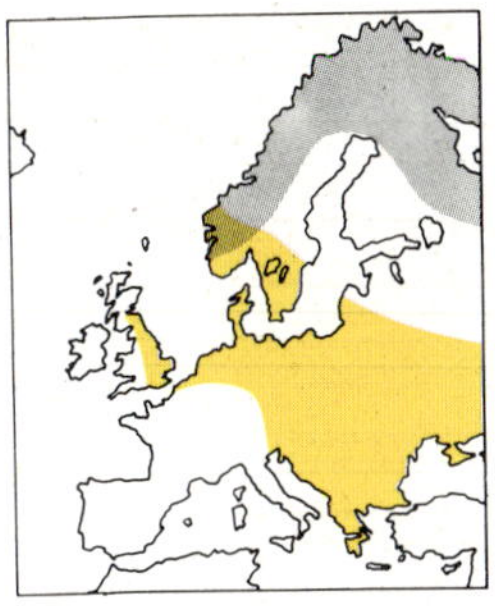

Kennzeichen: Flügel länger als beim Mäusebussard, mit von unten auffallenden dunklen Bugflecken und Schwingenspitzen, Unterseite gewöhnlich viel weißer, Bauch dunkel, Kopf hell, Schwanz weiß mit breiter schwarzer Endbinde.
Stimme: Nicht unähnlich dem Miauen des Mäusebussards, aber lauter und tiefer.
Biotop: Zur Brutzeit ödes Bergland im Norden, im Winter offene Landschaft, auch im Tiefland an der Küste.
Nahrung: Hauptsächlich Kleinnager und Kaninchen. Rüttelt ständig bei der Jagd.
Fortpflanzung: Horstet gewöhnlich auf Felsabsätzen, im hohen Norden auch auf dem Boden. Gelegegröße vom Nahrungsangebot abhängig, gewöhnlich 3–5 Eier, die fast allein vom Weibchen ausgebrütet werden. Brutdauer etwa 31 Tage; die Jungen werden mit etwa 6 Wochen flügge.

Wespenbussard
Pernis apivorus

51–58 cm

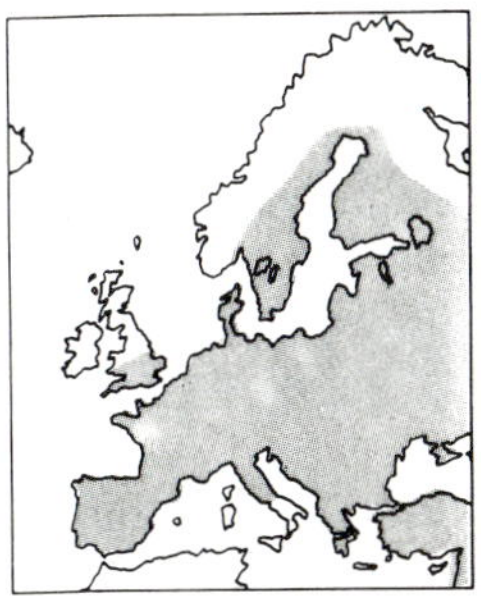

Kennzeichen: Dem Mäusebussard ähnlich, aber die breiten Flügel sind am Ansatz schmaler, der Schwanz ist länger, der Kopf auf dem etwas längeren Hals merkwürdig klein. Unterseite sehr variabel, aber Unterschwanz immer mit zwei schmalen dunklen Binden am Ansatz und einer breiteren am Ende. Im Gleitflug hängen die Flügel ein wenig – ein selbst auf große Entfernung gut sichtbares Merkmal.
Stimme: Zur Brutzeit meist still, danach sehr ruffreudig. Flugruf hoch, langgezogen, etwas klagend.
Biotop: Hauptsächlich Waldränder und Lichtungen; auf dem Zug offeneres Gelände.
Nahrung: Hauptsächlich die Larven von Wespen und Hummeln; gelegentlich auch Kleinsäuger und Vögel.
Fortpflanzung: Horstet gewöhnlich in hohen Waldbäumen. Meist 2 Eier, Brutdauer 30–37 Tage; in der Regel brüten beide Partner. Die Jungen verlassen das Nest nach 33–40 Tagen und sind mit 44 Tagen flügge.

Habichtsadler
Hieraaetus fasciatus

66–74 cm

Kennzeichen: Mittelgroßer Adler. Altvögel oben dunkel mit weißem Rückenfleck. Flügelvorderrand, Kehle, Brust, Bauch und Beine leuchtend weiß, Unterschwanz grau mit breiter dunkler Endbinde. Jungvögel zuerst rötlich braun mit gebändertem Schwanz, später fast einheitlich braun und schwer anzusprechen.
Stimme: Meist stumm; am häufigsten ein hohes, habichtähnliches Keckern.
Biotop: Felsige Hänge und dgl. im Gebirge; im Winter weiter unten.
Nahrung: Kaninchen und andere Kleinsäuger sowie Vögel; ein kühner, gewandter Jäger, der wie ein Falke auf seine Beute stößt.
Fortpflanzung: Horstet gewöhnlich auf Felsabsätzen, manchmal auf Bäumen. 2 Eier; nur das Weibchen brütet (37–40 Tage). Die Jungen sind mit etwa 2 Monaten flügge.

Zwergadler
Hieraaetus pennatus

46–53 cm

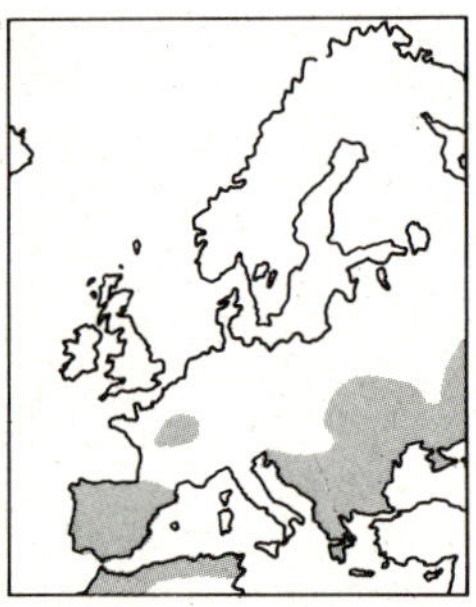

Kennzeichen: Knapp bussardgroß, aber Flügel schmaler, Schwanz länger und schmaler; Kopf wirkt groß. Zwei Farbphasen. Die häufigere helle ist unten bis auf die dunklen Schwungfedern und eine undeutliche Schwanzendbinde weiß; die dunkle wirkt unterseits einheitlich dunkelbraun mit hellerem Schwanz. Bei beiden fallen die reinweißen vordersten Schulterfedern auf. Ein gewandter, kraftvoller Flieger.
Stimme: Sehr ruffreudig, Lautäußerungen sehr mannigfaltig, am häufigsten lange, allmählich anschwellende Rufreihen in schwankender Tonhöhe.
Biotop: Hauptsächlich bewaldetes, mit großen offenen Flächen durchsetztes Gelände.
Nahrung: Kleinvögel und allerlei kleine Tiere.
Fortpflanzung: Horstet auf hohen Bäumen. Meist 2 Eier; nur das Weibchen brütet (35–39 Tage). Die Jungen sind mit etwa 8 Wochen flügge.

Steinadler
Aquila chrysaetos

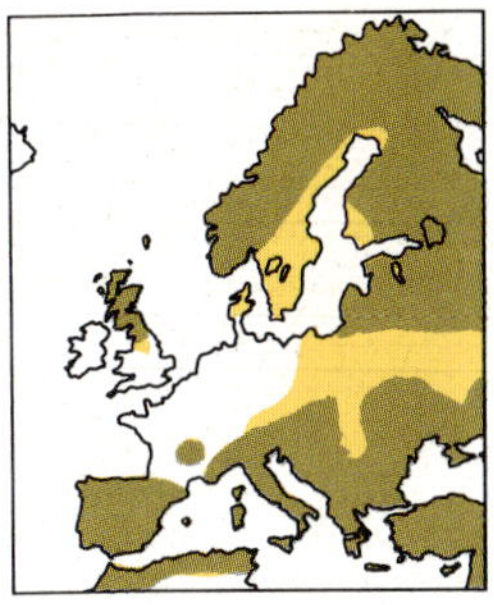

Kennzeichen: Großer Adler mit langen Flügeln und breitem Schwanz. Altvögel mehr oder weniger einheitlich dunkelbraun mit blaßgoldenem Schimmer auf Scheitel und Nacken. Jungvögel mit weißem Flügelfleck und weißem Schwanz mit dunkler Endbinde; das Weiß verliert sich mit zunehmendem Alter. Segelt meisterlich, oft in großen Höhen.
Stimme: Meist stumm; gelegentlich kläffende und pfeifende Rufe.
Biotop: Vorwiegend Gebirge, im Sommer oberhalb der Waldgrenze, im Winter weiter unten, in manchen Gegenden bewaldetes und offenes Gelände in tieferen Lagen sowie Felsküsten.
Nahrung: Hauptsächlich mittelgroße Säuger und Vögel, z.B. Murmeltiere, Kaninchen, Hasen und Schneehühner; geht auch an Aas. Jagt in geringer Höhe langsam suchend, stößt plötzlich zu.
Fortpflanzung: Horstet an Felswänden oder auf Bäumen, selten auf dem Boden. Gewöhnlich 2 Eier. Nur das Weibchen brütet, wird aber manchmal vom Männchen abgelöst. Brutdauer 43–44 Tage; die Jungen werden mit etwa 11 Wochen flügge.

Seeadler
Haliaeetus albicilla

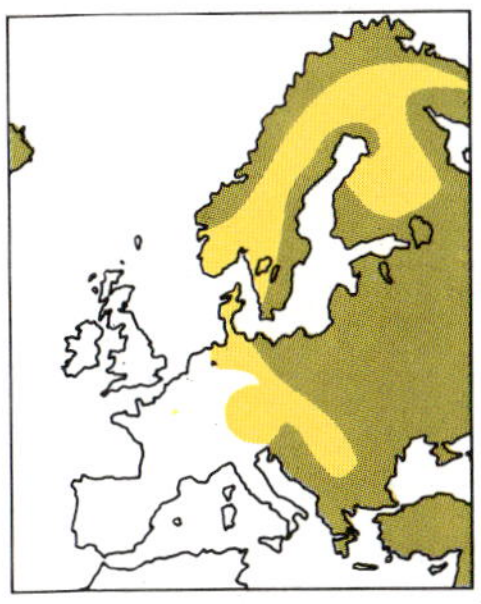

Kennzeichen: Riesiger Adler mit breiten Flügeln und kurzem, keilförmigem Schwanz, vorwiegend braun, Altvögel mit hellem Kopf und weißem Schwanz. Kopf und Schnabel massiger als beim Steinadler, Flugbild geierähnlicher wegen des viel kürzeren Schwanzes und der viel breiteren und mehr gerade abgeschnittenen Flügel.
Stimme: Die des Männchens hoch und gellend, die des Weibchens tiefer und rauher.
Biotop: Felsküsten und die Ufer großer Binnengewässer.
Nahrung: Vögel aller Größen, die er meist auf dem Wasser schlägt. Fische, die er nahe der Wasseroberfläche greift, kleine bis mittelgroße Säugetiere; geht gern an Aas.
Fortpflanzung: Der typische Adlerhorst aus Reisig steht auf einem Baum oder Felsen. 1–3 Eier, die hauptsächlich vom Weibchen 38–42 Tage lang bebrütet werden. Die Jungen werden mit 80–90 Tagen flügge.

Schlangenadler
Circaetus gallicus

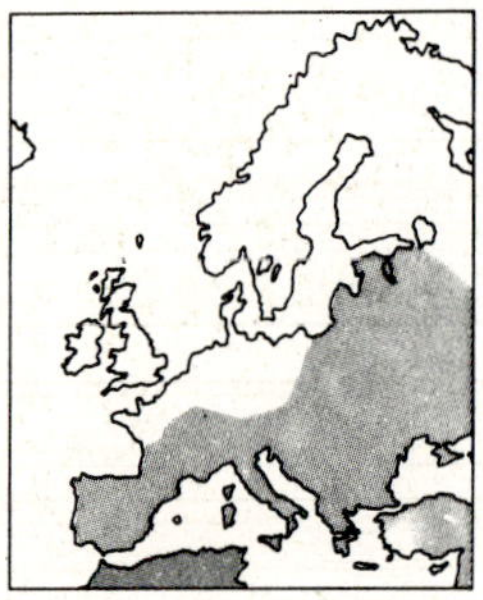

Kennzeichen: Mittelgroßer Adler mit großem Eulenkopf. Sehr variabel, oberseits meist graubraun, unterseits weiß mit dunklen Schwingenspitzen, meist mit mehr oder weniger ausgeprägter dunkler Querbänderung, fast immer mit dunkler Kehle und drei dunklen Schwanzbinden. Rüttelt häufig mit hängenden Beinen.
Stimme: Recht ruffreudig, besonders in Horstnähe. Ruft meist zweisilbig, Stimme des Männchens wohllautender als die des Weibchens.
Biotop: Abwechslungsreiches Gelände mit bewaldeten und freien Flächen, vor allem im Hügelland.
Nahrung: Schlangen, Eidechsen, Frösche usw.; rüttelt ständig bei der Jagd.
Fortpflanzung: Horstet in Bäumen. 1 Ei, das rund 45 Tage allein vom Weibchen bebrütet wird; das Junge wird mit 10–11 Wochen flügge.

Fischadler
Pandion haliaetus

Kennzeichen: Größer als Mäusebussard, oberseits dunkelbraun, Rumpf und Flügeldecken unterseits weiß, mit großem dunklem Bugfleck; Kopf weiß mit dunklem Augenstreif und kleiner Haube. Flügel lang und schmal, im Flug stark gewinkelt.
Stimme: Verschiedene pfeifende und piepsende Laute, gewöhnlich nur am Horst zu hören.
Biotop: Die Ufer großer fischreicher Gewässer (Seen, Flüsse, Meer).
Nahrung: Fische, die er in spektakulärem Tauchstoß aus bis zu 30 m Höhe mit den Fängen greift; kreist und rüttelt vorher kurz.
Fortpflanzung: Horstet gewöhnlich auf einem Baumwipfel, auch auf Hochspannungsmasten; im Süden des Verbreitungsgebietes häufig auf Felsen. Gewöhnlich 3 Eier, die hauptsächlich vom Weibchen 37–41 Tage lang bebrütet werden. Die Jungen fliegen nach 50–60 Tagen aus.

Sperber
Accipiter nisus

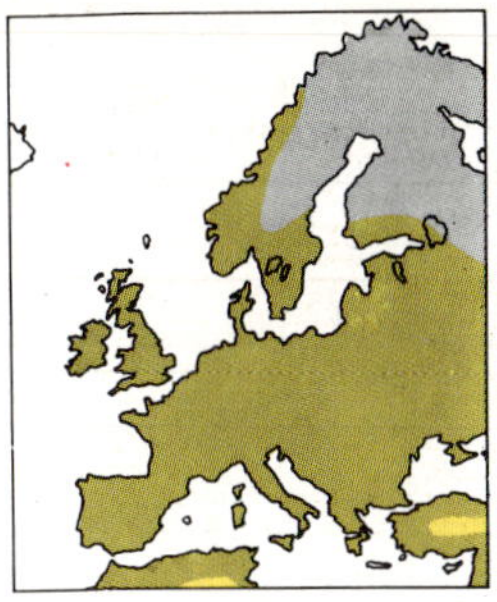

Kennzeichen: Kleiner, schneidiger Greifvogel mit runden Flügeln und langem, gerade abgeschnittenem Schwanz. Weibchen viel größer als Männchen. Männchen oberseits blaugrau, unterseits roströtlich eng quergewellt; Weibchen oberseits graubraun, unterseits braun quergebändert. Lange gelbe Beine.
Stimme: Zur Brutzeit sehr ruffreudig, am häufigsten ein schnelles Keckern „kek-kek-kek“, ferner verschiedene laute miauende Rufe.
Biotop: Abwechslungsreiche Landschaften mit Wald (v. a. Fichtenstangenholz) und offenem Gelände.
Nahrung: Kleinvögel. Jagt in raschem Flug unter Ausnutzung der Deckung durch Wälder, an Hecken usw. entlang, stößt plötzlich zu, verfolgt gelegentlich die Beute auch im offenen Gelände.
Fortpflanzung: Horstet in Bäumen, am liebsten Fichten oder Kiefern. 4–6 Eier, Bebrütung allein durch das Weibchen, Brutdauer 32–35 Tage; Nestlingszeit 24–30 Tage.

Männchen (links) und Weibchen

Altvogel

Jungvogel

Habicht
Accipiter gentilis

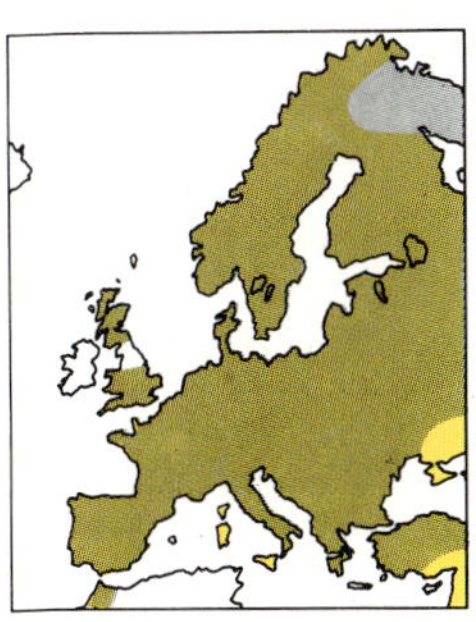

Kennzeichen: Wie ein großer Sperber, Männchen kleiner, etwas größer als Sperberweibchen, Weibchen bussardgroß, beide oberseits dunkelgraubraun, unterseits weißlich mit enger dunkler Querbänderung. Jungvögel unterseits rostgelblich mit kräftiger dunkelbrauner Längsfleckung. Im Flug – ähnlich dem des Sperbers, aber mit langsamerem Flügelschlag – fallen der gerundete lange Schwanz und die weißen Unterschwanzdecken auf.
Stimme: Nur am Horst ruffreudig; häufigste Rufe ein hohes Keckern und ein bussardähnliches Miauen.
Biotop: Abwechslungsreiche, aus Hochwald und offenem Gelände zusammengesetzte Landschaften.
Nahrung: Kleine bis mittelgroße Vögel und Säugetiere. Jagdweise ähnlich wie Sperber.
Fortpflanzung: Horstet in Baumkronen. 2–5 Eier, Bebrütung vorwiegend durch das Weibchen, Brutdauer 5–6 Wochen. Nestlingszeit 36–40 Tage; mit 40–43 Tagen können die Jungen bereits gut fliegen.

Rotmilan
Milvus milvus

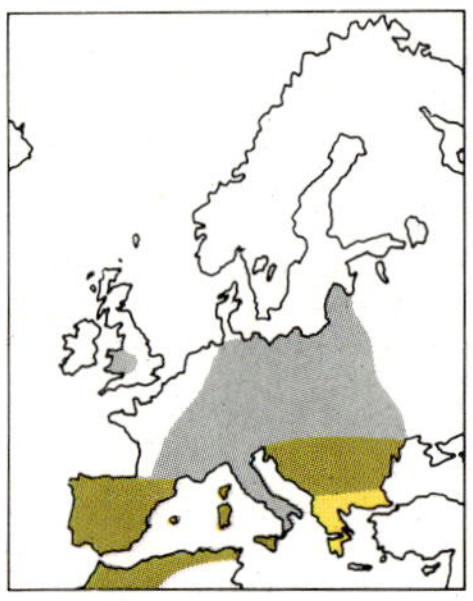

Kennzeichen: Gut bussardgroß mit langen Flügeln und langem, tief gegabeltem Schwanz. Kopf hellgrau, die Oberflügeldekken, die stark längsgestreifte Unterseite und der Schwanz rostrot; auf der Unterseite der schwarzen Handschwingen ein großer weißlicher Fleck. Beim leichten, anmutigen Flug werden die Flügel oft stark gewinkelt und der Schwanz ständig hin und her bewegt.
Stimme: Außerhalb der Brutzeit wenig ruffreudig; häufigster Ruf ein dem des Schwarzmilans ähnliches Wimmern.

Biotop: Abwechslungsreiches, aus bewaldeten und offenen Flächen zusammengesetztes Gelände, gern in der Nähe größerer Gewässer.
Nahrung: Kleine Säugetiere und Vögel, Fische, Reptilien, Wirbellose und Aas.
Fortpflanzung: Horstet in hohen Bäumen. Meist drei Eier; nur das Weibchen brütet, Brutdauer 28–32 Tage. Die Jungen fliegen nach 45–60 Tagen aus.

Schwarzmilan
Milvus migrans

56 cm

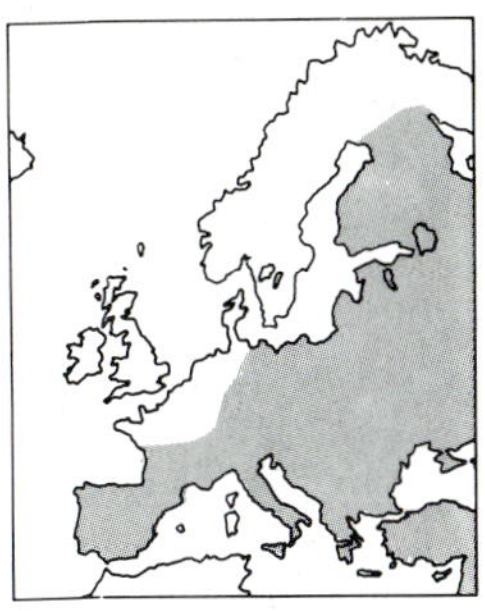

Kennzeichen: Dem Rotmilan ähnlich, aber etwas kleiner und gedrungener, oberseits dunkelbraun, unterseits dunkel rostbraun, Kopf graubraun; Schwanz weniger tief gegabelt, wirkt gespreizt fast gerade abgeschnitten. Im allgemeinen geselliger als Rotmilan.
Stimme: Vor allem zur Brutzeit hohe, trillernde Rufe.
Biotop: Sehr verschiedenartig, fast immer in Wassernähe, in Osteuropa auch in Ortschaften.
Nahrung: Ähnlich wie Rotmilan, aber mehr Fische (vor allem tote) und Aas; besucht gern Müllkippen.
Fortpflanzung: Horstet in Bäumen. Meist 2–3 Eier, Bebrütung vorwiegend oder allein durch das Weibchen, Brutdauer etwa 32 Tage. Die Jungen verlassen den Horst nach 35–52 Tagen.

Gleitaar
Elanus caeruleus

33 cm

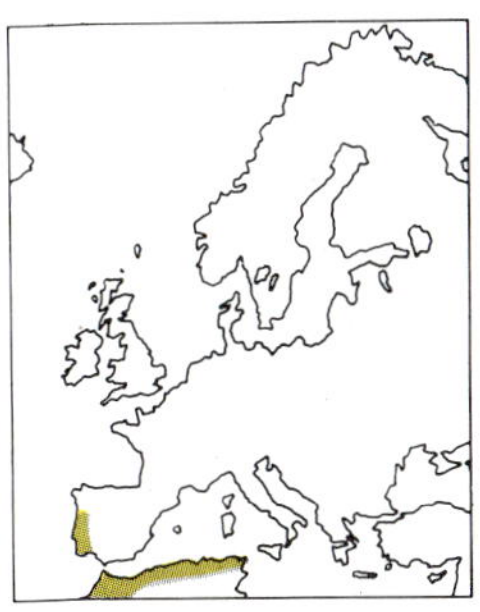

Kennzeichen: Etwa turmfalkengroß, aber gedrungener, mit spitzen, am Ansatz etwas breiteren Flügeln und kürzerem Schwanz. Altvögel oberseits hell aschgrau, Kopf, Unterseite und Schwanz weiß, Schultern, Handschwingen und ein Augenfleck schwarz; Augen rot. Jungvögel oberseits bräunlicher, unten mit rostbräunlichem Brustband.
Stimme: Ein schwacher Pfiff.
Biotop: Offenes Gelände mit lockerem Baumbestand, gewöhnlich nicht weit vom Wasser.
Nahrung: Vor allem Kleinsäuger und Kleinvögel, ferner große Insekten. Jagt in langsamem Suchflug, dabei häufig rüttelnd, aber auch vom Ansitz aus.
Fortpflanzung: Horstet niedrig in Bäumen. 3–5 Eier. Brutdauer 25–26 Tage, Nestlingszeit 30–35 Tage. In der Regel scheint das Weibchen allein oder überwiegend zu brüten. 1 Jahresbrut (möglicherweise auch 2).

Rohrweihe

Circus aeruginosus

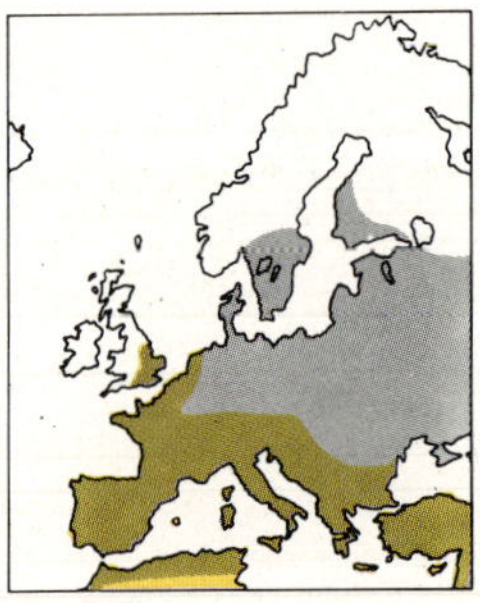

Kennzeichen: Größte Weihe, fast bussardgroß, langflügelig und langschwänzig. Männchen oberseits braun mit hellem Kopf, hellgrauem Schwanz und Flügelfeld und schwarzen Flügelspitzen, unterseits hell rotbraun. Weibchen dunkelbraun, Scheitel, Kinn und Schultern gelblich, Jungvögel meist ähnlich, manchmal ganz dunkelbraun.
Stimme: Meist stumm; zur Brutzeit verschiedene hohe Rufe.
Biotop: Ausgedehnte Schilfbestände; jagt auch auf angrenzendem offenem Gelände.
Nahrung: Kleine Säugetiere und Vögel, auch Küken, sowie Kriechtiere und Lurche.
Fortpflanzung: Horstet im Schilf, gelegentlich auch zwischen anderen Sumpfpflanzen. 3–6 Eier; nur das Weibchen brütet. Brutdauer 31–36 Tage; die Jungen sind mit 55–56 Tagen voll flugfähig.

Weibchen

Wiesenweihe

Circus pygargus

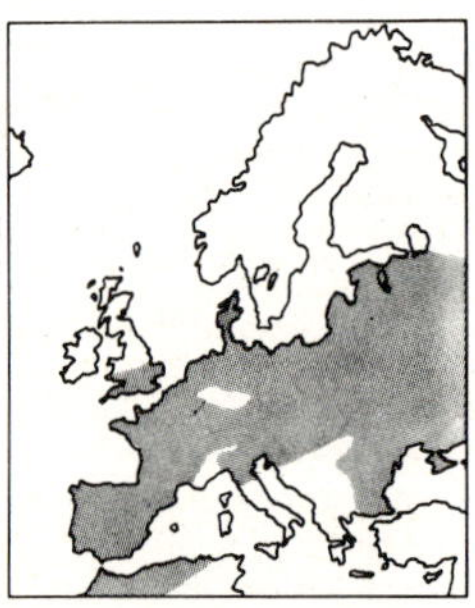

Kennzeichen: Kleinste und schlankste Weihe. Männchen dunkler grau als Kornweihe, unterseits rotbraun gestrichelt, mit einem schwarzen Band auf den Armschwingen (unterseits zwei). Weibchen denen der Kornweihe sehr ähnlich, Jungvögel unterseits rotbraun.
Stimme: Ähnlich wie Kornweihe, aber weniger ruffreudig.
Biotop: Sumpf, Moor, Heide und Ackerland.
Nahrung: Kleine Säugetiere und Vögel, Kriechtiere, Lurche und große Insekten.
Fortpflanzung: Horstet in der Bodenvegetation, sowohl auf feuchtem wie auf trockenem Untergrund, selbst auf Äckern. 3–5 Eier; nur das Weibchen brütet. Brutdauer etwa 30 Tage; die Jungen können mit 28–35 Tagen fliegen.

Weibchen

Weibchen (kleines Bild: Männchen)

Kornweihe
Circus cyaneus

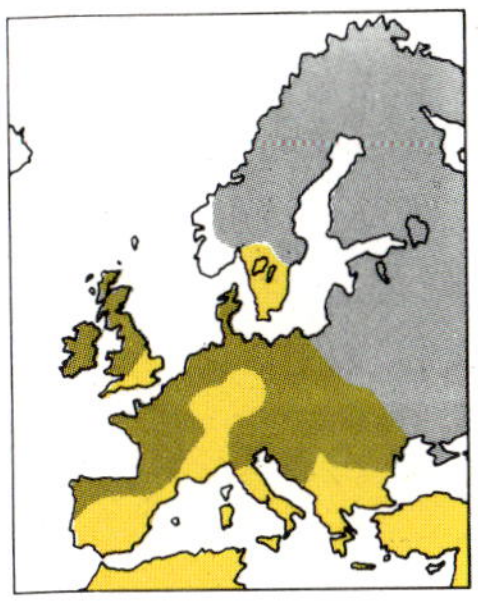

Kennzeichen: Kleiner und schlanker als Rohrweihe, aber Gestalt und Flug ähnlich. Männchen oberseits hellgrau mit weißem Bürzel und schwarzen Flügelspitzen. Weibchen und Jungvögel braun, unterseits gestreift, mit weißem Bürzel.
Stimme: Verschiedene hohe keckernde und miauende Rufe.
Biotop: Heide, Moor, Sumpf und Kulturland; im Winter oft an der Küste.
Nahrung: Hauptsächlich kleine Säugetiere und Vögel. Weihen jagen in niedrigem Suchflug unter Ausnutzung des Geländes und schlagen ihre Beute in überraschendem Zustoß; gelegentlich werden auch fliegende Vögel verfolgt.
Fortpflanzung: Horstet in der Bodenvegetation. Meist 4–6 Eier. Nur das Weibchen brütet; Brutdauer 29–30 Tage. Die Jungen werden mit 31–42 Tagen flügge.

Wanderfalke

Falco peregrinus

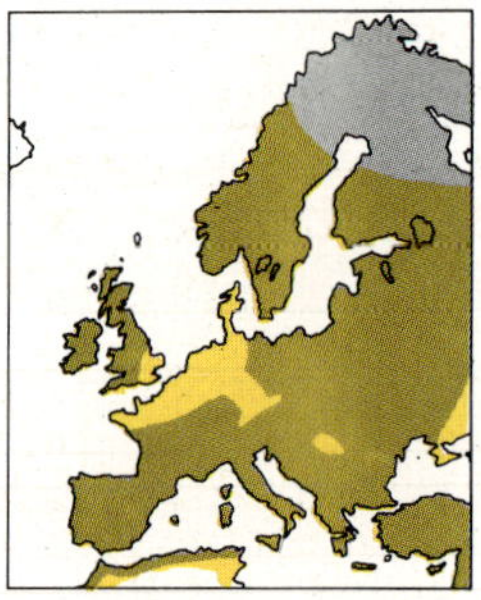

Kennzeichen: Großer, kräftiger Falke von gedrungener Gestalt mit langen, spitzen Flügeln und ziemlich kurzem, am Ende schmalerem Schwanz. Altvögel oberseits dunkel graublau, unterseits hell mit enger schwarzer Querbänderung; Oberkopf schwarz, Wangen weiß mit breitem schwarzem Backenbart. Jungvögel oberseits bräunlich, unterseits längsgestreift oder gefleckt, Kopfzeichnung weniger deutlich.
Stimme: Am Horst ein hohes „kek-kek-kek…" und verschiedene andere hohe, kreischende Rufe.
Biotop: An keinen bestimmten Biotop gebunden, meidet nur weite, geschlossene Wälder, große offene Wasserflächen und das Hochgebirge. Wegen starker Verfolgung zur Brutzeit auf einsame Gegenden beschränkt; erscheint im Winter selbst in Großstädten.
Nahrung: Vögel vom Goldhähnchen bis zur Gans, die nach reißendem Sturzflug in der Luft geschlagen werden.
Fortpflanzung: Baut wie alle Falken kein eigenes Nest, brütet auf Felsen oder in Baumhorsten anderer großer Vögel. 3–4 Eier, die vorwiegend vom Weibchen bebrütet werden; Brutdauer etwa 29 Tage. Nestlingszeit 5–6 Wochen.

Baumfalke

Falco subbuteo

Kennzeichen: Etwa turmfalkengroß, aber mit kürzerem Schwanz und langen, sichelförmigen Flügeln. Oberseits dunkel graublau, Kehle und Wangen weißlich, schwarzer Bartstreif; unterseits hell, kräftig längsgestreift, „Hosen" und Unterschwanzdecken rostrot.
Stimme: Ein helles, klingendes, einzelnes oder gereihtes „kju" und ein scharfes „kikikiki".
Biotop: Offenes Gelände mit Baumgruppen, Feldgehölzen oder angrenzenden lichten Wäldern.
Nahrung: Schlägt seine Beute – kleine Vögel, selbst Schwalben und Segler, sowie große Fluginsekten, besonders Libellen – in reißendem, wendigem Flug.
Fortpflanzung: Brütet in alten Nestern von Krähen und dgl. 2–4 Eier, die fast ausschließlich vom Weibchen bebrütet werden. Brutdauer 28 Tage, Nestlingszeit 28–32 Tage.

Männchen

Merlin

Falco columbarius

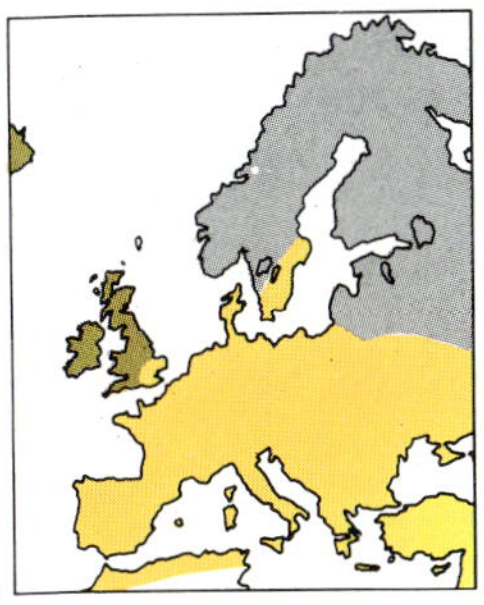

Weibchen

Kennzeichen: Unser kleinster Falke. Männchen oberseits blaugrau mit schwarzer Schwanzendbinde, unterseits rötlich, dunkel längsgefleckt; Weibchen – deutlich größer, wie bei den meisten Falken – ähnlich dem des Turmfalken, aber kurzschwänziger und dunkler braun, mit deutlichem hellem Brauenstreif und ohne Bartstreif.
Stimme: Am Horst gereihte, keckernde Rufe.
Biotop: Offenes Gelände, zur Brutzeit vor allem Hochmoore, Steilküsten und Dünen, im Winter oft Marschland an der Küste.
Nahrung: Hauptsächlich Kleinvögel, die in reißendem, niedrigem Flug erbeutet werden, weniger Kleinsäuger und Insekten.
Fortpflanzung: Brütet vorwiegend im Heidekraut auf dem Boden, ferner in Felswänden und in alten Krähennestern und dgl. in Bäumen. 4–5 Eier; beide Partner brüten. Brutdauer 28–32 Tage, Nestlingszeit 25–27 Tage.

Männchen (links) und Weibchen

Turmfalke
Falco tinnunculus

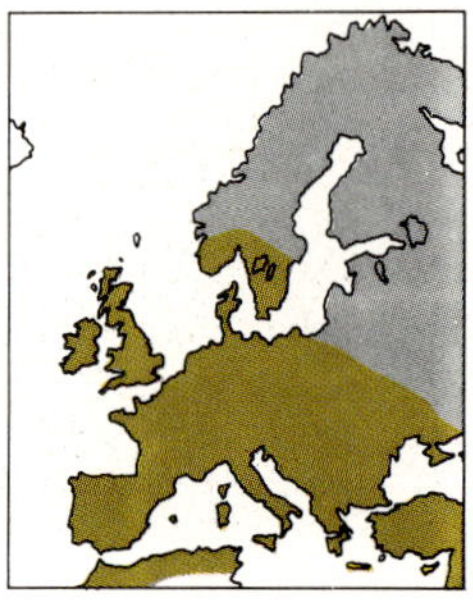

Kennzeichen: Unser häufigster Falke, taubengroß, langschwänzig, rüttelt häufig. Männchen oberseits rötlichbraun mit einigen dunklen Flecken, Kopf (mit schwarzem Bartstreif), Hinterrücken und Schwanz (mit breiter schwarzer Binde vor der weißen Hinterkante) blaugrau. Beim Weibchen sind Oberseite und Schwanz hellbraun mit dunkler Querbänderung; Bartstreif weniger ausgeprägt.
Stimme: Zur Brutzeit sehr ruffreudig, schrill „ki-ki-ki-ki" und dgl.
Biotop: Offenes Gelände mit Felspartien (auch Steinbrüchen oder Gebäuden) oder Baumgruppen; nicht selten in Städten.
Nahrung: Hauptsächlich Kleinsäuger, aber auch Kleinvögel, Kriechtiere und Insekten, die durch Herabstoßen aus dem Rüttelflug oder von einer Sitzwarte aus erbeutet werden.
Fortpflanzung: Brütet an Felsen (auch Gebäuden), in Baumhöhlen oder alten Krähennestern und dgl.; selten auf dem Boden. 4–6 Eier; nur das Weibchen brütet. Brutdauer 27–31 Tage, Nestlingszeit 27–32 Tage.

Rötelfalke
Falco naumanni

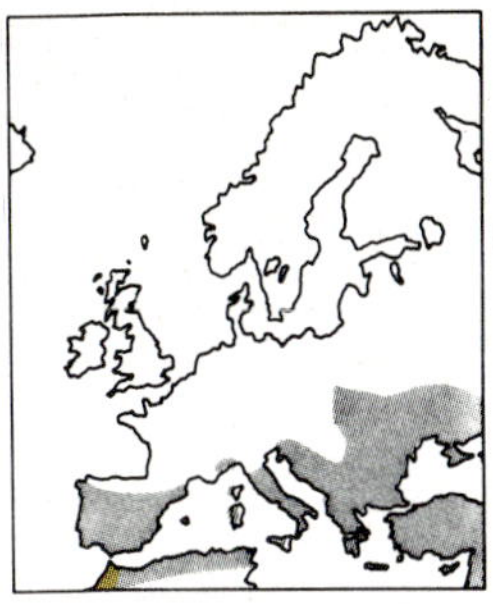

Männchen

Kennzeichen: Einem kleinen Turmfalken sehr ähnlich. Männchen oberseits leuchtender rot ohne Fleckung, mit einem bläulichen Fleck auf den Flügeln; Kopf (ohne Bartstreif) und Schwanz kräftiger blau; Unterflügel weiß, Flügelspitzen schwarz. Weibchen schwer von dem des Turmfalken zu unterscheiden. Steht mehr im Aufwind, rüttelt seltener. Sehr gesellig.
Stimme: Noch ruffreudiger als Turmfalke; unter anderem ein schnatterndes „tje-tje-tje".
Biotop: Warme, trockene, offene Landschaften.
Nahrung: Hauptsächlich Insekten.
Fortpflanzung: Brütet gesellig an Felsen und Gebäuden, häufig in Ortschaften, selbst in Großstädten. 3–6 Eier; beide Partner brüten. Brutdauer 28–29 Tage, Nestlingszeit 25–28 Tage.

Rotfußfalke
Falco vespertinus

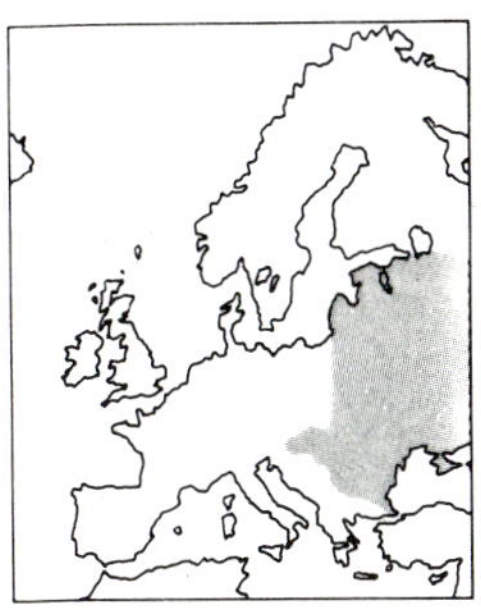

Weibchen (links) und Jungvogel

Männchen

Kennzeichen: Etwa so groß wie Rötelfalke, deutlich kurzschwänziger als Turmfalke. Männchen dunkel schiefergrau mit rotbraunen „Hosen" und Unterschwanzdecken; Augenring, Wachshaut und Füße rot. Weibchen oberseits bräunlichgrau mit schwarzer Querbänderung, unterseits rötlichgelb, Oberkopf rostbräunlich, Gesicht weißlich mit angedeutetem Bartstreif; Jungvögel ähnlich. Gesellig.
Stimme: Ein sehr hohes „ki-ki-ki-ki" und dgl.
Biotop: Offenes Gelände mit Gebüsch- oder Baumgruppen.
Nahrung: Hauptsächlich Insekten. Jagt oft gesellig in niedrigem Suchflug schwebend oder rüttelnd oder vom Ansitz aus.
Fortpflanzung: Brütet meist gesellig in alten Saatkrähen- oder Elsternnestern. 3–5 Eier; beide Partner brüten. Brutdauer 22–27 Tage, Nestlingszeit 26–28 Tage.

Schmutzgeier *(Neophron percnopterus)*: Kleinster Geier, der einzige mit ausgedehnten weißen Gefiederteilen. Beachte die schwarzen Schwungfedern und die leicht gebogenen Flügel. Kopf wirkt sehr klein, Schwanz fast keilförmig. Siehe S. 74.

Gänsegeier *(Gyps fulvus)*: Beim Jungvogel sind Unterflügeldecken und Rumpf sandfarben, Hinterflügel davon abstechend dunkel. Beachte den winzigen Kopf des dargestellten Vogels.

Bartgeier *(Gypaetus barbatus)*: Im Flug unverwechselbar – beachte den langen, keilförmigen Schwanz und die langen, spitz zulaufenden, gefingerten Flügel. Gleitet auf ebenen oder leicht aufwärts gebogenen Flügeln. Siehe S. 74.

Gänsegeier *(Gyps fulvus)*: Der Hinterrand der breiten Flügel ist zum Rumpf zurückgebogen. Heller Kopf weit vorgestreckt. Kurzer, gerade abgeschnittener Schwanz. Rumpf und Vorderflügel hell, Hinterflügel und Schwanz dunkel. Siehe S. 73.

Mönchsgeier *(Aegypius monachus)*: Sehr groß, Schwanz meist länger als beim Gänsegeier und leicht keilförmig, Vorder- und Hinterrand der Flügel parallel. Schwebt auf ebenen Flügeln. Wirkt im Flug fast schwarz. Siehe S. 75.

Fischadler *(Pandion haliaetus)*: Flügel lang, stark gewinkelt, leicht zurückgebogen, in fünf Finger auslaufend. Von unten weiß mit abstechenden schwarzen Bugflecken. Siehe S. 80.

Steinadler *(Aquila chrysaetos)*: Beim Jungvogel fallen die weißen Flügelfelder und der weiße Vorderschwanz auf. Siehe S. 79.

Steinadler *(Aquila chrysaetos)*: Der Altvogel sieht von unten braun aus. Die Flügel wirken schmal, weil der Schwanz fast so lang ist wie der Rumpf. Beachte den gebogenen Hinterrand. Siehe S. 79.

Seeadler *(Haliaetus albicilla)*: Erscheint wegen der parallelen Ränder der breiten Flügel wie eine fliegende Tür. Kurzer, keilförmiger Schwanz (nicht länger als zwei Drittel der Flügelbreite), beim Altvogel weiß. Siehe S. 79.

Zwergadler *(Hieraaetus pennatus)*: Bussardgroß, aber weniger plump erscheinend. Beachte den Gegensatz von hellem Rumpf und hellen Flügeldecken zu den dunklen Schwungfedern – nur bei der hellen Phase! Siehe S. 78.

Mäusebussard *(Buteo buteo)*: Gedrungen, mit dickem, rundem Kopf und ziemlich kurzem Schwanz. Individuell sehr unterschiedlich in Färbung und Zeichnung, aber Vorderflügel meist dunkler. Siehe S. 76.

Rauhfußbussard *(Buteo lagopus)*: Größer als Mäusebussard, Flügel länger und schmaler, Hinterrand deutlicher gebogen. Gefieder variabel, aber meist mit schwarzen Bugflecken und dunkler Brust. Schwanz bei Altvögeln vorn weiß, hinten schwarz. Siehe S. 77.

Wespenbussard *(Pernis apivorus)*: Etwa bussardgroß, aber Schwanz länger, Flügel schmaler; kleiner Kopf erinnert an Taube. Unterflügelbänderung ausgeprägter als beim Schlangenadler. Siehe S. 77.

Schlangenadler *(Circaetus gallicus)*: Größer als Bussard, kleiner als Steinadler. Weiße Unterseite könnte zu Verwechslungen mit Fischadler führen – beachte aber die breiten, zur Spitze hin sich verbreiternden Flügel. Siehe S. 80.

Rotmilan *(Milvus milvus)*: Größer als Bussard, Schwanz lang, tief gegabelt, Flügel lang, leicht gebogen mit großem weißem Feld auf der Unterseite. Erscheint im Flug schlank. Sehr anmutiger Flug. Siehe S. 83.

Schwarzmilan *(Milvus migrans)*: Wirkt etwas kleiner und gedrungener als Rotmilan, Schwanz kürzer, weniger tief gegabelt, (erscheint ausgebreitet fast gerade abgeschnitten). Dunkelbraun, nicht rotbraun. Im Süden eher bei den Siedlungen zu erwarten als Rotmilan. Siehe S. 82.

Gleitaar *(Elanus caeruleus)*: Etwas größer als Turmfalke. Rüttelt häufig. Höchstens von weitem mit Männchen der „weißen" Weihen zu verwechseln; von nahem durch schwarze Schulterflecken eindeutig gekennzeichnet. Siehe S. 83.

Kornweihe *(Circus cyaneus)*: Schlank, Flügel und Schwanz lang und schmal. Männchen silbergrau mit schwarzen Flügelspitzen und weißem Bürzel. Weibchen (abgebildet) graubraun, Flügel und Schwanz dunkel quergebändert. Von oben fällt der weiße Bürzel auf. Siehe S. 85.

Wiesenweihe *(Circus pygargus)*: Kleiner als Kornweihe, Männchen (abgebildet) ähnlich, silbergrau, aber mit schmalen schwarzen Flügelbinden. Weibchen im Feld schwer zu unterscheiden, weißer Bürzel meist schmaler. Siehe S. 84.

Rohrweihe *(Circus aeruginosus)*: Größte Weihe, bussardgroß. Beachte kleinen Kopf, schlanken Rumpf, lange Flügel und langen Schwanz. Schwebt und gleitet auf leicht V-förmig gewölbten Flügeln. Siehe S. 84.

Sperber *(Accipiter nisus)*: Etwa so groß wie Turmfalke, aber mit runden, nicht spitzen Flügeln. Kein anderer kleiner Greifvogel hat gebänderte Unterflügel. Jagt Kleinvögel in reißendem Flug an Baumreihen und dgl. entlang. Siehe S. 81.

Habicht *(Accipiter gentilis)*: Wie ein bussardgroßer Sperber. jedoch Flügel kürzer, Schwanz länger. Von unten fallen die weißen Unterschwanzdecken auf. Jagt ähnlich wie Sperber. Beim Streckenflug wechseln bei beiden Ruder- und Gleitflug. Siehe S. 81.

Turmfalke *(Falco tinnunculus)*: Kleiner Falke mit langem Schwanz und langen, spitzen Flügeln. Weibchen (abgebildet) braun gestreift mit gebändertem Schwanz, wie beim kleineren Rötelfalken. Siehe S. 88.

Baumfalke *(Falco subbuteo)*: Kurzer Schwanz, lange, sichelförmige Flügel und reißender Flug lassen beim ersten Blick an Mauersegler denken. Rote „Hosen" und Unterschwanzdecken! Greift seine Beute im Flug mit den Fängen. Siehe S. 86.

Rötelfalke *(Falco naumanni)*: Männchen durch ungefleckten Mantel, Grau auf den Flügeln und deutliche weiße Abzeichen am Schwanzende vom Turmfalken unterschieden. Geselliger als dieser. Siehe S. 89.

Rötelfalke *(Falco naumanni)*: Weibchen dem des Turmfalken sehr ähnlich – beachte aber den grauen Bürzel. Rüttelt, seltener als Turmfalke, mit noch schnellerem Flügelschlag. Siehe S. 89.

Wanderfalke *(Falco peregrinus)*: Im Flug durch sichelförmige Flügel, kurzen Schwanz und schnelle Flügelschläge mit anschließendem Gleitflug gekennzeichnet. Stößt im Flug von oben auf andere Vögel und greift sie in der Luft. Siehe S. 86.

Wanderfalke *(Falco peregrinus)*: Greifvögel reißen ihrer Beute die Federn aus, während Säugetiere sie abbeißen. Größe der Beute und Biotop ermöglichen Rückschlüsse auf den Jäger – hier einen Wanderfalken. Siehe S. 86.

Wanderfalke *(Falco peregrinus)*: Dieser Großbrachvogel wurde von einem Wanderfalken geschlagen, der gestört wurde, ehe er seine Beute gerupft und verzehrt hatte. Siehe S. 86 und 114.

Merlin *(Falco columbarius)*: Unser kleinster Falke ist auf Kleinvogeljagd spezialisiert. An diesem regelmäßig benutzten Rupfplatz hat ein Merlin einen Stieglitz geschlagen, wie an den Flügeln zu erkennen. Siehe S. 87 und 240.

Kornweihe *(Circus cyaneus)*: Einige Greifvögel lassen die Flügel an ihrer Beute. Diese Krickente, kenntlich am grünen Flügelspiegel, wurde von einer Kornweihe geschlagen und verzehrt. Siehe S. 85 und 61.

Sperber *(Accipiter nisus)*: Sperber enthaupten ihre Beute häufig. Wenn man den Kopf findet, kann man sie bestimmen. Hier war es ein Star. Siehe S. 81 und 232.

Sperber *(Accipiter nisus)*: Sperber haben oft mehrere Rupfplätze in ihrem Revier. Die Federn dieses Eichelhähers wurden an einem Rupfplatz im Wald gefunden. Siehe S. 81 und 184.

Schleiereule *(Tyto alba)*: Im Winter suchen Schleiereulen regelmäßig Tagesrastplätze auf, wo sie auch ihre Beute verzehren. Hier war es wieder ein Star, wie der Kopf beweist. Siehe S. 158 und 232.

Schleiereule *(Tyto alba)*: Greifvögel und viele andere Arten würgen sogenannte Gewölle aus; das sind Ballen aus den unverdaulichen Teilen der Beute wie Knochen und die harten Panzer von Insekten zusammen mit Haaren und Federn. Bei Eulen sind sie besonders aufschlußreich. Siehe S. 158.

Sumpfohreule *(Asio flammeus)*: Gewölle zu bestimmen ist äußerst schwierig, aber sie sind von Art zu Art verschieden. Vergleiche dieses lange Gewölle einer Sumpfohreule mit den fast kugelförmigen der Schleiereule. Siehe S. 162.

Britische Rasse (Hahn im Winter)

Festlandrasse (Henne)

Festlandrasse (Hahn im Herbst)

Britische Rasse (Hahn im Sommer)

Moorschneehuhn
Lagopus lagopus

38–41 cm

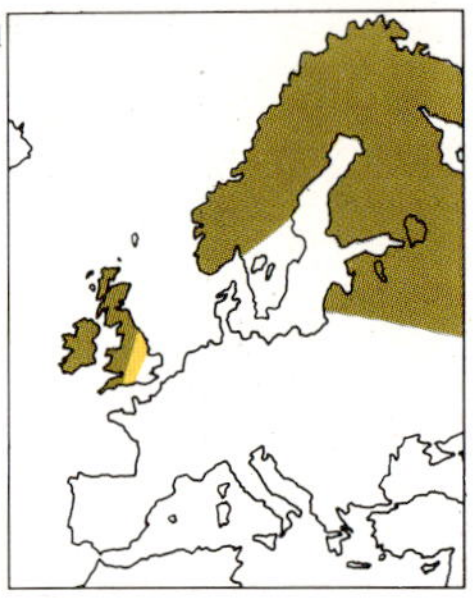

Kennzeichen: Rundlicher Hühnervogel, größer als Rebhuhn. Britische Rasse („Schottisches Moorschneehuhn“) ganzjährig rotbraun mit dunklen Flügeln; Festlandrassen im Sommer rotbraun mit weißen Flügeln, im Herbst rotbraun und weiß gescheckt, im Winter reinweiß mit schwarzem Schwanz. Siehe auch Alpenschneehuhn.
Stimme: Ein charakteristisches „kau-kok-kok-kok“ und ähnliche Rufreihen. Zur Brutzeit ruft der Hahn der britischen Rasse kennzeichnend „go back, go back, go back“.

Biotop: Feuchte Heide, Torfmoore und dgl.; Festlandrassen auch Weiden-, Birken- und Wacholdergestrüpp.
Nahrung: Triebe und Knospen von Heidekraut und anderen niedrigen Gewächsen sowie Beeren.
Fortpflanzung: Nistet auf dem Boden im Heidekraut und dgl. Bis zu 10–11 Eier (manchmal mehr). Wie bei allen Hühnern brütet nur die Henne; Brutdauer 21–26 Tage. Beide Eltern führen die Jungen, die mit 12–13 Tagen fliegen können.

Hahn im Winter

Hahn im Herbst

Alpenschneehuhn
Lagopus mutus

35–36 cm

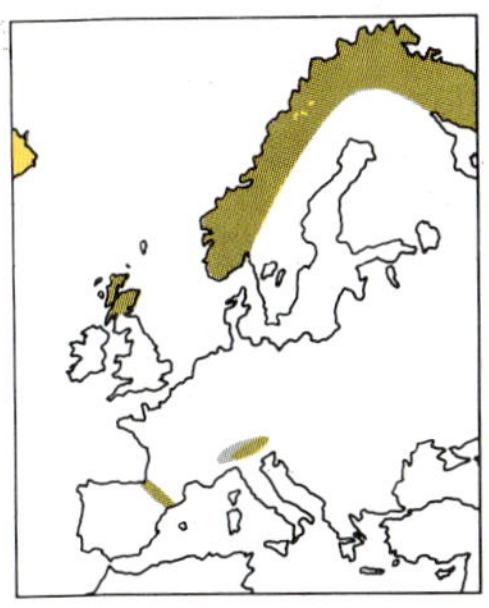

Kennzeichen: Flügel und Bauch immer weiß. Hahn im Sommer und Herbst grauer als Moorschneehahn, Henne mehr gelblichgrau. Beide im Winter reinweiß mit schwarzem Schwanz, Hahn mit schwarzem Augenstreif.
Stimme: Verschiedene knarrende und krächzende Rufe, am bekanntesten eine Art Rülpser.
Biotop: Vor allem steinige Hänge im Gebirge oberhalb der Waldgrenze, im hohen Norden und in Teilen von Nordwestschottland auch tiefere Lagen.
Nahrung: Wie Moorschneehuhn.
Fortpflanzung: Ähnlich Moorschneehuhn. 6–9 Eier; Brutdauer 22–26 Tage. Die Jungen können mit etwa 10 Tagen fliegen.

Henne

Hahn

Haselhuhn
Bonasa bonasia

35–36 cm

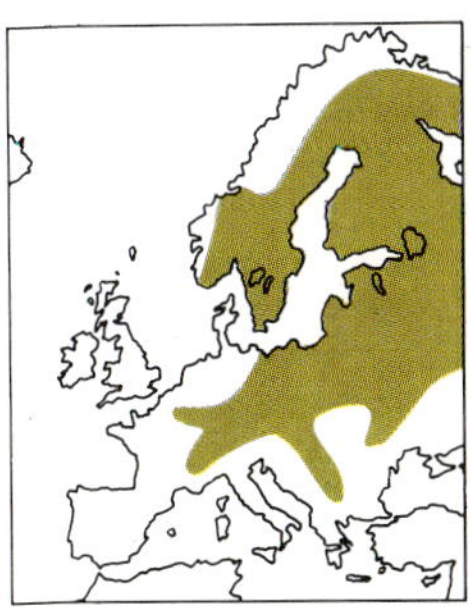

Kennzeichen: Rebhuhngroßer Hühnervogel mit kleiner Haube, oberseits grau bis rostbraun, kräftig schwarz gebändert und gefleckt, Schwanz ziemlich lang und breit mit schwarzer Binde; Unterseite weißlich, grob schwarz gefleckt. Kehle beim Hahn schwarz mit breiter schwarzer Umrandung, beim Weibchen weißlich. Baumt gern auf.
Stimme: Verschiedene hohe Pfeiftöne.
Biotop: Ausgedehnte, aber nicht einförmige Waldungen (nicht reiner Nadelwald) mit reichem Unterwuchs an Beerensträuchern und dgl.
Nahrung: Triebe, Blätter, Knospen und Beeren, daneben auch Insekten und ihre Larven.
Fortpflanzung: Nistet gut versteckt auf dem Boden. 6–11 Eier; Brutdauer 22–27 Tage. Die Jungen werden allein oder vorwiegend von der Henne geführt; sie sind mit 14 Tagen voll flugfähig und mit 30–40 Tagen ziemlich selbständig, trennen sich aber erst mit 80–90 Tagen.

Hahn

Birkhuhn

Tetrao tetrix

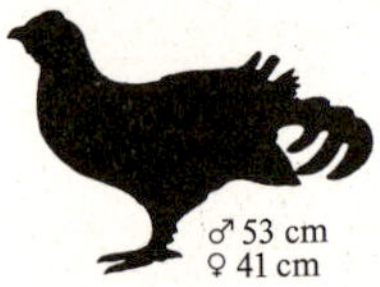

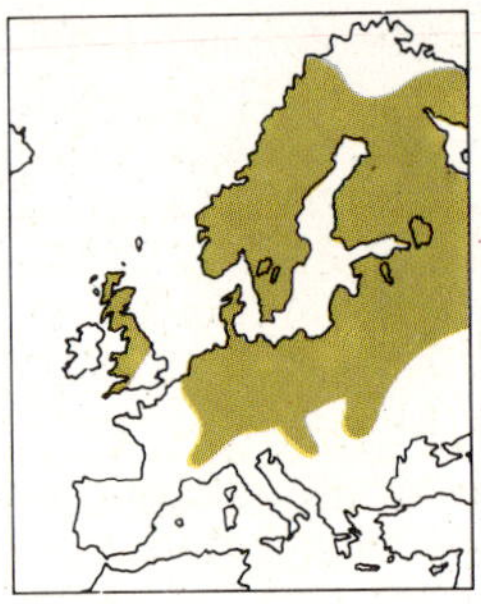

Henne

Kennzeichen: Hahn schwarz mit leierförmigem Schwanz, weißen Unterschwanzdecken, Flügelbinden und Bugflecken und roten „Rosen" (nackten Brauenwülsten). Henne deutlich kleiner, grau- bis gelbbraun, dunkel gebändert, durch weiße Flügelbinde und leicht gegabelten Schwanz von Moorschneehuhn und Auerhenne unterschieden. Baumt gern auf.
Stimme: Hähne kullern und zischen am gemeinsamen Balzplatz.
Biotop: Nicht zu trockenes, offenes Gelände mit reichem Zwergstrauchbewuchs und lichtem Baumbestand – Moor und Heide, Kahlschläge, Berghänge an der Baumgrenze usw.
Nahrung: Triebe, auch von jungem Nadelholz, Knospen, Beeren usw.
Fortpflanzung: Unehig (Promiskuität). Bodenbrüter. Meist 7–10 Eier; Brutdauer 24–28 Tage. Die Jungen können mit 2–3 Wochen fliegen, bleiben aber bis September im Familienverband.

Auerhuhn
Tetrao urogallus

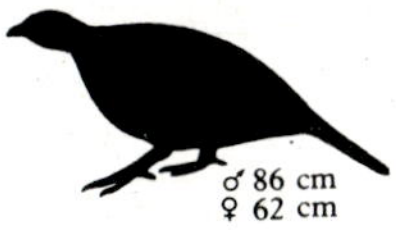

Kennzeichen: Hahn riesig (stark gänsegroß), dunkelbraun bis schwarz mit braunen Flügeln, ziemlich langem, abgerundetem Schwanz, struppigem Kehlbart, weißem Schnabel und roten Rosen. Henne kleiner (größer als Birkhahn), oberseits rost- bis graubraun, unterseits rostgelb, kräftig schwarzweiß gebändert, durch längeren, gerundeten Schwanz von der Birkhenne unterschieden.
Stimme: Balzgesang des Hahns beginnt mit Doppellauten („Knappen"), die schneller werden („Trillern") und mit dem Knall eines Sektkorkens ähnlichem „plop" („Hauptschlag") und Zischen („Schleifen") enden.
Biotop: Stille, zusammenhängende Nadel- und Mischwälder. Baumt gern auf.
Nahrung: Hauptsächlich Kiefernnadeln, ferner Sprosse und Knospen von Laubbäumen und Sträuchern sowie Beeren.
Fortpflanzung: Unehig (Promiskuität). Bodenbrüter. 5–12 Eier; Brutdauer meist 26 Tage. Die Jungen können mit 2–3 Wochen fliegen; der Familienverband löst sich Anfang September auf.

Hahn

Henne

Steinhuhn
Alectoris graeca

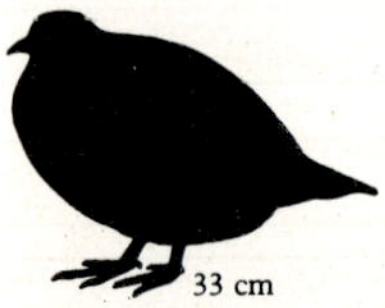

Kennzeichen: Etwas größer als Rebhuhn, vorwiegend blaugrau, Vorderrücken weinrötlich, Kehle weiß mit schwarzer Einfassung, Flanken schwarz-weiß gebändert, Schwanz rostrot, Schnabel, Augenring und Füße rot.
Stimme: Laut „wit wit wit", scharf „pitschi-i"; „Gesang" „tscher rip rip, tscher rip rip".
Biotop: Steinige Steilhänge mit lichtem Strauch- oder Baumbewuchs; im Winter in tieferen Lagen.
Nahrung: Blattspitzen, Knospen, Sämereien, Früchte, daneben auch Insekten und Würmer.
Fortpflanzung: Einehig. Bodenbrüter. 9–14 Eier; nur die Henne brütet, während der Hahn in der Nähe wacht. Brutdauer 24–26 Tage. Die Jungen verlassen das Nest sofort nach dem Trockenwerden, können aber erst mit 20 Tagen etwas fliegen.

Rothuhn
Alectoris rufa

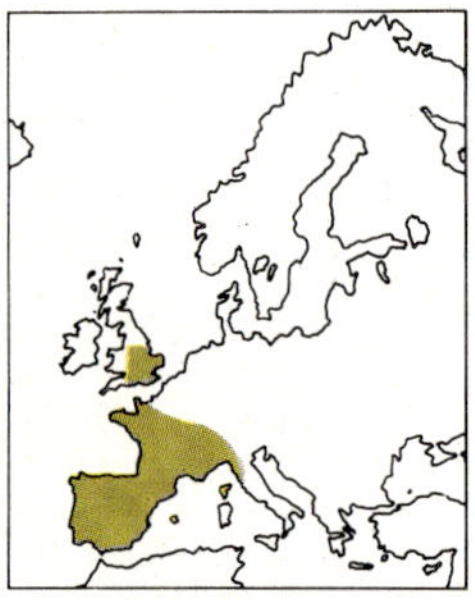

Kennzeichen: Ähnlich Steinhuhn, aber rötlicher, mit deutlichem weißem Brauenstreif; Flanken schwarz-weiß-rotbraun gebändert, Kropf unterhalb der schwarzen Kehlumrandung schwarz gefleckt.
Stimme: Hahn ruft „tschuck, tschuck-ör" usw.; im Auffliegen „krukuk".
Biotop: Halboffenes, trockenes, gern felsiges Gelände mit lichtem Strauch- und Baumbewuchs, in Südwesteuropa Weinberge, in England (eingebürgert) auch Heide, Äcker, Brachland, Schonungen.
Nahrung: Ähnlich Steinhuhn.
Fortpflanzung: Bodenbrüter. 10–16 Eier. Brutdauer 23–25 Tage. Manchmal macht die Henne gleichzeitig zwei Gelege, deren eines vom Hahn ausgebrütet und geführt wird. Die Jungen können mit etwa zwei Wochen fliegen.

Hahn

Henne

Rebhuhn
Perdix perdix

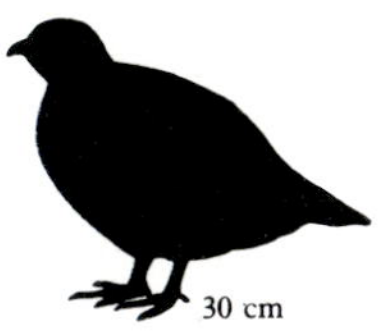

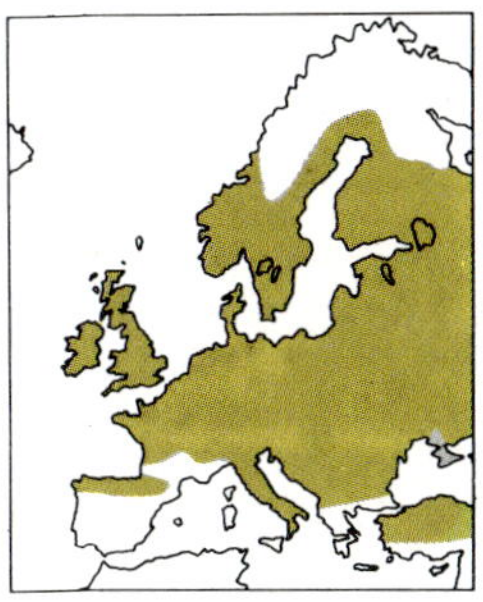

Kennzeichen: Rundlicher, taubengroßer Hühnervogel mit rostgelbem Kopf und hellgrauem Vorderleib; Flanken rostrot gebändert, Schwanz rostrot; auf der Brust ein dunkelbrauner Hufeisenfleck (bei der Henne nur angedeutet oder fehlend).
Stimme: Laute, schnarrende, zweisilbige Rufe, „kerrek“, „kar-wit“ usw.
Biotop: Offenes Acker- und Brachland.
Nahrung: Getreidekörner, Unkrautsamen, grüne Pflanzenteile sowie (bei Küken vorwiegend) Insekten.
Fortpflanzung: Lebenslängliche Einehe. Nistet in dichter Vegetation am Boden. 10–20 Eier, die von der Henne 24–25 Tage lang bebrütet werden. Die Jungen werden von beiden Eltern geführt und können mit 16 Tagen fliegen; der Familienverband bleibt bis zum Winterende erhalten.

Wachtel
Coturnix coturnix

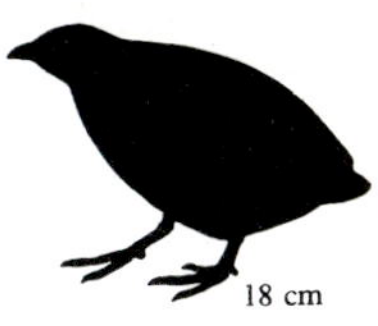

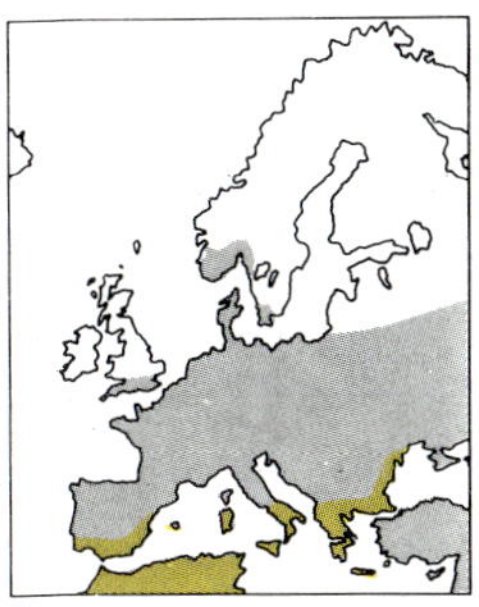

Kennzeichen: Winziges Hühnchen (etwa starengroß) wirkt fast schwanzlos; selten zu sehen, verrät sich meist durch den kennzeichnenden Ruf. Erdbraun mit rahmgelber Längsstreifung. Scheitel dunkel mit drei rahmgelben Längsstreifen. Kehle des Hahnes variabel, oft kontrastreich gestreift.
Stimme: Der Hahn läßt Tag und Nacht seinen Revierruf „pick-werwick“ ertönen; die Henne ruft keuchend „kwiep-kwiep“.
Biotop: Offenes Feld- und Wiesengelände mit hoher Krautschicht.
Nahrung: Ähnlich der des Rebhuhns, aber mehr kleine Samen und Insekten, weniger grüne Pflanzenteile.
Fortpflanzung: Nistet gut gedeckt im Gras oder in der Krautschicht. 7–14 Eier; Brutdauer 16–21 Tage. Die Jungen werden von der Henne geführt und können mit 18–19 Tagen fliegen.

Fasan
Phasianus colchicus

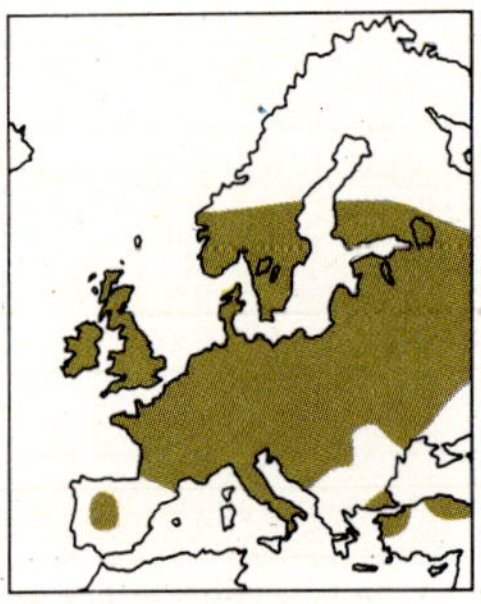

Kennzeichen: Hahn sehr variabel, aber durch dunkelgrünen Kopf mit roten Lappen und langen, spitzen Schwanz unverkennbar; aber auch die erdbraune, dunkel gefleckte Henne unterscheidet sich durch den längeren Schwanz von einheimischen Wildhühnern.
Stimme: Hahn kräht laut „korr-kok"; Lockruf der Henne ein hohes „ki ki ki".
Biotop: In Europa (eingebürgert) Kulturlandschaft aller Art mit Äckern, Gehölzen und Feuchtgebieten; oft in offenem Gelände zu beobachten.
Nahrung: Vor allem Samen und Früchte aller Art, aber auch andere Pflanzenteile und kleine Bodentiere, z. B. Kartoffelkäfer.
Fortpflanzung: Der Hahn sammelt einen Harem um sich; das Brutgeschäft obliegt allein der Henne. Nistet gut gedeckt am Boden. Gewöhnlich 8–12 Eier, Brutdauer meist 23–24 Tage. Die Jungen können mit 10–12 Tagen fliegen, bleiben aber etwa 70–80 Tage von der Henne abhängig.

Henne

Hahn

Diamantfasan
Chrysolophus amherstiae

♂ 130–170 cm
♀ 66–68 cm

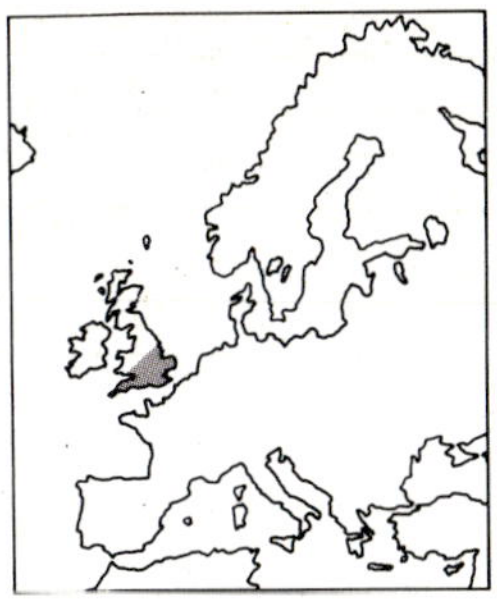

Kennzeichen: Hahn mit roter Haube, blaugrüner Kehle und Oberseite, gelb-rotem Hinterrücken, weißer Unterseite, weißem, schwarz geschupptem Kragen und sehr langem, weißem, schwarz gebändertem Schwanz unverkennbar. Henne schwer von der des Goldfasans zu unterscheiden, aber mehr braungrau, nicht so gelblich, mit hornfarbenem Schnabel, gelben, von einem blaugrünen nackten Feld umgebenen Augen und blaugrauen Beinen.
Stimme: Nicht von der des Goldfasans zu unterscheiden.
Biotop: Wie Goldfasan.
Nahrung: Ähnlich wie Fasan.
Fortpflanzung: Wie Goldfasan.

Hahn

Hahn

Henne

Goldfasan
Chrysolophus pictus

♂ 100–110 cm
♀ 66 cm

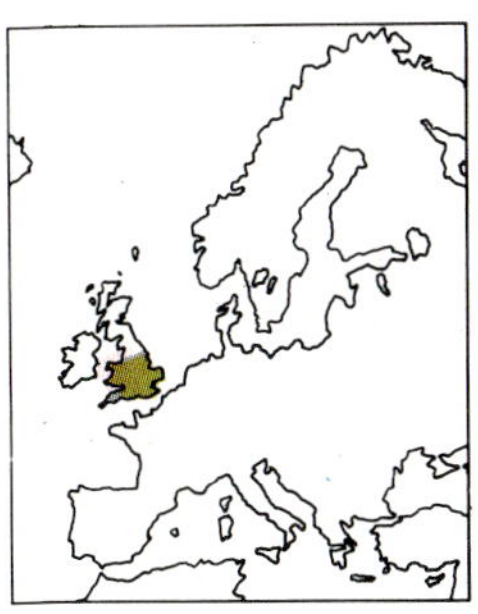

Kennzeichen: Wie der Diamantfasan aus China in England stellenweise eingebürgert, bei uns gelegentlich verwildert. Hahn mit goldgelber Haube und goldgelbem, schwarz geschupptem Kragen, gelbem Rücken, blauen Flügeln, roter Unterseite und sehr langem, goldgeflecktem Schwanz unverkennbar. Henne der des Fasans ähnlich, aber kleiner, meist blasser, mit längerem und deutlicher gebändertem Schwanz.
Stimme: Gewöhnlich ein hoher, krächzender Ruf.

Biotop: Hauptsächlich Wald und Waldränder.
Nahrung: Wie Fasan.
Fortpflanzung: Bodenbrüter. Rund 8 Eier; nur die Henne brütet (etwa 3 Wochen lang) und führt die Jungen.

Kranich
Grus grus

114 cm

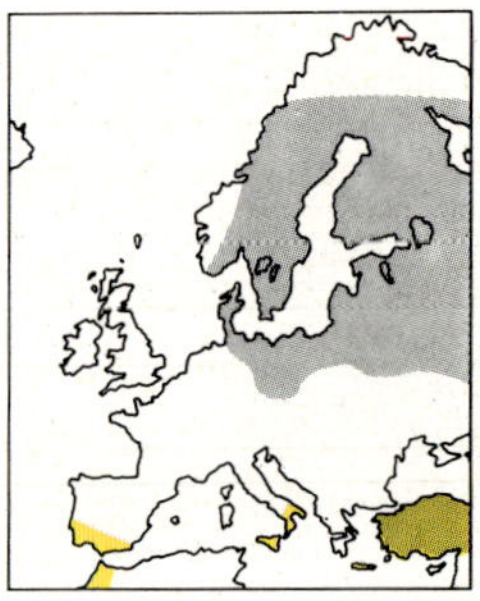

Kennzeichen: Großer Stelzvogel (größer als Graureiher), aschgrau mit schwarzen Handschwingen, schwarzem Kopf und Oberhals, weißen Kopf- und Halsseiten, roter Scheitelplatte und schwärzlichem, aus den verlängerten Ellbogenfedern gebildetem buschigem „Schwanz“. Jungvögel bräunlicher, ohne Kopfzeichnung. Fliegt mit ausgestrecktem Hals im Ruderflug.
Stimme: Laute, weittragende, trompetende Rufe, oft von beiden Gatten im Duett vorgetragen.
Biotop: Im Brutgebiet sumpfige, offene bis bewaldete Gebiete; im Winter offenes Gelände – Felder, Wiesen, Steppen.
Nahrung: Überwiegend pflanzlich, aber auch Kleintiere.
Fortpflanzung: Dauerehe. Nistet im Sumpf oder Bruchwald. Gewöhnlich 2 Eier; beide Gatten brüten und führen die nestflüchtenden Jungen, die mit 9–10 Wochen flügge sind.

Tüpfelsumpfhuhn (Tüpfelralle)
Porzana porzana

23 cm

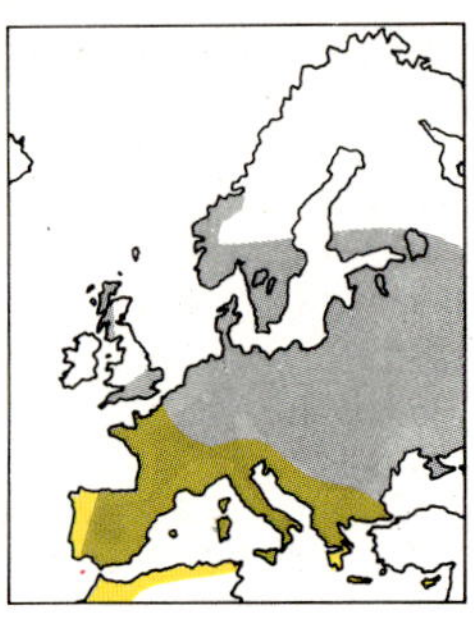

Kennzeichen: Singdrosselgroß, wie alle Sumpfhühner heimlich, aber manchmal am Rand der Sumpfvegetation leicht zu beobachten. Dunkelbraun, Rücken fahlgelb gestreift; über und über weiß gesprenkelt. Flanken weiß gebändert, Unterschwanzdekken gelblich, Beine grünlich, Schnabel grünlich bis gelblich mit orange Wurzel.
Stimme: Am kennzeichnendsten ist der hohe, peitschende Balzruf des Männchens „huitt … huitt“.
Biotop: Zur Brutzeit nicht zu dicht bewachsene Feuchtgebiete mit ganz niedrigem Wasserstand; auf dem Zug Deckung bietende Ufer von Gewässern aller Größen.
Nahrung: Hauptsächlich kleine Insekten, Spinnen, Würmer, Schnecken, daneben zarte Pflanzenteile und Samen.
Fortpflanzung: Nistet gut gedeckt meist auf einer Bülte im seichten Wasser. 8–12 Eier. Beide Partner brüten (18–21 Tage) und führen die Jungen; diese sind Nestflüchter, wie alle Rallen, und mit 5–6 Wochen voll flugfähig.

Wasserralle
Rallus aquaticus

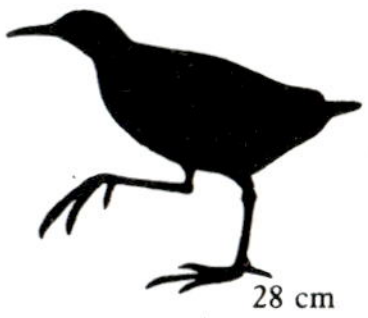

28 cm

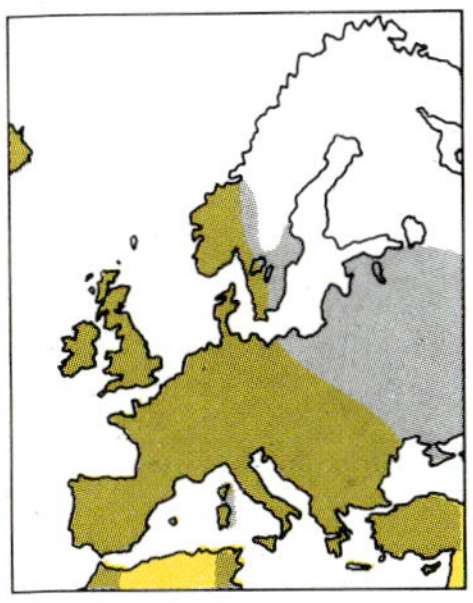

Kennzeichen: Gut amselgroß, schlank, oberseits braun mit schwarzer Längsfleckung, Gesicht, Kehle und Unterseite blaugrau, Flanken schwarz-weiß gebändert, Unterschwanzdecken weißlich; einzige europäische Ralle mit langem, rötlichem Schnabel. In der Regel sehr heimlich.
Stimme: Sehr ruffreudig, verfügt über zahlreiche verschiedene Rufe; am bekanntesten ein ferkelähnliches Quieken; Balzruf „tjick-tjick-tjick-tjüirr".
Biotop: Zur Brutzeit dicht bewachsene Sumpfgebiete mit kleinen, seichten, offenen Wasserflächen; im Winter auch Deckung bietende Ufer von Gewässern aller Art, auch Gräben, Teiche und Kläranlagen.
Nahrung: Abwechslungsreich – Insekten und andere Wirbellose, auch kleine Wirbeltiere sowie pflanzliche Stoffe.
Fortpflanzung: Nistet gut versteckt im Sumpf. 6–11 Eier. Beide Partner brüten (19–20 Tage) und führen die Jungen, die mit 7–8 Wochen flügge sind.

Wiesenralle (Wachtelkönig)

Crex crex

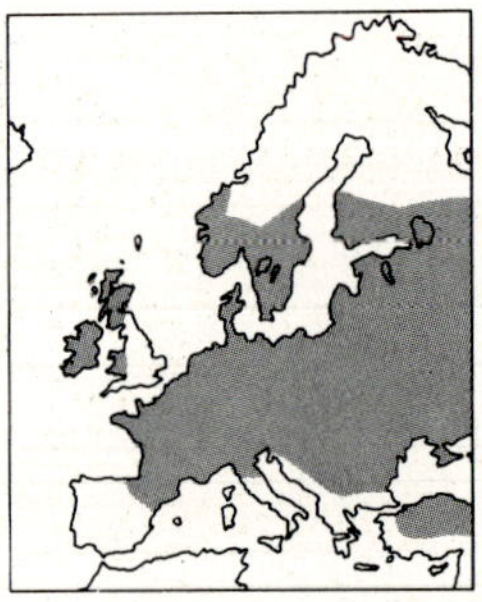

Kennzeichen: Größer als Wachtel, mit längeren Beinen. Oberseits gelblichbraun, dunkel längsgefleckt, unterseits heller, Flanken rostbraun gebändert. Heimlich, selten zu sehen; bei aufgescheuchten Vögeln fallen die rostbraunen Flügel auf.
Stimme: Der Balzruf, ein monotones, knarrendes „rärrp, rärrp", ist vor allem in der Dämmerung und nachts zu hören.
Biotop: Wiesen, Felder usw. oder trockenes Brachland.
Nahrung: Vor allem Insekten und andere Kleintiere, aber auch Samen und grüne Pflanzenteile.
Fortpflanzung: Nistet in Wiesen und Feldern. 8–12 Eier; Bebrütung vorwiegend oder allein durch das Weibchen (16–19 Tage), das anscheinend auch allein die Jungen führt. Diese können schon mit 30 Tagen fliegen, sind aber erst mit 7–8 Wochen voll flugfähig.

Bleßhuhn (Bleßralle)

Fulica atra

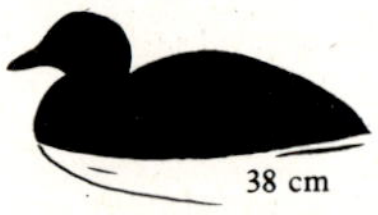

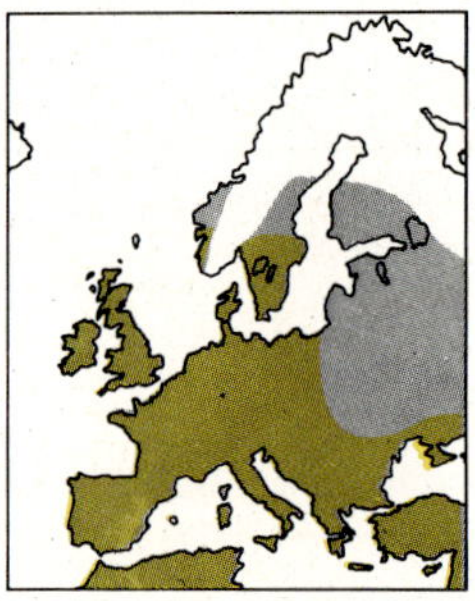

Kennzeichen: Knapp entengroßer, rundlicher, schwarzer Schwimmvogel mit weißem Schnabel und weißer Stirnblesse; Beine graugrün, mit Schwimmlappen an den langen Zehen. Im Flug ist der weißliche Flügelhinterrand zu sehen.
Stimme: Verschiedene scharfe ein- oder zweisilbige Rufe, „köw", „pit" usw.
Biotop: Stehende oder langsam fließende seichte Gewässer, offener als beim Teichhuhn; auch Parkteiche und Stauseen. Im Winter oft in großen Scharen, selten auch an der Küste.
Nahrung: Neben einigen Süßwassermollusken hauptsächlich Wasserpflanzen, die es nach einem Tauchsprung von der Wasseroberfläche aus vom Grund des Gewässers abreißt; anschließend schießt es wie ein Korken wieder hoch. Grast auch in Ufernähe.
Fortpflanzung: Nistet im oder am Wasser, meist gut versteckt, manchmal auch offen. 6–10 Eier. Beide Partner brüten (21–24 Tage) und betreuen die Jungen, die mit etwa 8 Wochen flugfähig werden.

Altvogel mit Küken

Teichhuhn (Teichralle)
Gallinula chloropus

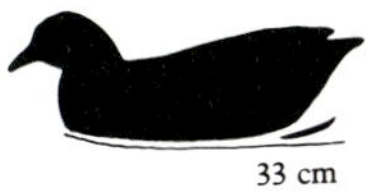

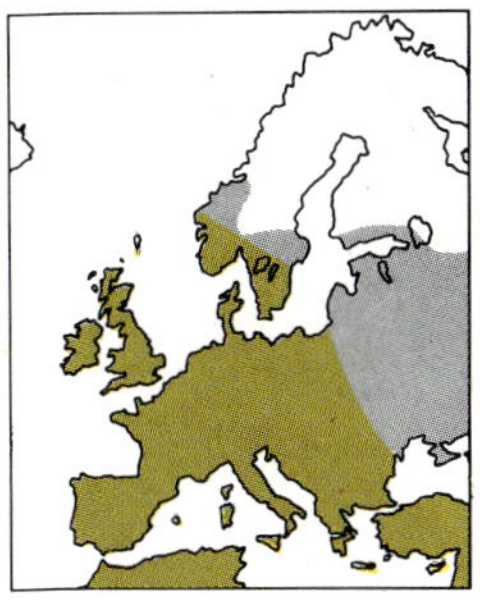

Kennzeichen: Allbekannt. Rebhuhngroß, grauschwarz, oberseits olivbraun, mit schwarz-weißen Unterschwanzdecken, weißem Seitenstreif, rotem Stirnschild und Schnabel mit gelber Spitze, grünlichen Beinen mit langen Zehen. Zuckt beim Laufen und Schwimmen arttypisch mit Kopf und Schwanz.
Stimme: Sehr ruffreudig, verfügt über zahlreiche verschiedene Laute; am häufigsten das bekannte „kürrk", ferner „kick" (auch gereiht) usw.
Biotop: Süßwasser aller Art; meidet sehr große offene Wasserflächen.
Nahrung: Pflanzlich und tierisch.
Fortpflanzung: Nistet meist gut gedeckt im, am oder über dem Wasser. 5–12 Eier; Brutdauer rund 3 Wochen. Beide Eltern brüten und führen die Jungen, die mit 5–7 Wochen flügge sind. Die Jungen der ersten Brut helfen bei der Betreuung der zweiten.

Jungvogel (rechts) und Altvogel

Großtrappe
Otis tarda

Kennzeichen: Truthahngroßer, sehr scheuer Laufvogel. Oberseits rostbraun, unterseits weiß, mit grauem Hals und rotbraunem Kopf. Beim kraftvollen Flug (mit ausgestrecktem Hals) fallen die vorwiegend weißen Flügel auf. Hahn viel größer und schwerer als Henne, mit weißem „Schnurrbart".
Stimme: Meist stumm; zur Brutzeit rauhe Schnarchlaute.
Biotop: Offene, baumlose Natur- und Kultursteppe.
Nahrung: Überwiegend pflanzlich, aber auch Kleintiere aller Art.
Fortpflanzung: Unehig, vielleicht auch haremartige Verbindung. Hähne balzen auf traditionellen Balzplätzen. Nest eine flache Mulde in der Vegetation. 2–3 Eier; Brutdauer 21–28 Tage. Die Jungen sind Nestflüchter und werden mit etwa 5 Wochen flügge, bleiben aber noch bis zum Winter bei der Henne und schließen sich dann zu größeren Verbänden zusammen.

Henne

Zwergtrappe
Tetrax tetrax

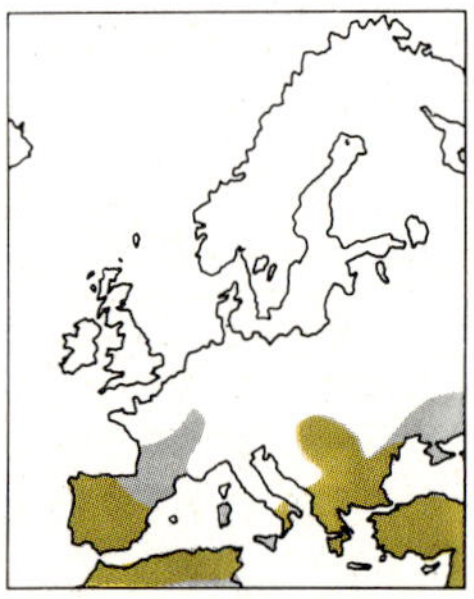

Kennzeichen: Fast so groß wie Brachvogel, aber kräftiger. Oberseits bräunlich, dunkler gewellt. Unterseite weiß, Flügel größtenteils weiß. Beim Hahn Gesicht und Kehle hellgrau, Hals schwarz, oben und unten weiß eingefaßt. Sehr scheu.
Stimme: Wenig ruffreudig. Revierruf des Hahns „prett-prett".
Biotop: Offene oder mit Büschen durchsetzte ebene oder hügelige Natur- und Kultursteppe.
Nahrung: Pflanzlich und tierisch – grüne Pflanzenteile, Früchte und Samen sowie Insekten und andere Kleintiere.
Fortpflanzung: Nistet in der Bodenvegetation. Meist 3 Eier. Nur die Henne brütet (etwa 3 Wochen) und führt die Jungen.

Henne (kleines Bild: Hahn)

Sommer- und Winterkleider

Austernfischer
Haematopus ostralegus

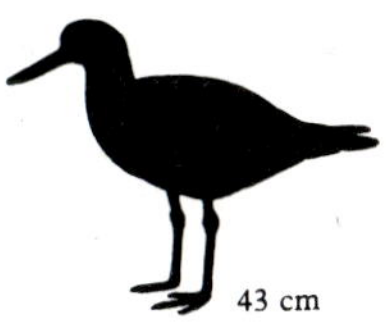

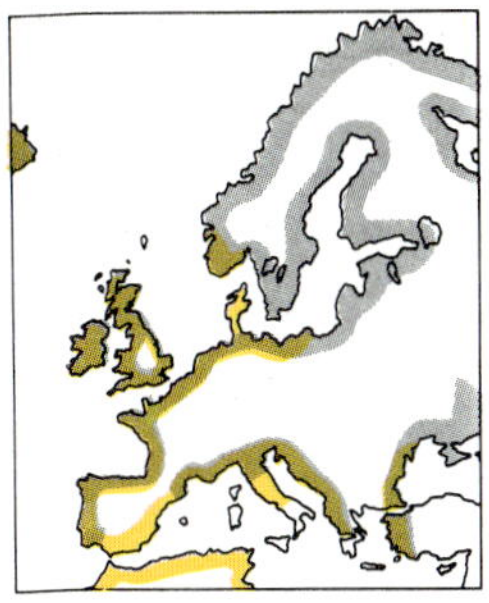

Kennzeichen: Unverkennbar – großer schwarz-weißer Watvogel mit langem orangerotem Schnabel und roten Beinen; im Flug fallen die breite weiße Flügelbinde, der weiße Bürzel und der weiß-schwarze Schwanz auf. Altvögel im Winter und Jungvögel mit weißem Kehlband.
Stimme: Sehr ruffreudig, ruft laut „kliep, kliep" und „pick-pick-pick". Gesang ein lauter, schneller werdender Triller.
Biotop: Meeresküsten, aber in manchen Gebieten auch Wiesen und steinige Flüsse im Binnenland; außerhalb der Brutzeit sehr gesellig.
Nahrung: Hauptsächlich Muscheln, Schnekken, Krebstiere und Würmer.
Fortpflanzung: Nistet am Boden, häufig etwas erhöht. Gewöhnlich 3 Eier. Beide Partner brüten (24–29 Tage) und betreuen die Jungen; diese sind Nestflüchter wie alle Schnepfenvögel und mit etwa 5 Wochen flugfähig.

Kiebitz
Vanellus vanellus

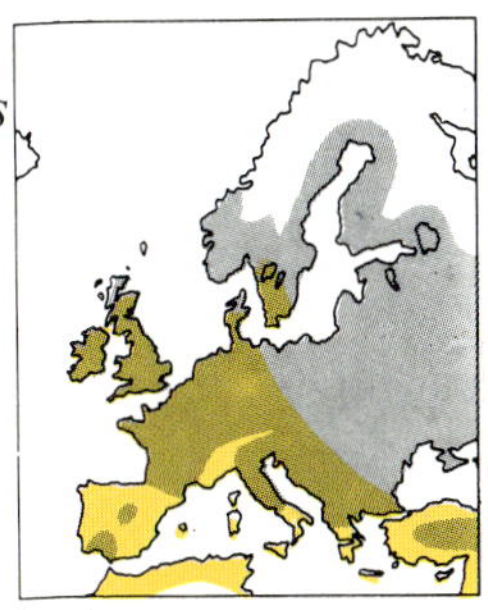

Kennzeichen: Taubengroß, wirkt von weitem schwarz-weiß, ist aber in Wirklichkeit oberseits metallisch grün; Brust schwarz, Unterschwanzdecken rostgelb. Kehle der Männchen im Sommer schwarz, im Winter weiß. Unser einziger Watvogel mit langer, abstehender Federschneppe am Hinterkopf. Im Flug fallen die runden, schwarz-weißen Flügel auf. Vor allem nach der Brutzeit sehr gesellig.
Stimme: Laute „kie-witt"-Rufe mit vielen Variationen. Während der Bodenbalz ruft das Männchen leise „skrr, skrr".
Biotop: Offenes, ebenes Gelände, vor allem feuchte Wiesen, ferner Äcker, Moore, Sümpfe, aber auch Ödland.
Nahrung: Insekten, Schnecken, Würmer, Krebstiere; daneben auch pflanzliche Stoffe.
Fortpflanzung: Nistet gern in lockeren Kolonien. Nest eine seichte Mulde im Gras und dgl. Gewöhnlich 4 Eier. Beide Eltern brüten (23–27 Tage) und führen die Jungen, die mit 33–42 Tagen flügge werden.

Sommer (kleines Bild: Winter)

Sandregenpfeifer
Charadrius hiaticula

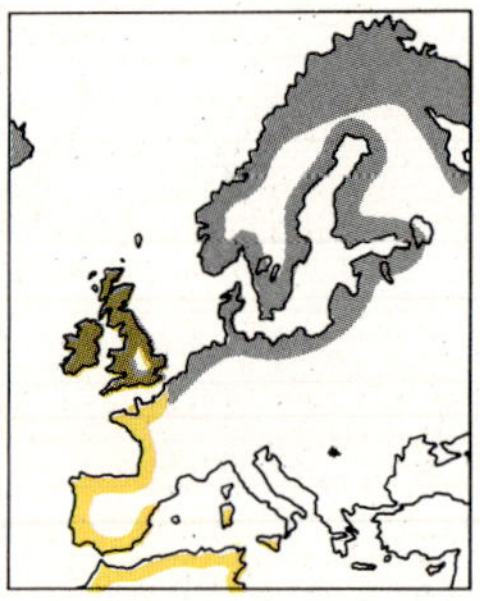

Kennzeichen: Lerchengroß, rundlich, hochbeinig. Oberseits hellbraun, unterseits weiß. Obere Stirn, Augenstreif und Brustband schwarz, untere Stirn, Brauenstreif und Halsband weiß (im Winter- und Jugendkleid matter). Beine orange, Schnabel orange mit schwarzer Spitze. Zeigt im Flug eine weiße Flügelbinde.
Stimme: Ruft wohlklingend ansteigend „tüitt"; Gesang, meist im Flug vorgetragen, eine Reihe von Trillern „witú-wiú".
Biotop: Sand-, Kiesel- und Schlickstrand; auf dem Zug auch an Filterbecken und Klärteichen.
Nahrung: Muscheln, Schnecken, Krebstiere, Insekten und Würmer.
Fortpflanzung: Nistet an Sand- und Kieselstränden; im Norden in der Tundra. Gewöhnlich 4 Eier. Beide Eltern brüten (21–28 Tage) und führen die Jungen, die in der Regel mit 21–23 Tagen flügge werden.

Sommer

Winter

Flußregenpfeifer

Charadrius dubius

15 cm

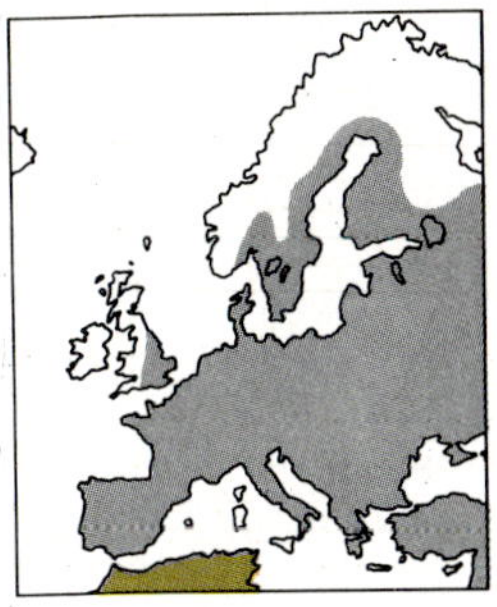

Männchen (links) und Weibchen

Kennzeichen: Dem Sandregenpfeifer sehr ähnlich, aber etwas kleiner und zarter, ohne weiße Flügelbinde, Beine gelblich bis fleischfarben, Schnabel fast ganz schwarz; schmaler weißer Strich über der schwarzen Stirnbinde, gelber Augenring.
Stimme: Ruft wehmütig abfallend „tüi", erregt „pi pi pi pi…"; trillernder Gesang dem des Sandregenpfeifers ähnlich.
Biotop: Sandige und kiesige Ufer von Binnengewässern, Kiesgruben, Filterbecken, Schlackenhalden und ähnliches Industriegelände.
Nahrung: Vorwiegend Insekten, dazu Würmer, Schnecken und dgl.
Fortpflanzung: Nistet auf Sand-, Kies- und Schlammflächen. Gewöhnlich 4 Eier; beide Eltern brüten (22–28 Tage). Die Jungen sind in der Regel mit 22–25 Tagen flügge.

Seeregenpfeifer

Charadrius alexandrinus

16 cm

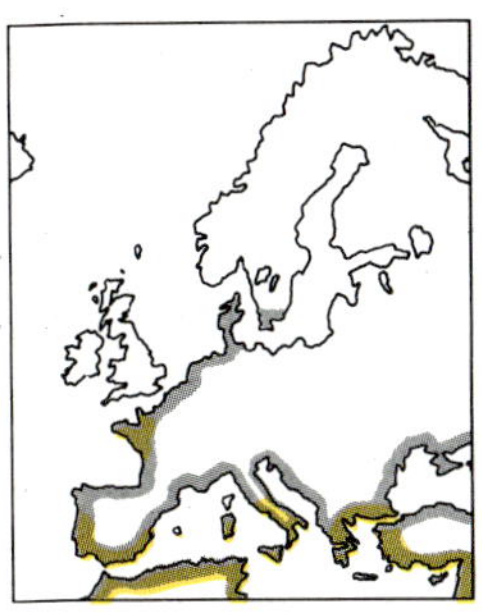

Männchen

Kennzeichen: Kleiner als Sandregenpfeifer, viel heller, Oberkopf rötlich, weniger Schwarz im Gesicht, Brustband unterbrochen; diese Zeichnung ist beim Weibchen noch weniger ausgeprägt. Schnabel und Beine schwarz, Flügelbinde und Schwanzseiten weiß.
Stimme: Häufigster Laut „tit" (auch wiederholt); Gesang ein langes, schneller werdendes Trillern.
Biotop: Sand- oder trockene Schlammflächen an der Küste und Salzböden im Binnenland.
Nahrung: Wie seine Verwandten.
Fortpflanzung: Nistet auf Sand- oder trockenen Schlammflächen. Gewöhnlich 3 Eier; beide Eltern brüten (23–29 Tage). Die Jungen werden mit 27–41 Tagen flügge.

Winter (rechts im Hintergrund ein Alpenstrandläufer)

Kiebitzregenpfeifer

Pluvialis squatarola

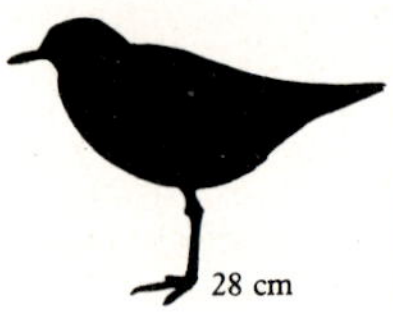

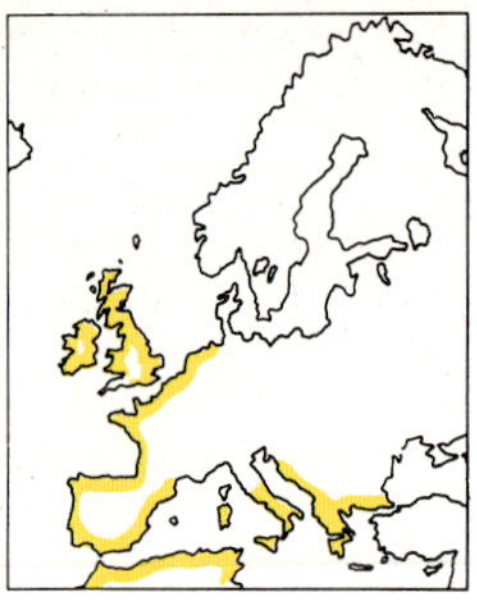

Kennzeichen: Fast kiebitzgroß, rundköpfig, mit großen dunklen Augen, kurzem dunklem Schnabel und grauen Beinen. Im Brutkleid oberseits silbergrau (schwarz-weiß gesprenkelt), von Kinn bis Bauch schwarz mit weißer Einfassung, im Winter oberseits blaß bräunlichgrau, unterseits weiß. Von allen anderen Watvögeln durch die im Flug auffallenden schwarzen Achseln unterschieden.
Stimme: Einziger bei uns zu hörender Ruf ein wehmütiges dreisilbiges „tli-u-ih".
Biotop: Brutvogel der Hocharktis. Bei uns Durchzügler und Wintergast, fast nur an der Küste.
Nahrung: Würmer, Muscheln, Schnecken, Krebstiere, Insekten sowie pflanzliche Stoffe.
Fortpflanzung: Ähnlich wie Goldregenpfeifer.

Goldregenpfeifer

Pluvialis apricaria

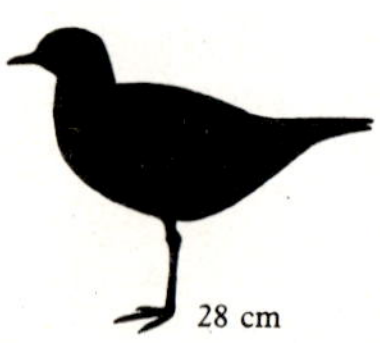

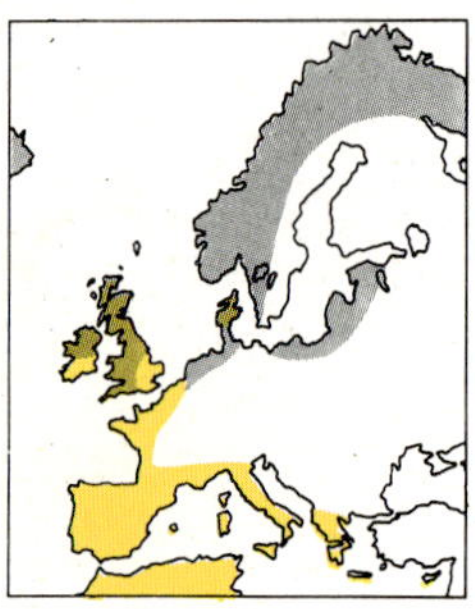

Kennzeichen: Etwas kleiner als Kiebitzregenpfeifer, sehr ähnlich gezeichnet, aber mit weißen Achseln. Im Winter oberseits dunkler, im Brutkleid oberseits goldbraun und schwarz gesprenkelt; das Schwarz der Unterseite ist bei den südlichen Rassen viel weniger ausgedehnt.
Stimme: Häufigster Ruf ein wehmütiges „tlüh". Gesang (meist im Flug vorgetragen) ein wohllautendes, trillerndes „tluih", „turih" u.ä.
Biotop: Zur Brutzeit Moor, Heide, Fjell und Tundra; auf dem Zug und im Winter vor allem Weideland, meist im Küstengebiet.
Nahrung: Insekten, Würmer, Schnecken, dazu Samen, Beeren und grüne Pflanzenteile.
Fortpflanzung: Bodenbrüter. 4 Eier. Beide Eltern brüten (27–34 Tage). Die Jungen sind mit 32–34 Tagen voll flugfähig.

Sommer

Winter

Mornell
Eudromias morinellus

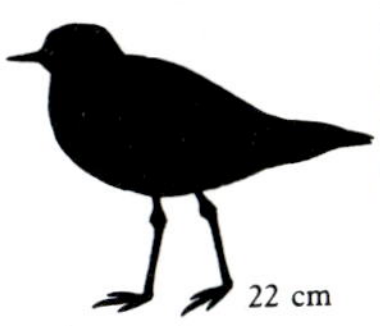

22 cm

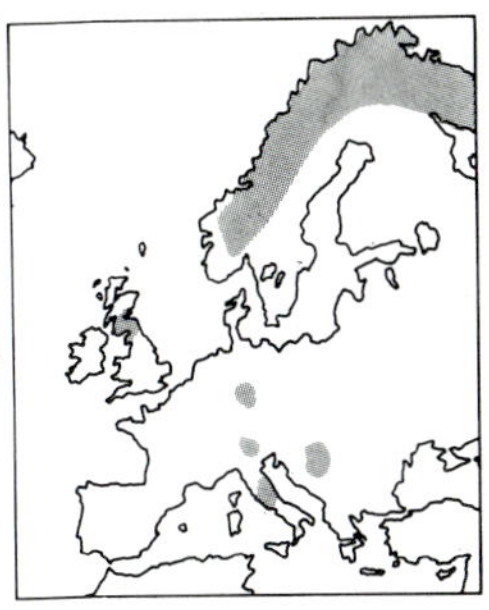

Kennzeichen: Singdrosselgroß. Im Brutkleid oberseits graubraun mit schwarzem Scheitel und im Nacken zusammenlaufenden weißen Brauenstreifen. Vorderbrust braun, von der rostbraunen Hinterbrust durch schmales weißes Band getrennt; Bauch schwarz. Weibchen prächtiger als Männchen. Im Winter ähnlich Goldregenpfeifer, aber mit weißen Brauenstreifen und hellem Brustband.
Stimme: Flugruf dem des Goldregenpfeifers ähnlich, aber höher; ferner ein zwitschernder dreisilbiger Ruf.

Biotop: Zur Brutzeit Tundra, steinige Hänge im Hochgebirge; hat in den Niederlanden auf Kartoffeläckern gebrütet. Auf dem Zug offenes Weide-, Acker- und Heideland.
Nahrung: Hauptsächlich Insekten, ferner Schnecken und pflanzliche Stoffe.
Fortpflanzung: Bodenbrüter. Weibchen balzt und legt für mehrere Männchen jeweils 3 Eier. Die Männchen brüten (24–28 Tage) und führen die Jungen, bis sie mit 26–30 Tagen flügge werden.

Sommer

Winter

Steinwälzer
Arenaria interpres

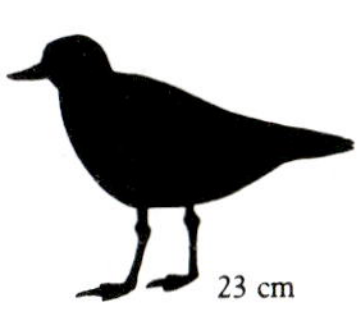

23 cm

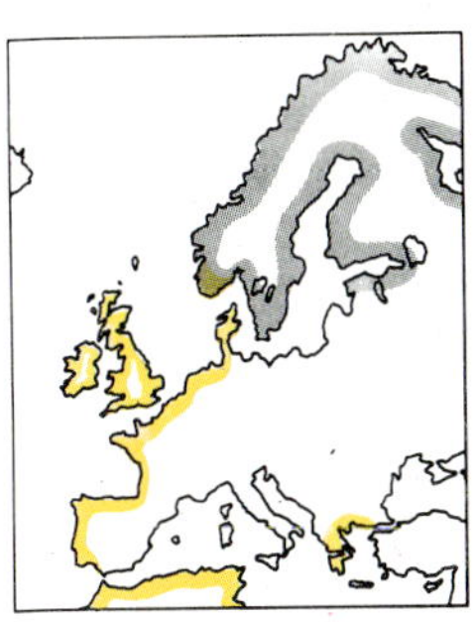

Kennzeichen: Singdrosselgroßer, kräftiger Watvogel mit kurzem, kräftigem Schnabel. Im Brutkleid Oberseite rostrot und schwarz, Kopf und Hals schwarz-weiß, Brust schwarz; im Winter oberseits graubraun. Unterseite weiß, Rücken und Flügel zeigen im Flug ein auffallendes schwarz-weißes Muster (Mittelrücken, Schultern, Oberschwanzdecken und Flügel weiß).
Stimme: Verschiedene scharfe, rasselnde und trillernde Rufe. Außerhalb der Brutzeit wenig ruffreudig.

Biotop: Zur Brutzeit Felsküsten und Tundra; im Winter felsige und steinige Küsten, auch Buhnen und dgl.
Nahrung: Hauptsächlich Schnecken, Muscheln, Krebstiere, Insekten und Würmer, aber auch pflanzliche Stoffe; wendet bei der Nahrungssuche Steine und dgl. um.
Fortpflanzung: Bodenbrüter. Gewöhnlich 4 Eier. Beide Partner brüten (21–23 Tage). Die Jungen werden zuerst von beiden Eltern, später nur noch vom Vater geführt und sind mit 26 Tagen voll flügge.

Bekassine
Gallinago gallinago

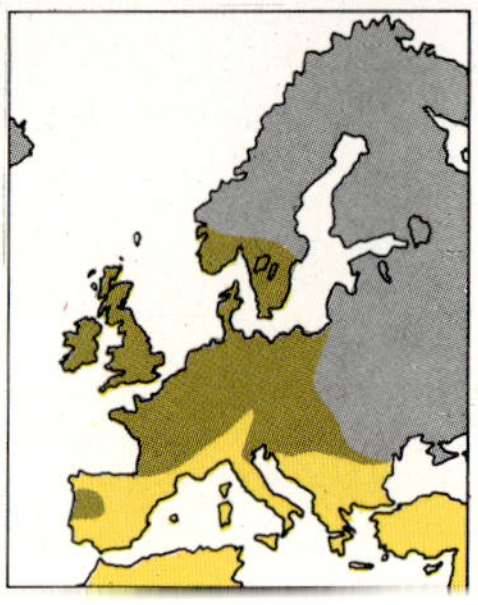

Kennzeichen: Knapp amselgroß, gedrungen, ziemlich kurzbeinig, mit langem schwarzem Schnabel. Scheitel und Oberseite braun, schwarz und beige gestreift, Hals und Brust braun gestrichelt, Flanken quergebändert; Schwanzseiten weiß. Heimlich, drückt sich, fliegt aufgescheucht in raschem Zickzackflug davon; gelegentlich bei der Nahrungssuche am Rande der Sumpfvegetation zu beobachten.
Stimme: Ruft aufgescheucht im Abfliegen „ätsch, ätsch“. Der Gesang „tick-e, tick-e…“ wird gern von einer Erhebung, einem Pfahl usw. vorgetragen. Beim Balzflug erzeugen die abgespreizten äußeren Schwanzfedern ein charakteristisches „Meckern“.
Biotop: Süßwassersümpfe aller Art, Moore, Seeufer usw.
Nahrung: Würmer, Insekten, Schnecken, daneben auch pflanzliche Stoffe.
Fortpflanzung: Bodenbrüter. Gewöhnlich 4 Eier. Nur das Weibchen brütet (18–22 Tage), aber das Männchen beteiligt sich an der Aufzucht der Jungen. Diese können mit 14 Tagen fliegen, sind aber erst mit etwa 7 Wochen voll ausgewachsen.

Zwergschnepfe
Lymnocryptes minimus

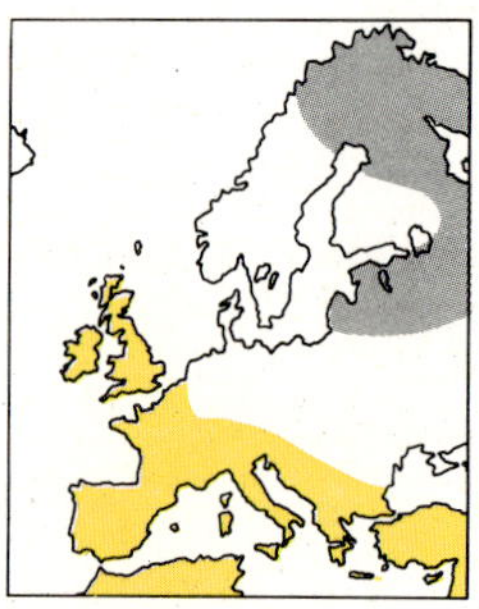

Kennzeichen: Kleiner als Bekassine, mit kürzerem Schnabel. Rücken dunkel, metallisch glänzend, mit zwei abstechenden hellen Streifen, dunkle Kopfplatte ungestreift; Schwanz spitz, ohne Weiß. Heimlich, fliegt aufgescheucht erst im letzten Augenblick stumm auf und fällt gleich wieder ein. Wippt bei der Nahrungssuche eigenartig auf und ab.
Stimme: Meist stumm; gelegentlich ein leises Rätschen. Balzgesang (im Flug oder am Boden) ein rhythmisches Klopfen, wie ein in der Ferne galoppierendes Pferd.
Biotop: Zur Brutzeit Sümpfe und Moore in der Taiga; auf dem Zug ähnlich wie Bekassine.
Nahrung: Kleine Bodentiere sowie pflanzliche Stoffe.
Fortpflanzung: Bodenbrüter. 4 Eier. Brutdauer 21–24 Tage. Brutpflege weitgehend unbekannt.

Waldschnepfe
Scolopax rusticola

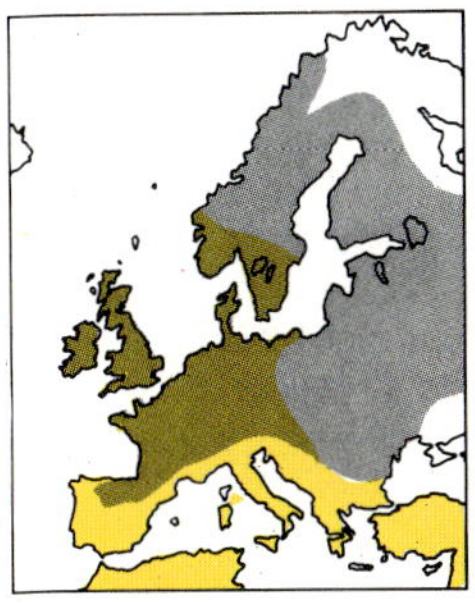

Kennzeichen: Rebhuhngroß, gedrungen, kurzbeinig, langschnäblig mit wunderbarer Tarnzeichnung in braunen und beigen Tönen; Scheitel und Nacken dunkel quergebändert. Flügel stärker gerundet als bei der Bekassine. Ungesellig, vorwiegend dämmerungs- und nachtaktiv.
Stimme: Der beim langsamen abendlichen Balzflug („Schnepfenstrich") vorgetragene Gesang besteht aus zwei Teilen, einem leisen, tiefen „Quorren" und einem lauteren, hohen „Puitzen".
Biotop: Hauptsächlich feuchte Waldungen mit reichem Unterwuchs; bei der (vorwiegend nächtlichen) Nahrungssuche offenes Gelände (Wiesen, Sümpfe usw.).
Nahrung: Vornehmlich Regenwürmer, ferner Insekten und ihre Larven.
Fortpflanzung: Nistet am Boden am Waldrand oder an einer Lichtung. 4 Eier. Nur das Weibchen brütet (20–23 Tage) und führt die Jungen, die nach 3 Wochen flügge sind, aber bis zum Alter von 5–6 Wochen bei der Mutter bleiben; diese trägt gelegentlich nichtflügge Küken im Flug zwischen den Beinen fort.

Großbrachvogel
Numenius arquata

53–58 cm

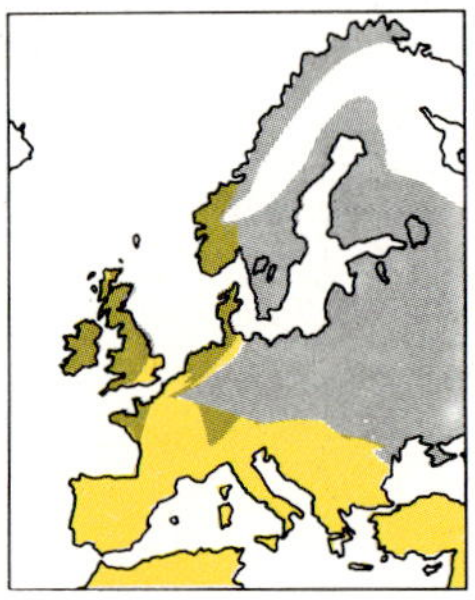

Kennzeichen: Unser größter Schnepfenvogel (etwa krähengroß), streifig graubraun mit weißem Bauch und Bürzel, langen Beinen und sehr langem, gebogenem Schnabel; dieser ist beim Weibchen meist länger, kräftiger und stärker gebogen. Außerhalb der Brutzeit sehr gesellig.
Stimme: Ein lautes „kurlih" mit vielen Abwandlungen. Der herrliche flötende und trillernde Gesang wird im Balzflug und am Boden vorgetragen.
Biotop: Offenes, ebenes, vorwiegend feuchtes Gelände – Weiden, Wiesen, Äcker, Moore usw.; im Winter vor allem Schlickflächen an der Küste.
Nahrung: Kleine Bodentiere, vor allem Wirbellose (Würmer, Schnecken, Muscheln, Insekten usw.), weniger Wirbeltiere, ferner pflanzliche Stoffe, z. B. Sämereien und Beeren.
Fortpflanzung: Bodenbrüter. Gewöhnlich 4 Eier, die vorwiegend vom Weibchen 26–33 Tage lang bebrütet werden, während das Männchen das Revier bewacht. Die Jungen werden zunächst von beiden Eltern, später meist nur vom Vater betreut, mindestens bis sie (mit 5 Wochen) flügge sind.

Altvogel (links zwei Rotschenkel)

Regenbrachvogel

Numenius phaeopus

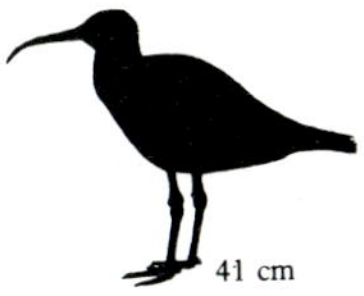

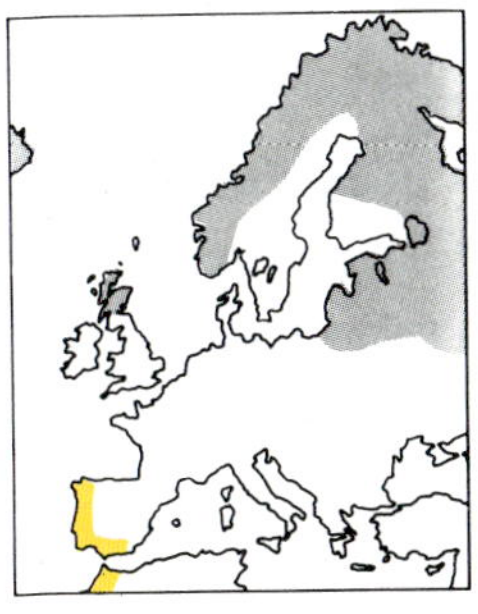

Kennzeichen: Dem Großbrachvogel sehr ähnlich, aber kleiner und deutlich kurzschnäbliger, oberseits dunkler und kontrastreicher gezeichnet, mit zwei breiten dunklen Scheitelstreifen.
Stimme: Fliegende Regenbrachvögel geben sich durch den charakteristischen flötenden Flugruf, ein hohes „bibibibibibibi", zu erkennen. Der Gesang ist dem des Großbrachvogels ähnlich.
Biotop: Heide, Moor und Tundra.
Nahrung: Hauptsächlich tierisch, ähnlich wie beim Großbrachvogel, zu manchen Zeiten aber überwiegend pflanzlich, v. a. Beeren.
Fortpflanzung: Bodenbrüter. Gewöhnlich 4 Eier, die vorwiegend vom Weibchen ausgebrütet werden. Brutdauer nach einigen Angaben 24, nach anderen 27–28 Tage. Die Jungen werden von beiden Eltern geführt, häufig in zwei Gruppen geteilt, die sich wieder vereinigen, wenn das Weibchen beim Flüggewerden der Jungen (nach etwa 4 Wochen) abzieht.

Uferschnepfe
Limosa limosa

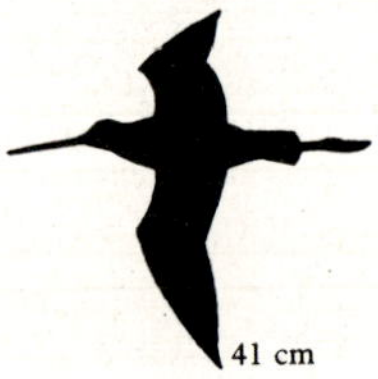

Kennzeichen: Taubengroßer, langbeiniger Watvogel mit langem, fast geradem Schnabel. Im Brutkleid Kopf, Hals und Brust rostbraun, Flanken und Bauch weißlich mit dunkler Bänderung, im Winter oberseits graubraun, unterseits weiß. Im Flug an der breiten weißen Flügelbinde und dem weißen Schwanz mit breiter schwarzer Endbinde von allen anderen großen Watvögeln unterschieden; die langen Beine ragen über den Schwanz hinaus.
Stimme: Zur Brutzeit sehr ruffreudig. Flugruf ein lautes „wutti, wutti, wutti", ferner „tiu-i-tui" und „kui-it".
Biotop: Feuchte Wiesen, Weiden, Moore usw. Auf dem Zug und im Winter hauptsächlich Überschwemmungsgebiete und Deichvorland.
Nahrung: Vor allem Würmer, Käfer, Schnecken und Sämereien.
Fortpflanzung: Bodenbrüter. Gewöhnlich 4 Eier. Beide Eltern brüten (22–24 Tage) und führen die Jungen, die mit 30–35 Tagen flügge werden.

Sommer

Sommer

Winter

Pfuhlschnepfe
Limosa lapponica

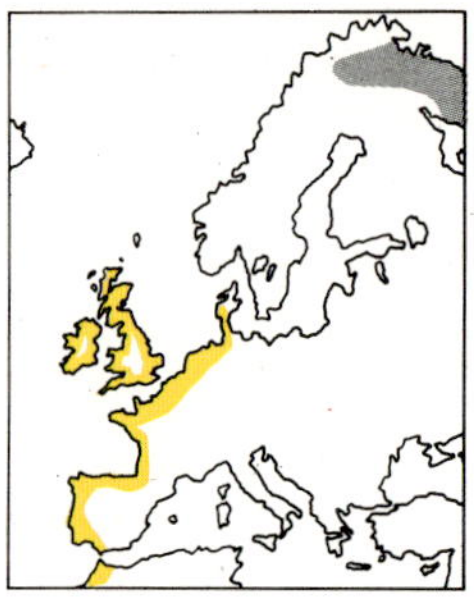

Kennzeichen: Der Uferschnepfe sehr ähnlich, aber etwas kleiner, kurzbeiniger, mit deutlich aufwärts gebogenem Schnabel, ohne Flügelbinde, mit weißem Bürzel, aber gebändertem Schwanz; im Brutkleid kräftiger rot, im Winter heller.
Stimme: Außerhalb der Brutzeit wenig ruffreudig; Flugruf ein leises, tiefes „karrat", Alarmruf ein schrilles „krick".
Biotop: Zur Brutzeit Sümpfe und Moore im hohen Norden; auf dem Zug und im Winter vor allem Wattgebiete.
Nahrung: Im Brutgebiet Insekten und ihre Larven sowie pflanzliche Stoffe; an der Küste Würmer, kleine Schnecken und Krebstiere usw. Der sehr lange Schnabel dient wie bei der Uferschnepfe zum Stochern im tiefen Schlamm.
Fortpflanzung: Bodenbrüter. In der Regel 4 Eier. Beide Partner brüten, angeblich 20–21 Tage. Das Männchen scheint an der Aufzucht der Jungen stärker beteiligt zu sein.

Waldwasserläufer

Tringa ochropus

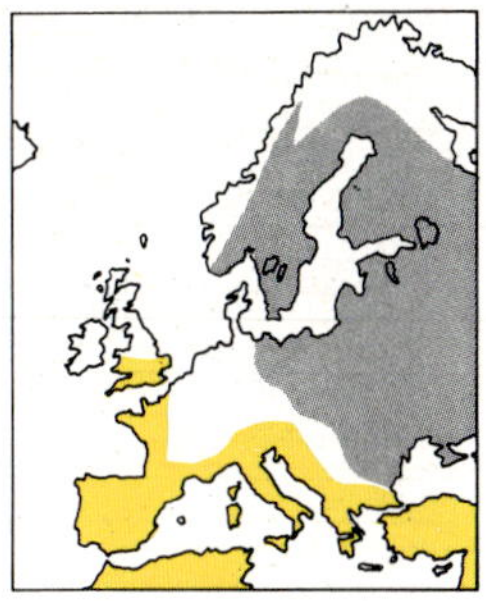

Kennzeichen: Dem Bruchwasserläufer sehr ähnlich, aber etwas kräftiger und relativ kurzbeiniger, oberseits dunkler, Brauenstreif weniger deutlich, Unterflügel dunkel; der Schwanz scheint eine dunkle Endbinde zu tragen.
Stimme: Flugruf „wiht, tluit, wiht-wiht“; Gesang ein hohes, flötendes und trillerndes „titti-lui, titti-lui“.
Biotop: Zur Brutzeit Bruch- und Auwälder, Waldmoore und bewaldete Ufer kleiner Gewässer; auf dem Zug und im Winter meist einzeln an kleinen Gewässern im Binnenland, selten an der Küste.
Nahrung: Hauptsächlich Insekten und Krebstiere, ferner Würmer und Süßwasserschnecken.
Fortpflanzung: Brütet in Bäumen in alten Drosselnestern und dgl. 4 Eier, die überwiegend vom Weibchen bebrütet werden (rund 20 Tage). Die Jungen werden von beiden Eltern (oder nur vom Männchen?) geführt.

Bruchwasserläufer

Tringa glareola

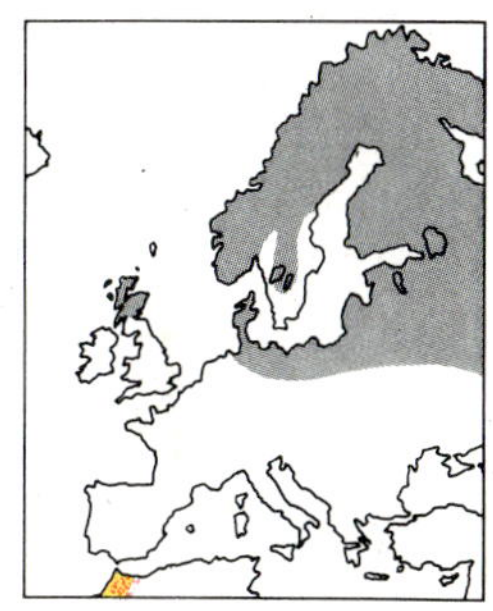

Kennzeichen: Knapp starengroß. Oberseite graubräunlich mit zur Brutzeit weißer, im Ruhekleid unauffälliger Sprenkelung und deutlichem hellem Brauenstreif; zeigt im Flug helle Unterflügel, weißen Bürzel und verschwommen schwarz-weiß gebänderten Schwanz.
Stimme: Ruft im Abfliegen kennzeichnend „giff-giff-giff“. Gesang, oft in hohem Balzflug vorgetragen, ein wohlklingendes, gereihtes „tliä, tliä, tliä…“.
Biotop: Zur Brutzeit Hochmoore mit geringem Baumbestand, auf dem Zug an Süßwasser aller Art, häufig an Filterbecken und in Kläranlagen, selten an der Küste.
Nahrung: Hauptsächlich Insekten, daneben Krebstiere und Süßwasserschnecken, nur ganz wenig pflanzliche Stoffe.
Fortpflanzung: Brütet am Boden, gelegentlich auch in alten Vogelnestern in Bäumen. In der Regel 4 Eier. Beide Partner brüten (22–23 Tage), doch verläßt ein Elter, vermutlich das Weibchen, die Brut oft schon vor dem Schlüpfen. Die Jungen sollen mit etwa 30 Tagen flügge sein.

Flußuferläufer
Actitis hypoleucos

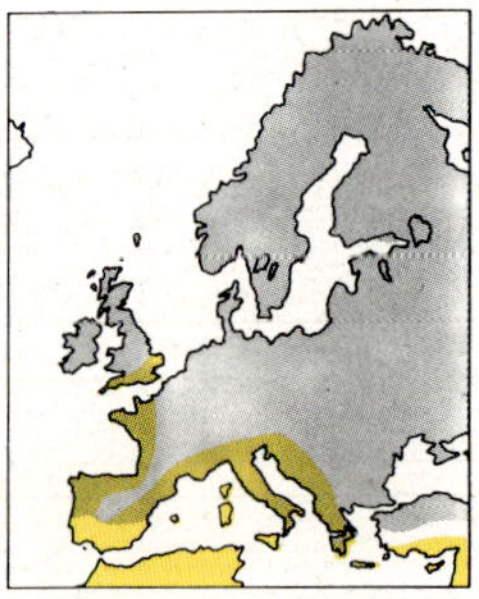

Kennzeichen: Lerchengroß mit verhältnismäßig kurzem Schnabel und kurzen Beinen. Oberseite und Vorderbrust olivbraun, Unterseite weiß; zwischen Vorderbrust und Flügel ein kennzeichnender weißer, nach oben vorspringender Keil. Wippt am Boden ständig mit Kopf und Schwanz. Im sehr charakteristischen Flug – meist niedrig über dem Wasser – wechseln ruckhafte, flache Flügelschläge mit kurzen Gleitflügen auf starren, abwärtsgebogenen Flügeln ab; zeigt dabei weiße Schwanzseiten und Flügelbinde.
Stimme: Häufigster Laut, vor allem im Abflug, ein kennzeichnendes, hohes „hititi"; Gesang ein schnelles, hohes „titti-wihti".
Biotop: Zur Brutzeit schotterige und sandige, gebüschreiche Ufer von fließenden und stehenden Binnengewässern. Auf dem Zug an Gewässern aller Art, auch an der Küste.
Nahrung: Hauptsächlich Insekten, ferner Spinnen- und Krebstiere, Schnecken und Muscheln, weniger Würmer.
Fortpflanzung: Bodenbrüter, gewöhnlich 4 Eier. Beide Partner brüten und führen die Jungen. Brutdauer rund 3 Wochen, Führungszeit 26–27 Tage.

Rotschenkel
Tringa totanus

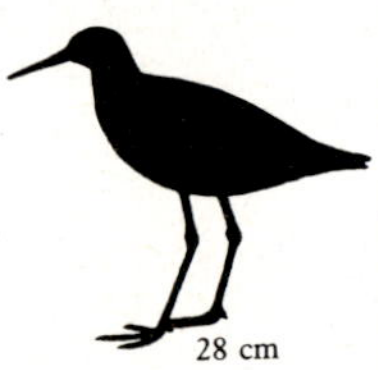

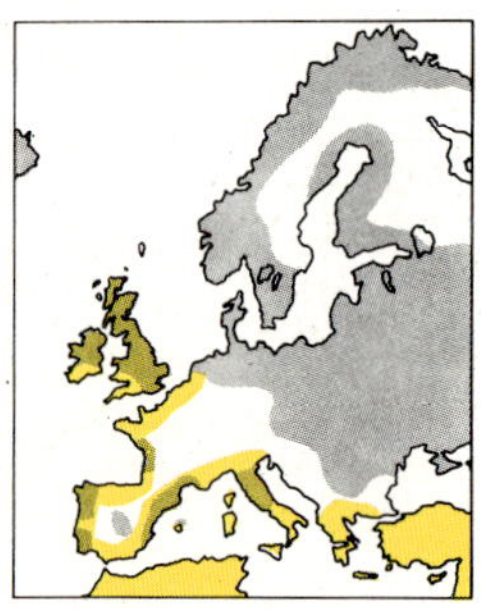

Kennzeichen: Gut amselgroß, mit langen roten Beinen und langem, an der Wurzel rotem Schnabel; oberseits braun, im Brutkleid dunkel gefleckt, im Winter heller. Im Flug mit weißem Rücken und Bürzel sowie weißem Flügelhinterrand unverwechselbar.
Stimme: Immer sehr ruffreudig. Vor dem Auffliegen „tüht", Flugruf „tüt tüt tüt", Alarmruf „tschip, tschip, tschip...“; Gesang („Jodeln") „dahidldahidldahidl...", oft im Flug vorgetragen.
Biotop: Zur Brutzeit feuchte Wiesen, Sümpfe, Moore, ferner Salzwiesen an der Küste; auf dem Zug und im Winter Schlammflächen und Seichtwasser, vor allem am Meer.
Nahrung: Im Binnenland Insekten, Asseln, Schnecken und Regenwürmer, am Meer Ringelwürmer, Krebstiere, Schnecken und Muscheln.
Fortpflanzung: Bodenbrüter. Gewöhnlich 4 Eier. Beide Partner brüten (22–29 Tage) und führen – das Männchen meist länger als das Weibchen – die Jungen, die mit 27–35 Tagen flügge werden.

mausernd

Sommer

Dunkelwasserläufer
Tringa erythropus

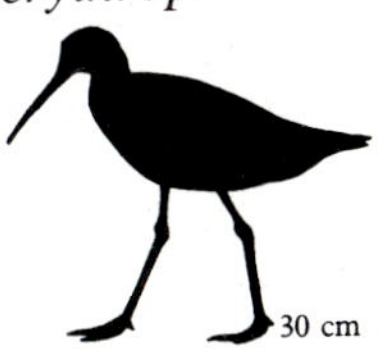

30 cm

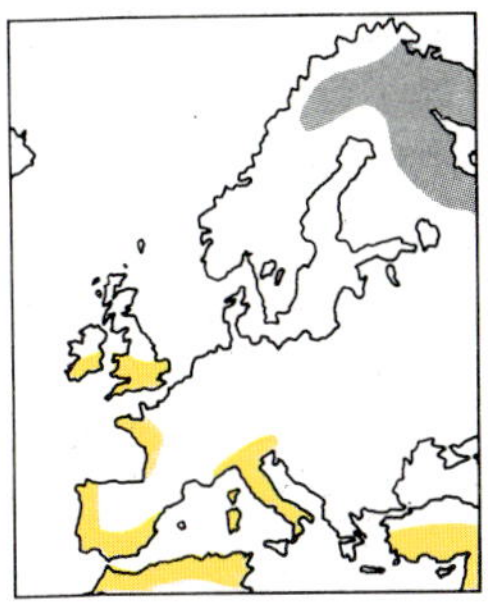

Kennzeichen: Größer und schlanker als Rotschenkel, Beine und Schnabel länger, Flügel ohne Weiß; im Winter oberseits heller, vom wenig größeren Grünschenkel durch rote Beine und geraden, an der Wurzel roten Schnabel unterschieden. Im Brutkleid unverwechselbar, rußschwarz, oberseits weiß gesprenkelt.
Stimme: Kennzeichnender Ruf ein lautes „tjuitt“; Alarmruf ein hartes „tjick, tjick...“; Gesang ein gereihtes, wohlklingendes „trrüih-e, trrüih-e“.

Biotop: Zur Brutzeit Moore und Lichtungen in der Taiga und Tundra; auf dem Zug und im Winter wie Rotschenkel.
Nahrung: Wie Rotschenkel. Bewegt sich bei der Nahrungssuche rascher und schwimmt mehr als andere Wasserläufer.
Fortpflanzung: Bodenbrüter. Gewöhnlich 4 Eier; die Brutpflege obliegt allein oder überwiegend dem Männchen. Die Brutdauer wird mit etwa 25 Tagen angegeben; die Jungen sollen mit rund 1 Monat flügge sein.

Grünschenkel
Tringa nebularia

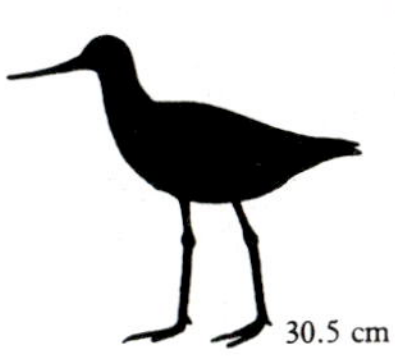

30.5 cm

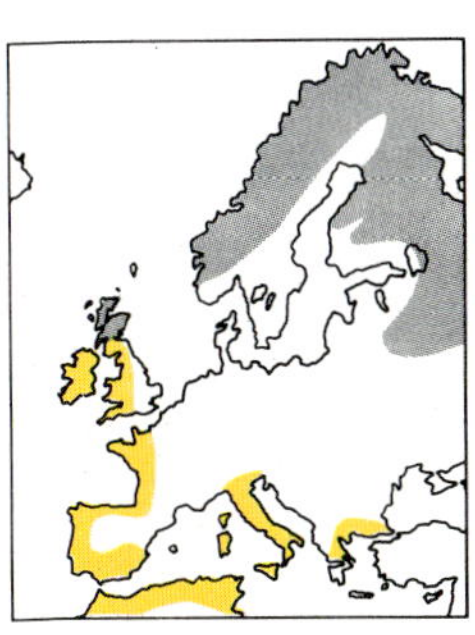

Kennzeichen: Unser größter Wasserläufer, mit langen, grünlichen Beinen und langem, leicht aufwärts gebogenem schwärzlichem Schnabel. Oberseite recht hell, Gesicht weißlich; keine weiße Flügelbinde. Das Weiß des Bürzels reicht als Keil weit auf den Rücken hinaus, auch der Schwanz erscheint fast weiß.
Stimme: Bekanntester Ruf ein dreisilbiges flötendes „tjü-tjü-tjü“. Alarmruf „kjükjükjükjü...“, Gesang sanft flötend „tju-i tjui...“, meist im Flug vorgetragen.

Biotop: Zur Brutzeit Heide, Moor und lichte Taiga, meist in Wassernähe; auf dem Zug und im Winter ähnlich wie Rotschenkel.
Nahrung: Ähnlich wie seine Verwandten. Sucht seine Nahrung vorwiegend im seichten Wasser, aber auch auf dem Land.
Fortpflanzung: Bodenbrüter. Gewöhnlich 4 Eier. Beide Partner brüten (23–25 Tage) und führen die Jungen, zunächst gemeinsam, später häufig getrennt. Das Weibchen zieht manchmal schon eher ab. Die Jungen werden mit mindestens 25 Tagen flügge.

Sommer

Winter

Knutt
Calidris canutus

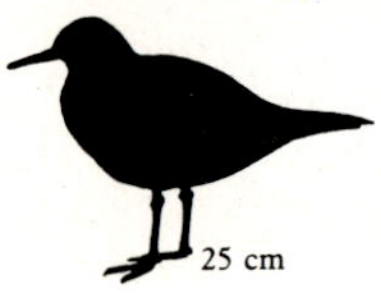

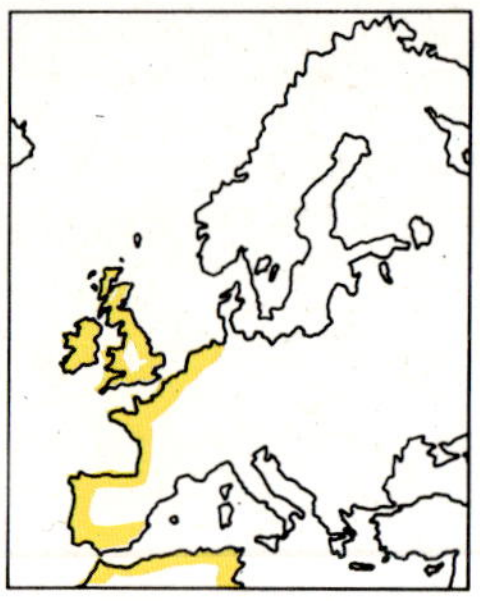

Kennzeichen: Größter Strandläufer (so groß wie eine Misteldrossel), gedrungen, mit kurzem Schnabel und kurzen Beinen. Im Brutkleid Kopf und Unterseite rostrot, Oberseite schwarzbraun und rostrot gefleckt; im Winter oberseits schuppig hellgrau, unterseits weißlich. Zeigt im Flug eine helle Flügelbinde; vom ähnlich aussehenden Kiebitzregenpfeifer durch hellgrauen Bürzel und Schwanz und helle Achseln unterschieden.
Stimme: Stimmfühlungslaut und Flugruf „huit-wit", Alarmruf ein tiefes „nat"; Gesang erinnert an das melancholische Flöten des Brachvogels.
Biotop: Zur Brutzeit steinige Ebenen und trockene Tundra in der Hocharktis. Auf dem Zug und im Winter Mischwatt mit Sand und Schlick, oft in großen Scharen; selten im Binnenland.
Nahrung: Im Brutgebiet Insekten und dgl. sowie pflanzliche Stoffe; am Meer vorwiegend Schnecken und Muscheln, ferner kleine Krebstiere.
Fortpflanzung: Bodenbrüter. Gewöhnlich 4 Eier; beide Partner brüten (rund 22 Tage). Die Jungen werden vorwiegend vom Männchen geführt.

Klippenstrandläufer (Meerstrandläufer)
Calidris maritima

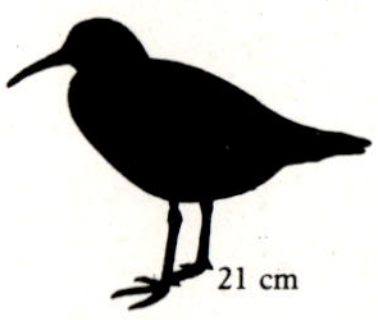

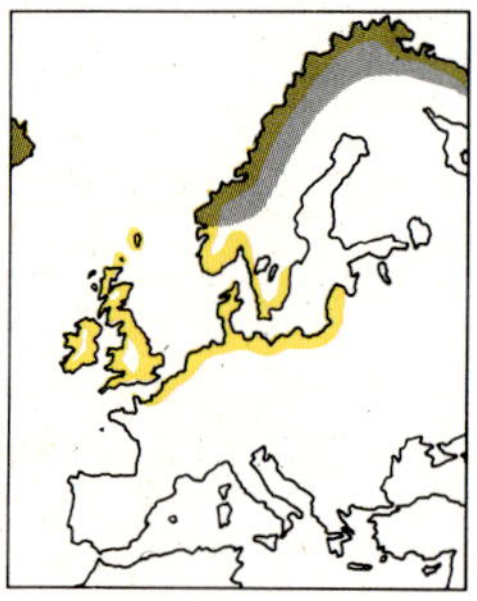

Kennzeichen: Amselgroß, gedrungen, viel dunkler als andere Strandläufer, mit gelben Beinen und orangegelber Schnabelwurzel.
Stimme: Im Winterquartier recht still, Abflugruf „wiet, wit".
Biotop: Zur Brutzeit arktische Küsten sowie steinige Tundra; im Winter fast nur Felsküsten und Buhnen.
Nahrung: Im Brutgebiet Insekten und pflanzliche Stoffe, im Winterquartier Schnecken, Muscheln und Kleinkrebse.
Fortpflanzung: Bodenbrüter. Gewöhnlich 4 Eier. Vermutlich brüten beide Partner (21–22 Tage), aber die Jungen werden allein vom Männchen geführt und sollen nach etwa 3 Wochen flügge sein.

Winter

Zwerg-strandläufer
Calidris minuta

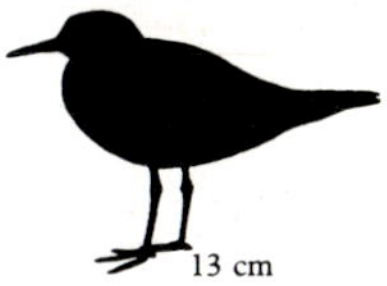

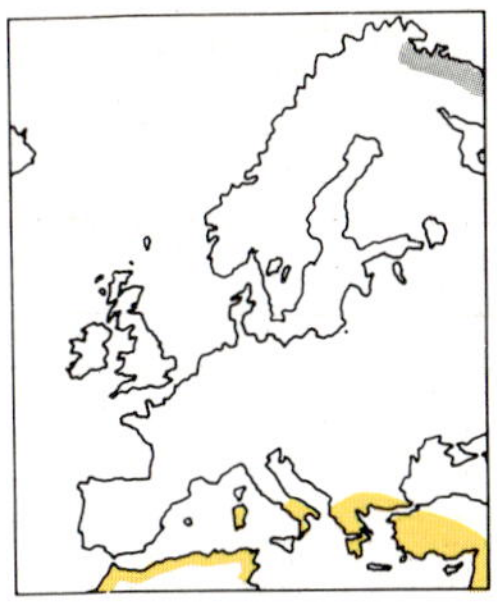

Kennzeichen: Rotkehlchengroß, mit kurzem, geradem, dunklem Schnabel, hellem Gesicht, schmaler weißer Flügelbinde, rostbräunlichen Brustseiten, grauen äußeren Schwanzfedern und schwarzen Beinen. Oberseits im Brutkleid rötlichbraun, im Winter grauer; Jungvögel mit deutlicher weißer V-Zeichnung auf dem Rücken; unterseits weiß.
Stimme: Ein scharfes „trit" oder „tirri-trit-trit"; im Singflug ein langer hoher Triller.
Biotop: Zur Brutzeit Moor und Tundra im hohen Norden. Auf dem Zug und im Winter Schlickstrand sowie Schlammflächen im Binnenland, z. B. Filterbecken und Klärteiche.
Nahrung: Hauptsächlich Insekten, ferner Würmer sowie kleine Schnecken, Muscheln und Krebstiere.
Fortpflanzung: Bodenbrüter. 4 Eier, beide Partner brüten. Manchmal macht das Weibchen nacheinander 2 Gelege, von denen das erste vom Männchen ausgebrütet wird. Die Brutdauer wird mit bis zu 3 Wochen angegeben; die Jungen sollen nach 2–3 Wochen flügge sein.

Winter

Temminckstrandläufer
Calidris temminckii

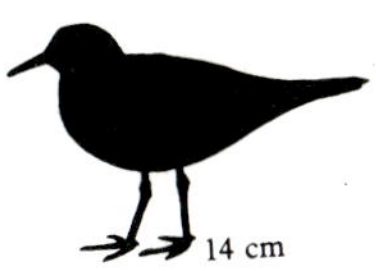

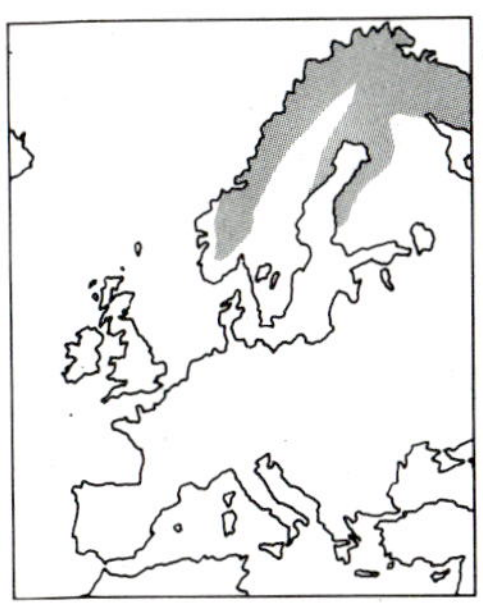

Kennzeichen: Dem Zwergstrandläufer ähnlich, aber grauer, weniger kontrastreich gezeichnet, mit grauer Brust, weißen Schwanzseiten, an der Spitze abwärts gebogenem Schnabel und kürzeren grünlichen oder bräunlichen Beinen.
Stimme: Ein kurzes „tirr"; Gesang ein langer, heller Triller, vom Boden, einer Singwarte oder im Flug vorgetragen.
Biotop: Zur Brutzeit Feuchtgelände im Norden (gern in der Nähe menschlicher Siedlungen); auf dem Zug und im Winter vorwiegend an Binnengewässern (auch Filterbecken und Kläranlagen). Weniger gesellig als Zwergstrandläufer.
Nahrung: Wie Zwergstrandläufer.
Fortpflanzung: Bodenbrüter. Männchen und Weibchen paaren sich nacheinander mit zwei Partnern; die erste Brut (jeweils 4 Eier) wird vom Männchen, die zweite vom Weibchen betreut. Brutdauer beim Männchen 20–38, beim Weibchen 19–22 Tage. Die Jungen sind mit 17–18 Tagen flügge.

Winter

Sommer

Winter

Alpenstrandläufer

Calidris alpina

17–19 cm

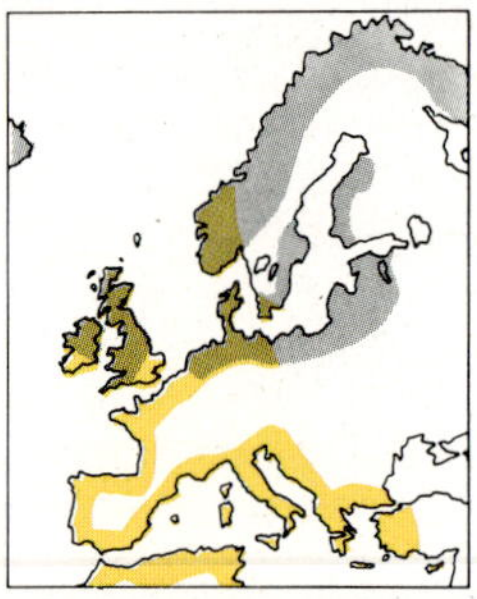

Kennzeichen: Häufigster Strandläufer, starengroß, mit über kopflangem, an der Spitze leicht abwärts gebogenem dunklem Schnabel, relativ kurzen schwarzen Beinen, weißer Flügelbinde und weißen Bürzel- und Schwanzseiten. Im Brutkleid oberseits rotbraun, unterseits weiß mit schwarzem Bauch; im Winter oberseits grau, unterseits weiß.
Stimme: Häufigster Laut ein kurzes, hohes „tri“; Gesang ein langer Triller.
Biotop: Zur Brutzeit Hochmoor, Heide, Strandwiesen, Fjell und Tundra. Auf dem Zug und im Winter im Watt und auf Schlammflächen im Binnenland (auch Filterbecken und Klärteiche).
Nahrung: Im Binnenland hauptsächlich Insekten, am Meer Würmer, Schnecken und Muscheln sowie Krebstiere.
Fortpflanzung: Bodenbrüter. Gewöhnlich 4 Eier. Beide Partner brüten (20–22 Tage), doch zeitigen viele Weibchen anschließend mit einem anderen Männchen ein zweites Gelege, während das Männchen 19–20 Tage bei den Jungen bleibt, die mit 20–28 Tagen voll flugfähig sind.

Winter

Sichelstrandläufer

Calidris ferruginea

19 cm

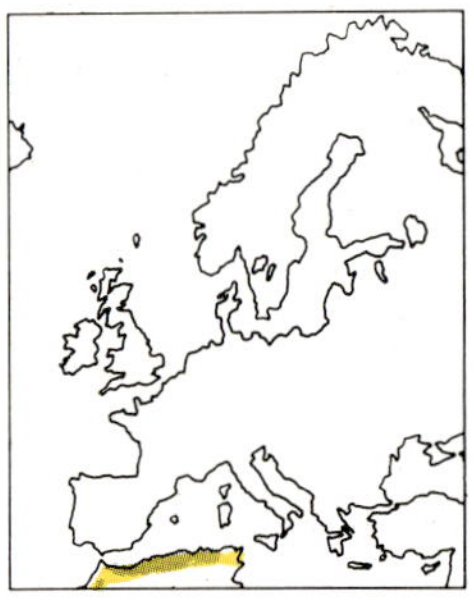

Kennzeichen: Im Winter dem Alpenstrandläufer ähnlich, aber etwas größer und schlanker, mit längerem Hals, längerem, gleichmäßig gebogenem Schnabel und weißem Bürzel. Im Brutkleid ziegelrot, oberseits kräftig dunkel gestreift und gefleckt.
Stimme: Auf dem Zug hört man ein kennzeichnendes „tschirrip“.
Biotop: Zur Brutzeit in der arktischen Küstentundra Sibiriens und Nordamerikas; auf dem Zug im Schlickwatt, im Binnenland bei uns auf Schlammflächen, vor allem Filterbecken und Klärteichen. Erscheint in Mitteleuropa auf dem Heimzug sehr selten.
Nahrung: Würmer, kleine Schnecken und Muscheln, Krebstiere und Insekten.
Fortpflanzung: Bodenbrüter. 4 Eier; anscheinend obliegen Brut und Jungenaufzucht allein dem Weibchen, das aber auch die Jungen verläßt, ehe sie richtig flügge sind.

Winter

Sanderling

Calidris alba

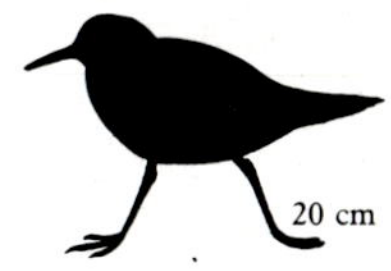

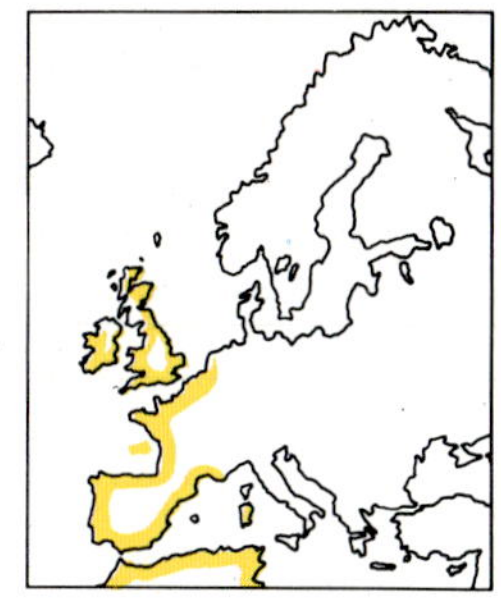

Kennzeichen: Wenig größer als Alpenstrandläufer, rundlich mit kurzem, dunklem Schnabel. Sehr lebhaft, folgt am Strand rasch den anlaufenden und zurückweichenden Wellen. Im Brutkleid rostbraun, dunkel gesprenkelt, mit weißer Unterseite; im Winter oberseits hellgrau mit dunklem Flügelbugfleck. Im Flug fällt die breite weiße Flügelbinde auf.
Stimme: Außerhalb der Brutzeit sehr still; Warnruf ein kurzes „twick".
Biotop: Zur Brutzeit trockene, steinige Tundra in der Hocharktis; auf dem Zug und im Winter fast ausschließlich Sandstrände in der Brandungszone; selten im Binnenland.
Nahrung: Im Brutgebiet hauptsächlich Insekten, daneben Pflanzenteile; auf dem Zug und im Winterquartier vorwiegend kleine Krebstiere.
Fortpflanzung: Anscheinend ähnlich wie beim Temminckstrandläufer. Brutdauer 23–25 Tage. Die Jungen können mit etwa 17 Tagen fliegen.

Winter

Graubruststrandläufer

Calidris melanotos

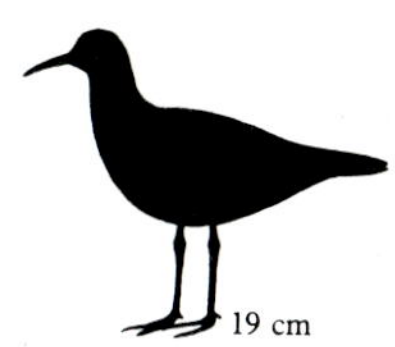

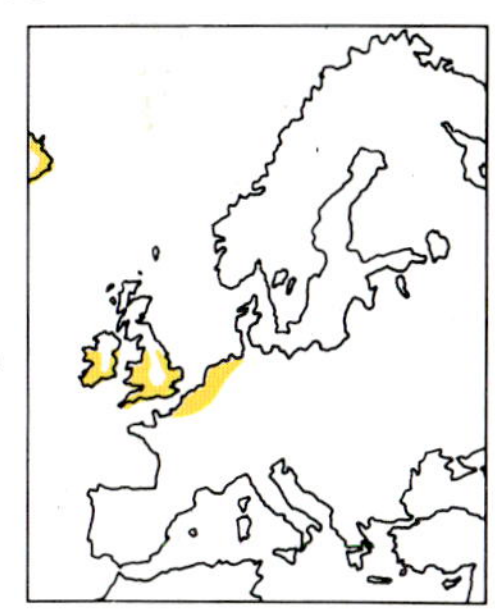

Kennzeichen: Gestalt läßt an kleines Kampfläuferweibchen denken. Etwas größer als Alpenstrandläufer, mit etwas längerem Hals und längeren Beinen, aber kürzerem Schnabel. Oberseits schwarz und gelbgrau gestreift, mit dunklem Scheitel sowie weißlichem Brauenstreif und Kinn. Bestes Kennzeichen die scharf von der rein weißen Unterseite abgesetzte gestreifte Brust. Flügelbinde nur angedeutet. Beine hell (grünlichbraun bis ockergelb).
Stimme: Ein kennzeichnendes „trrip, trrip".
Biotop: Seltener, aber ziemlich regelmäßiger Gast aus Nordamerika bzw. Sibirien, vor allem auf den Britischen Inseln, in sumpfigen Wiesen, Rieselfeldern und dgl., seltener an der Küste.
Nahrung: Insekten, Krebstiere, Würmer und pflanzliche Stoffe.

Winter

Kampfläufer
Philomachus pugnax

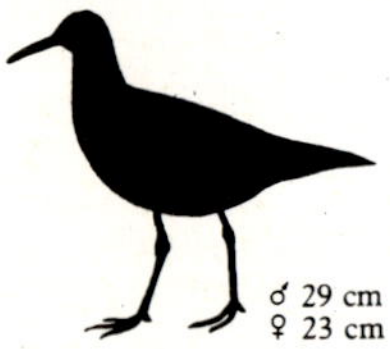

♂ 29 cm
♀ 23 cm

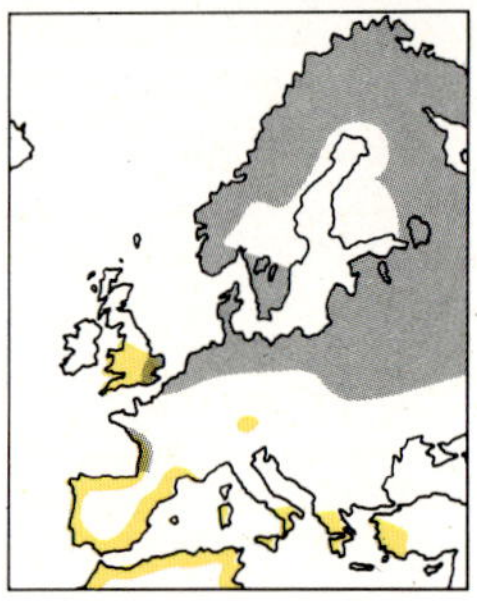

Kennzeichen: Weibchen kleiner, Männchen größer als Rotschenkel, mit relativ kurzem Schnabel und kennzeichnender aufrechter Haltung. Männchen im Brutkleid mit nacktem Gesicht und individuell verschiedenen bunten „Perücken“ und Krägen unverwechselbar. Männchen im Ruhekleid und Weibchen oberseits kennzeichnend schuppig braun mit bräunlicher Brust, ohne Flügelbinde, mit zwei im Flug auffallenden ovalen weißen Feldern an der Schwanzwurzel. Schnabel und Beine schwärzlich bis orangerot.
Stimme: Fast stumm, nur selten kurze, leise, rauhe Rufe.
Biotop: Zur Brutzeit bei uns feuchtes Weideland und dgl., im Norden Feuchtgebiete in der Tundra. Auf dem Zug und im Winter vorwiegend ähnliche Feuchtgebiete im Binnenland, seltener an der Küste; gern auf Rieselfeldern und an Klärteichen.
Nahrung: Insekten, Schnecken, Würmer und Sämereien.
Fortpflanzung: Unehig (Promiskuität). Die Männchen balzen gemeinsam auf traditionellen „Turnierplätzen“; die Brutpflege obliegt allein dem Weibchen. Bodenbrüter, 4 Eier, Brutdauer 20–23 Tage. Die Jungen werden mit 25–27 Tagen flügge, aber manchmal schon erheblich früher von der Mutter verlassen.

Zwei verschiedene Männchen im Brutkleid

Säbelschnäbler
Recurvirostra avosetta

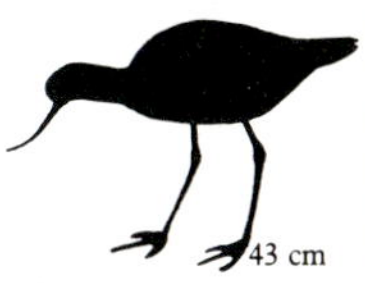

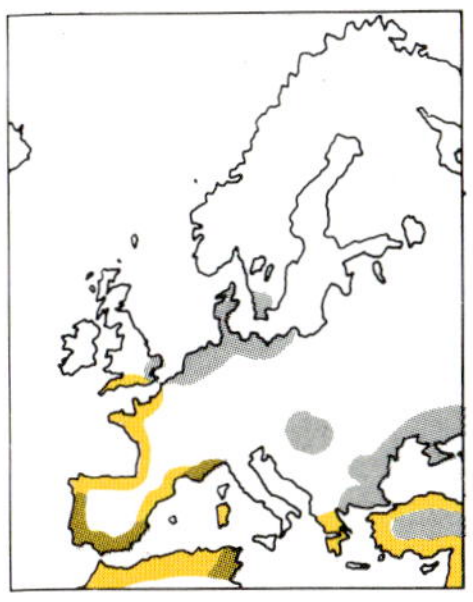

Kennzeichen: Unverwechselbar. Taubengroßer, schlanker Watvogel, reinweiß, nur Scheitel, Nacken und Teile des Flügels schwarz, mit sehr langen blaugrauen Beinen und mit Schwimmhäuten versehenen Füßen und langem, aufwärts gebogenem schwarzem Schnabel.
Stimme: Häufigster Ruf ein flötendes „klüht", Alarmruf ‚kwit kwit kwit...".
Biotop: Flache Strände sowie die Ufer salziger bzw. brackiger Gewässer im Binnenland.
Nahrung: Kleine Wirbellose aller Art, die meist watend oder schwimmend unter mähendem Säbeln mit dem Schnabel im Wasser erbeutet werden.
Fortpflanzung: Koloniebrüter; nistet am Boden. Gewöhnlich 4 Eier. Beide Partner brüten (22–25 Tage) und führen die Jungen, die vom ersten Tag an schwimmen können und mit 32–42 Tagen flügge werden.

Winter

Sommer

Thorshühnchen (Breitschnabel- oder Rostroter Wassertreter)

Phalaropus fulicarius

20,5 cm

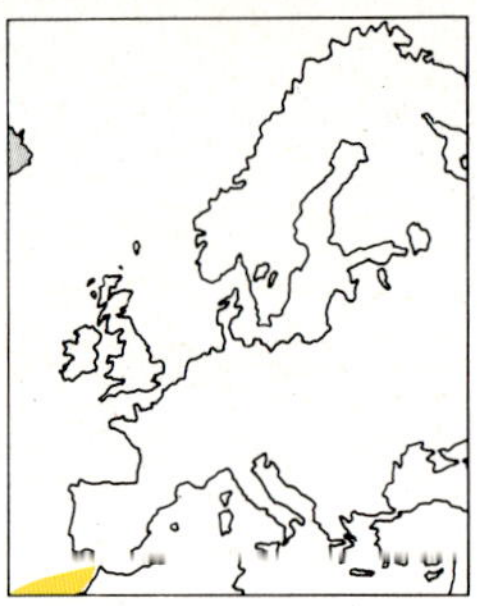

Kennzeichen: Etwas größer als Alpenstrandläufer. Weiße Flügelbinde. Schnabel dick, ziemlich kurz, oft mit gelblicher Wurzel. Meist schwimmend zu beobachten. Im Brutkleid mit dunklem Scheitel, weißem Gesicht und rostroter Unterseite – Weibchen viel prächtiger als Männchen – unverwechselbar, im Winter durch einfarbig blaugraue Oberseite und höhere weiße Stirn vom Odinshühnchen unterschieden.
Stimme: Ein kurzes „huit“ oder „prip“.
Biotop: Zur Brutzeit Teiche in der Tundra, in Europa nur in Island. Im Winter auf dem offenen Meer, auf dem Zug oder vom Sturm verschlagen gelegentlich auf Küsten- bzw. Binnengewässern.
Nahrung: Wird meist schwimmend und rasch kreiselnd aufgenommen. Im Brutgebiet kleine Wirbellose sowie pflanzliche Stoffe; auf dem Meer kleine Meerestiere.
Fortpflanzung: Nistet am Boden nahe am Wasser, auch an der Küste. Eheverhältnisse ungeklärt. Das Weibchen balzt, das Männchen bebrütet die 4 Eier (etwa 19 Tage) und betreut die Jungen, die mit 16–18 Tagen flügge sind.

Odinshühnchen (Schmalschnabel- oder Halsband-Wassertreter)

Phalaropus lobatus

18 cm

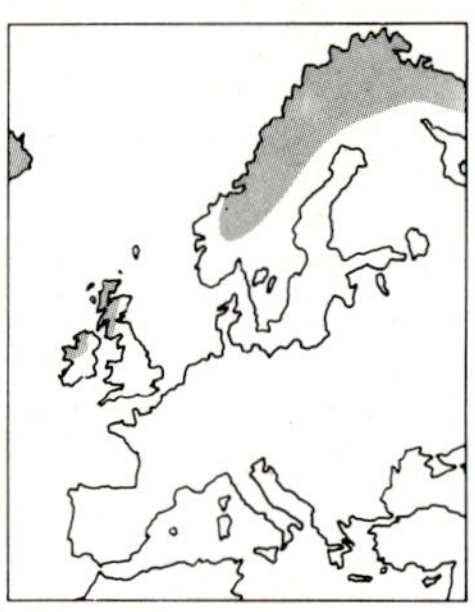

Kennzeichen: Kleiner als Alpenstrandläufer, mit dünnem schwarzem Schnabel. Im Brutkleid Scheitel, Nacken und Brustseiten schiefergrau, Kehle weiß, Kropf und Halsseiten rostbraun, Oberseite dunkel mit kräftigen hellen Streifen; Weibchen viel prächtiger als Männchen. Im Winter vom Thorshühnchen durch dunklere, gestreifte Oberseite unterschieden. Meist schwimmend zu beobachten.
Stimme: Häufigster Lockruf ein weiches „bitt“, auch gereiht.
Biotop: Zur Brutzeit Teiche in feuchtem Gelände im Norden. Überwintert auf hoher See, erscheint auf dem Zug oder vom Sturm verschlagen auch auf Küsten- und Binnengewässern.
Nahrung: Im Brutgebiet hauptsächlich Insekten und ihre Larven; auf dem Zug kleine Mollusken, Krebstiere und Muscheln, auf dem Meer Planktontierchen.
Fortpflanzung: Ähnlich wie Thorshühnchen. Bodenbrüter; 4 Eier, Brutdauer 17–21 Tage. Die Jungen werden nach 2 Wochen vom Vater verlassen, sind mit 18–20 Tagen flügge.

Wilson-Wassertreter
Phalaropus tricolor

23 cm

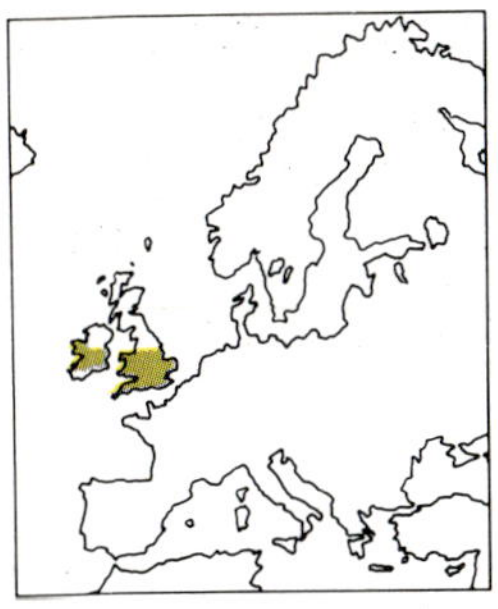

Winter

Kennzeichen: Etwa so groß wie Bruchwasserläufer, schlanker als die anderen Wassertreter, ohne Flügelbinde und mit weißem Bürzel, langem, dünnem, schwarzem Schnabel und gelben Beinen, wirkt mehr wie ein kleiner Wasserläufer, zumal er weniger schwimmt als seine Verwandten. Im Brutkleid mit weiß-schwarz-rotbrauner Halszeichnung unverwechselbar; im Winter oberseits hellgrau, unterseits weiß.
Stimme: Außerhalb des Brutreviers meist stumm; ein kurzes, nasales „ant", als Flugruf „tschju".
Biotop: Seltener Gast aus Nordamerika, vor allem auf den Britischen Inseln. Zur Brutzeit Feuchtgebiete im Norden der Prärie, zur Zugzeit und im Winterquartier an seichten Gewässern aller Art, vor allem im Binnenland, sehr selten auf dem Meer.
Nahrung: Vorwiegend Gliederfüßler. Kreiselt bei der Nahrungssuche im seichten Wasser oder am Ufer laufend, nicht schwimmend.

Männchen

Weibchen

Stelzenläufer
Himantopus himantopus

38 cm

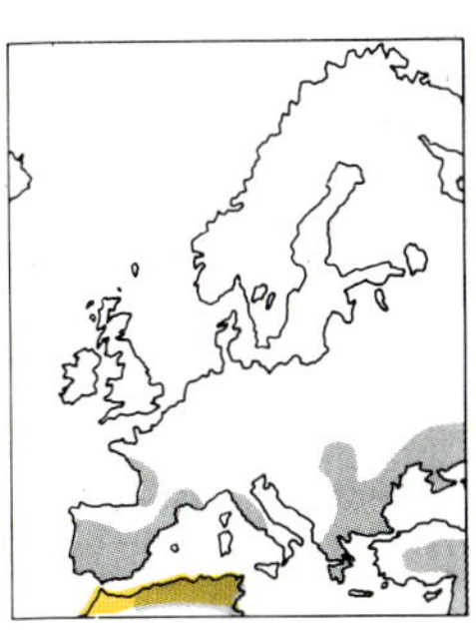

Kennzeichen: Unverwechselbar. Turteltaubengroßer schlanker Watvogel, weiß mit schwarzen Flügeln und schwarzem Rücken, dünnem schwarzem Schnabel und unglaublich langen roten Beinen. Männchen im Brutkleid mit schwärzlichem Hinterkopf.
Stimme: Ein schrilles „kjick, kjick, kjick…"; sehr ruffreudig.
Biotop: Seichte, schlammige Gewässer in offenem Gelände.
Nahrung: Hauptsächlich Wasserinsekten sowie Krebstiere, Froschlaich, Kaulquappen und Fischchen. Geht tiefer ins Wasser als andere Watvögel, schwimmt aber nur ausnahmsweise.
Fortpflanzung: Brütet am Boden in oder am Wasser, wobei die nach hinten hinausragenden Fersengelenke einen seltsamen Eindruck machen. In der Regel 4, oft nur 3 Eier, die von beiden Partnern 22–26 Tage bebrütet werden. Die Jungen werden von beiden Eltern gemeinsam oder aufgeteilt geführt; sie werden mit 28–32 Tagen flügge.

Triel
Burhinus oedicnemus

41 cm

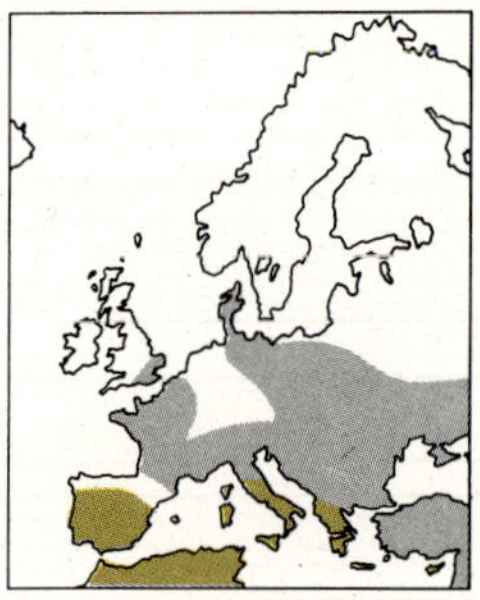

Kennzeichen: Ringeltaubengroß, sandfarben, mit dunklen Streifen und zwei auffallenden weißen Flügelbinden und langen gelben Beinen. Dicker Kopf mit großen gelben Augen; Schnabel kurz. Scheu, vorwiegend dämmerungsaktiv.
Stimme: Meist am Abend zu hören, ein brachvogelähnliches „ku-rih“ und dgl.
Biotop: Offenes, trockenes, steiniges Gelände, Ödland, Heide, Schotterflächen u. ä. Auf dem Zug auch Sandstrand und Lagunen.
Nahrung: Hauptsächlich Schnecken, Würmer und Insekten.
Fortpflanzung: Bodenbrüter. Gewöhnlich 2 Eier. Beide Partner brüten (24–27 Tage) und führen die Jungen, die mit 6 Wochen flügge und mit 2 Monaten selbständig sind.

Schwarzflügel-Brachschwalbe
Glareola nordmanni

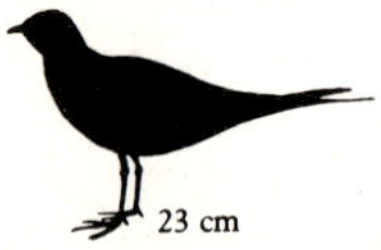

23 cm

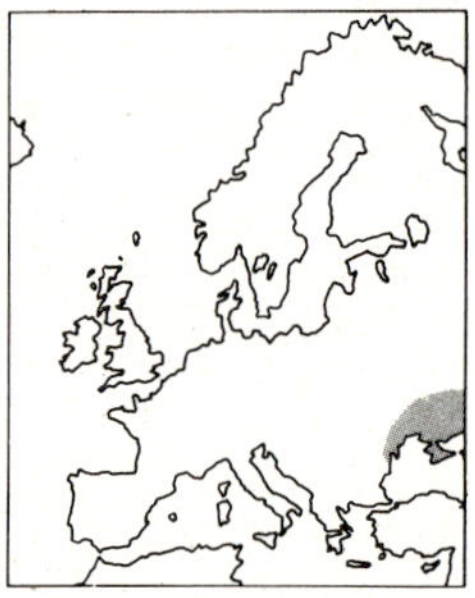

Kennzeichen: Im Feld praktisch kaum von der Rotflügel-Brachschwalbe zu unterscheiden, deren dunkel rotbraune Unterflügel häufig schwarz wirken. Bei der Schwarzflügel-Brachschwalbe fehlt der helle Flügelhinterrand, und das Rot der Schnabelspalte ist weniger ausgedehnt.
Stimme: Ähnlich der der Rotflügel-Brachschwalbe, aber höher.
Biotop: Ähnlich wie bei der Rotflügel-Brachschwalbe. Durchzügler in Südosteuropa, im übrigen Europa nur Irrgast.
Nahrung: Wie bei der Rotflügel-Brachschwalbe.
Fortpflanzung: Wie bei der Rotflügel-Brachschwalbe.

Rotflügel-Brachschwalbe
Glareola pratincola

25 cm

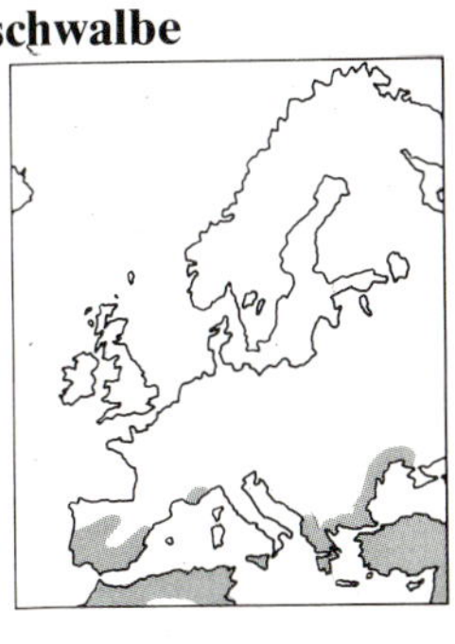

Kennzeichen: Wie eine Kreuzung zwischen Watvogel und Seeschwalbe. Drosselgroß, oberseits olivbraun, unterseits hell, Kehle im Brutkleid gelblich mit schwarzer Einfassung, im Ruhekleid dunkel gefleckt, ohne schwarze Einfassung. Unterflügel rotbraun (erscheinen oft schwärzlich), Bürzel weiß, Schwanz tief gegabelt, weiß mit schwarzer Hinterkante, Flügel lang, Flug seeschwalbenähnlich. Schnabel und Beine kurz.
Stimme: Am Brutplatz im Flug sehr ruffreudig. Ruft seeschwalbenähnlich „kjik“ und gereiht „kirrikirririk kikik“.
Biotop: Warme, trockene Ebenen mit spärlichem, niedrigem Bewuchs, gern in Wassernähe; auch Schlamm- und Sandbänke.
Nahrung: Hauptsächlich Insekten, vor allem Käfer, die größtenteils im Flug erbeutet werden.
Fortpflanzung: Bodenbrüter. 3 Eier. Beide Partner brüten (17–18 Tage). Die Jungen entfernen sich nicht weit vom Nest und werden von den Eltern gefüttert; sie sind mit etwa 33 Tagen voll flügge.

Austernfischer *(Haematopus ostralegus)*: Wirkt im Flug schwarz-weiß mit breiten Flügeln, weißer Flügelbinde und weißem Keil vom Bürzel bis auf den Rücken. Flugruf ein einsilbiger schriller Pfiff. Siehe S. 107.

Steinwälzer *(Arenaria interpres)*: Wirkt im Flug auf den ersten Blick schwarz-weiß – beachte aber die Schildpattfärbung des Rükkens. Kleiner als Austernfischer, weiße Felder weniger zusammenhängend. Flugruf ein helles, zwitscherndes „kiu". Siehe S. 111.

Kiebitzregenpfeifer *(Pluvialis squatarola)*: Bestes Kennzeichen die schwarzen Achseln. Gestalt goldregenpfeiferähnlich, aber Flügelbinde deutlicher, Bürzel weiß. Flugruf „tli-u-ih". Siehe S. 110.

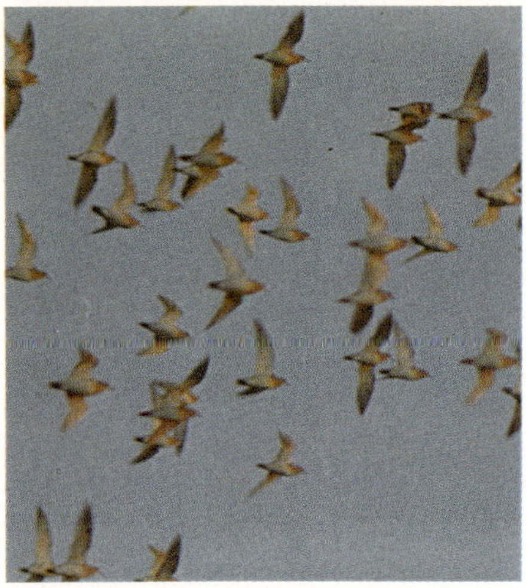

Goldregenpfeifer *(Pluvialis apricaria)*: Im Winter meist in großen Flügen, oft zusammen mit Kiebitzen. Achte dann auf die spitzen Flügel. Im Sommer mit schwarzer Brust und schwarzem Bauch unverkennbar. Siehe S. 110.

Bekassine *(Gallinago gallinago)*: Fliegt aufgescheucht in schnellem Zickzackflug ab, ruft dabei laut „ätsch". Langer Schnabel oft deutlich zu sehen. Beim Balzflug verursachen die äußeren Schwanzfedern im Sturzflug ein lautes „Meckern". Siehe S. 112.

Zwergschnepfe *(Lymnocryptes minimus)*: Dunkler, kurzschnäbliger und spitzschwänziger als Bekassine. Fliegt erst auf, wenn man fast auf sie tritt, läßt sich gleich darauf wieder in die Deckung fallen. Flug weniger kraftvoll als bei der Bekassine. Siehe S. 112.

Großbrachvogel *(Numenius arquata)*: Merklich größer als Regenbrachvogel, Grünschenkel, Ufer- und Pfuhlschnepfe. Weißer Keil vom Bürzel bis auf den Rücken. Bogenschnabel augenfällig, aber von unterschiedlicher Länge, wie hier zu sehen. Flugruf das bekannte „kurlih". Siehe S. 114.

Regenbrachvogel *(Numenius phaeopus)*: Ähnlich wie Regenbrachvogel, jedoch schnellere Flügelschläge und kürzerer Schnabel. Beine unter dem Schwanz kaum wahrnehmbar. Flötender Flugruf. Siehe S. 115.

Uferschnepfe *(Limosa limosa)*: Etwas größer als Pfuhlschnepfe, mit weißer Flügelbinde, weißem Bürzel und schwarzem Schwanz. Im Abflug vielleicht mit Austernfischer zu verwechseln, aber schlanker und teilweise braun. Flugruf „gritta, gritta, gritta". Siehe S. 116.

Stelzenläufer *(Himantopus himantopus)*: Die fast unglaublich langen Beine ragen so weit über den Schwanz hinaus, daß der Schnabel dagegen kurz erscheint. Körper erscheint ganz weiß, Flügel schwarz. Flugruf „kjip, kjip, kjip". Siehe S. 127.

Säbelschnäbler *(Recurvirostra avosetta)*: Flügel von oben schwarz-weiß gebändert, aber von unten nur Flügelspitzen schwarz. Aufwärtsgebogener Schnabel eindeutiges Merkmal. Flugruf „kliep". Siehe S. 125.

Kiebitz *(Vanellus vanellus)*: Im Binnenland weitverbreiteter Watvogel. Gedrungen; runde Flügel im Flug sehr auffällig. Fliegt im Winter in großen Flügen, wobei die Flügel abwechselnd schwarz und weiß erscheinen. Flugruf das bekannte ‚kie-wit". Siehe S. 107.

Sanderling *(Calidris alba)*: Erscheint im Winter sehr hell, mit deutlicher weißer Flügelbinde und schwarzem Flügelbugfleck. Flugruf „twick". Siehe S. 123.

Alpenstrandläufer *(Calidris alpina)*: Häufigster kleiner Strandvogel, oft in riesigen Scharen. Wenig kleiner als Sanderling, aber mehr braun als grau, ohne dunkle Flügelbugflekken. Flugruf „tirr". Siehe S. 122.

Flußuferläufer *(Actitis hypoleucos)*: Auffällig weiße Flügelbinde. Fliegt auf starren, abwärts gebogenen Flügeln dicht über dem Wasser. Flugruf ein schrilles „hititi". Siehe S. 117.

Pfuhlschnepfe *(Limosa lapponica)*: Wegen der dunklen Flügelenden und des weißen Keils auf dem Rücken am ehesten mit dem Regenbrachvogel zu verwechseln. Achte aber auf den ziemlich großen Kopf und den leicht aufwärts gebogenen Schnabel. Siehe S. 116.

Rotschenkel *(Tringa totanus)*: Einziger mittelgroßer Schnepfenvogel mit weißem Bürzel und weißem Flügelhinterrand. Beine überragen den Schwanz. Recht ruffreudig, besonders aufgescheucht. Flugruf „djüdjüdjü", Alarmruf „tjick". Siehe S. 118.

Grünschenkel *(Tringa nebularia)*: Größer und heller als Rotschenkel, ohne Weiß im Flügel. Weißer Keil reicht weit auf den Rükken hinauf. Flugruf „kjück-jück-jü". Vgl. mit dem Rotschenkel auf diesem Foto. Siehe S. 119.

Skua (Große Raubmöwe)
Stercorarius skua

58 cm

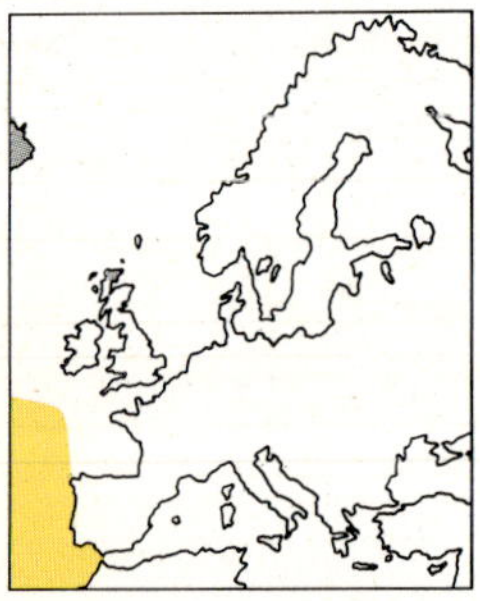

Kennzeichen: Sieht aus wie eine große, kräftige Möwe mit relativ kurzen Flügeln und kurzem, keilförmigem Schwanz. Dunkelbraun in verschiedenen Schattierungen mit großem weißlichem Feld an der Wurzel der Handschwingen. Schnabel und Füße schwärzlich.
Stimme: Ein rauhes „skiirr“ und verschiedene kurze, tiefe, bellende Rufe.
Biotop: Zur Brutzeit Moore sowie grasige oder sandige Flächen auf Inseln oder an der Küste; sonst Küstengewässer oder Hochsee.
Nahrung: Hauptsächlich Fische, die in der Regel Möwen, Tölpeln usw. abgejagt werden; ferner Aas und Abfälle; erbeutet auch lebende Vögel, Eier und Junge.
Fortpflanzung: Bodenbrüter, oft in Kolonien; verteidigt Nest und Junge mit großer Energie. Gewöhnlich 2 Eier; beide Partner brüten (28–30 Tage). Die nesthockenden Jungen werden von beiden Eltern betreut und sind mit 6–7 Wochen flügge.

Falkenraubmöwe
Stercorarius longicaudus

51–56 cm

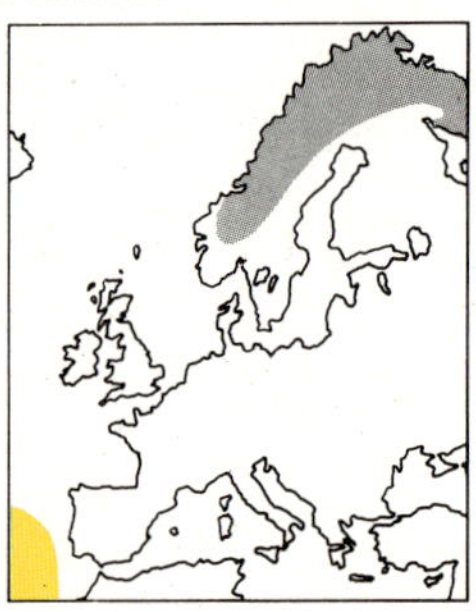

helle Phase

Kennzeichen: Kleiner und schlanker als Schmarotzerraubmöwe (lachmöwengroß), Beine mehr grau (bei der Schmarotzerraubmöwe schwärzlich), weißlicher Flügelfleck weniger ausgebildet. Jungvögel kleiner und gewöhnlich mehr graubraun. Altvögel hellgrau mit dunklem Oberkopf, gelblichen Kopfseiten, weißer Kehle und Brust und mit sehr langen, biegsamen mittleren Schwanzfedern. Sehr kennzeichnender weicher Flug. Eine ganz dunkle Phase jetzt anscheinend sehr selten.
Stimme: Am Brutplatz ein hohes „krrih“; sonst meist stumm.
Biotop: Zur Brutzeit Hochfjell und Tundra, nicht an Wasser gebunden; sonst Küstengewässer und Hochsee.
Nahrung: Zur Brutzeit vorwiegend Lemminge und Wühlmäuse; rüttelt häufig bei der Jagd; sonst wie andere Raubmöwen.
Fortpflanzung: Wie andere Raubmöwen. Brutdauer 23 Tage; die Jungen werden mit etwa 4 Wochen flügge.

helle Phase

Schmarotzerraubmöwe
Stercorarius parasiticus

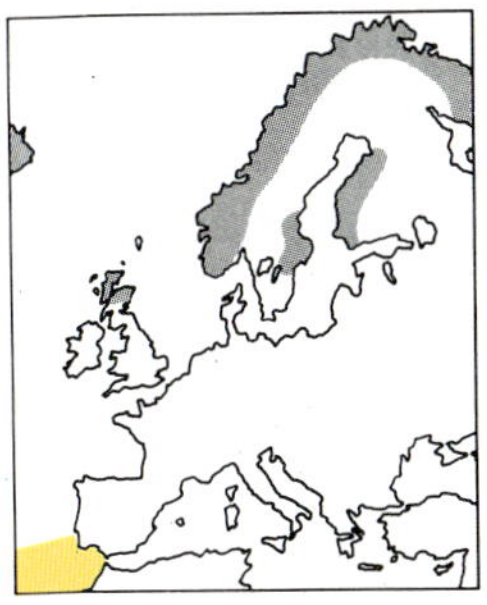

Kennzeichen: Deutlich größer als Falkenraubmöwe, mittlere Schwanzfedern nicht so stark verlängert. Schneller, wendiger Flug. Außer einer hellen (ähnlich Falkenraubmöwe) und einer ganz dunklen Phase verschiedene Zwischenstufen mit oder ohne dunkles Brustband. Jungvögel dunkelbraun gesprenkelt. In allen Farb- und Alterskleidern weißliche Flügelabzeichen.
Stimme: Am Brutplatz ein kreischendes „i-äh“, ein scharfes „ja-wau“ und dgl.; sonst meist stumm.
Biotop: Zur Brutzeit Felsinseln, Moor, Heide, Tundra; sonst Küstengewässer und Hochsee.
Nahrung: Hauptsächlich Fische, die sie anderen Seevögeln (Möwen, Seeschwalben, Alken) abjagt, ferner Kleinvögel, Eier und Junge.
Fortpflanzung: Bodenbrüter, oft in Kolonien. Brutverhalten wie andere Raubmöwen. Brutdauer 24–28 Tage; die Jungen werden mit 4–5 Wochen flügge.

dunkle Phase

Altvogel

Mantelmöwe
Larus marinus

64–79 cm

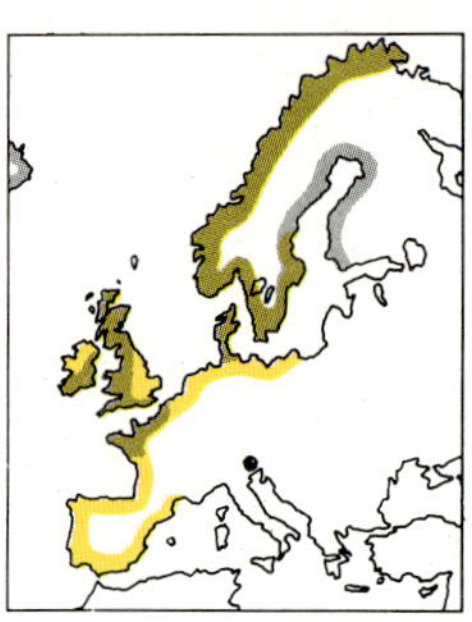

Kennzeichen: Größer als Silbermöwe; Mantel dunkler als bei der westlichen Heringsmöwe, Beine hell fleischfarben. Dicker Kopf mit klobigem Schnabel.
Stimme: Rauher als die der Silbermöwe; in Brutkolonien tiefe, bellende Rufe „kjau-kjau-kjau-kjau".
Biotop: Zur Brutzeit hauptsächlich felsige und steinige Küsten, seltener an großen Binnenseen; sonst an Küsten aller Art, seltener im Binnenland als andere Großmöwen.
Nahrung: Sehr vielseitig – Aas, Fische, Wirbellose, auch pflanzliche Stoffe; tötet und verzehrt junge und kranke Vögel und Säugetiere.
Fortpflanzung: Bodenbrüter, meist in Kolonien, baut ein großes Nest aus Tang und dgl. 2–4 (gewöhnlich 3) Eier, die einen um den anderen Tag gelegt und von beiden Eltern vom ersten Ei an 26–30 Tage lang bebrütet werden. Die Jungen schlüpfen im Abstand von je einem Tag und werden von den Eltern gefüttert; sie sind mit 50 Tagen flügge.

Altvogel der westlichen Rasse

Heringsmöwe
Larus fuscus

53–56 cm

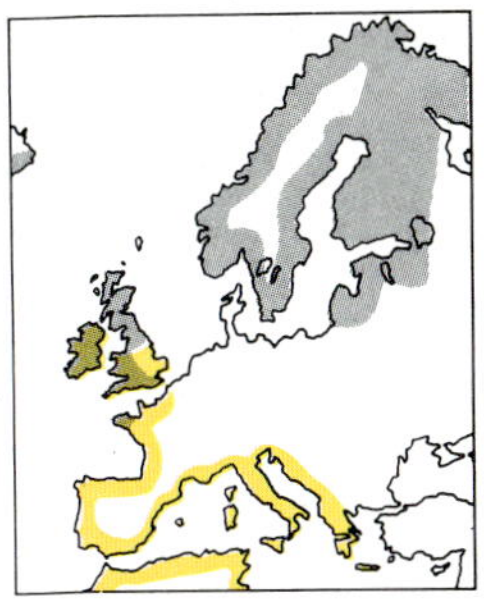

Jungvogel

Kennzeichen: Knapp silbermöwengroß. Altvögel der östlichen Rasse (Ostseeraum) ähnlich kleinen Mantelmöwen, aber mit gelben Beinen; die der westlichen Rasse (Bretagne bis Island) haben schiefergrauen Mantel; an der skandinavischen Westküste Übergangsformen. Jungvögel jungen Silbermöwen sehr ähnlich, aber meist dunkler.
Stimme: Nicht ganz so rauh wie die der Mantelmöwe, aber tiefer und nasaler als die der Silbermöwe.
Biotop: Ähnlich wie bei der Silbermöwe, aber eher weiter von der Küste entfernt zu beobachten. Größtenteils Zugvogel.
Nahrung: Wie andere Großmöwen.
Fortpflanzung: Wie bei anderen Großmöwen; oft in Kolonien zusammen mit Silbermöwen. Gewöhnlich 3 Eier. Brutdauer 23–27 Tage. Die Jungen schlüpfen im Abstand von 3–4 Tagen; Nestlingszeit 32 Tage. Beide Partner brüten, aber die Jungen sollen nur vom Weibchen gefüttert werden.

Altvogel

Silbermöwe

Larus argentatus

56–66 cm

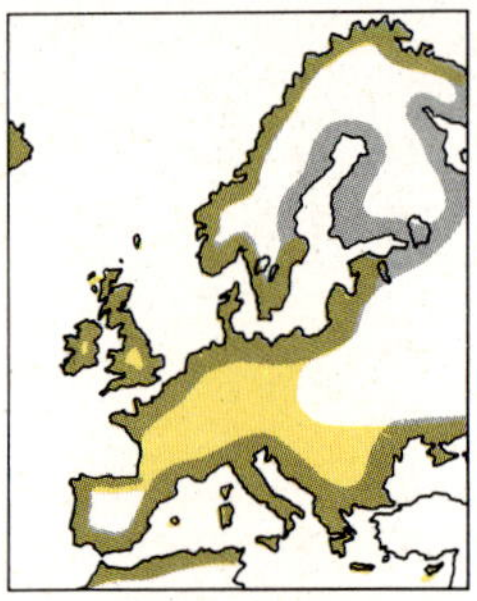

subadult

Kennzeichen: Größer und kräftiger als Sturmmöwe, mit klobigerem orangegelbem Schnabel mit rotem Fleck; Beine bei der nördlichen Rasse fleischfarben, bei anderen, z.B. der Mittelmeerrasse, gelb. Jungvögel graubraun gefleckt, mit den Jahren immer heller, mit 4–5 Jahren ausgefärbt.
Stimme: Verschiedenartige Rufe, am häufigsten ein lautes „ki-au, ki-au, ki-au".
Biotop: Zur Brutzeit an Küsten aller Art, aber auch an Binnengewässern; außerhalb der Brutzeit ebenfalls an der Küste, vor allem in Häfen, zunehmend auch im Binnenland.
Nahrung: Sehr vielseitig – Fische und andere Meerestiere, Eier und Jungvögel, Aas und Abfall aller Art; besucht gern Müllkippen.
Fortpflanzung: Wie bei anderen Großmöwen. Brütet in oft riesigen Kolonien. Nest manchmal eine einfache Mulde, manchmal ein großer Bau aus Pflanzenteilen; nistet zuweilen auf Gebäuden. Gewöhnlich 3 Eier, die im Abstand von 2 Tagen gelegt werden. Beide Eltern brüten (25–27 Tage) und füttern die Jungen, die mit 42–62 Tagen flügge werden.

Altvogel

Jungvogel

Polarmöwe
Larus glaucoides

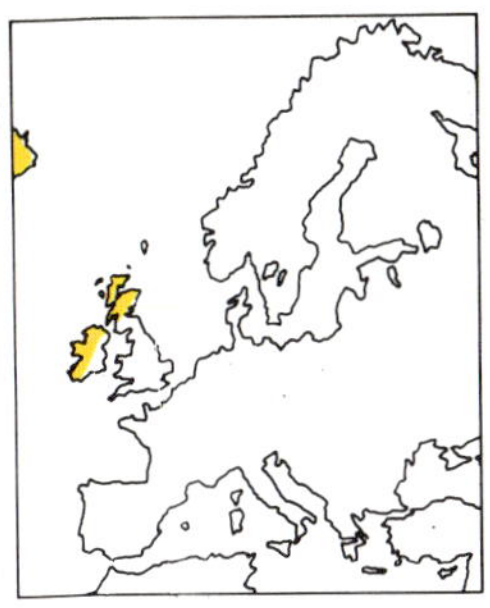

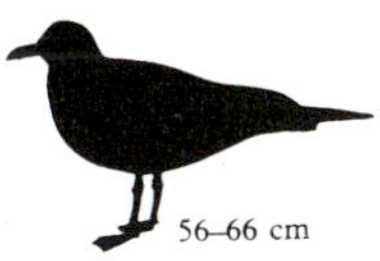

Kennzeichen: Wie eine kleine Eismöwe, mit runderem Kopf und kleinerem Schnabel; allerdings können große Polarmöwen die Größe kleiner Eismöwen erreichen. Im Brutkleid mit rotem (nicht wie bei jener gelbem) Augenring (schwer zu sehen). Flügel bei beiden Arten in allen Kleidern ohne Schwarz; die der Polarmöwe überragen in der Ruhe den Schwanz deutlich.
Stimme: Wie schrille Silbermöwe.
Biotop: Zur Brutzeit felsige und flache Küsten; im Winter an der Küste, auch in Häfen, selten im Binnenland.
Nahrung: Abwechslungsreich – kleine Fische, Aas, Abfälle, Krebstiere, Muscheln, Schnecken, aber auch Samen und Beeren.
Fortpflanzung: Brütet in Kolonien, gewöhnlich auf Felsabsätzen, manchmal auch an Flachküsten. Die Größe des Nestes hängt wie bei anderen Großmöwen von dem zur Verfügung stehenden, meist pflanzlichen Nistmaterial ab. 2–3 Eier.

Altvogel (kleines Bild: Jungvogel)

Eismöwe
Larus hyperboreus

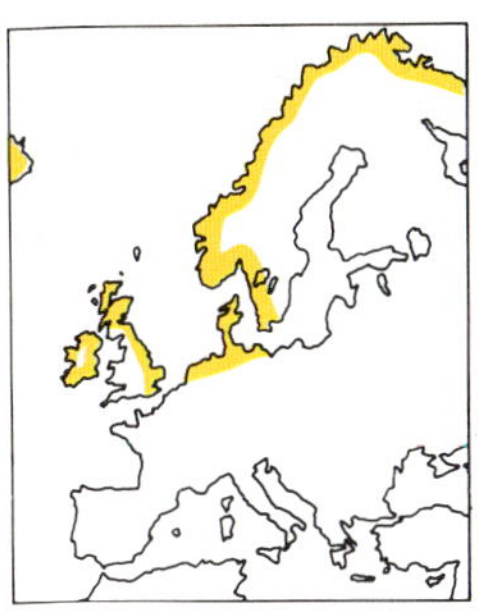

Kennzeichen: Silbermöwen- bis mantelmöwengroß; meist viel größer als Polarmöwe, mit eckigerem Kopf. Mantel sehr hellgrau, wirkt zuweilen fast weiß. Flügel überragen in der Ruhe den Schwanz nur wenig.
Stimme: Kreischende Rufe, nicht unähnlich denen der Silbermöwe.
Biotop: Ähnlich wie bei der Polarmöwe.
Nahrung: Ähnlich wie bei der Silbermöwe, besonders Fischereiabfälle und dgl.; im Sommer auch pflanzliche Stoffe und Insekten.
Fortpflanzung: Brütet in Kolonien auf Felsen und an Flachküsten. Gewöhnlich 3 Eier, Bebrütung (vom ersten Ei an) durch beide Partner, Brutdauer 27–30 Tage.

Altvogel im Brutkleid

Jungvogel (1. Winter)

Schwarzkopfmöwe

Larus melanocephalus

39 cm

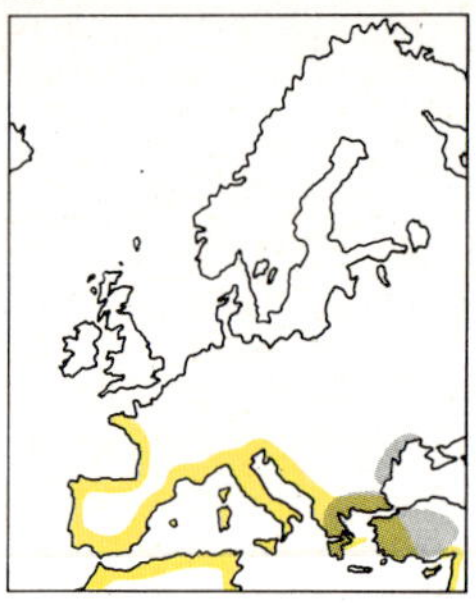

Kennzeichen: Etwas größer und kräftiger als Lachmöwe; Schnabel klobiger, mit dunkler Binde vor der Spitze; Flügel ohne Schwarz. Die Kapuze (nur im Brutkleid) ist tiefschwarz und reicht im Nacken tiefer hinab.
Stimme: Rauh, recht seeschwalbenähnlich.
Biotop: Zur Brutzeit seichte Lagunen und Sümpfe im Küstenbereich sowie mehr oder weniger salzige Steppenseen; im Winter an der Küste.
Nahrung: Abwechslungsreich – kleine Fische, Schnecken, Muscheln, Insekten sowie pflanzliche Stoffe.
Fortpflanzung: Gewöhnlich 3 Eier; beide Partner brüten (22–24 Tage). Die Jungen werden mit etwa 30 Tagen flügge.

Zwergmöwe

Larus minutus

28 cm

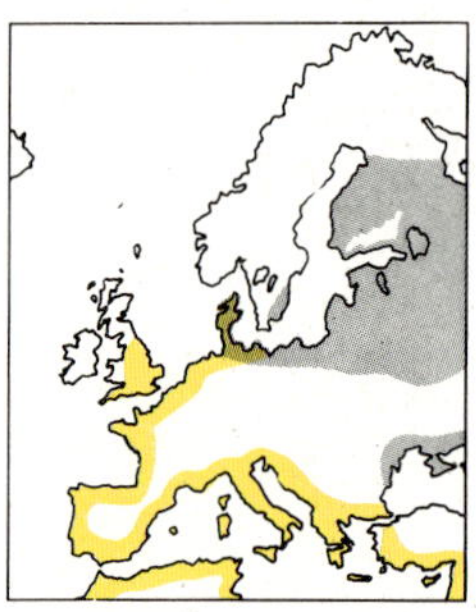

Kennzeichen: Kleinste europäische Möwe. Kleiner als Lachmöwe; Flügel ohne Schwarz, aber unterseits schiefergrau; Kapuze (nur im Brutkleid) tiefschwarz, im Nacken weiter hinabreichend, Schnabel dunkler als bei der Lachmöwe. Jungvögel mit dunklem Zickzackband auf den Flügeln, ähnlich wie bei jungen Dreizehenmöwen.
Stimme: Rauh „kek-kek-kek" oder „ka-ka-ka", tiefer als bei der Lachmöwe.
Biotop: Zur Brutzeit Sümpfe, Moore und Seen, außerhalb derselben auf dem Meer.
Nahrung: Jagt nach Trauerseeschwalbenart, nimmt dabei Insekten, kleine Fische und pflanzliche Stoffe auf; verzehrt auch kleine Krebstiere, Schnecken, Muscheln und Würmer.
Fortpflanzung: Brütet meist in lockeren Kolonien, oft zusammen mit Lachmöwen und Seeschwalben; Neststand in Bülten. Gewöhnlich 3 Eier, die in Abständen von bis zu 40 Stunden gelegt werden. Beide Partner brüten (21–24 Tage) und füttern die Jungen, die mit 21–24 Tagen flügge sind.

Altvogel im Brutkleid

Altvögel im Brutkleid

Lachmöwe
Larus ridibundus

35–38 cm

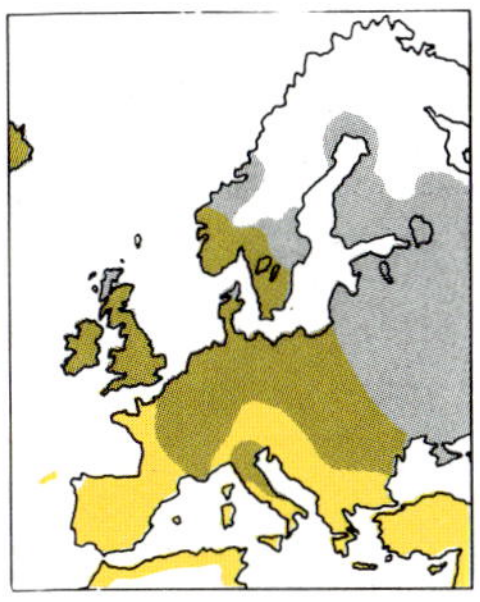

Kennzeichen: Häufigste Möwe im Binnenland. Im Brutkleid mit schokoladenbrauner Kapuze, die am Hinterkopf endet; im Ruhekleid statt dessen nur ein dunkler Ohrfleck. Schnabel und Beine blutrot. Im Flug kennzeichnender weißer Vorderflügel.
Stimme: Verschiedene kreischende Rufe, am häufigsten ein gellendes „krriäh"; „lacht" nicht.
Biotop: Zur Brutzeit Sümpfe, Moore und größere Gewässer im Binnenland, zunehmend auch Wattwiesen und dgl. an der Küste; sonst sowohl im Binnenland wie an der Küste, häufig in Städten, gern an Müllkippen.
Nahrung: Verschiedenartig, hauptsächlich tierisch; zur Brutzeit vorwiegend Insekten und Würmer (folgt dem Pflug), sonst Fische, Krebstiere, Muscheln und Schnecken sowie Abfälle aller Art.
Fortpflanzung: Brütet in Kolonien; Neststand vielfach in Bülten. Gewöhnlich 3 Eier, Legeabstand 24 Stunden. Beide Partner brüten (22–24 Tage) und füttern die Jungen. Diese schlüpfen im Abstand von 24 Stunden und werden mit 5–6 Wochen flügge.

Jungvogel (1. Winter)

Brutkleid

Ruhekleid

Sturmmöwe
Larus canus

41 cm

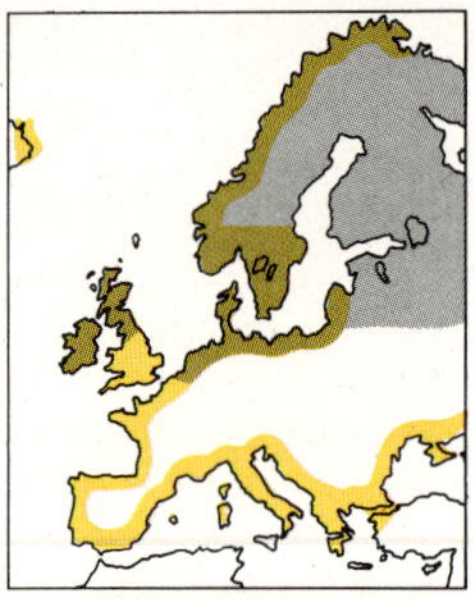

Kennzeichen: Wie eine kleine Silbermöwe, aber Kopf weniger grob; Auge dunkel, Schnabel viel dünner, grünlichgelb ohne roten Fleck, Beine grünlichgelb. Im Ruhekleid Kopf und Nacken grau gesprenkelt. In der Ruhe ragen die Flügel über den Schwanz hinaus, so daß der Körper spitz zuzulaufen scheint.
Stimme: Schriller als die der Silbermöwe.
Biotop: In und außerhalb der Brutzeit an der Küste und an großen Binnengewässern; häufiger auf Äckern und Wiesen als Silbermöwe. Erscheint zunehmend in Städten. Häufigste Möwe der Ostseeküste.
Nahrung: Verschiedenartig, u. a. Würmer, Insekten, Schnecken, Muscheln, Krebstiere, tote Fische und Abfälle.
Fortpflanzung: Brütet in z. T. recht großen Kolonien. Nest aus vorhandenem pflanzlichem Material. Gewöhnlich 3 Eier. Beide Partner brüten (22–26 Tage) und füttern die Jungen. Diese schlüpfen im Abstand von 24 Stunden und werden mit 4–5 Wochen flügge.

Altvogel

Jungvogel

Dreizehenmöwe
Rissa tridactyla

41 cm

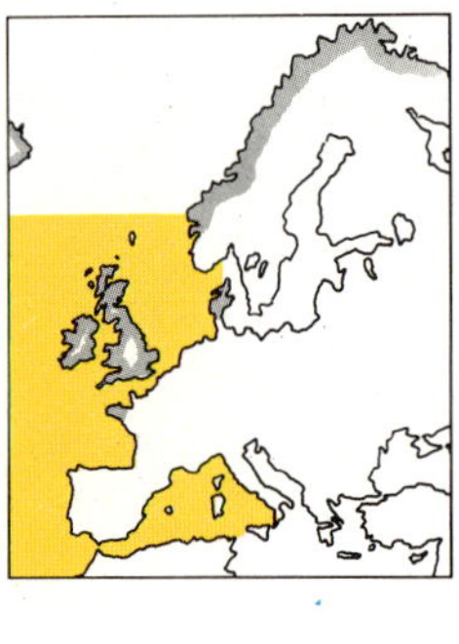

Kennzeichen: Der Sturmmöwe ähnlich, aber etwas kleiner und viel zierlicher, Beine schwarz, Schnabel rein gelb, Flügelspitzen schwarz ohne Weiß. Jungvögel haben ein dunkles Zickzackband auf den Flügeln (ähnlich wie die viel kleineren jungen Zwergmöwen), ein schwarzes Nackenband, das im zweiten Jahr verschwindet, sowie einen leicht eingebuchteten Schwanz.
Stimme: Am Brutplatz sehr ruffreudig. Häufigster Ruf ein kennzeichnendes „kittiweek", ferner ein an Säuglingsgeschrei erinnerndes Klagen und ein tiefes „ak-ak-ak".
Biotop: Zur Brutzeit Felsküsten und Hafenstädte, sonst vorwiegend die hohe See.
Nahrung: Vorwiegend kleine Fische und wirbellose Meerestiere, in geringem Maße auch pflanzliche Stoffe.
Fortpflanzung: Brütet in Kolonien auf Felsabsätzen sowie an Gebäuden am Wasser. Baut aus Gras, Tang und dgl. ein ordentliches Nest, das durch den Kot der Jungen zusammengehalten wird. 2–3 Eier; Brutdauer 21–26 Tage. Beide Partner brüten und füttern die Jungen. Diese bleiben im Nest, bis sie mit 4–6 Wochen flügge sind.

Altvögel im Brutkleid

**Trauer-
seeschwalbe**
Chlidonias niger

24 cm

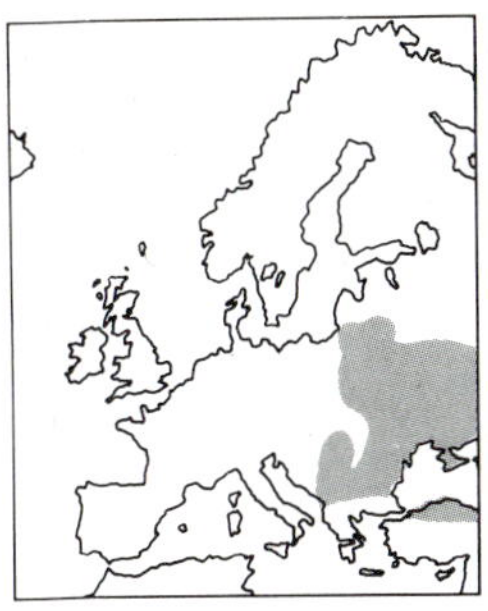

Kennzeichen: Im Brutkleid Kopf und Unterseite schwarz, Oberseite dunkelgrau, Unterflügel hellgrau, Unterschwanzdecken weiß. Mausernde Vögel sind grau, schwarz und weißlich gescheckt. Im Ruhekleid Stirn, Hals und Unterseite weiß, Scheitel und Oberseite dunkel, an der Brust beiderseits ein dunkler Fleck.
Stimme: Häufigste Laute ein kurzes, scharfes, schrilles, nasales „kja" und ein plauderndes „glitt"; gewöhnlich ziemlich stumm.
Biotop: Zur Brutzeit offene Sümpfe und flache Seen; auf dem Zug Binnengewässer und Meeresküsten.
Nahrung: Hauptsächlich Insekten, ihre Larven, kleine Wassertiere, die sie in leichtem, anmutigem Flug von der Wasseroberfläche aufnimmt, ohne dabei einzutauchen.
Fortpflanzung: Brütet in kleinen Kolonien; Neststand ein Floß aus schwimmenden Wasserpflanzen. Gewöhnlich 3 Eier, die vorwiegend vom Weibchen in 14–17 Tagen ausgebrütet werden. Die Jungen werden mit etwa 4 Wochen flügge.

Altvogel im Ruhekleid

Weißflügel-Seeschwalbe
Chlidonias leucopterus

24 cm

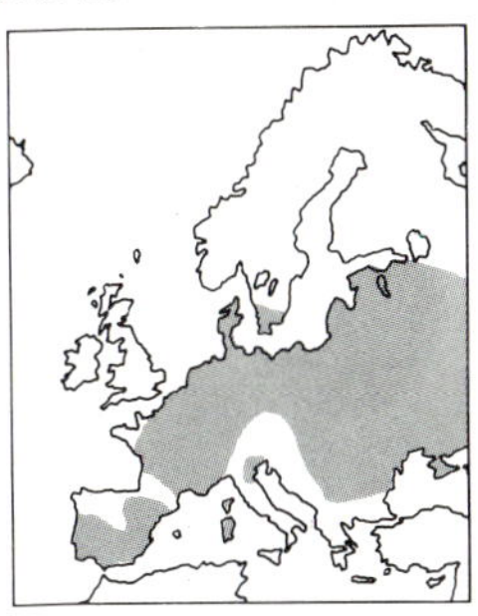

Kennzeichen: Der Trauerseeschwalbe ähnlich, aber im Brutkleid Kopf, Rumpf und Unterflügeldecken kohlschwarz, Oberflügeldecken, Schwungfedern und Schwanz weiß; im Ruhekleid ohne dunkle Brustseitenflekken. Jungvögel haben von den grauen Flügeln abstechenden dunklen Rücken.
Stimme: Ein teichrohrsängerähnliches trokkenes „krre".
Biotop: Ähnlich wie Trauerseeschwalbe.
Nahrung: Wie Trauerseeschwalbe.
Fortpflanzung: In jeder Hinsicht wie Trauerseeschwalbe.

Küstenseeschwalbe

Sterna paradisaea

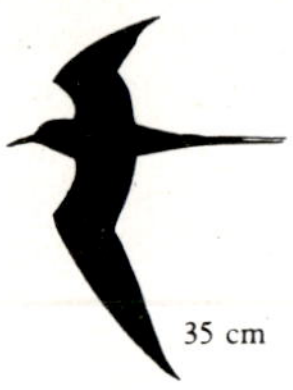

35 cm

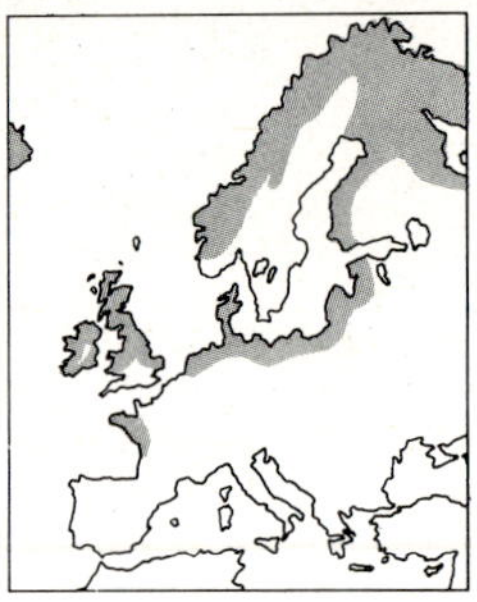

Kennzeichen: Der Flußseeschwalbe sehr ähnlich, aber mit kleinerem Kopf, kürzerem blutrotem Schnabel (nur ausnahmsweise mit schwarzer Spitze); Kehle und Halsseiten mehr grau, von der schwarzen Kappe durch abstechend weiße Wangen getrennt; im Flug von unten gesehen wirken alle Schwungfedern durchscheinend. Etwas kürzere Beine und längere Schwanzspieße als Erkennungsmerkmal nicht zuverlässig. Flug federnder als bei der Flußseeschwalbe.
Stimme: Manche Laute denen der Flußseeschwalbe sehr ähnlich, warnt vor Menschen mit krächzendem „kri-err".
Biotop: Zur Brutzeit an der Küste, im Norden auch an Felsküsten und kleinen Gebirgsseen; auf dem Zug selten im Binnenland.
Nahrung: Ähnlich wie bei der Flußseeschwalbe.
Fortpflanzung: Ähnlich wie Flußseeschwalbe. Brütet in z.T. recht großen Kolonien; am Brutplatz oft sehr aggressiv. Gewöhnlich 2 Eier. Brutdauer 20–22 Tage. Die Jungen sind mit 3 Wochen flügge.

Weißbart-Seeschwalbe

Chlidonias hybrida

25 cm

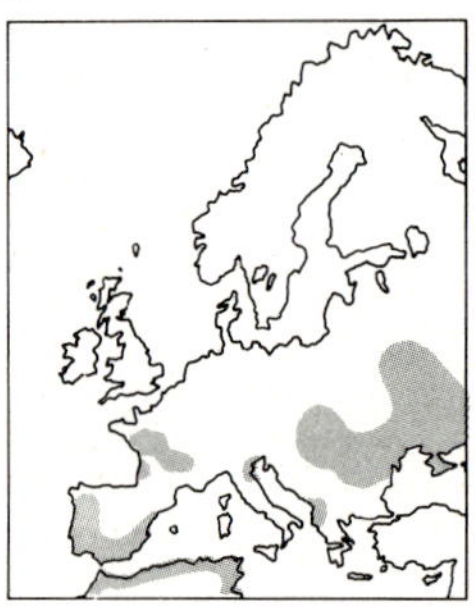

Kennzeichen: Kaum größer als Trauerseeschwalbe, mit gleichem Verhalten, erinnert im Brutkleid – blaßgrau mit schwarzem Oberkopf, weißen Wangen und Unterflügeln und rotem Schnabel – an Küstenseeschwalbe, aber unterseits vom Bauch bis zum Hals dunkelgrau; im Ruhekleid oberseits heller als Trauerseeschwalbe, ohne dunkle Brustseitenflecken, mit hellgrauem Bürzel, Scheitel mit mehr Weiß. Jungvögel haben dunklen Rücken und hellgrauen Bürzel.
Stimme: Häufigster Ruf ein kurzes, schrilles, rauhes, fast knarrendes „krä".
Biotop: Zur Brutzeit seichte süße bis brakkige Teiche und offene Sümpfe; auf dem Zug auch an der Küste.
Nahrung: Ähnlich wie Trauerseeschwalbe; stößt aber auch ins Wasser und jagt auch über Wiesen und Reisfeldern.
Fortpflanzung: Ähnlich wie Trauerseeschwalbe.

Flußseeschwalbe

Sterna hirundo

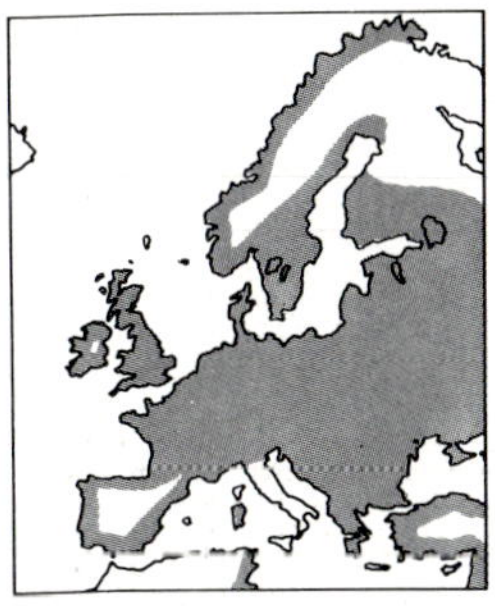

Kennzeichen: Anmutiger, schlanker Vogel mit langen Flügeln und Schwanzspießen, oberseits zartgrau, Unterseite und Schwanz weiß, mit schwarzer Kappe (Stirn im Ruhekleid weiß), hellrotem Schnabel mit schwarzer Spitze und kurzen roten Beinen. Von unten gesehen zeigen die Handschwingen nur ein kleines durchscheinendes Feld.
Stimme: Sehr ruffreudig; häufigster Ruf „kirri-kirri-kirri...", ferner „kitt", kikikikick" usw.; warnt vor Menschen „krrih-äh".
Biotop: Zur Brutzeit wie auf dem Zug an Binnengewässern aller Art und an der Küste.
Nahrung: Kleine Fische, Krebstiere usw., die durch Stoßtauchen aus der Luft erbeutet werden.
Fortpflanzung: Koloniebrüter; Nest eine kleine Mulde im Boden. Gewöhnlich 3 Eier. Beide Partner brüten (23–28 Tage). Die Jungen werden mit 21–30 Tagen flügge, müssen aber noch lange danach von den Eltern gefüttert werden.

Rosenseeschwalbe

Sterna dougallii

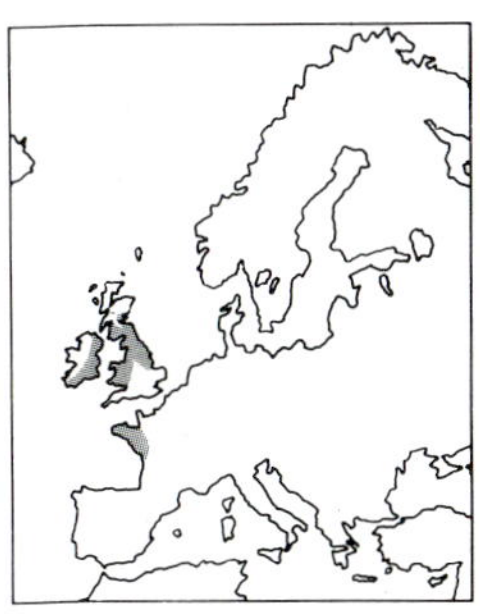

Kennzeichen: Von Fluß- und Küstenseeschwalbe gewöhnlich leicht zu unterscheiden durch merklich weißeren Gesamteindruck, etwas kräftigere Gestalt, längere Beine, sehr lange Schwanzspieße und schwarzen, nur an der Wurzel roten Schnabel. Der rosa oder beige Anflug der Brust (nur im Brutkleid) ist nur aus der Nähe zu sehen.
Stimme: Manche Rufe erinnern an Fluß- und Küstenseeschwalbe; kennzeichnend ein rauhes, heiseres „ääk" und ein sanftes „tschüwick".
Biotop: Zur Brutzeit an der Küste, außerhalb derselben mehr auf See als andere Seeschwalben.
Nahrung: Hauptsächlich kleine Fische, die weit vor der Küste gefangen werden.
Fortpflanzung: Brütet in Kolonien, oft zusammen mit anderen Seeschwalben. Gewöhnlich 1–2 Eier; beide Partner brüten (21–26 Tage). Die Jungen sind nach etwa 4 Wochen flügge.

Altvogel mit Küken

Zwerg-
seeschwalbe
Sterna albifrons

24 cm

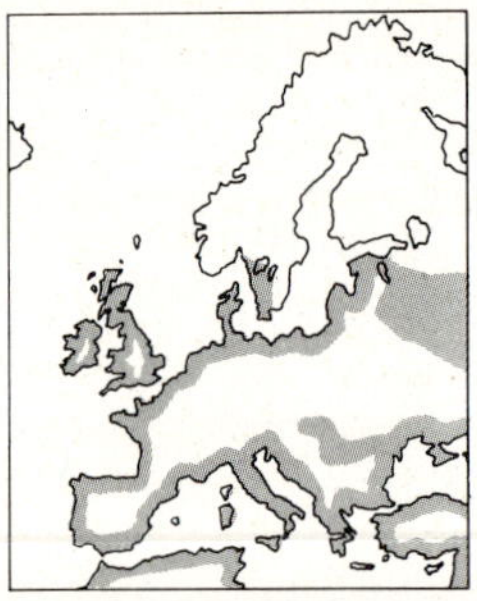

Kennzeichen: Kleinste europäische Seeschwalbe (etwa so groß wie Mauersegler), immer mit weißer Stirn (andere nur im Ruhekleid); Schnabel gelb mit schwarzer Spitze, Beine gelb.
Stimme: Ein hohes „krih-ick", ein scharfes „kitt" und ein langes, rasselndes „kirri-kirri-kirri".
Biotop: Vorwiegend am Meer, aber auch an Binnengewässern.
Nahrung: Kleine Fische, Krebstiere, Insekten usw. Jagt wie die größeren Verwandten rüttelnd und stoßtauchend, fängt aber auch Insekten im Flug.
Fortpflanzung: Brütet an Sand- und Kieselstränden am Meer und an Binnengewässern in kleinen, lockeren Kolonien. Gewöhnlich 3 Eier. Beide Partner brüten (19–22 Tage); die Jungen sind nach etwa 4 Wochen flügge.

Altvogel mit Küken

Brandseeschwalbe
Sterna sandvicensis

41 cm

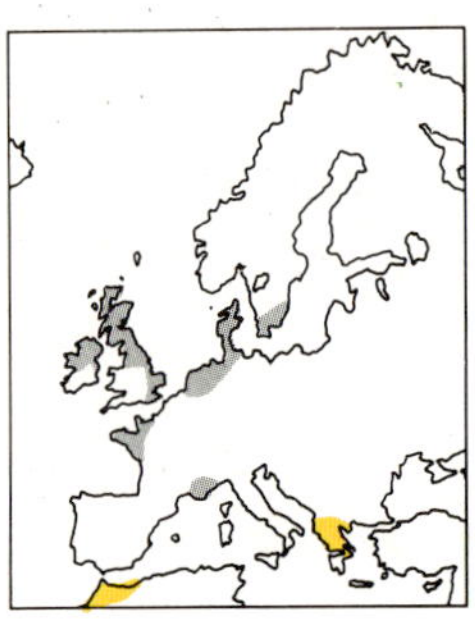

Kennzeichen: Lachmöwengroß, mit langen, schmalen Flügeln, relativ kurzem, gegabeltem Schwanz (ohne lange Spieße), struppiger Haube am Hinterkopf, langem, dünnem, schwarzem Schnabel mit gelber Spitze und kurzen schwarzen Beinen. Deutlich weißer als Fluß- und Küstenseeschwalbe; die Stirn wird schon früh im Sommer weiß und der Scheitel mit weißen Federn durchsetzt. Die ähnliche Lachseeschwalbe hat kurzen, kräftigen, einfarbig schwarzen Schnabel, keine Haube, längere Beine und im Ruhekleid nur wenig Schwarz am Hinterkopf.
Stimme: Ein sehr kennzeichnendes, durchdringendes „kih-rit", „kerrick" und dgl. Äußerst ruffreudig am Brutplatz, ruft oft auch auf See.
Biotop: Ans Meer gebunden; zur Brutzeit vorwiegend sandige Strände.
Nahrung: Hauptsächlich Fische; jagt weiter draußen und stößt aus größerer Höhe als andere Seeschwalben.
Fortpflanzung: Brütet in dicht gedrängten Kolonien. Gewöhnlich 2 Eier; Brutdauer 23–24 Tage. Die Jungen werden in „Kindergärten" zusammengefaßt, bis sie mit etwa 5 Wochen flügge sind.

Lachseeschwalbe
Gelochelidon nilotica

38 cm

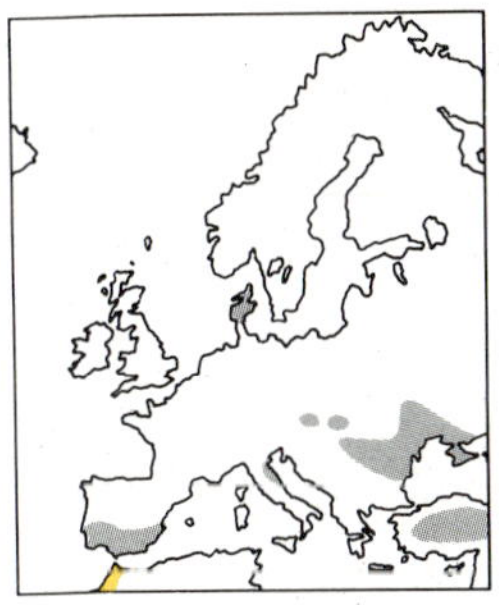

Kennzeichen: Der Brandseeschwalbe in allen Kleidern ähnlich, aber stämmiger und breitflügliger, Beine länger, Schwanz weniger tief gegabelt (seine graue – nicht weiße – Färbung ist im Feld kaum zu erkennen). Bestes Erkennungsmerkmal der möwenartig kurze, dicke, schwarze Schnabel.
Stimme: Ganz anders als die der Brandseeschwalbe – ein nasales „Lachen" „käwih-käwih-käwih".
Biotop: Weniger ans Meer gebunden als andere große Seeschwalben.
Nahrung: Viel abwechslungsreicher als bei anderen Seeschwalben, hauptsächlich Insekten und Kriechtiere, ferner Kleinsäuger, Jungvögel, Frösche, Würmer usw. Jagt vorwiegend über Viehweiden und Sümpfen.
Fortpflanzung: Koloniebrüter auf Sandstränden und Strandwiesen, auch an Binnengewässern. 2–3 Eier; beide Partner brüten (22–23 Tage). Die Jungen sind mit etwa 4 Wochen flügge.

Raubseeschwalbe
Sterna caspia

53 cm

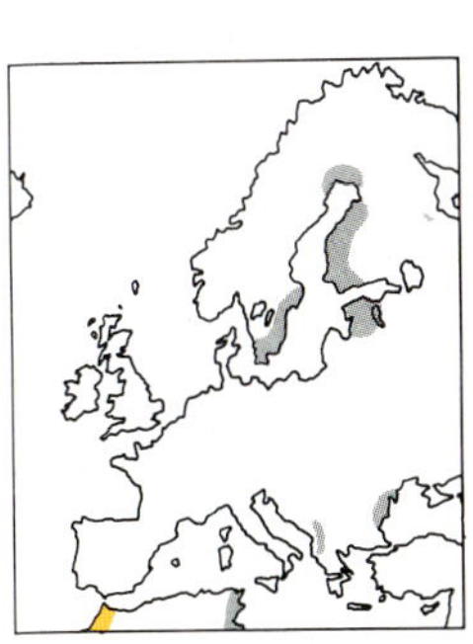

Kennzeichen: Größte Seeschwalbe, fast silbermöwengroß. Der mächtige, orangerote Schnabel ist schon von weitem zu erkennen. Im ruhigen, möwenartigen Flug wirkt der Kopf auffallend dick, der Schwanz kurz; die Handschwingen erscheinen von unten dunkel. Die schwarze Kappe wird nach der Brutzeit grau und undeutlich.
Stimme: Ruft tief und laut reiherähnlich „kräh-app".
Biotop: Zur Brutzeit kleine Inseln vor der Küste, jagt im Ostseeraum vor allem im inneren Schärengebiet und an größeren Binnengewässern. Zieht z. T. über Land.
Nahrung: Hauptsächlich Fische.
Fortpflanzung: Brütet einzeln und in Kolonien auf niedrigen Klippen oder Sandbänken am Boden. 2–3 Eier; beide Partner brüten (21–22 Tage). Die Jungen sind mit etwa 4–5 Wochen flügge.

Tordalk
Alca torda

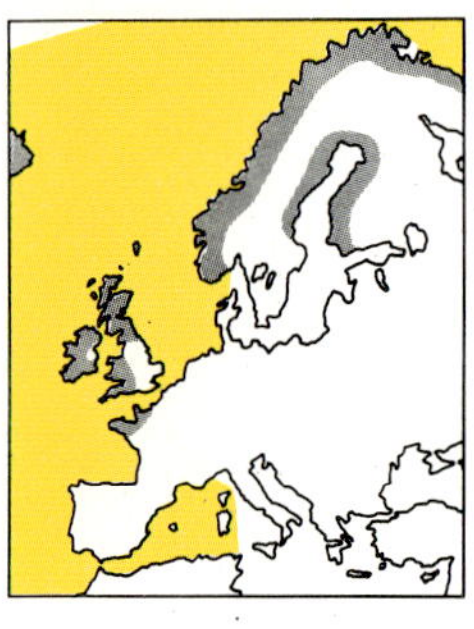

Kennzeichen: Sturmmöwengroß, gedrungen, mit dickem schwarzem Kopf und hohem, seitlich zusammengedrücktem, schwarzem Hakenschnabel mit weißer Querbinde. Ein weißer Strich zieht sich vom Schnabel bis vor das Auge; im Ruhekleid sind Wangen und Kehle weiß. Oberseite rabenschwarz, nicht bräunlich wie bei der Trottellumme, mit einer schmalen weißen Flügelbinde. Schwimmt oft mit aufwärts weisendem Schnabel und hochgestelltem Schwanz.
Stimme: Am Brutplatz ein grunzendes, schnarrendes „ürr" und ein eigenartiger Pfiff.

Biotop: Seevogel, sucht das Land nur zur Brutzeit auf.
Nahrung: Fische, Krebstiere usw., die er von der Wasseroberfläche tauchend und mit Hilfe der Flügel unter Wasser schwimmend erbeutet.
Fortpflanzung: Brütet in kleinen Kolonien in Nischen und Spalten an steilen Felswänden oder unter Steinblöcken auf „Vogelbergen" am Meer. Gewöhnlich 1 Ei; beide Partner brüten (33–36 Tage). Die Jungen stürzen sich mit etwa 18 Tagen (noch flugunfähig) ins Wasser und werden von den Eltern aufs Meer hinausgeführt.

Altvögel im Brutkleid (rechts eine „Ringellumme“) mit Küken

Trottellumme
Uria aalge

42 cm

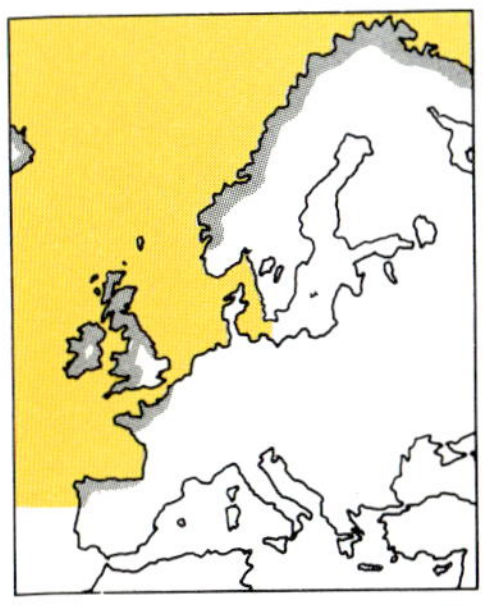

Kennzeichen: Oberflächlich einem Pinguin ähnlich. Schlanker und oberseits bräunlicher als Tordalk, mit ziemlich langem, spitzem Schnabel. Manche haben im Brutkleid einen weißen Ring um das Auge, von dem ein weißer Strich nach hinten geht („Ringellumme“). Im Ruhekleid Kopfseiten weiß mit dunklem Augenstreif, Flanken gestreift. Typischer schneller Alkenflug dicht über dem Wasser.
Stimme: Am Brutplatz verschiedene rauhe, knarrende Rufe – „aaaarrr...“ usw.; klingen „gemütlicher“ als beim Tordalken.
Biotop: Ähnlich wie Tordalk; sucht zur Brutzeit steilere Felswände auf als dieser.
Nahrung: Ähnlich wie Tordalk.
Fortpflanzung: Ähnlich wie Tordalk. Brütet oft in riesigen Kolonien auf Felsbändern über dem Meer. Das einzige Ei wird auf dem bloßen Felsen abgelegt. Brutdauer 28–36 Tage. Die Jungen springen mit 2–3 Wochen ziemlich gleichzeitig ins Wasser („Lummensprung“), lange ehe sie flügge sind.

Ruhekleid

Brutkleid

Ruhekleid

Gryllteiste
Cepphus grylle

34 cm

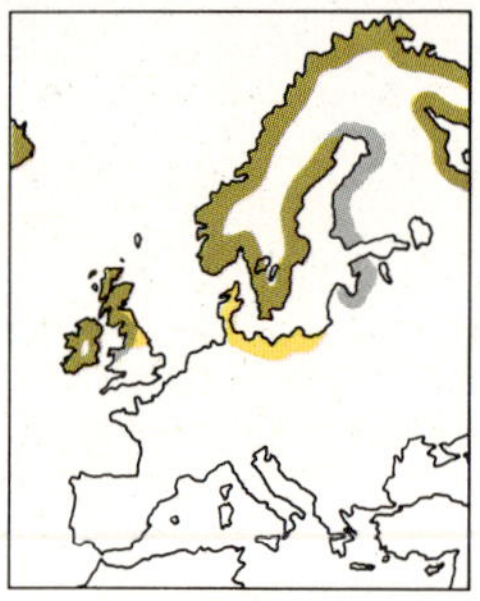

Kennzeichen: Teichhuhngroß. Im Brutkleid unverkennbar – schwarz mit großen weißen Flügelfeldern und roten Füßen; Schnabel innen rot. Im Ruhekleid wie kein anderer Seevogel unterseits weiß, oberseits grauweiß gefleckt, aber auch jetzt mit dunkel umrahmtem weißem Flügelfeld.
Stimme: Zur Brutzeit lassen schwimmende Gryllteisten im Chor ein dünnes „sipp-sipp-sipp…" und einen sehr hohen, dünnen, aber weittragenden, gedehnten Pfiff hören, der manchmal zu einem Triller verlängert wird.
Biotop: Küstengewässer; zur Brutzeit steinige und felsige Küsten.
Nahrung: Kleine Fische, Krebstiere, Muscheln, Schnecken, Würmer und Tang.
Fortpflanzung: Brütet in lockeren Kolonien in Felsspalten und unter Steinen, selbst in Mauerlöchern und dgl., meist niedrig über dem Wasser. Gewöhnlich 2 Eier; beide Partner brüten (24–29 Tage). Die Jungen verlassen das Nest nach einigen Angaben mit 34–36 Tagen voll flugfähig, nach anderen mit 6 Wochen noch nicht voll befiedert.

Krabbentaucher
Plautus alle

20 cm

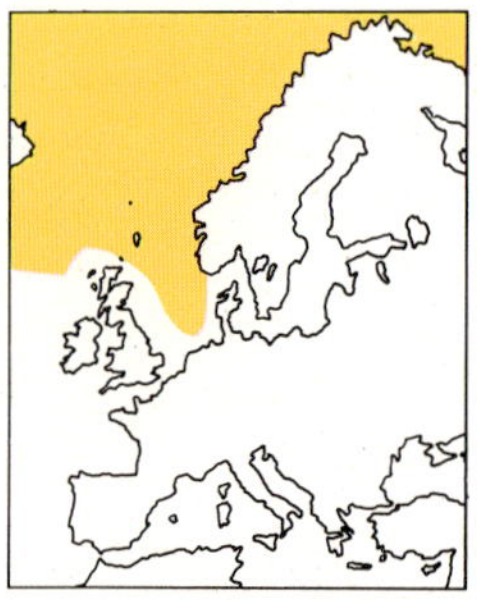

Kennzeichen: Starengroßer, schwarz-weißer Seevogel mit dickem Kopf und ganz kurzem, dickem Schnabel. Wird bei uns nur im Ruhekleid mit weißen Wangen und weißer Kehle und Brust beobachtet.
Stimme: Außerhalb der Brutzeit meist stumm.
Biotop: Zur Brutzeit Steilhänge an der Küste und an eisfreien Bergen in der Hocharktis; außerhalb derselben auf See bis zur nördlichen Nordsee, erscheint nur ausnahmsweise von Stürmen verschlagen im Binnenland.
Nahrung: Kleine Krebstiere und Plankton.
Fortpflanzung: Brütet in riesigen Kolonien. Das einzige Ei wird in einer Felsspalte oder unter einem Felsblock auf den Boden gelegt. Beide Partner brüten (etwa 24 Tage). Das Junge ist mit etwa 4 Wochen flügge.

Altvögel im Brutkleid

Sommer

Papageitaucher (Lund)

Fratercula arctica

30 cm

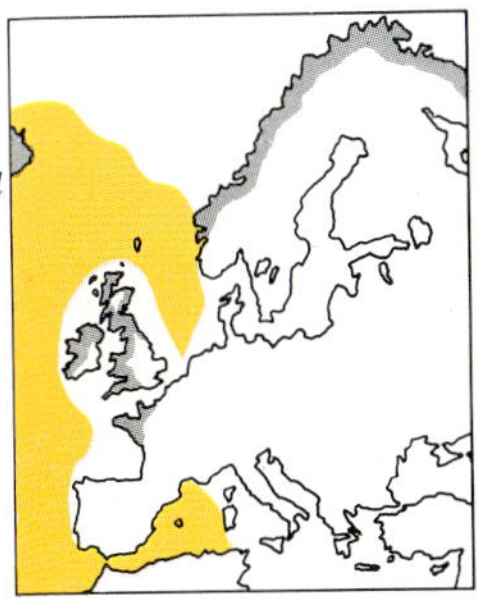

Kennzeichen: Taubengroß, rundlich, dickköpfig und kurzhalsig, oberseits schwarz, unterseits weiß, Gesicht grauweiß, mit hohem, dreieckigem, buntem Schnabel und orange Füßen; im Ruhekleid Gesicht grauer, Schnabel weniger bunt und niedriger.
Stimme: Am Brutplatz verschiedene knurrende Laute wie „aaah".
Biotop: Zur Brutzeit steile, mit einer Grasnarbe bedeckte Felshänge am Meer; außerhalb derselben auf hoher See.
Nahrung: Kleine Fische, vor allem Sandaale, und andere kleine Meerestiere sowie Tang.
Fortpflanzung: Brütet in großen Kolonien in meist selbstgegrabenen Erdhöhlen in der Grasnarbe oberhalb einer Felswand. Ein Ei; Brutdauer etwa 6–7 Wochen. Das Junge wird nach etwa 40 Tagen von den Eltern verlassen und steigt etwa eine Woche danach bei Nacht ins Meer hinab.

Krabbentaucher *(Plautus alle)*: Starengroß, mit schmalen Flügeln. Sehr schneller Flug. Beachte den dunklen Unterflügel. Wange und Kehle im Ruhekleid weiß. Siehe S. 148.

Tordalk *(Alca torda)*: Gedrungen und dickköpfig, mit kurzen, schmalen Flügeln. Schneller, schwirrender Flug. Wirkt von oben schwärzer als Trottellumme, mit weißen Flanken. Siehe S. 146.

Trottellumme *(Uria aalge)*: Etwa so groß wie Tordalk, aber schlanker, wirkt mehr schokoladebraun, weiße Flanken nicht so scharf abgesetzt. Siehe S. 147.

Papageitaucher *(Fratercula arctica)*: Kleiner als Tordalk und Trottellumme. Der dicke Kopf wirkt durch den großen Schnabel noch größer. Die Flügel scheinen sich rasend schnell zu bewegen. Siehe S. 149.

Baßtölpel *(Sula bassana)*: Jungvögel mausern vom ganz dunklen Erstjahrskleid über verschiedene scheckige Kleider ins Alterskleid des 5. Jahres, aber die Zigarrenform und der kennzeichnende Schnabel sind immer unverwechselbar. Siehe S. 36.

Baßtölpel *(Sula bassana)*: Altvögel wirken im Flug blendend weiß; die schwarzen Flügelspitzen stechen schärfer ab als bei irgendeiner Möwe. Kraftvolle Flügelschläge, von Gleitflügen unterbrochen. Siehe S. 36.

Kormoran *(Phalacrocorax carbo)*: Wirkt mit dem langen, ausgestreckten Hals, dem langen Schwanz und den breiten Flügeln wie ein fliegendes Kreuz; der langsame Flügelschlag läßt an eine Gans denken. Siehe S. 35.

Krähenscharbe *(Phalacrocorax aristotelis)*: Kann mit dem größeren Kormoran verwechselt werden, hat aber einen schnelleren Flügelschlag und spitzere Flügel. Fliegt gern niedrig über dem Wasser. Siehe S. 34.

Schwarzschnabel-Sturmtaucher *(Puffinus puffinus)*: Torpedoförmiger Körper mit langen, schmalen Flügeln. Fliegt dicht über dem Wasser, wobei er abwechselnd die dunkle Ober- und die helle Unterseite zeigt; dieser Gegensatz bei der Rasse des westlichen Mittelmeeres weniger ausgeprägt. Siehe S. 38.

Zwergmöwe *(Larus minutus)*: Jungvogel (abgebildet) ähnelt junger Dreizehenmöwe, hat aber oft rußgrauen Scheitel. Altvogel im Brutkleid von anderen schwarzköpfigen Möwen durch dunkle Unterflügel unterschieden. Siehe S. 138.

Schwarzkopfmöwe *(Larus melanocephalus)*: Mit der Lachmöwe zu verwechseln, hat aber breitere Flügel, längere, tiefschwarze Kapuze, stärkeren roten Schnabel mit schwarzer Querbinde vor der Spitze und weiße Handschwingen. Siehe S. 138.

Lachmöwe *(Larus ridibundus)*: Kopf mehr schokoladebraun als schwarz; im Winter nur ein dunkler Ohrfleck. Äußere Handschwingen weiß, scharf von den schwarzen Flügelspitzen abstechend. Siehe S. 139.

Silbermöwe *(Larus argentatus)*: Der kraftvolle Ruderflug wird von häufigen Schwebe- und Gleitflügen unterbrochen. Größer und massiger als Sturmmöwe; dieser fehlt der rote Schnabelfleck. Siehe S. 136.

Dreizehenmöwe *(Rissa tridactyla)*: Der Sturmmöwe ähnlich, aber Flügelspitzen ohne Weiß; Füße schwarz. Wirkt im Flug sehr zierlich. Schwebt am Brutplatz gern im Aufwind an der Steilküste. Folgt oft Schiffen. Siehe S. 140.

Dreizehenmöwe *(Rissa tridactyla)*: Jungvögel sind größer und kräftiger gezeichnet als junge Zwergmöwen und haben schwarzen Nackenfleck und schwarze Endbinde am leicht eingekerbten Schwanz. Siehe S. 140.

Skua *(Stercorarius skua)*: Sieht auf den ersten Blick wie eine dunkle junge Silbermöwe aus. Beachte aber die kräftigere Gestalt, die kürzeren Flügel und die weißen Felder auf den Handschwingen. Flug weniger leicht als der der Silbermöwe, aber sehr wendig. Siehe S. 132.

Schmarotzerraubmöwe *(Stercorarius parasiticus)*: Vögel der hellen Phase zeigen deutlichen Kontrast der dunklen Ober- zur hellen Unterseite, aber die der dunklen Phase sehen wie sehr dunkle Jungmöwen aus. Achte auf die beiden weit überstehenden mittleren Schwanzfedern. Siehe S. 133.

Falkenraubmöwe *(Stercorarius longicaudus)*: Der hellen Phase der Schmarotzerraubmöwe ähnlich, aber nie mit dunklem Kragen; Flug anmutiger, mittlere Schwanzfedern viel länger und biegsamer. Siehe S. 132.

Eismöwe *(Larus hyperboreus)*: Silber- bis mantelmöwengroß. Rücken und Flügel bei Altvögeln hell silbergrau, so daß sie praktisch weiß aussehen. Siehe S. 137.

Eismöwe *(Larus hyperboreus)*: Diesem Vogel im 2. Winter fehlt der rote Schnabelfleck des Altvogels; statt dessen hat der Schnabel eine schwarze Spitze. Die graue Streifung läßt den ganzen Vogel rahmfarben erscheinen. Siehe S. 137.

Sturmmöwe *(Larus canus)*: Wie kleine Silbermöwe, aber Schnabel zart, grünlichgelb ohne roten Fleck, Beine grünlichgelb. Im Winter Kopf grau gestrichelt, wie auf diesem Bild. Siehe S. 140.

Heringsmöwe *(Larus fuscus)*: Jungvögel braungefleckt, sehr schwer von jungen Silbermöwen zu unterscheiden. Beachte aber die breitere dunkle Schwanzendbinde und die dunkleren Schwingen. Siehe S. 135.

Mantelmöwe *(Larus marinus)*: Im direkten Vergleich größer als andere Möwen; wenn allein, achte auf den wuchtigen Kopf und den schweren Flug; Füße fleischfarben. Seltener im Binnenland als Herings- und Silbermöwe. Siehe S. 134.

Heringsmöwe *(Larus fuscus)*: Schnabel weniger klobig als bei der Mantelmöwe, Flug leichter. Mantel und Flügel bei der skandinavischen Rasse so dunkel wie bei der Mantelmöwe, bei der westlichen mehr schiefergrau. Füße gelb. Siehe S. 135.

Eissturmvogel *(Fulmarus glacialis)*: Sieht auf den ersten Blick wie eine Möwe aus – achte aber auf den massigen Körper und den kurzen, dicken Hals sowie auf die hellen Flügelspitzen ohne Schwarz. Hält beim Flug die Flügel steif. Siehe S. 37.

Zwergseeschwalbe *(Sterna albifrons)*: Sehr klein, kaum größer als Star. Flug ruckartig, wie an Schnüren hängend. Achte auf die weiße Stirn und den gelben Schnabel mit schwarzer Spitze. Siehe S. 144.

Trauerseeschwalbe *(Chlidonias niger)*: Im Brutkleid Kopf und Unterseite schwarz, Flügel und Oberschwanz dunkelgrau. Im Ruhekleid (Foto) Unterseite und Kragen weiß (die gelbliche Färbung wird durch die Beleuchtung bewirkt). Anmutiger Flug. Siehe S. 141.

Flußseeschwalbe *(Sterna hirundo)*: Sehr schwer von der Küstenseeschwalbe zu unterscheiden. Schnabel der Flußseeschwalbe heller rot, mit schwarzer Spitze; Schwingen weniger durchscheinend. Flugruf „kirri". Siehe S. 143.

Küstenseeschwalbe *(Sterna paradisaea)*: Schnabel dunkelrot, ohne schwarze Spitze. Weiße Wangen stechen stärker von der graueren Unterseite ab. Schwanzspieße länger, Flügel durchscheinender als bei der Flußseeschwalbe. Siehe S. 142.

Rosenseeschwalbe *(Sterna dougallii)*: Im Flug am besten an den sehr langen Schwanzspießen, dem schwarzen Schnabel und der weiß erscheinenden Unterseite zu erkennen. Selten im Binnenland. Siehe S. 143.

Brandseeschwalbe *(Sterna sandvicensis)*: Flug schwerer als bei Fluß-, Küsten- und Rosenseeschwalbe, Schwanz viel weniger tief gegabelt. Schwarzer Schnabel länger und dünner als bei der Lachseeschwalbe, mit gelber Spitze. Siehe S. 144.

Lachseeschwalbe *(Gelochelidon nilotica)*: Dickste Seeschwalbe, mit breiten Flügeln. Keine andere hat solch kurzen, dicken Schnabel. Schwanz grau, nicht sehr tief gegabelt. Siehe S. 145.

Raubseeschwalbe *(Sterna caspia)*: Größte europäische Seeschwalbe, fast silbermöwengroß, mit wuchtigem rotem Schnabel. Flügelspitzen schwarz. Siehe S. 145.

Weißbart-Seeschwalbe *(Chlidonias hybrida)*: Ähnelt mit scharf von der schwarzen Kappe und der grauen Unterseite abstechenden weißen Wangen einer Küstenseeschwalbe, ist aber unterseits viel dunkler, mit abstechenden weißen Unterschwanzdecken. Fliegt wie Trauerseeschwalbe. Siehe S. 142.

Weißflügel-Seeschwalbe *(Chlidonias leucopterus)*: Im Brutkleid Kopf, die vorderen Zweidrittel des Rumpfes und die Unterflügeldecken schwarz, Hinterende und Oberflügeldecken weiß. Siehe S. 141.

Weißflügel-Seeschwalbe *(Chlidonias leucopterus)*: Jungvögel haben dunkelgrauen Rükken, graue Flügel und weiße Unterseite; keine dunklen Abzeichen auf Flügeln und Nacken. Siehe S. 141.

Hohltaube
Columba oenas

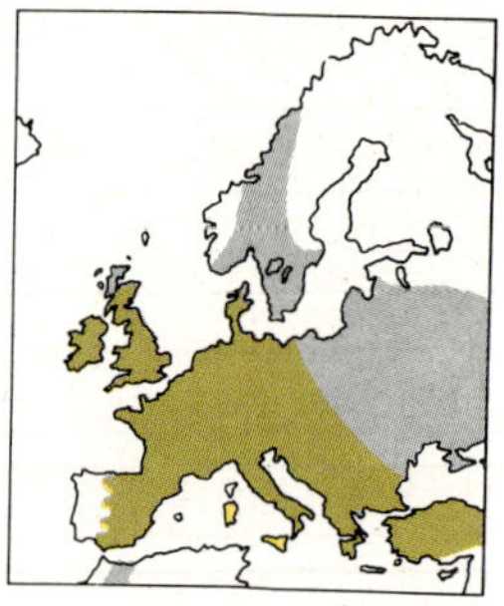

Kennzeichen: Kleiner als Ringeltaube, einer Brieftaube ähnlich, aber dunkler, mit weinrötlicher Brust, ohne alles Weiß; Unterflügel grau, Flügelbinden nur schwach ausgeprägt. Flug reißender als der der Ringeltaube.
Stimme: Ein heulendes „ku-hú-u-úp"; häufig hört man nur „hú-ru" oder „hú-ru-u".
Biotop: Brutbiotop lichte Wälder und Parks, aber auch Felsküsten und Dünen; Nahrungsbiotop Äcker und Strandwiesen.
Nahrung: Sämereien, Getreidekörner, Erbsen, Beeren, Früchte, Sprosse, daneben auch Insekten und Würmer.
Fortpflanzung: Saisonehe. Brütet in Baumhöhlen, Felsspalten, Kaninchenbauen und in Gebäuden; nimmt gern Nistkästen an. 2 Eier (wie bei den meisten Tauben); beide Partner brüten (16–18 Tage). Die Jungen sind hilflose Nesthocker und werden von beiden Eltern zunächst mit Taubenmilch, einer Absonderung der Kropfschleimhaut, gefüttert; sie fliegen nach 18–28 Tagen aus. 2–3 Jahresbruten.

Felsentaube
Columba livia

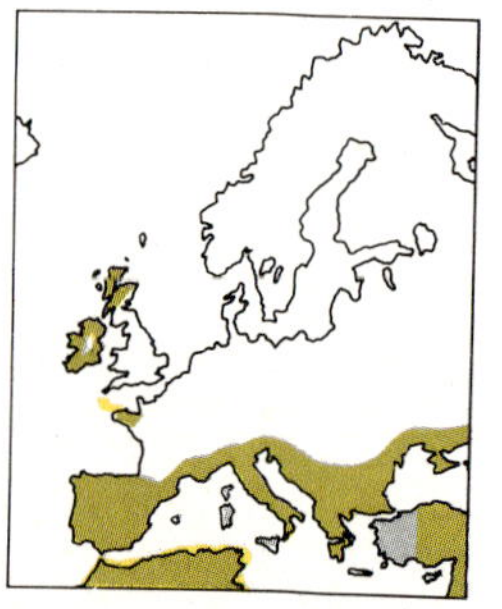

Kennzeichen: Wilde Stammform der Haus- und Straßentaube, blaugrau mit hellgrauem Rücken und weißem Bürzel, zwei schwarzen Flügelbinden, weißen Unterflügeln und schwarzer Schwanzendbinde. Vielfach mit Straßentauben vermischt und farblich abgeändert.
Stimme: Wie bei der Haus- und Straßentaube.
Biotop: Felsküsten, lokal auch Felswände im Binnenland.
Nahrung: Samen und Früchte aller Art, Knospen, auch Tang.
Fortpflanzung: Brütet in Felsspalten in Höhlen. Brutverhalten wie bei anderen Tauben. Brutdauer 17–19 Tage. Die Jungen verlassen das Nest mit 23–25 Tagen, sind aber erst mit 30–35 Tagen selbständig.

Straßentaube

Columba livia
f. *domestica*

Kennzeichen: Äußerst variabel, von rein weiß bis fast schwarz; manche sehen wilden Felsentauben sehr ähnlich.
Stimme: Das allbekannte „uh-rukuh" usw.
Biotop: Städte und Ortschaften.
Nahrung: „Feldernde" Tauben verzehren Feldfrüchte aller Art, ähnlich wie ihre wilden Stammeltern. In Ortschaften bilden Brot und ausgestreute Getreidekörner die Nahrungsgrundlage.
Fortpflanzung: Meist lebenslange Einehe. Brutverhalten wie bei der Felsentaube, brütet normalerweise an und in Gebäuden.

Ringeltaube

Columba palumbus

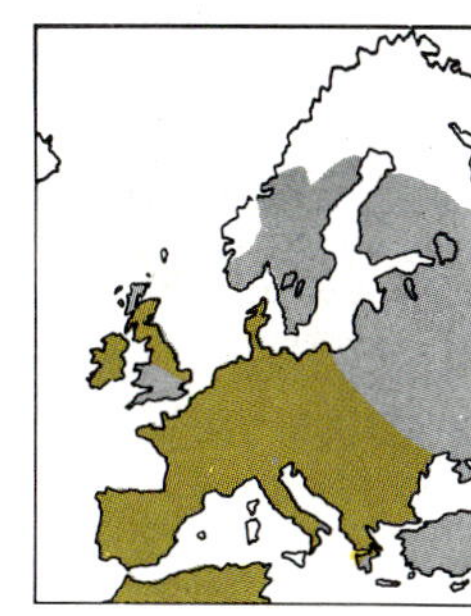

Kennzeichen: Große, stattliche Taube (größer als Straßentaube), oberseits graublau mit weißer Querbinde auf den Flügeln, Brust weinrötlich, Halsseiten blaugrün, bei Altvögeln mit weißem Fleck.
Stimme: „rúhgu, gugu, rugúhgu, gugu" bzw. „rugugúh, gugu".
Biotop: Brutbiotop Waldränder, Feldgehölze, Parks, Friedhöfe, Gärten und Einzelbäume, selbst in Städten. Nahrungsbiotop Ackerland.
Nahrung: Ähnlich wie Hohltaube, aber auch wie Straßentaube; nimmt gern Eicheln. Im Winter oft in großen Flügen auf Klee-, Kohl- und Rapsfeldern.
Fortpflanzung: Saisonehe. Baut ein dünnes Reisignest in Bäumen und Büschen. Brutverhalten wie bei anderen Tauben. Brutdauer 16–19 Tage, Nestlingsdauer durchschnittlich 28–29, ausnahmsweise 16–34 Tage; die Jungen sind mit 35 Tagen voll flugfähig. 2–3 Jahresbruten.

Türkentaube
Streptopelia decaocto

32 cm

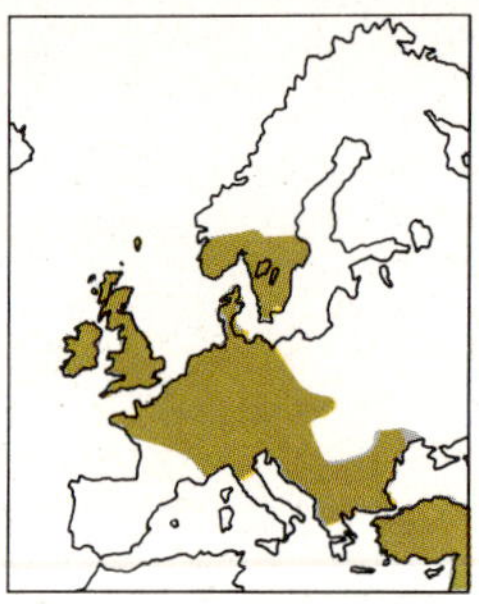

Kennzeichen: Kleiner als Straßentaube, schlank, mit langem, unterseits vorn schwarzem, hinten weißem Schwanz; Oberseite graubräunlich isabellfarben, Kopf und Unterseite blasser; Altvögel mit schmalem schwarzem Nackenband und weinrötlich überflogener Brust. Kann mit der sehr ähnlichen, nicht selten als Gefangenschaftsflüchtling zu beobachtenden Lachtaube verwechselt werden, die aber heller ist und weiße Unterschwanzdecken hat.

Stimme: Revierruf ein tiefes „gu-gúh-gu", Flugruf ein krächzendes „chräi".
Biotop: Ortschaften und Siedlungen mit Geflügelhöfen, Mühlen, Getreidespeichern usw.
Nahrung: Überwiegend Körnerfrüchte.
Fortpflanzung: Saisonehe. Baut ein kleines Reisignest, gewöhnlich in Bäumen, aber auch an Gebäuden. Brutverhalten wie bei anderen Tauben, Brutdauer 13–14 Tage, Nestlingszeit meist 16–19 Tage. 2–6 Jahresbruten.

Turteltaube
Streptopelia turtur

27 cm

Kennzeichen: Kleiner und schlanker als Türkentaube, Schwanz kürzer, unterseits schwarz mit weißem Rand. Oberseite rotbraun mit dunklen Flecken, Kehle und Brust weinrötlich, Bauch und Unterschwanzdecken weiß, Unterflügeldecken blaugrau. Altvögel haben schwarz-weiße Halsseiten. Reißender, ruckartiger Flug.
Stimme: Revierruf „turr, turr...", klingt merkwürdig einschläfernd.
Biotop: Offene Landschaft mit Feldgehölzen, Waldränder und dgl.
Nahrung: Samen von Kräutern, Gräsern, Getreide, Sonnenblumen, Fichten und Kiefern usw. sowie Beeren, Blätter und Insekten.
Fortpflanzung: Saisonehe. Baut ein flaches Reisignest, meist in Büschen und niedrigen Bäumen. Brutpflege wie bei anderen Tauben. Brutdauer 13–16 Tage; Nestlingsdauer 18–23 Tage, jedoch sind die Jungen erst mit 25–30 Tagen voll flugfähig. Anscheinend 2 Jahresbruten.

Altvogel (kleines Bild: Jungvogel)

Kuckuck

Cuculus canorus

33 cm

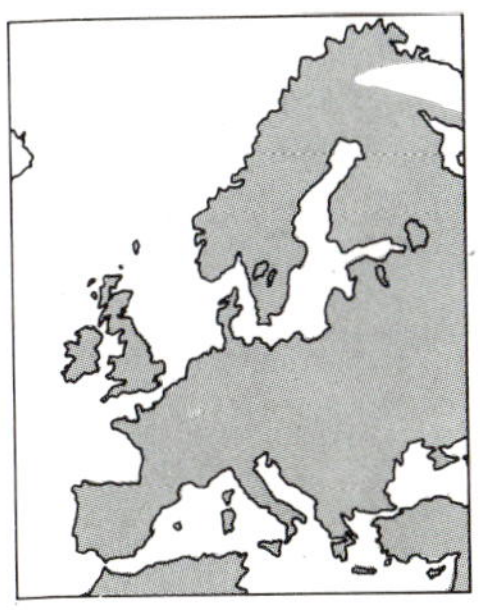

Kennzeichen: Knapp turteltaubengroß. Gleicht oberflächlich einem Sperber, Oberseite und Brust blaugrau, Unterseite weißlich mit dunkler Bänderung, Flügel lang und spitz, Schwanz lang mit weißen Flecken und Spitzen. Weibchen manchmal rötlichbraun. Jungvögel oberseits rotbraun oder graubraun mit dunkler Bänderung, mit weißem Nakkenfleck.
Stimme: Revierruf des Männchens das bekannte „kuckuck" (manchmal dreisilbig); das Weibchen läßt ein lautes Kichern oder Trillern hören.
Biotop: An keinen Biotop gebunden, bevorzugt Waldränder, Heide, Kulturland, Feuchtgebiete.
Nahrung: Fast ausschließlich Insekten, hauptsächlich Schmetterlingsraupen, auch stark behaarte.
Fortpflanzung: Unehig (Promiskuität); Brutschmarotzer. Das Weibchen, das 9–22 Eier legen kann, entfernt ein Ei aus dem Nest eines Kleinvogels und ersetzt es durch ein eigenes; der Jungkuckuck schlüpft nach 11–13 Tagen, wirft alle anderen Eier oder Jungen aus dem Nest und wird von den Pflegeeltern aufgezogen; er verläßt das Nest meist mit 19–24 Tagen, wird aber noch länger gefüttert.

Dunkelbäuchige Form

Schleiereule
Tyto alba

34 cm

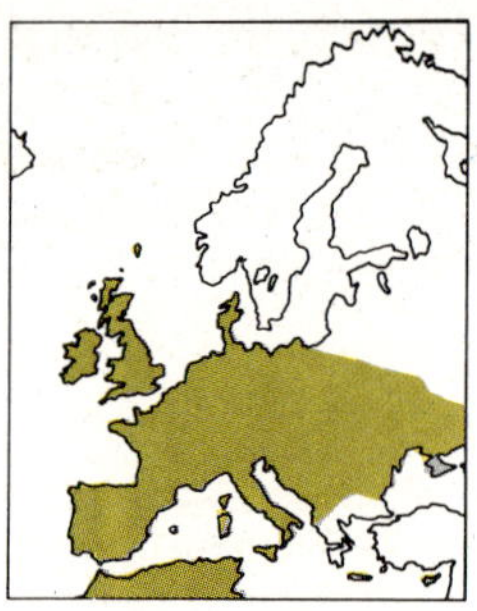

Hellbäuchige Form

Kennzeichen: Krähengroße, helle, langbeinige Eule ohne Federohren, mit herzförmigem weißem Schleier und verhältnismäßig kleinen schwarzen Augen. West- und südeuropäische Rassen oberseits goldbraun, unterseits weiß, die mitteleuropäische oberseits mehr grau, unterseits gelbbräunlich mit dunklen Flecken. Nachtaktiv, jagt gelegentlich auch am Tag.
Stimme: Revierruf des Männchens ein langgezogenes Kreischen, als Flugruf tremolierend. Beide Geschlechter äußern verschiedene fauchende und schnarchende Laute.
Biotop: Offene Landschaft in Gebieten mit geringem Schneefall.
Nahrung: Hauptsächlich Kleinsäuger.
Fortpflanzung: Lebenslange Einehe. Nistet in Mitteleuropa im dunklen Inneren von bewohnten und unbewohnten Gebäuden, seltener in Baumhöhlen und Felsnischen. Meist 4–7, oft 9–12 Eier. Das Weibchen brütet (30–34 Tage) und verfüttert die von beiden Eltern eingebrachte Beute. Die Jungen werden mit knapp 3 Monaten selbständig. 1–2 Jahresbruten.

Uhu
Bubo bubo

66–71 cm

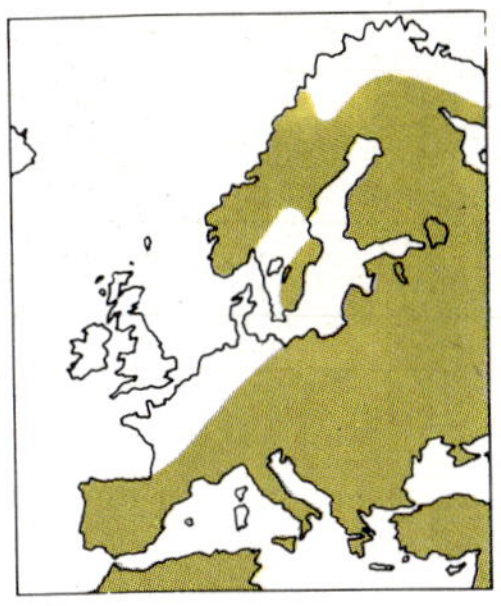

Kennzeichen: Größte europäische Eule (viel größer als Bussard), mit dickem Kopf, orangeroten Augen und deutlichen Federohren. Oberseits rost- bis graubraun mit dunkler Querbänderung, unterseits rostgelb mit dunkler Längsstreifung.
Stimme: Gesang des Männchens ein tiefes, weithallendes „buho" oder „úuo"; Ruf des Weibchens etwas höher „u-hu"; Schrecklaut ein bellendes „wäwäwäwä".
Biotop: Bewaldetes oder felsiges Gelände in der Nähe offener Landschaft.
Nahrung: Säugetiere von Spitzmäusen bis zum Rehkitz sowie Vögel von kleinen Singvögeln bis zum Auerhahn.
Fortpflanzung: Lebenslange Einehe. Baut kein Nest, nistet in Felsnischen und auf Felsbändern, im Tiefland in alten Horsten anderer Großvögel. 2–4 Eier; nur das Weibchen brütet (31–37 Tage). Die Jungen verlassen das Nest meist mit 4–5 Wochen, obwohl sie erst mit 8–10 Wochen flügge werden, und werden bis zu etwa 20–26 Wochen von den Eltern versorgt.

Schnee-Eule
Nyctea scandiaca

53–66 cm

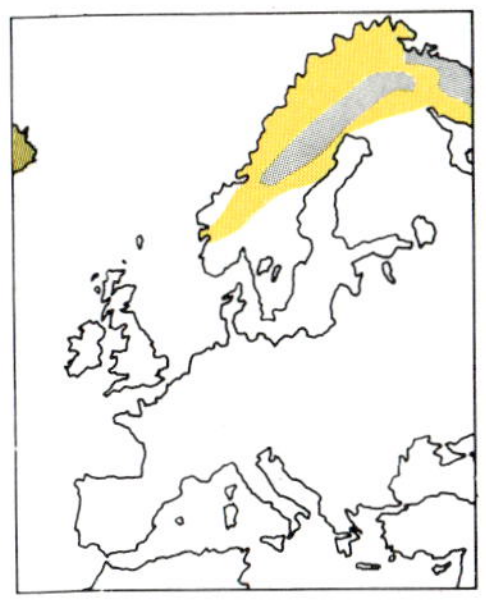

Weibchen

Kennzeichen: Knapp uhugroß, vorwiegend tagaktiv. Männchen fast reinweiß, Weibchen mehr oder weniger, Jungvögel stärker gefleckt und gebändert. Augen gelb.
Stimme: Am Brutplatz verschiedene kreischende und bellende Rufe, sonst meist stumm.
Biotop: Zur Brutzeit Tundra und Fjell im hohen Norden, außerhalb derselben offenes Gelände, vor allem an der Küste.
Nahrung: Hauptsächlich Wühlmäuse, vor allem Lemminge, sowie kleine bis mittelgroße Vögel, vor allem Wasservögel und Schneehühner, aber auch größere Säugetiere.
Fortpflanzung: Saisonehe. Bodenbrüter. 4–10 Eier, je nach Nahrungsangebot; Brutdauer 32–33 Tage. Die Jungen verlassen das Nest mit 18–28 Tagen, fliegen mit 50–60 Tagen gut und werden mit $2^1/_2$ bis 3 Monaten selbständig.

Sperbereule
Surnia ulula

36–40 cm

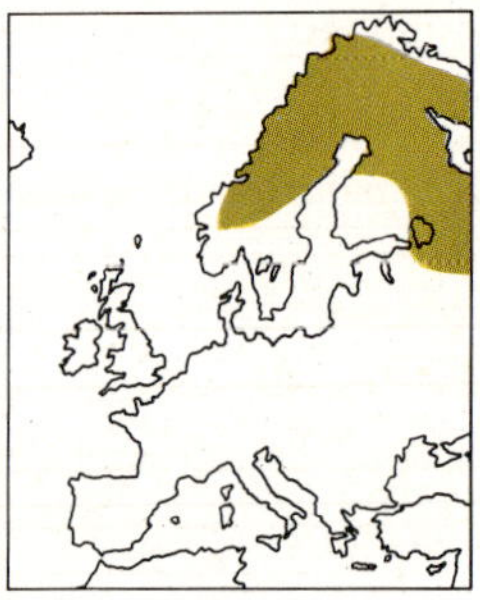

Kennzeichen: Etwa waldkauzgroß, mit relativ kleinem Kopf, langem, keilförmigem Schwanz und kurzen, spitzen Flügeln, oberseits dunkel graubraun mit weißlichen Flekken, unterseits weißlich mit brauner Bänderung, Gesicht weißlich mit breiter schwarzer Einfassung. Wirkt vor allem im Flug sperberähnlich. Vorwiegend tagaktiv.
Stimme: Gesang ein klangvolles Trillern, Warnruf falkenartig hoch „ki-ki-ki".
Biotop: Lichter Nadelwald, Birkengestrüpp und dgl.
Nahrung: Fast ausschließlich Wühlmäuse.
Fortpflanzung: Wahrscheinlich Saisonehe. Nistet in Baumhöhlen, aber auch in alten Krähen- und Greifvogelnestern. 3–13 Eier, je nach Nahrungsangebot. Nur das Weibchen brütet (25–30 Tage). Die Jungen verlassen das Nest noch flugunfähig nach 23–27 Tagen; sie werden frühestens nach 5–6 Wochen flügge.

Bartkauz
Strix nebulosa

69 cm

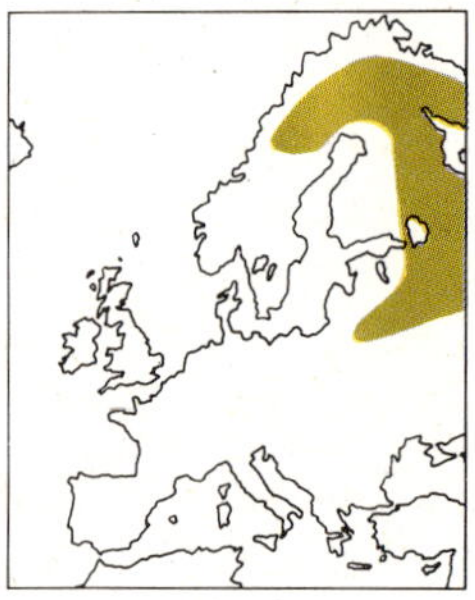

Kennzeichen: Wirkt uhugroß, ist aber nicht halb so schwer. Unverkennbar, mit großem, rundem Kopf, großem, rundem Gesichtsschleier mit konzentrischen dunklen Ringen, weißen Halbmonden zwischen den kleinen gelben Augen und dem gelben Schnabel sowie schwarzem Kinn.
Stimme: Reviergesang „hu-hu-hu-huh"; Erregungsruf ein Kreischen oder Quietschen.
Biotop: Brutbiotop dichte Nadelwälder, Nahrungsbiotop angrenzendes offenes Gelände.
Nahrung: Hauptsächlich Wühlmäuse.
Fortpflanzungg: Einehig. Nistet in alten Greifvogelhorsten. Meist 3–6 Eier. Brutverhalten wie Waldkauz. Brutdauer schätzungsweise 28–30 Tage. Die Jungen verlassen den Horst noch flugunfähig mit 20–30 Tagen; sie können mit 5–6 Wochen nur kurze Strecken fliegen.

Habichtskauz
Strix uralensis

61 cm

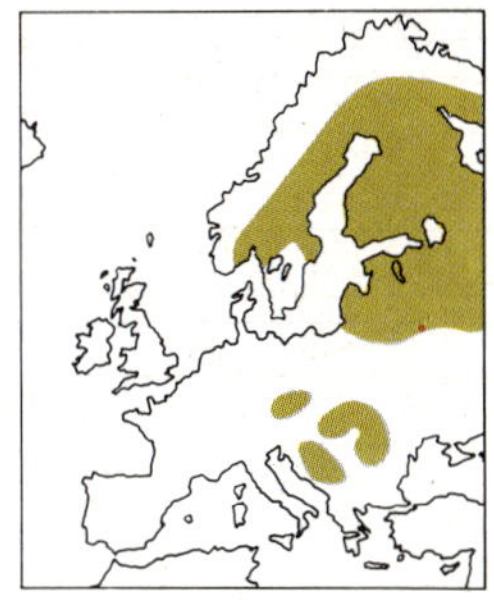

Kennzeichen: Dem Waldkauz ähnlich, aber wesentlich größer und langschwänziger. Hell- bis dunkelbraun mit dunkler Streifung; Schwanz und Flügel gebändert. Ausgeprägter heller Schleier; Augen schwarzbraun, kleiner als beim Waldkauz.
Stimme: Reviergesang „wúhu, wúhu owú-hu"; ferner „pupupupu…"; das Weibchen warnt heiser „küwä".
Biotop: Reich gegliederte Landschaft mit Wäldern und offenem Gelände.
Nahrung: Hauptsächlich Kleinsäuger, vor allem Wühlmäuse und Spitzmäuse, dazu Kleinvögel, Lurche und Insekten.
Fortpflanzung: Wahrscheinlich lebenslange Einehe. Nistet auf Baumstümpfen, in Baumhöhlen und in alten Greifvogelhorsten. Meist 3–4 Eier; nur das Weibchen brütet (28 Tage). Die Jungen verlassen das Nest mit 34–35 Tagen; sie werden noch etwa 2 Monate von den Eltern betreut, obwohl sie mit 6 Wochen flügge sind.

Waldkauz
Strix aluco

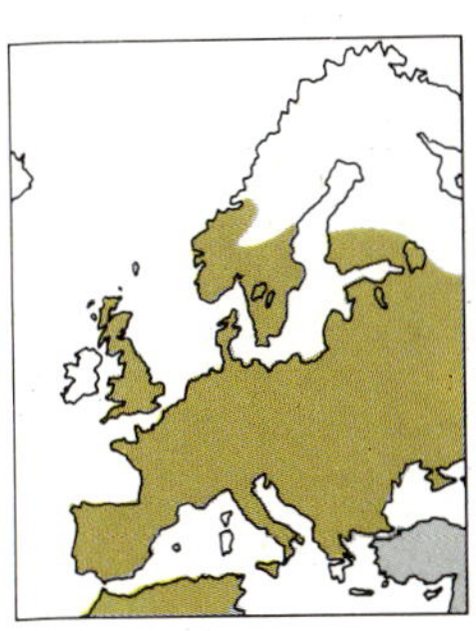

38 cm

Kennzeichen: Mittelgroße, gedrungene, nachtaktive Eule mit dickem, rundem Kopf und großen schwarzen Augen. Oberseits rost- bis graubraun mit weißen Flecken, unterseits heller; ober- und unterseits dunkel gestreift.
Stimme: Ruffreudig. Häufigster Ruf ein hohes „ku-ick". Reviergesang „huúu---hu-uuuuuu".
Biotop: Lichte Wälder, Parks, Obstgärten; auch in Städten.
Nahrung: Sehr vielseitig. Jagt, vorwiegend vom Ansitz aus, hauptsächlich Kleinsäuger, vor allem Mäuse, und Kleinvögel, daneben Frösche, Kröten, Insekten usw.
Fortpflanzung: Dauerehe. Nistet in Höhlen jeder Art, vor allem Baumhöhlen, aber auch Felsspalten, Erdhöhlen und Gebäuden, nimmt gern Nistkästen an. Meist 3–5 Eier. Das Weibchen brütet allein und wird vom Männchen versorgt. Brutdauer 28–30 Tage. Die Jungen verlassen das Nest mit 29–35 Tagen; sie sind erst mit 7 Wochen gut flugfähig und werden etwa 2½ bis 3 Monate nach dem Ausfliegen selbständig.

Waldohreule
Asio otus

36 cm

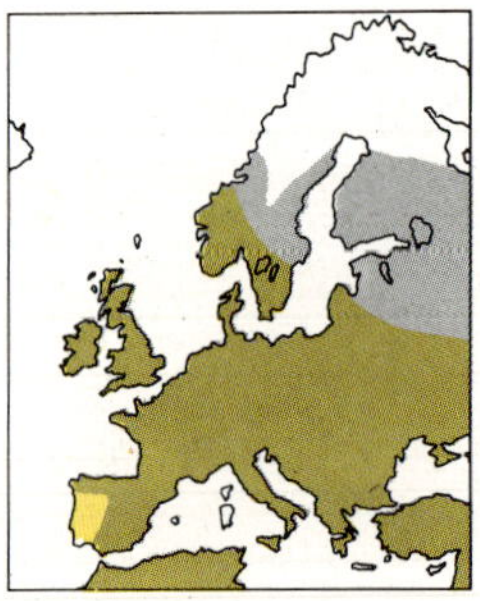

Kennzeichen: Mittelgroße, schlanke, vorwiegend nachtaktive Eule mit Federohren und orange Augen. Oberseits gelblichbraun und graubraun gesprenkelt, unterseits heller, dunkel gestreift. Bildet im Winter Schlafgemeinschaften, nicht selten in Parks, auf Friedhöfen und dgl.
Stimme: Verschiedene fauchende und bellende Laute. Reviergesang ein ziemlich leises, doch weittragendes „huh“ (auch gereiht). Klatscht beim Balzflug mit den Flügeln.
Biotop: Gehölze aller Art, am liebsten Nadelwald, mit angrenzendem offenem Gelände.
Nahrung: Flugjäger, jagt in offenem Gelände Kleinsäuger, vor allem Mäuse, und Kleinvögel.
Fortpflanzung: Saisonehe. Nistet in alten Krähennestern und dgl. Meist 4–5 Eier; nur das Weibchen brütet und wird vom Männchen versorgt. Brutdauer 27–28 Tage. Die Jungen verlassen das Nest noch flugunfähig mit etwa 20 Tagen; sie sind mit 33–35 Tagen voll flugfähig, werden aber erst mit fast 2 Monaten selbständig.

Sumpfohreule
Asio flammeus

38 cm

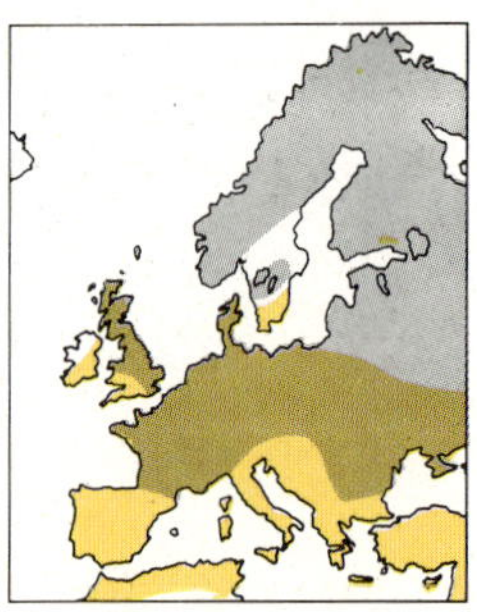

Kennzeichen: Etwas größer als Waldohreule, oberseits stroh- bis rostfarbig mit dunklen Flecken und Streifen, unterseits beige mit dunklen Strichen, mit kurzen, unauffälligen Federohren und gelben Augen. Langflüglig, mit auffallendem dunklem Fleck am Flügelbug. Dämmerungs- und tagaktiv. Sitzt meist waagerechter als andere Eulen, häufig auf dem Boden.
Stimme: Bellender Alarmruf; Reviergesang „bu bu bu bu…“, meist im Flug, mit Flügelklatschen.
Biotop: Offenes Gelände – feuchte Wiesen, Moore, Dünen, im Winter oft Strandwiesen und Ackerland.
Nahrung: Jagt in niedrigem Suchflug Kleinsäuger, vor allem Mäuse, und Kleinvögel.
Fortpflanzung: Wahrscheinlich Saisonehe. Bodenbrüter, baut als einzige europäische Eule ein Nest. 7–10 Eier. Brutpflege wie bei Waldohreule. Brutdauer 24–28 Tage. Die Jungen verlassen das Nest mit 12–17 Tagen und sind mit 30–36 Tagen flügge. Die Familie hält noch länger zusammen.

Steinkauz
Athene noctua

22 cm

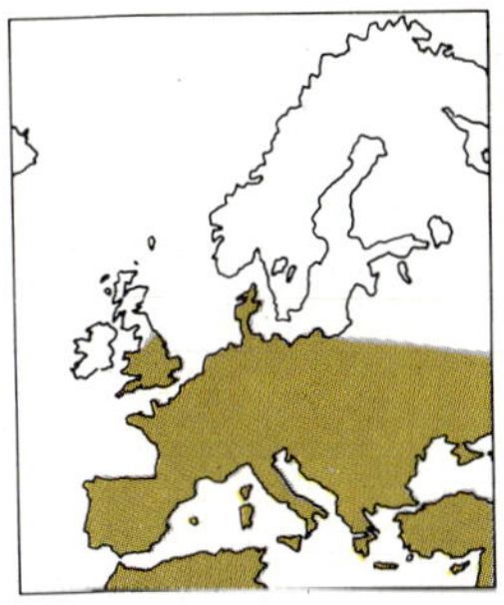

Kennzeichen: Kleine, kurzschwänzige Eule mit flachem Kopf und großen, gelben Augen, oberseits dunkelbraun, dicht weiß gefleckt und gebändert, unterseits weißlich, breit dunkelbraun gestreift. Dämmerungs- und tagaktiv, sitzt oft frei auf Pfählen, Dächern usw.
Stimme: Am bekanntesten der Erregungsruf „kuwitt“. Reviergesang gereiht „huui“.
Biotop: Offene Landschaft mit ausreichenden Brutplätzen, z. B. kopfbaumreiches Weideland und große Obstgärten.
Nahrung: Jagt im Suchflug oder vom Ansitz aus Kleinsäuger und Kleinvögel, Frösche und Insekten.
Fortpflanzung: Meist Dauerehe. Nistet in Höhlen in Bäumen (Kopfweiden), Gebäuden und Felsen; nimmt gern Nistkästen an. Bei uns meist 3–5 Eier. Brutpflege wie beim Waldkauz. Brutdauer 22–28 Tage. Die Jungen bleiben 20–48 Tage in der Höhle; sie können mit 38–46 Tagen fliegen.

Zwergohreule
Otus scops

19 cm

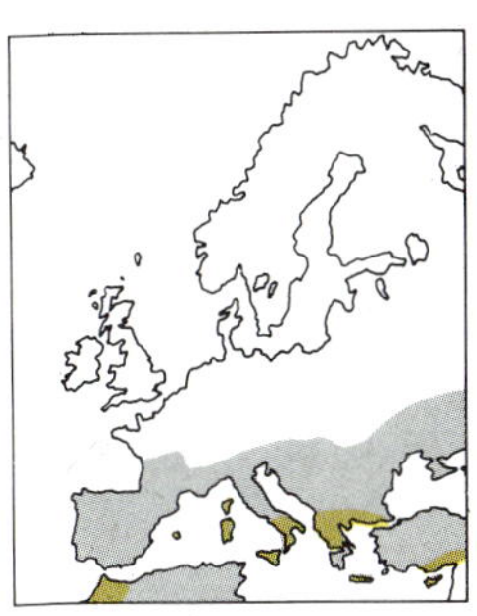

Kennzeichen: Gut drosselgroß (wirkt oft größer), schlank, mit rindenfarbigem Tarnkleid. Federohren nicht immer sichtbar. Nachtaktiv, selten zu beobachten.
Stimme: Reviergesang ein monotones, Tag und Nacht erklingendes „dju … dju … dju …“.
Biotop: Offene Landschaft mit Büschen und Bäumen, z. B. Parks, Olivenhaine, Alleen, auch in Ortschaften.
Nahrung: Jagt hauptsächlich Insekten, vorwiegend vom Ansitz aus.
Fortpflanzung: Saisonehe. Nistet in Höhlen in Bäumen, Gebäuden und Felsen. Meist 3–4 Eier, Brutpflege wie bei anderen Eulen. Brutdauer 20–31 Tage, Nestlingszeit 21–29 Tage, Führungszeit 4–5 1/2 Wochen.

Sperlingskauz
Glaucidium passerinum

16.5 cm

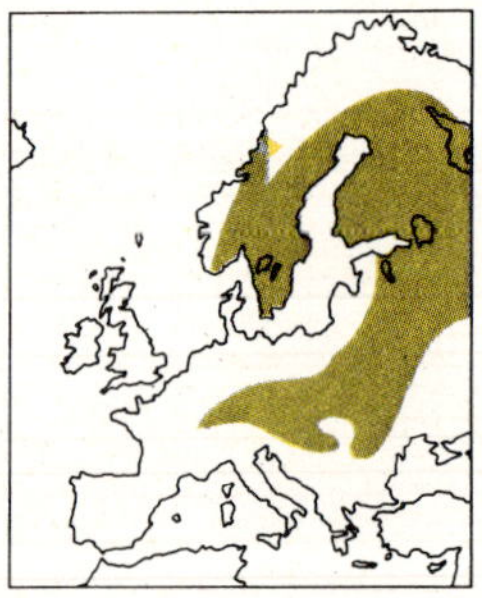

Kennzeichen: Unsere kleinste Eule, starengroß, mit kleinem, flachem Kopf, oberseits braun, weißlich gefleckt, unterseits rahmweiß mit dunklen Streifen. Kleine gelbe Augen. Dämmerungs- und tagaktiv. Flug spechtartig; schwenkt im Sitzen gern den relativ langen Schwanz.
Stimme: Kennzeichnend ein leises, gimpelähnliches „üh", als Reviergesang gereiht „üh-üh-üh...".
Biotop: Reich gegliederte Nadelwälder mit offenen Flächen im höheren Bergland und in der Taiga.
Nahrung: Jagt im Suchflug oder vom Ansitz aus Kleinsäuger und Kleinvögel.
Fortpflanzung: Saisonehe. Nistet in Spechthöhlen. 3–7 Eier. Brutpflege wie bei anderen Eulen. Brutdauer 28–29 Tage, Nestlingszeit 30–34 Tage, Führungszeit etwa 4 Wochen.

Rauhfußkauz
Aegolius funereus

25 cm

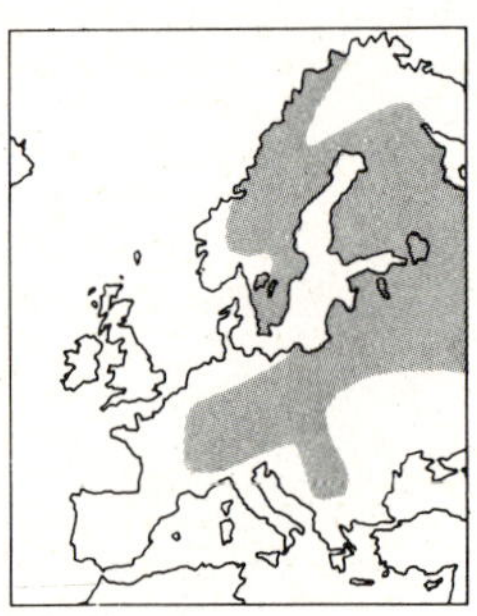

Kennzeichen: Etwas größer als Steinkauz, mit großem, rundem Kopf. Altvögel oberseits graubraun, weiß geperlt, unterseits weiß, undeutlich gestreift, mit großem, weißem, dunkel eingefaßtem Gesichtsschleier und gelben Augen. Jungvögel fast ganz schokoladebraun.
Stimme: Reviergesang bellend oder flötend „hu-hu-hu-hu-hu", endet oft mit einem Triller „u-u-u-u".
Biotop: Ausgedehnte Waldungen (vor allem Nadel- und Mischwald) mit eingestreuten offenen Flächen in rauhen Klimagebieten.
Nahrung: Jagt vom Ansitz aus Kleinsäuger und Kleinvögel.
Fortpflanzung: Saisonehe. Nistet meist in Schwarzspechthöhlen; nimmt gern Nistkästen an. Meist 3–6 Eier. Brutpflege wie bei anderen Eulen; nicht selten 2 Bruten. Brutdauer 26–29 Tage. Die Jungen fliegen meist mit 30–32 Tagen aus; Führungszeit 5–6 Wochen.

Nachtschwalbe (Ziegenmelker)
Caprimulgus europaeus

27 cm

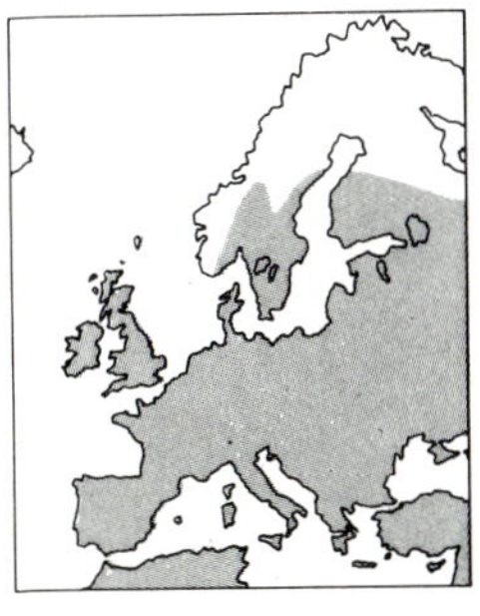

Kennzeichen: Etwa turteltaubengroß, langflüglig und langschwänzig, rindenfarbig graubraun gefleckt und gebändert, Männchen mit im Flug auffallenden weißen Flecken vor der Flügelspitze und an den Schwanzecken. Breiter Kopf mit großen Augen und kleinem Schnabel, aber sehr tiefer Schnabelspalte. Dämmerungsaktiv, schwer zu beobachten, sitzt tagsüber gewöhnlich gut getarnt auf dem Boden oder in Längsrichtung auf einem Ast.
Stimme: Bekanntester Laut der schnurrende Gesang, ein anhaltendes, an- und abschwellendes „err-örr-err". Flugruf „ku-ik". Klatscht beim Balzflug laut mit den Flügeln.
Biotop: Heide, Dünen, Moor, Lichtungen, Kahlschläge, Schonungen, Waldränder.
Nahrung: Nachtaktive Fluginsekten, die im Flug erbeutet werden.
Fortpflanzung: Brutehe. 2 Eier, die ohne Nest auf den Boden gelegt werden. Bebrütung vorwiegend durch das Weibchen (16–21 Tage). Beide Eltern füttern die Jungen, die mit 17 Tagen flügge sind.

Alpensegler
Apus melba

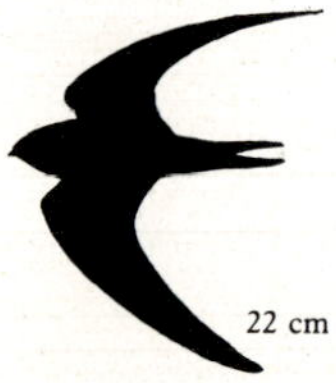

Kennzeichen: Gestalt wie Mauersegler, aber viel größer, heller und brauner, unterseits von der Kehle bis zu den Unterschwanzdekken weiß mit braunem Kropfband. (Das Foto vermittelt einen falschen Eindruck, wohl infolge der Wirkung von Licht und Schatten.) Sehr gesellig.
Stimme: Laute Triller. Sehr ruffreudig.
Biotop: Zur Brutzeit an hohe, steile Felswände oder die Umgebung hoher Gebäude gebunden.
Nahrung: Wie Mauersegler Insekten und Spinnen, die im Flug erbeutet werden.
Fortpflanzung: Ähnlich wie Mauersegler. Koloniebrüter; die schalenförmigen Nester stehen in Felsspalten und -nischen, in Grotten und im Inneren hoher Gebäude. Meist 2–3 Eier; Brutdauer rund 20 Tage. Die Jungen verlassen das Nest meist schon nach 45 Tagen, sind aber erst nach rund 57 Tagen flügge.

Mauersegler
Apus apus

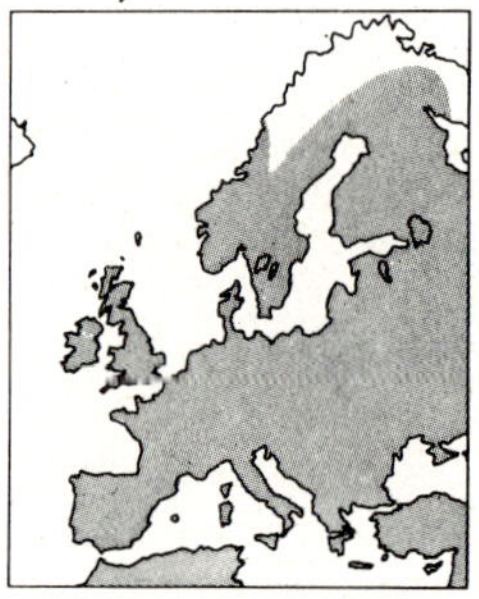

Kennzeichen: Deutlich größer als Rauchschwalbe, mit langen, schmalen, sichelförmigen Flügeln und kurzem Gabelschwanz, bis auf das weißliche Kinn einheitlich rußschwarz. Sehr gesellig.
Stimme: Schrille Schreie, „srih“ und dgl. Oft sehr ruffreudig.
Biotop: Reiner Luftvogel, an keinen Biotop gebunden, bei uns meist in Ortschaften.
Nahrung: Insekten und Spinnen, die im Flug erbeutet werden. Jagt gern über Wasser.
Fortpflanzung: Saisonehe; beide Partner beteiligen sich am Brutgeschäft. Koloniebrüter; das Nest, eine flache Schale aus in der Luft aufgeschnappten, mit klebrigem Speichel zusammengebackenen Baustoffen, steht bei uns meist an Gebäuden (unter Dachziegeln usw.), selten an Felswänden; nimmt Spezialnistkästen an. Meist 2–3 Eier; Brutdauer 18–20 Tage; Nestlingszeit 37–56 Tage.

Eisvogel
Alcedo atthis

16.5 cm

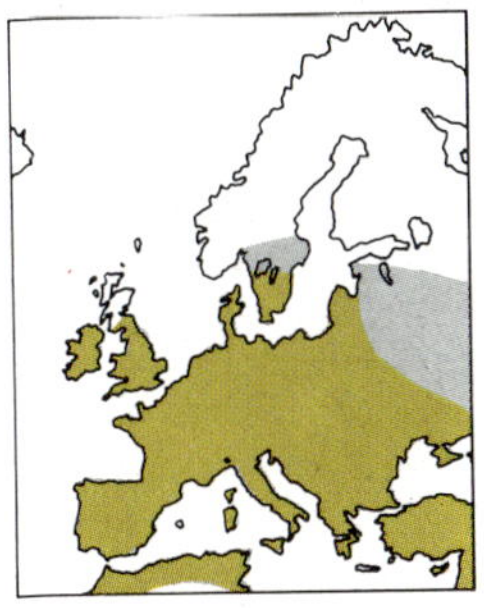

Kennzeichen: Kleiner als Star, gedrungen, dickköpfig, mit langem Dolchschnabel und ganz kurzem Schwanz. Unverwechselbar, Oberseite glänzend blaugrün mit leuchtend blauem Rücken und weißem Halsseitenfleck, Unterseite orangebraun, Kehle weiß, Füße rot.
Stimme: Häufigster Laut „tji“ oder „tji-i“, meist im Flug, ebenso der Gesang, ein kurzer Triller ‚tji-tit-tit-tit‘“.
Biotop: Zur Brutzeit langsam fließende oder stehende Gewässer mit Steilwänden und Sitzwarten; im Winter ähnlich, aber auch an ganz kleinen Gewässern und am Meer.
Nahrung: Kleinfische, Kaulquappen und dgl., die von einer Sitzwarte über dem Wasser aus oder aus dem Rüttelflug stoßtauchend erbeutet werden.
Fortpflanzung: Saisonehe; beide Partner beteiligen sich am Brutgeschäft. Nest eine selbstgegrabene Höhle in einer Steilwand, meist am Wasser. Meist 6–7 Eier. Brutdauer 18–21 Tage, Nestlingszeit 23–27 Tage. Meist 2 Jahresbruten.

Bienenfresser (Spint)

Merops apiaster

28 cm

Kennzeichen: Unverwechselbar – etwa amselgroß, aber schlanker, mit verlängerten mittleren Schwanzfedern und dünnem, gebogenem Schnabel; auffallend bunt, Oberseite kastanienbraun und goldgelb, Flügel kastanienbraun und blaugrün, Kehle gelb, Unterseite blaugrün.
Stimme: Fliegende Bienenfresser verraten sich von weitem durch den charakteristischen Ruf, ein kehliges, weiches „krühk, krük".
Biotop: Sonniges, offenes Gelände mit sandigen Steilwänden und dgl. und Sitzwarten.
Nahrung: Größere Fluginsekten, auch Bienen und Wespen, deren Stachel er vor dem Verzehren entfernt. Jagt im Flug, meist vom Ansitz aus, aber auch in mehlschwalbenartigem Suchflug.
Fortpflanzung: Saisonehe. Nistet meist in lockeren Kolonien in selbstgegrabenen Höhlen, meist in sandigen Steilufern, aber auch zu ebener Erde. Meist 5–7 Eier. Beide Partner brüten (20–22 Tage) und füttern die Jungen, die nach 31–33 Tagen ausfliegen.

Wiedehopf

Upupa epops

28 cm

Kennzeichen: Unverwechselbar – etwa drosselgroß, schlank, kurzbeinig, rötlichbraun, mit aufrichtbarer schwarzspitziger Haube und dünnem, gebogenem Schnabel, zeigt vor allem im schmetterlingshaft unsteten Flug auffallend schwarz-weiß gebänderte Flügel und Schwanz.
Stimme: Balzruf gedämpft, aber weittragend „upupup".
Biotop: Lichte Wälder, Parks, Obst- und Weingärten, Olivenhaine, Weideland.
Nahrung: Hauptsächlich Insekten und andere Wirbellose, besonders gern Maulwurfsgrillen, die vom Boden aufgelesen oder aus der Erde gezogen werden.
Fortpflanzung: Saisonehe. Nistet in Höhlen aller Art in Bäumen, Felsen, Gebäuden usw. Meist 5–8 Eier; nur das Weibchen brütet (15–17 Tage). Beide Partner füttern die Jungen, die mit 23–25 Tagen ausfliegen, noch mindestens 5 Tage länger.

Blauracke
Coracias garrulus

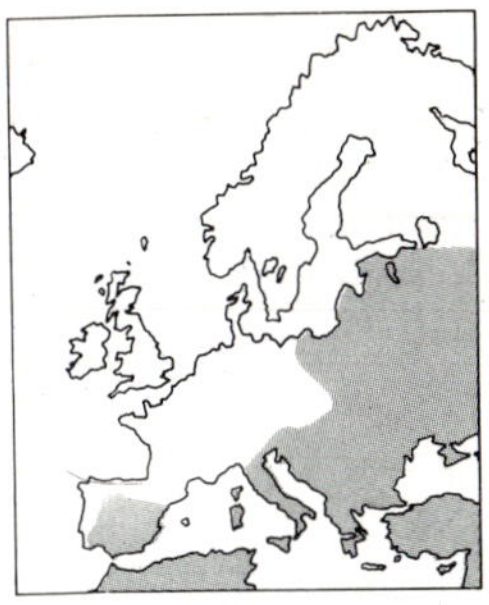

Kennzeichen: Unverwechselbar; erinnert an Eichelhäher, ist aber viel bunter. Mantel kastanienbraun, sonst vorwiegend türkisblau, Flügel leuchtend blau, Schwung- und Schwanzfedern schwarzblau. Zur Brutzeit akrobatische Sturz- und Taumelflüge.
Stimme: Häufigster Laut ein meist gereihtes „rak rak rak".
Biotop: Warme, lichte, höhlenreiche Altholzbestände.
Nahrung: Jagt vom Ansitz aus hauptsächlich größere Käfer.
Fortpflanzung: Saisonehe. Nistet in Höhlen, meist in Bäumen, aber auch in Felsen, Erdwänden und Mauern. Meist 4–6 Eier. Beide Partner brüten (18–19 Tage) und füttern die Jungen noch über die Nestlingszeit (26–28 Tage) hinaus.

Grünspecht
Picus viridis

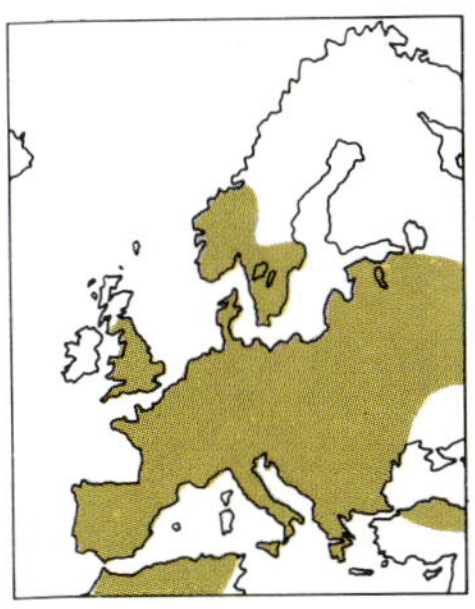

Kennzeichen: Eichelhähergroß, oberseits stumpf grün, mit gelbem Bürzel, unterseits blasser. Scheitel rot, Gesicht schwarz, Bartstreif beim Weibchen schwarz, beim Männchen rot mit schwarzer Umrahmung. Flug wellenförmig. Zur Nahrungssuche oft auf dem Boden.
Stimme: Charakteristische laute „lachende", lange, in der Tonhöhe schwankende, aber nicht deutlich abfallende Rufreihe „klü-klü...". Trommelt fast nie.
Biotop: Halboffene Landschaft mit Wiesen und Weiden sowie lichtem Altholzbestand, z.B. Waldränder, Parks, Obstgärten. Meidet reinen Nadelwald.
Nahrung: Spezialisiert auf Ameisen.
Fortpflanzung: Saisonehe. Nistet in Baumhöhlen, die meist selbst von beiden Partnern gezimmert werden; als Nistmaterial dienen Holzspäne. 5–8 Eier; eine Jahresbrut. Beide Partner brüten, bei größerer Beteiligung des Männchens, 14–17 Tage. Die Jungen werden allein oder überwiegend vom Männchen aus dem Kropf gefüttert und sind mit 23–27 Tagen flügge.

Männchen (kleines Bild: Weibchen)

Grauspecht
Picus canus

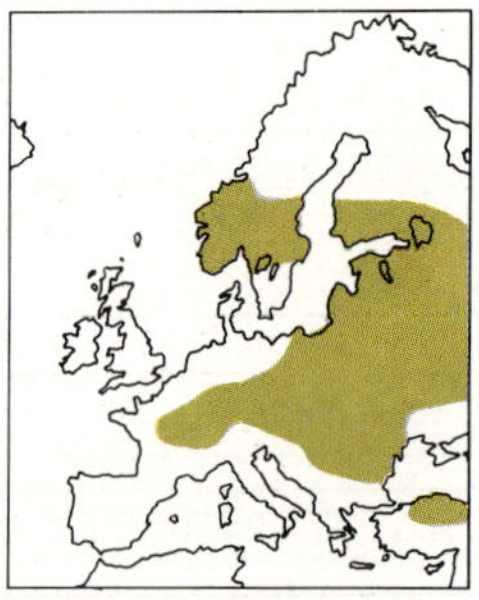

Kennzeichen: Ähnlich einem kleinen Grünspecht, aber mit grauem Kopf und Hals, dünnem schwarzem Augenstreif und schmalem schwarzem Bartstreif; Männchen mit roter Stirn.
Stimme: Rufreihe erinnert an Grünspecht, aber weicher, gegen Ende langsamer werdend und abfallend, Einzeltöne abgesetzt; nachpfeifbar. Trommelt im Frühjahr.
Biotop: Ähnlich wie beim Grünspecht, begnügt sich aber einerseits mit kleineren Baumbeständen und geht andererseits tiefer in den Wald.
Nahrung: Vorwiegend Ameisen, aber nicht so stark spezialisiert wie Grünspecht.
Fortpflanzung: Wie beim Grünspecht. Meist 7–9 Eier, Brutdauer 14–17 Tage, Nestlingszeit 24–25 Tage.

Grauspecht (Männchen links)

Männchen

Schwarzspechtweibchen

Schwarzspecht
Dryocopus martius

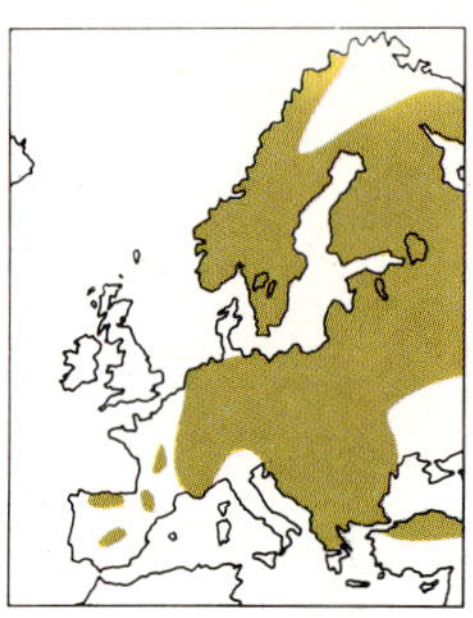

Kennzeichen: Fast krähengroß, ganz schwarz, Iris hellgelb, Schnabel gelblichweiß, Männchen mit rotem Scheitel von der Stirn bis zum Hinterkopf. Weibchen mit rotem Hinterkopffleck. Schwerfälliger, geradliniger Flug.
Stimme: Macht sich oft durch seine lauten Rufe bemerkbar. Standortruf „kliööh", Flugruf „krrü-krrü-krrü...", Gesang wohlklingend „kwih-kwih-kwih". Trommelt zur Balzzeit lauter als unsere anderen Spechte.
Biotop: Ausgedehnte, aber aufgelockerte Nadel- oder Mischwälder mit dicken, hochstämmigen, astfreien Bäumen zur Anlage von Nisthöhlen.
Nahrung: Hauptsächlich Ameisen sowie holzbewohnende Käfer samt ihren Larven und Puppen.
Fortpflanzung: Ähnlich wie bei anderen Spechten. Beide Partner zimmern die Nisthöhle, bei uns vorwiegend in Buchen, meist 8–15 m über dem Boden; Flugloch hochoval. 3–6 Eier, Brutdauer gewöhnlich 12 Tage, Nestlingszeit meist 27–28 Tage.

Männchen (kleines Bild: Weibchen)

Buntspecht

Picoides major

23 cm

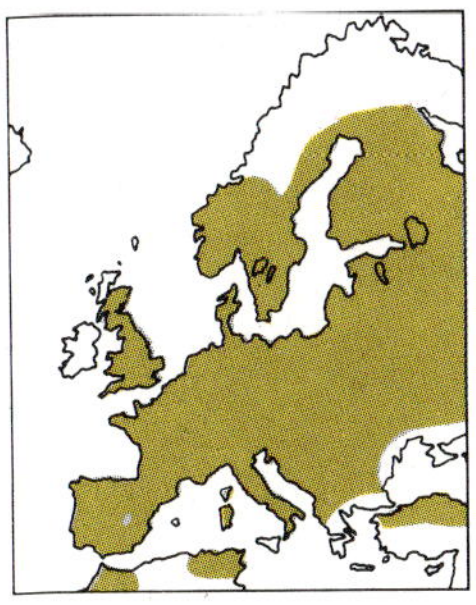

Kennzeichen: Etwa singdrosselgroß, auffallend schwarz-weiß-rot, mit großen weißen Schulterflecken und rotem Hinterbauch; Männchen mit rotem Nackenfleck, Jungvögel mit rotem Scheitel. Altvögel vom sehr ähnlichen Blutspecht *(P. syriacus)* durch das schwarze Band unterschieden, das die weiße Wange vom weißen Halsseitenfleck trennt. Wellenförmiger Flug. Sucht selten den Boden auf.
Stimme: Häufigster Ruf ein lautes „kicks", das bei Erregung gereiht wird. Trommelt zur Balzzeit anhaltend; die einzelnen Trommelwirbel sind kürzer als beim Kleinspecht.
Biotop: Gehölze aller Art.
Nahrung: Vielfältiger als bei anderen Spechten, neben Insekten im Winter überwiegend fetthaltige Samen, im Frühjahr Baumsaft; betätigt sich auch als Nesträuber.
Fortpflanzung: Ähnlich wie bei anderen Spechten. Nestbau überwiegend durch das Männchen. Nimmt auch Nistkästen an. 3–8 Eier; Brutdauer 9–12 Tage, Nestlingszeit 20–23 Tage.

Mittelspecht
Picoides medius

22 cm

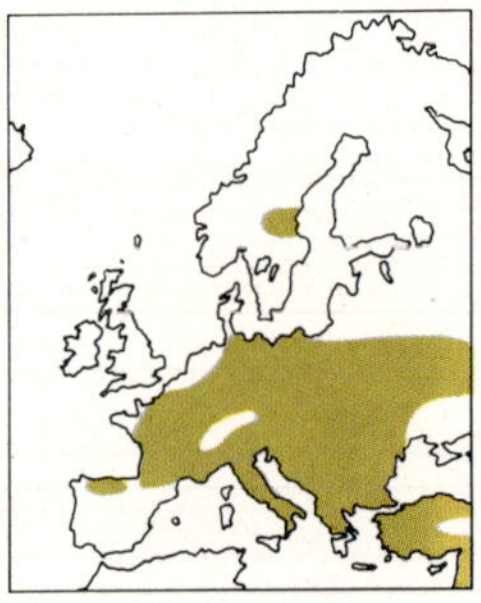

Kennzeichen: Etwas kleiner als Buntspecht, diesem sehr ähnlich, weiße Schulterflecken kleiner, Hinterbauch rosa, Unterseite gestrichelt, Kopfseiten weniger markant gezeichnet, Scheitel rot (beim Weibchen blasser).
Stimme: Häufigste Lautäußerung die Rufreihe „gíg-gegegeg…"; auffälligste Lautäußerung das charakteristische Quäken zur Brutzeit „quää…, quäää". Trommelt sehr selten.
Biotop: Laub-, vor allem Eichenwälder im Tief- und Hügelland.
Nahrung: Ganz überwiegend Insekten und ihre Larven, die durch Stochern in rissiger Borke erbeutet werden.
Fortpflanzung: Ähnlich wie bei anderen Spechten. Nisthöhle in krankem Holz; beide Partner bauen. Meist 5–6 Eier, Brutdauer 12 Tage, Nestlingszeit 22–23 Tage.

Wendehals
Jynx torquilla

16.5 cm

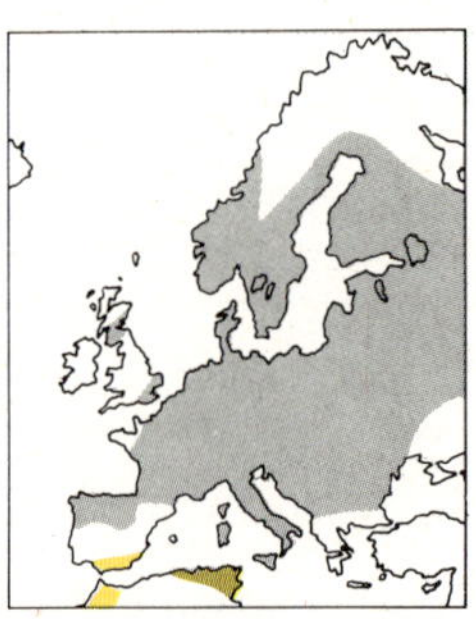

Kennzeichen: Kleinspechtgroß, oberseits rindenfarbig grau, braun und rostgelb gestreift, unterseits rahmgelblich, Kehle und Flanken quergewellt, Schwanz quergebändert. Klettert nicht, hüpft auf schrägen und waagerechten Ästen; zur Nahrungssuche vorwiegend auf dem Boden.
Stimme: Gesang ein lautes, gereihtes „wäd-wäd-wäd-wäd…".
Biotop: Halboffene Landschaft – lichte Wälder, Parks, Friedhöfe, Obstgärten und dgl.; auf dem Zug auch in baumlosen Biotopen.
Nahrung: Fast ausschließlich Insekten, vorwiegend Ameisen.
Fortpflanzung: Ähnlich wie bei anderen Spechten. Baut keine eigene Nisthöhle; nimmt gern Nistkästen an. Meist 7–11 Eier; 1–2 Jahresbruten. Brutdauer meist 12–14 Tage, Nestlingszeit 20–22 Tage, Führungszeit etwa 10–14 Tage.

Weibchen

Kleinspecht
Picoides minor

14.5 cm

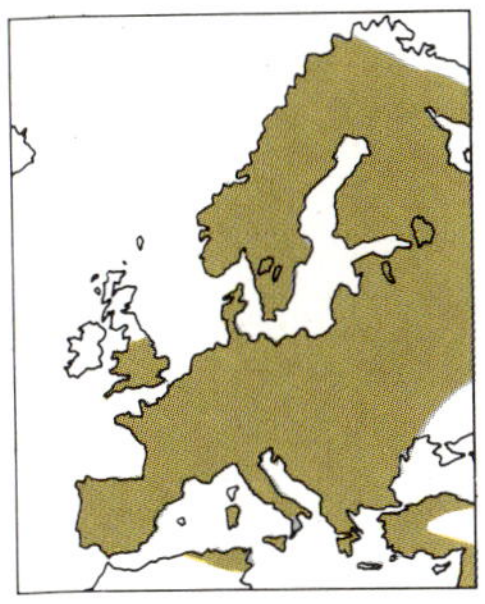

Kennzeichen: Kleibergroß, Rücken schwarz-weiß gebändert, ohne weiße Schulterflecken; unterseits ohne Rot. Männchen mit hellrotem Scheitel, Weibchen mit weißer Stirn. Bewegt sich viel häufiger auf dünneren Zweigen als andere Spechte.
Stimme: Leiser als beim Buntspecht. Bekannteste Lautäußerung ein hohes, gereihtes „kikiki...". Trommelt häufig; Trommelwirbel länger als beim Buntspecht.
Biotop: Lichte Laub- und Mischwälder, Parks, Obstgärten und dgl.
Nahrung: Fast ausschließlich Insekten, die im Sommer von Blättern und Zweigen abgelesen, im Winter vorwiegend unter trockener Rinde hervorgeholt werden.
Fortpflanzung: Ähnlich wie bei anderen Spechten. Nisthöhle gewöhnlich in morschem Holz, gern in einem Seitenast. 5–6 Eier, Brutdauer 10–12 Tage, Nestlingszeit 19–20 Tage.

Männchen

Kalanderlerche
Melanocorypha calandra

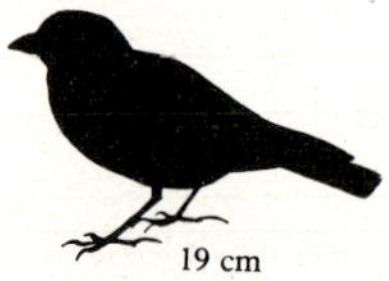
19 cm

Kennzeichen: Größer als Feldlerche, mit kräftigem gelblichem Schnabel, auffälligem schwarzem Kropffleck und hellbraun gestrichelter Brust. Flügel erscheinen von unten sehr dunkel und zeigen einen kennzeichnenden weißlichen Hinterrand.
Stimme: Lockruf ein nasales Zirpen. Lied ähnlich dem der Feldlerche, aber lauter, mit mehr Nachahmungen, wird in hohem Kreisflug über dem Revier vorgetragen.
Biotop: Offenes, oft steiniges Gelände, Steppen und Felder.
Nahrung: Hauptsächlich Sämereien und Insekten.
Fortpflanzung: Bodenbrüter wie alle Lerchen. 4–5 Eier; Einzelheiten der Brutpflege ungenügend bekannt.

Kurzzehenlerche
Calandrella brachydactyla

14 cm

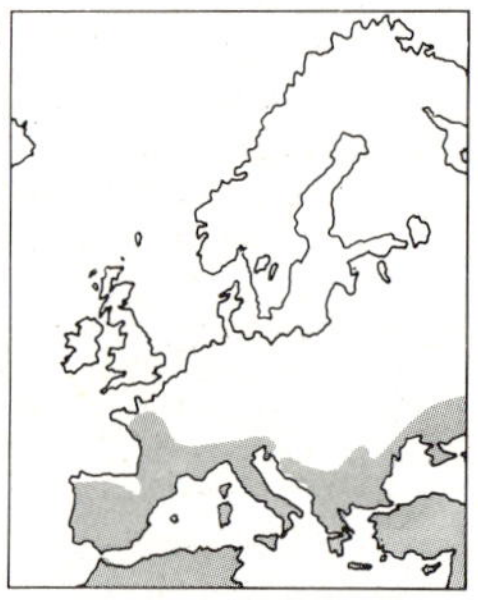

Kennzeichen: Viel kleiner als Feldlerche, mit Finkenschnabel, oberseits sandfarben mit dunklen Streifen und heller Flügelbinde, unterseits weißlich, ohne Streifung, mit dunklem Fleck an beiden Halsseiten. Ohne Haube, aber mit kennzeichnendem dunklem Scheitel.
Stimme: Charakteristisches, sperlingsartiges Zirpen; Angstruf „ti-u". Das einfache Lied aus etwa 8 hohen Pfeiftönen wird in kennzeichnendem steil steigendem und fallendem Singflug vorgetragen.
Biotop: Offenes, sandiges oder steiniges Ödland.
Nahrung: Hauptsächlich Sämereien, daneben Insekten.
Fortpflanzung: Bodenbrüter. 3–5 Eier; beide Partner brüten. Brutdauer etwa 13 Tage, Nestlingszeit 9–12 Tage. 2 Jahresbruten.

Haubenlerche
Galerida cristata

17 cm

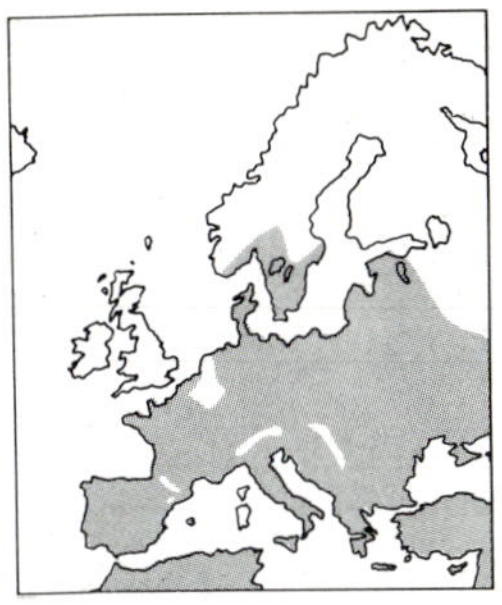

Kennzeichen: Blasser als Feldlerche, mit langer, spitzer Haube und dünnem, leicht gebogenem Schnabel; Flügel stärker gerundet, Schwanz kürzer, beide ohne Weiß.
Stimme: Ein scharfes „ti-tu“ und ein fließendes „di-di-drieh“. Lied kürzer und weniger abwechslungsreich als das der Feldlerche, aus kurzen, wiederholten Motiven, wird in niedrigem Flug, vom Boden oder von einer niedrigen Warte aus vorgetragen.
Biotop: Trockenes, offenes oder schütter bewachsenes Gelände; bei uns Straßenränder, Eisenbahn- und Industrieanlagen und dgl.
Nahrung: Hauptsächlich Sämereien und Insekten.
Fortpflanzung: Bodenbrüter. 3–5 Eier; nur das Weibchen brütet (12–13 Tage). Die Jungen verlassen das Nest mit 9–11 Tagen, werden aber erst mit 16–18 Tagen flügge. 2–3 Jahresbruten.

Ohrenlerche
Eremophila alpestris

17 cm

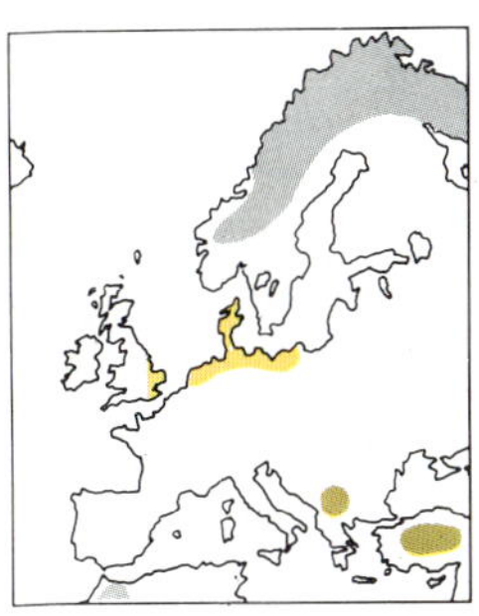

Kennzeichen: Etwas kleiner als Feldlerche, oberseits hellbraun, unterseits weißlich. Gesicht und Kehle gelb, Bartstreif und Brustband schwarz. Männchen mit schwarzem Scheitelband und schwarzen Federohren; Weibchen blasser gefärbt. Kopfzeichnung der Altvögel im Winter schwächer ausgeprägt.
Stimme: Ruft pieperartig „trih-ih“ und „ih dü dü“. Der hohe, klingelnde, unregelmäßige Gesang wird meist von einem Stein aus, aber auch im Singflug vorgetragen.
Biotop: Zur Brutzeit Tundra und Gebirge oberhalb der Baumgrenze; im Winter bei uns fast nur an der Küste.
Nahrung: Sämereien, Insekten und andere kleine Wirbellose.
Fortpflanzung: Bodenbrüter. Gewöhnlich 4 Eier. Brutdauer 10–14 Tage; angeblich brütet nur das Weibchen. Die Jungen verlassen das Nest nach 9–12 Tagen. 2 Jahresbruten.

Heidelerche

Lullula arborea

15 cm

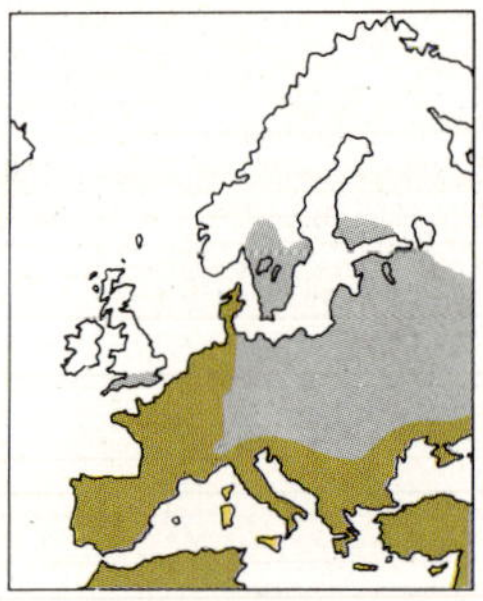

Kennzeichen: Ähnlich der Feldlerche, aber kleiner, ohne Weiß am kürzeren Schwanz, mit auffallenden weißen, im Genick zusammenlaufenden Brauenstreifen und dunklem Fleck unterhalb des Flügelbugs. Runde, aufrichtbare Haube. Setzt sich gern auf Bäume.
Stimme: Lockruf ein wohlklingendes „tuluiht“. Der wohlklingende, aus kurzen, wiederholten Motiven bestehende Gesang „li li li lililililülülülülü, ilü ilü ilüilü…“ wird meist im Singflug, aber auch von einer Singwarte aus vorgetragen.
Biotop: Waldränder, Heide, mit wenigen Bäumen bestandene Hänge, Lichtungen in Kiefernschonungen.
Nahrung: Hauptsächlich Insekten und andere kleine Wirbellose, dazu Sämereien und andere pflanzliche Stoffe.
Fortpflanzung: Bodenbrüter. 3–5 Eier; wahrscheinlich brütet nur das Weibchen (etwa 16 Tage). Die Jungen verlassen das Nest, noch nicht flugfähig, mit etwa 12 Tagen. 2–3 Jahresbruten.

Feldlerche

Alauda arvensis

18 cm

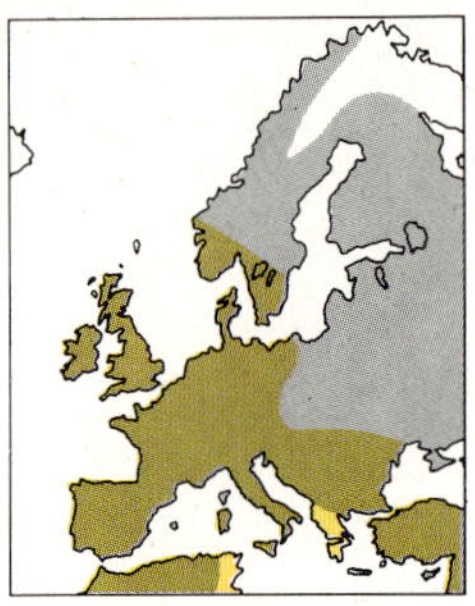

Kennzeichen: Bekannteste Lerche. Oberseits braun gestreift, unterseits weißlich, Brust kräftig gestrichelt. Kurze, aufrichtbare Haube. Zeigt im Flug weißen Flügelhinterrand und weiße äußere Schwanzfedern. Setzt sich nie auf Bäume.
Stimme: Lockruf ein wohlklingendes „trr-lüh“. Der herrliche Gesang, ein scheinbar unaufhörlicher, sehr abwechslungsreicher Erguß, oft mit Nachahmungen anderer Vögel, wird meist in hohem Rüttelflug vorgetragen.
Biotop: Offenes Gelände der verschiedensten Art, Felder, Weiden, Moore, Sanddünen.
Nahrung: Sämereien und andere pflanzliche Stoffe, ferner Insekten und andere kleine Wirbellose.
Fortpflanzung: Bodenbrüter. 3–4 Eier; nur das Weibchen brütet (11–12 Tage). Die Jungen verlassen das Nest nach 9–10 Tagen und sind mit etwa 12 Tagen flügge. 2–3 Jahresbruten.

Rötelschwalbe
Hirundo daurica

18 cm

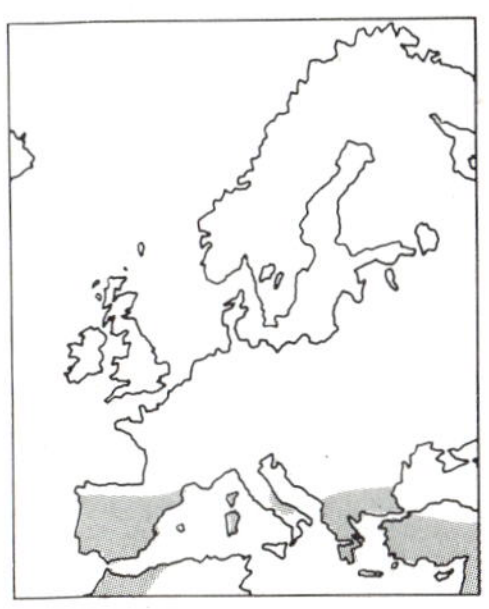

Kennzeichen: Der Rauchschwalbe ähnlich, aber Flügel stumpfer, Flug weniger leicht, Schwanzspieße kürzer; Bürzel rostgelb, Nakken und Augenstreif rostbraun, Unterseite rostgelblich.
Stimme: Kennzeichnender rauher, dünner Flugruf; Warnruf „kier". Gesang dem der Rauchschwalbe ähnlich, aber einfacher und weniger wohlklingend.
Biotop: Felswände an der Küste und im Binnenland, aber auch im Flachland an Gebäuden und Brücken.
Nahrung: Insekten, die im Flug erbeutet werden.
Fortpflanzung: Retortenförmiges Nest mit Eingangsröhre in Höhlen, Felsspalten, unter Brücken und Dächern. 3–5 Eier; beide Eltern brüten (etwa 2 Wochen). Die Jungen fliegen mit etwa 3 Wochen aus.

Rauchschwalbe
Hirundo rustica

19 cm

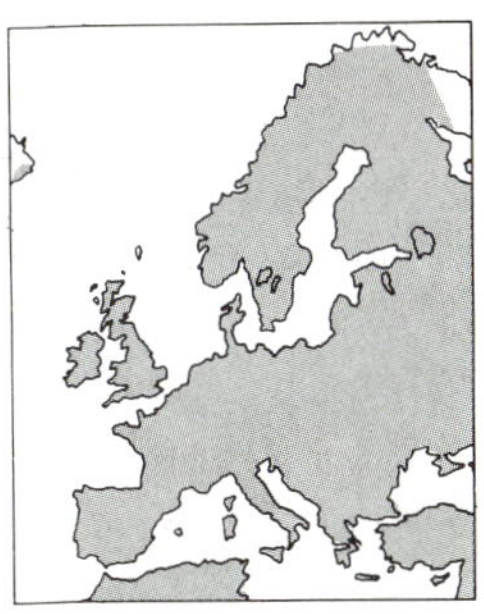

Kennzeichen: Schlank, langflüglig, gewandter Flieger; sehr lange Schwanzspieße. Oberseits metallisch blau, unterseits rahmfarben. Stirn und Kehle rotbraun, darunter ein dunkelblaues Band. Viel eleganter als Mehlschwalbe. Mauersegler ist schnittiger und ganz dunkel. Äußerst gesellig, besonders im Herbst.
Stimme: Flugruf „witt" oder witt-witt", Alarmruf „biwist"; Gesang ein angenehmes, ziemlich leises Zwitschern.
Biotop: Offenes Gelände aller Art, gern in Wassernähe; fast ausschließlich an menschliche Siedlungen gebunden.
Nahrung: Insekten, die im Flug erbeutet werden. Jagt im allgemeinen niedriger als Mehlschwalbe.
Fortpflanzung: Brütet in lockeren Kolonien. Nest eine oben offene Schale aus Lehm und Stroh auf einem Sims und dgl. im Innern von Kuhställen, Scheunen und anderen Gebäuden. Gewöhnlich 4–5 Eier, die vornehmlich vom Weibchen ausgebrütet werden. Brutdauer 14–16 Tage. Die Jungen sind mit 21 Tagen flügge, werden aber noch einige Zeit von den Eltern gefüttert. 1–2 Jahresbruten.

Mehlschwalbe
Delichon urbica

12.5 cm

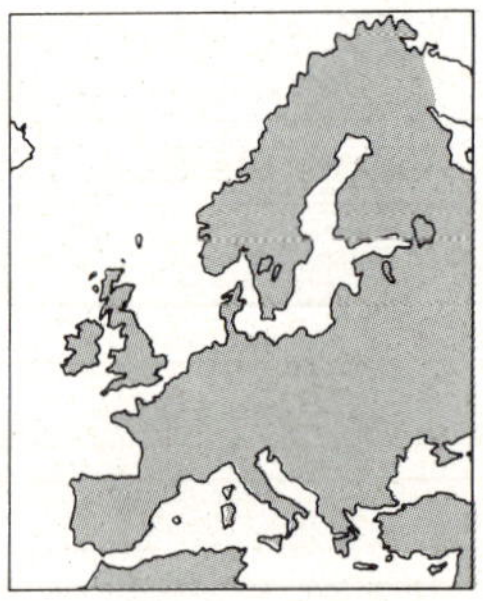

Kennzeichen: Nicht so schlank wie Rauchschwalbe, Flügel und Schwanz kürzer. Oberseits dunkelblauschwarz, Bürzel abstechend weiß, Unterseite weiß, ebenso die befiederten Beine und Füße.
Stimme: Häufigster Laut ein trockenes „prrit", Warnruf ein wiederholtes hohes „sirr"; Gesang ein hohes Zwitschern.
Biotop: Ursprünglich Felsbewohner; meist noch stärker an menschliche Siedlungen gebunden als Rauchschwalbe; auch in Städten.
Nahrung: Insekten, die im Flug erbeutet werden. Jagt im allgemeinen in höheren Luftschichten als Rauchschwalbe.
Fortpflanzung: Koloniebrüter. Schlammnest ähnlich dem der Rauchschwalbe, aber unmittelbar unter einem Vorsprung, so daß oben nur ein Einflugloch offenbleibt, fast immer außen an Gebäuden, unter Dächern usw. 4–5 Eier; beide Partner brüten (14–15 Tage); die Jungen fliegen nach 19–22 Tagen aus. Gewöhnlich 2 Jahresbruten.

Felsenschwalbe
Hirundo rupestris

14.5 cm

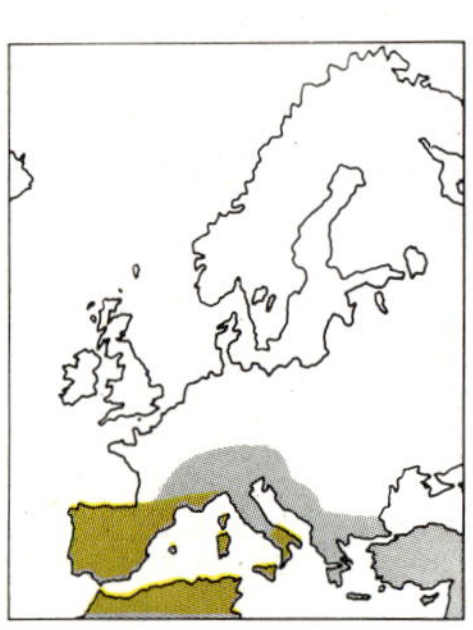

Kennzeichen: Erinnert an große Uferschwalbe, hat aber längere Flügel, fast gerade abgeschnittenen Schwanz mit weißen Flecken und kein braunes Brustband.
Stimme: Meist stumm; häufigster Laut ein leises „tschrri".
Biotop: Felsiges Gelände im Gebirge und an der Küste; im Winter gelegentlich auch im Flachland.
Nahrung: Insekten, die im Flug erbeutet werden.
Fortpflanzung: Koloniebrüter. Baut dem der Rauchschwalbe ähnliche Nester an Felswänden und dgl. 3–4 Eier; nur das Weibchen brütet (etwa 14 Tage). Die Jungen werden mit 3 Wochen flügge. 1 Jahresbrut.

Männchen

Weibchen

Pirol
Oriolus oriolus

24 cm

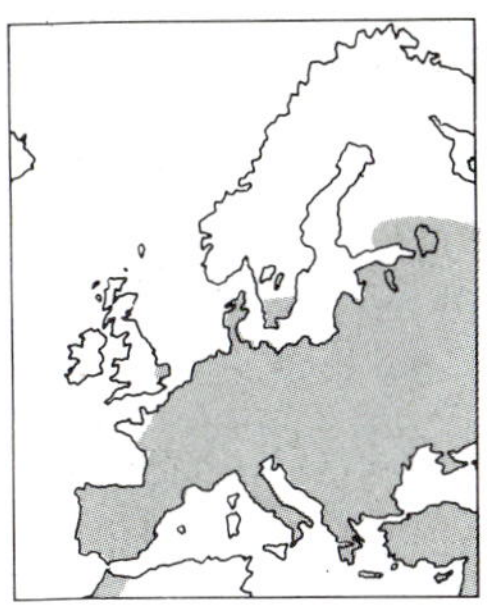

Kennzeichen: Bei guter Sicht unverkennbar. Männchen leuchtend goldgelb, Flügel und Schwanz schwarz, dieser mit gelben Abzeichen. Weibchen manchmal hellgelb, meist gelblichgrün, Flügel und Schwanz dunkel.
Stimme: Ein lautes, flötendes „düdlüoh" und dgl., ferner ein kreischendes „krä-äk"; Gesang ein leises Schwatzen und Zwitschern. Häufiger zu hören als zu sehen.
Biotop: Laub-, Misch- und Kiefernwälder, vor allem in Wassernähe, Parks, Obstgärten und dgl. Hält sich meist in den Baumkronen auf, selten im offenen Gelände zu beobachten.
Nahrung: Vorwiegend Insekten, aber auch Beeren und süße Früchte, vor allem Kirschen.
Fortpflanzung: Das Nest hängt hoch oben in einer Astgabel und wird von beiden Partnern gemeinsam gebaut. Meist 4 Eier, die vorwiegend vom Weibchen ausgebrütet werden. Brutdauer 14–15 Tage. Die Jungen fliegen mit etwa 15 Tagen aus. 1 Jahresbrut.

Uferschwalbe
Riparia riparia

12 cm

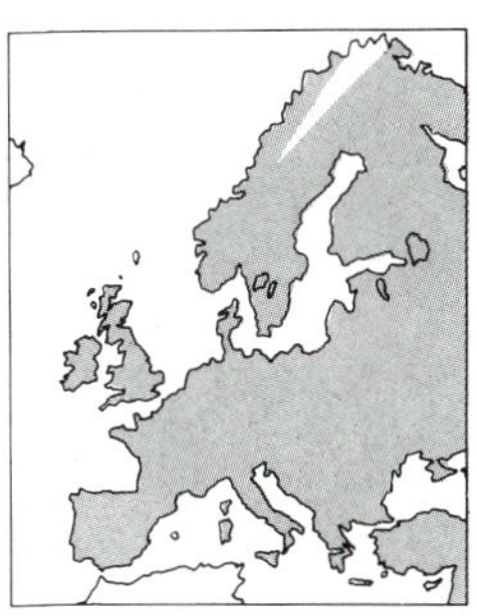

Kennzeichen: Kleinste europäische Schwalbe, oberseits bräunlich, unterseits weißlich mit braunem Brustband. Schwanz leicht gegabelt. Flug unruhiger und flitzender als bei anderen Schwalben.
Stimme: Ein rauhes „tschrrip" u.ä.; Gesang ein leises Zwitschern aus ähnlichen Lauten.
Biotop: Brutbiotop lehmige und sandige Steilhänge – Uferwände, Sandgruben und dgl. Nahrungsbiotop vorwiegend Gewässer.
Nahrung: Insekten, die im Flug erbeutet werden.
Fortpflanzung: Koloniebrüter. Nistet meist in von beiden Partnern gegrabenen Höhlen in Uferwänden, Sandgruben und dgl., nimmt aber auch Niströhren an. 3–6 Eier; beide Partner brüten (12–16 Tage). Die Jungen fliegen mit etwa 15 Tagen aus. Meist 2 Jahresbruten.

Aaskrähe

Corvus corone

47 cm

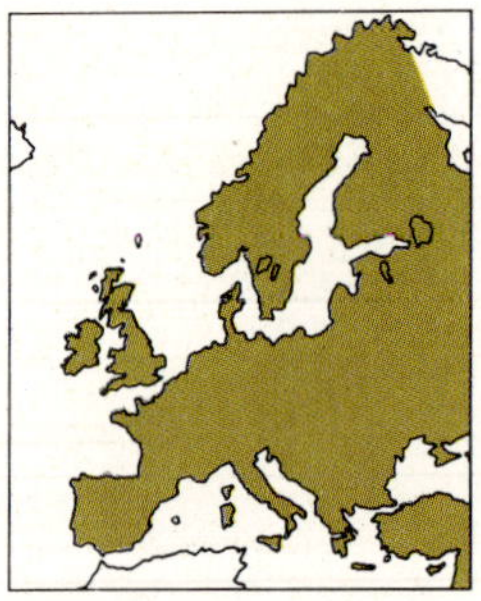

Kennzeichen: In Europa zwei Formen; von Spanien bis zur Bundesrepublik und England die rein schwarze Rabenkrähe, im übrigen Europa die Nebelkrähe mit grauem Rumpf. Im Grenzgebiet Mischformen. Nach der Brutzeit in gemischten Schwärmen mit anderen Krähenvögeln.
Stimme: Ein rauhes „kraah" und dgl.
Biotop: Weitverbreitet, überall anzutreffen.
Nahrung: Sehr mannigfaltig: Kleines Getier aller Art, Abfälle, Aas und pflanzliche Stoffe; Nestplünderer.
Fortpflanzung: Lebenslängliche Einehe. Nistet meist in hohen Bäumen, lokal auch in Felsen. 4–5 Eier; nur das Weibchen brütet (18–20 Tage). Die Jungen fliegen mit 28–35 Tagen aus.

Nebelkrähe

Rabenkrähe

Saatkrähe
Corvus frugilegus

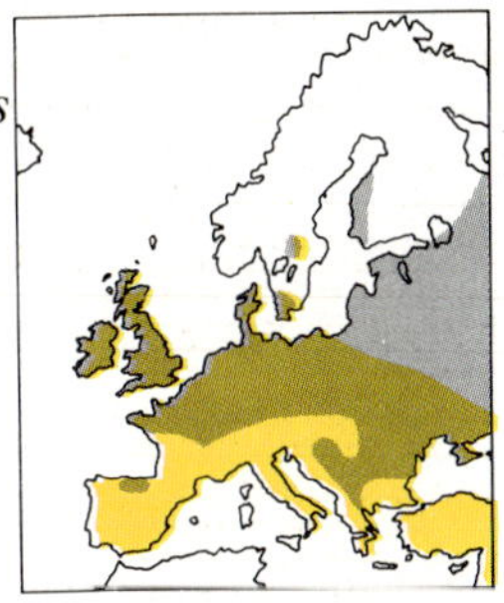

Kennzeichen: Der Rabenkrähe sehr ähnlich, aber mit schlankerem, gräulichem Schnabel, Altvögel mit nacktem, weißem Gesicht. Beine lockerer befiedert („Hosen"). Zu allen Zeiten sehr gesellig. Nach der Brutzeit in großen Schwärmen zusammen mit anderen Krähenvögeln.
Stimme: Nicht so rauh wie die der Aaskrähe; häufigster Ruf „kah".
Biotop: Offenes Gelände, vorwiegend Akker- und Wiesenland, mit Baumgruppen, Feldgehölzen und dgl.
Nahrung: Sucht ihre Nahrung – Kleintiere, Keimlinge usw. – am Boden.
Fortpflanzung: Nistet in oft großen Kolonien in hohen Bäumen. 3–5 Eier; nur das Weibchen brütet und wird während dieser Zeit vom Männchen gefüttert. Brutdauer 16–18 Tage. Die Jungen fliegen mit etwa 30 Tagen aus, werden aber noch länger von den Eltern betreut. 1 Jahresbrut.

Kolkrabe
Corvus corax

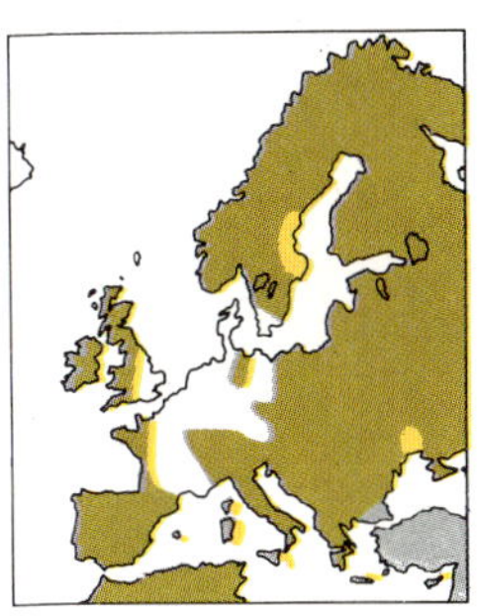

Kennzeichen: Der Rabenkrähe ähnlich, aber viel größer, mit klobigerem Schnabel, spitzeren Flügeln und längerem, keilförmigem Schwanz.
Stimme: Verschiedene tiefe, weittragende Rufe. Lockruf „korrk", Warnruf „rackrack-rack". Zur Balzzeit ein lautes, wohlklingendes „klong", oft bei akrobatischen Sturz- und Taumelflügen in großer Höhe.
Biotop: Ursprünglich überall verbreitet; jetzt nur noch im Gebirge, an Steilküsten und in ausgedehnten Waldungen.
Nahrung: Ein weites Spektrum von tierischen und pflanzlichen Stoffen, einschließlich Aas.
Fortpflanzung: Lebenslange Einehe. Brütet sehr früh im Jahr. Neststand an Felswänden oder in Bäumen. 4–6 Eier; Brutverhalten wie bei anderen Krähenvögeln. Brutdauer 20–21 Tage; die Jungen fliegen mit 5–6 Wochen aus.

Elster
Pica pica

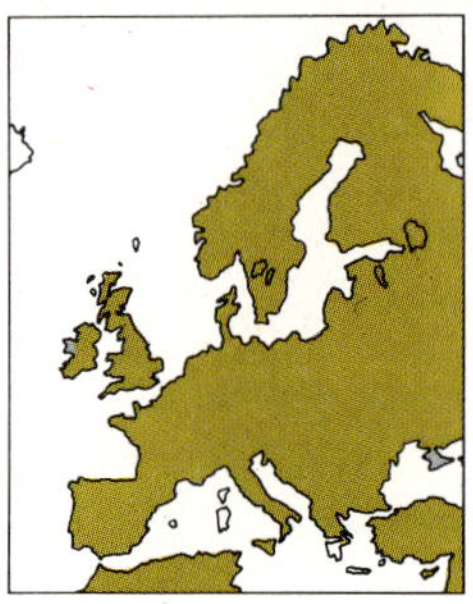

Kennzeichen: Unverkennbar, schwarz-weiß mit sehr langem, gestuftem Schwanz. Aus der Nähe erkennt man, daß das Schwarz blau, grün und purpurn schillert.
Stimme: Ein rauhes, krächzendes „tschack-tschack-tschack…" und ähnliche Rufe; zur Brutzeit auch wohlklingende, pfeifende Töne.
Biotop: Offenes, vor allem landwirtschaftlich genutztes Gelände mit Einzelbäumen, Baumgruppen, Hecken oder Gebüsch, auch Parks, Friedhöfe und dgl.; nicht selten in Siedlungen.
Nahrung: Kleines Getier, Körner, Früchte, Abfälle, Aas; plündert Vogelnester.
Fortpflanzung: Baut ein großes, überdachtes Nest in Bäumen oder Hecken. Brutverhalten wie bei anderen Krähenvögeln. 5–8 Eier, Brutdauer 17–18 Tage, Nestlingszeit etwa 25 Tage.

Dohle
Corvus monedula

33 cm

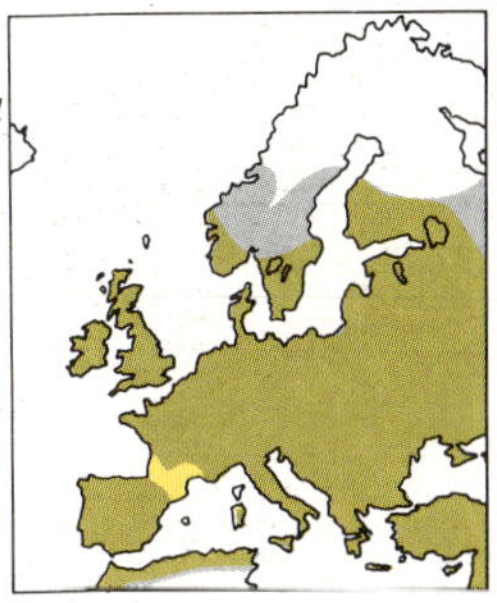

Kennzeichen: Kleiner als Saat- und Rabenkrähe, mit kürzerem Schnabel; schwarz mit grauem Nacken und auffallend weißgrauer Iris. Nach der Brutzeit in großen Schwärmen zusammen mit anderen Krähenvögeln.
Stimme: Häufigste Laute ein nasales „kjack" und ein hohes, gedehntes „kjaa".
Biotop: Brutbiotop Felswände und Steilküsten, Steinbrüche, Ruinen, Gebäude, hohle Bäume; Nahrungsbiotop Felder und Wiesen.
Nahrung: Ähnlich wie andere Krähenvögel, aber weniger kleine Säuger und Vögel.
Fortpflanzung: Nistet meist gesellig in Höhlen in Bäumen, Felswänden, Gebäuden (auch in Schornsteinen), selbst in Kaninchenbauen. Brutverhalten wie bei anderen Krähenvögeln. 4–8 Eier, Brutdauer 17–20 Tage, Nestlingszeit 30–35 Tage.

Blauelster
Cyanopica cyanus

34 cm

Kennzeichen: Unverkennbar, oberseits bräunlichgrau mit schwarzer Kappe, blauen Flügeln und langem, gestuftem blauem Schwanz, unterseits hell mit graubraunen Flanken. Außerhalb der Brutzeit gesellig und auffällig.
Stimme: Sehr kennzeichnend, ein langes, klagendes, ansteigendes „schriih".
Biotop: Kiefernwälder, Eukalyptusforsten, Olivenhaine und Obstgärten in Mittel- und Südwestspanien und in Portugal.
Nahrung: Insekten, Samen, Kleintiere, Jungvögel und Eier.
Fortpflanzung: Brütet in lockeren Kolonien, nistet ziemlich niedrig in Bäumen und Gebüsch. 5–7 Eier. Nur das Weibchen brütet, aber die Jungen werden von beiden Eltern betreut.

Eichelhäher
Garrulus glandarius

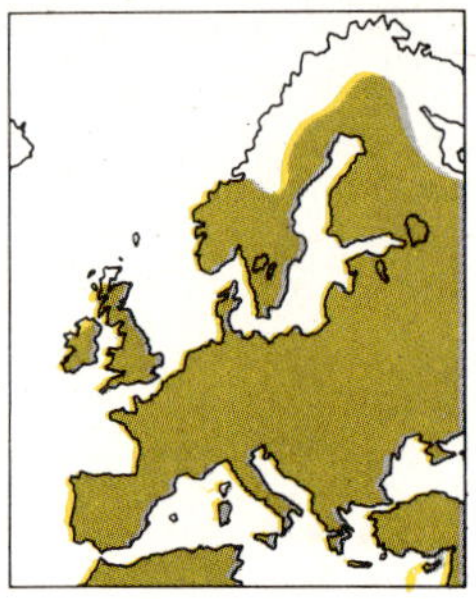

Kennzeichen: Taubengroß, rötlichbraun mit aufrichtbarer schwarz-weißer Haube, schwarzem Bartstreif, blau-schwarz-weißen Abzeichen auf den Flügeln, auffälligem weißem Bürzel und schwarzem Schwanz.
Stimme: Verschiedene laute, heisere Rufe („Rätschen"), ein mäusebussardähnliches „piäh" sowie eine Reihe leiserer glucksender, quietschender und klicksender Laute.
Biotop: Wälder, Parks, Obstgärten – selten weit von Bäumen zu sehen.

Nahrung: Eine Vielfalt von pflanzlichen Stoffen, vor allem Beeren und Früchte, besonders Eicheln, ferner Insekten und andere Wirbellose, Eier, Jungvögel und Mäuse.
Fortpflanzung: Das Nest steht ziemlich niedrig in Bäumen oder Gebüsch und wird von beiden Partnern gebaut. 5–7 Eier, die vornehmlich vom Weibchen 16–17 Tage bebrütet werden. Die Jungen werden von beiden Eltern betreut und verlassen das Nest nach knapp 3 Wochen.

Tannenhäher
Nucifraga caryocatactes

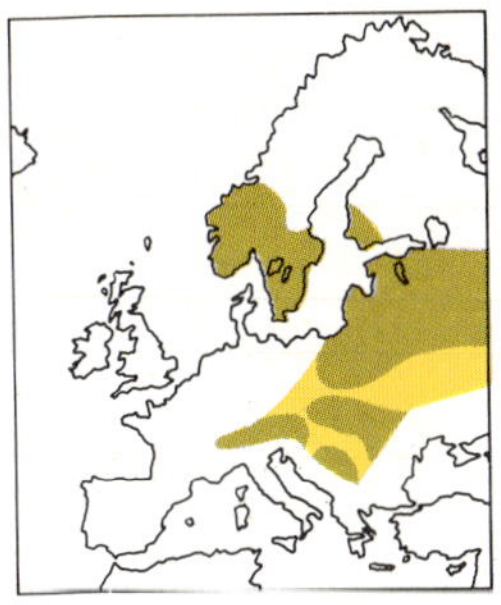

32 cm

Kennzeichen: Kleiner Krähenvogel mit ziemlich langem, spitzem Schnabel, breiten Flügeln und langem Schwanz, dunkel schokoladebraun mit weißen Tropfenflecken, Scheitel schwarzbraun, Flügel schwärzlich, Unterschwanzdecken und Schwanzende weiß.
Stimme: Verschiedene kurze, rauhe Rufe, „kror" usw., und ein längeres, eichelhäherartiges Rätschen.
Biotop: Nadelwälder, im Süden des Verbreitungsgebietes im Gebirge, im Norden auch in der Ebene; im Winter auch Laubwald. In manchen Jahren finden in Mitteleuropa Invasionen aus Sibirien statt; diese Vögel können überall erscheinen und sind sehr vertraut.
Nahrung: Hauptsächlich Koniferensamen, ferner Nüsse, Beeren und andere Früchte sowie Insekten, Kleintiere, Jungvögel und Eier.
Fortpflanzung: Nistet hoch in Nadelbäumen. 3–4 Eier. Brutpflege wie bei anderen Krähenvögeln. Brutdauer etwa 18 Tage, Nestlingszeit 3–4 Wochen.

Unglückshäher
Perisoreus infaustus

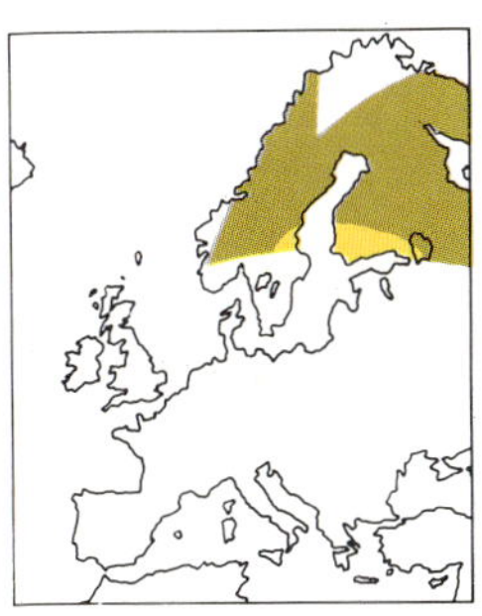

30.5 cm

Kennzeichen: Kleiner als Eichelhäher, mit kurzem Schnabel, graubraun, Oberkopf rußbraun, Schwungfedern, Bürzel, Unterschwanzdecken und der ziemlich lange, gestufte Schwanz rotbraun; das Kopfgefieder wirkt recht locker. Zur Brutzeit heimlich, sonst sehr vertraut.
Stimme: Häufigste Rufe ein miauendes „geeah" und ein kreischendes „tjääh"; ferner ein munteres „kuk, kuk".
Biotop: Der nordische Nadel- und Birkenwald; außerhalb der Brutzeit auch dicht bei Siedlungen.
Nahrung: Insekten, Beeren und Früchte; klettert in den Zweigen wie eine große Meise.
Fortpflanzung: Nistet in Bäumen. 4 Eier, die vom Weibchen 18–20 Tage bebrütet werden. Die Jungen fliegen mit etwa 24 Tagen aus, bleiben aber bis zum nächsten Frühjahr im Familienverband.

Alpenkrähe
Pyrrhocorax pyrrhocorax

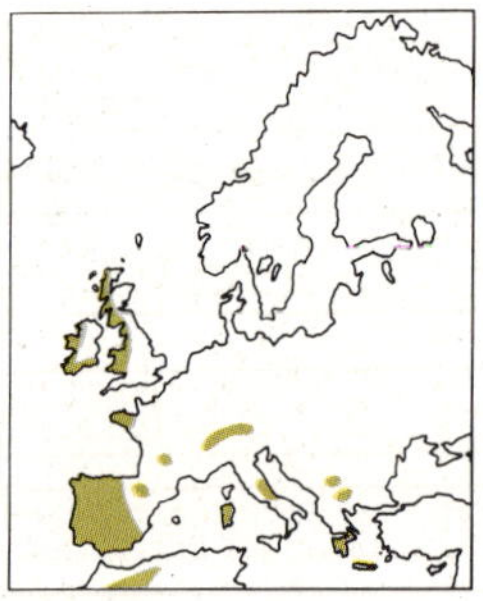

Kennzeichen: Etwa dohlengroß, glänzend schwarz mit langem, dünnem, gebogenem rotem Schnabel und roten Füßen; die runden Flügel sind deutlich gefingert. Gesellig.
Stimme: Häufigster Ruf ein kennzeichnendes hohes „kjaa" und dgl., höher und wohlklingender als der ähnliche Ruf der Dohle; auch „tschaff".
Biotop: Felswände im Gebirge und an der Küste; auch Steinbrüche und Ruinen.
Nahrung: Hauptsächlich Insekten und andere kleine Wirbellose; stochert mit dem langen Schnabel im Boden.
Fortpflanzung: Nistet in Höhlen, Felsspalten, Mauerlöchern usw. 3–6 Eier, die vom Weibchen 17–18 Tage lang bebrütet werden. Die Jungen fliegen mit etwa 38 Tagen aus.

Alpendohle
Pyrrhocorax graculus

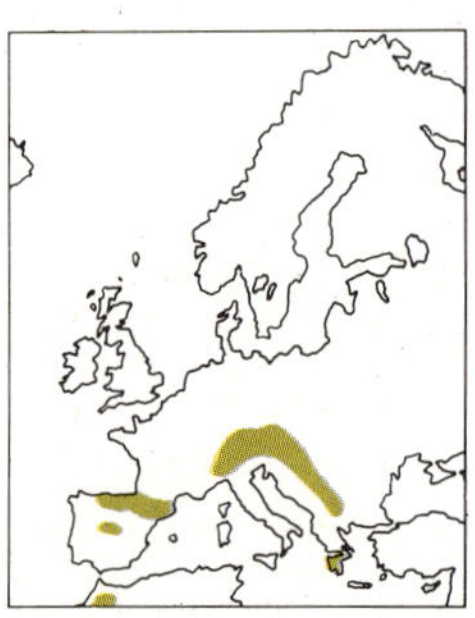

Kennzeichen: Der Alpenkrähe sehr ähnlich, aber der Schnabel ist kürzer, weniger gebogen und gelb. Gesellig und meist recht vertraut. Beide Arten zeigen wundervolle akrobatische Flugspiele.
Stimme: Weniger ruffreudig als Alpenkrähe; ein helles, peitschendes „ziäh", ein klirrendes „tjürrp", ein schrilles „tschiüpp" und ein erstaunlich dünner, hoher Pfiff.
Biotop: Hochgebirge oberhalb der Baumgrenze; kommt im Winter in die Täler, auch in Siedlungen. Nicht an der Küste.
Nahrung: Ähnlich wie Alpenkrähe, nimmt aber auch Aas und Abfälle; läßt sich gern von Bergwanderern füttern.
Fortpflanzung: Ähnlich wie Alpenkrähe. Nistet in Felsspalten. Meist 4–5 Eier.

Kolkrabe *(Corvus corax)*: Unser größter ganz schwarzer Vogel; lange Flügel, keilförmiger Schwanz und klobiger Schnabel. Fliegt mit schwerem Flügelschlag, zeigt aber zur Balzzeit akrobatische Flugspiele. Stimme rauh krächzend. Siehe S. 181.

Rabenkrähe (*Corvus corone corone*): Vom Kolkraben durch geringere Größe, gerade abgeschnittenen Schwanz und kleineren Kopf unterschieden, von der Saatkrähe durch breitere Flügel und zielstrebigeren Flug. Siehe S. 180.

Nebelkrähe *(Corvus corone cornix bzw. C. c. sardonius)*: Durch grauen Rumpf von der Rabenkrähe unterschieden; viel grauer als Dohle. Siehe S. 180.

Dohle *(Corvus monedula)*: Kleiner als Krähen, fliegt schneller und unruhiger. Häufig in Flügen zusammen mit anderen Krähenvögeln. Ruf ein metallisches „kjack". Siehe S. 183.

Saatkrähe *(Corvus frugilegus)*: Schwanz stärker gerundet als bei der Rabenkrähe. Beim Geradeausflug erscheinen die Flügel oft nach hinten gebogen. Fast immer in größeren Flügen. Ruft „kah". Siehe S. 181.

Elster *(Pica pica)*: Mit langem Schwanz und schwarz-weißem Gefieder praktisch unverwechselbar. Achte auf die weißen Flügelenden. Jungvögel haben kürzeren Schwanz. Flug wirkt kraftlos, als sei der Schwanz eine Belastung. Siehe S. 182.

Alpenkrähe *(Pyrrhocorax pyrrhocorax)*: Kein grauer Nacken wie bei der Dohle, Flügel breiter, deutlich gefingert. Sehr leichter, sehr akrobatischer Flug. Verschiedene Rufe. Siehe S. 186.

Alpendohle *(Pyrrhocorax graculus)*: Der Alpenkrähe sehr ähnlich, wirkt aber etwas schlanker. Beider Verbreitungsgebiete überschneiden sich in manchen Teilen Europas; der pfeifende Ruf der Alpendohle ist ein gutes Unterscheidungsmerkmal. Siehe S. 186.

Eichelhäher *(Garrulus glandarius)*: Der wellenförmige Ruderflug ist eine gute Erkennungshilfe; die blau-weißen Flügelabzeichen und der weiße Bürzel machen die Bestimmung eindeutig. Siehe S. 184.

Kohlmeise
Parus major

14 cm

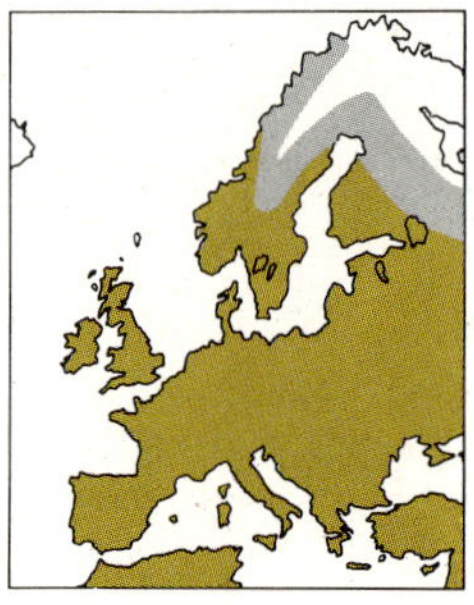

Kennzeichen: Unsere größte Meise, oberseits grünlichblau, unterseits gelb mit schwarzem Band von der Kehle bis zum Bauch. Glänzend schwarzer Kopf mit auffallend weißen Wangen. Weibchen matter gefärbt als Männchen. Wie alle Meisen ein kecker, sehr beweglicher und oft sehr akrobatischer kleiner Vogel.
Stimme: Verfügt über ein sehr großes Repertoire. Häufigste Rufe ein buchfinkähnliches „pink-pink" und ein scheltendes „dzä-dzä-dzä"; Gesang ein läutendes „tih-tschä, tih-tschä, tih-tschä ..." oder „zizidäh-zizidäh-zizidäh ...". Ahmt manchmal andere Vögel nach.

Biotop: Wälder aller Art, Parks, Gärten usw.
Nahrung: Hauptsächlich Insekten, Spinnen und andere kleine Wirbellose, ferner Knospen, Früchte, ölhaltige Samen und Nüsse. Besucht gern Futterstellen.
Fortpflanzung: Brütet, wie alle Meisen, in Höhlen aller Art; nimmt gern Nistkästen an. Das Nest wird vom Weibchen ausgepolstert. Gewöhnlich 8–10 Eier, die nur vom Weibchen 13–14 Tage bebrütet werden. Die Jungen werden von beiden Eltern gefüttert; sie fliegen mit 15–20 Tagen aus, werden aber noch etwa 14 Tage länger gefüttert. 2 Jahresbruten.

Blaumeise
Parus caeruleus

11.5 cm

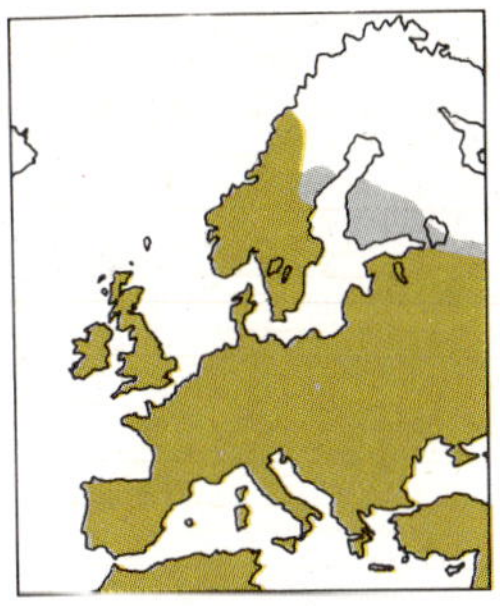

Kennzeichen: Kleinei als Kohlmcise, Rücken grünlich, Scheitel, Flügel und Schwanz hellblau, Wangen weiß mit dunklem Augenstrich, Unterseite gelb. Jungvögel, wie junge Kohlmeisen, grünlicher, die weißen Gefiederteile gelblich.
Stimme: Häufigste Laute „zi-zi-zi", scheltend „zerr-rr-rr" und kurz „zit"; Gesang trillernd „zi zi zirrrr".
Biotop: Ähnlich wie Kohlmeise; wie diese ein häufiger Gartenvogel. Im Winter gern im Röhricht.
Nahrung: Ähnlich wie Kohlmeise.
Fortpflanzung: Wie Kohlmeise. 7–14 Eier. Brutdauer 13–15 Tage, Nestlingszeit 17–19 Tage. 2 Jahresbruten.

Tannenmeise
Parus ater

11 cm

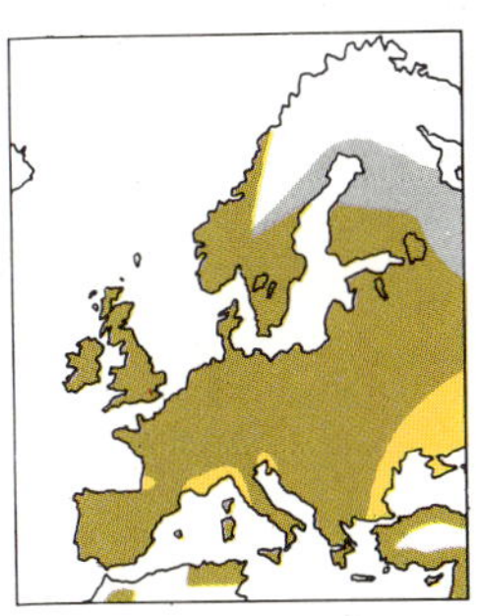

Kennzeichen: Kleiner als Blaumeise, oberseits olivgrau (sieht oft bräunlich aus) mit doppelter weißer Flügelbinde; unterseits weißlich. Kopf und Kehle schwarz mit kennzeichnendem länglichem weißem Nackenfleck und weißen Wangen.
Stimme: Eine Reihe sehr hoher, dünner Laute, u. a. ein klares „zuih"; Gesang kennzeichnend „wietze-wietze-wietze ...".
Biotop: Bei uns zur Brutzeit fast nur auf Nadelwälder beschränkt; im Winter auch in Parks und dgl.
Nahrung: Im Sommer hauptsächlich Insekten und Spinnen, im Winter Koniferen- und Erlensamen sowie Bucheckern.
Fortpflanzung: Ähnlich wie Kohlmeise. Nistet häufig in Erdlöchern; beide Partner beteiligen sich beim Nestbau. 7–11 Eier, Brutdauer 14–18 Tage, Nestlingszeit etwa 16 Tage. 2 Jahresbruten.

Sumpfmeise (Nonnenmeise)

Parus palustris

11.5 cm

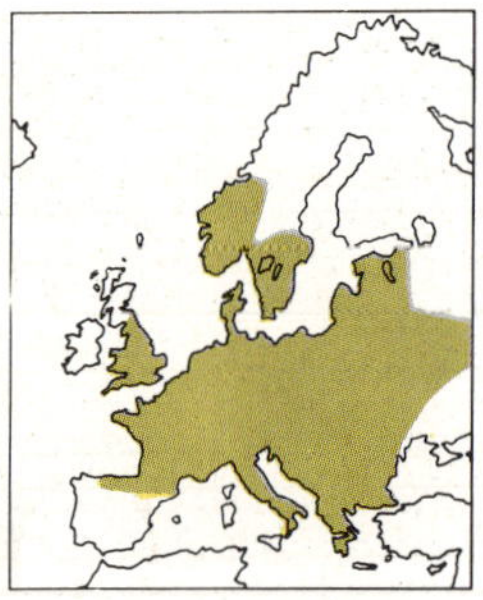

Kennzeichen: Blaumeisengroß, oberseits hellbraun, unterseits weißlich, mit schwarzer Kappe, deren Glanz im Freien nur unter günstigsten Bedingungen zu erkennen ist und bei Jungvögeln fehlt, und kleinem, schwarzem Kinnfleck. Bestes Merkmal zur Unterscheidung von der sehr ähnlichen Weidenmeise die völlig andere Stimme.
Stimme: Nicht sehr stimmfreudig; häufigste Laute ein kennzeichnendes „pitschu" und ein zeterndes „zizi-dedede". Gesang einförmig klappernd „zje-zje-zje...".
Biotop: Der Name „Sumpfmeise" ist irreführend. Bewohnt Laub- und Mischwälder, auch Parks und Gärten.
Nahrung: Wie andere Meisen.
Fortpflanzung: Brütet in natürlichen Baumhöhlen, seltener in Nistkästen. 7–10 Eier, Brutdauer 13–15 Tage, Nestlingszeit 16–19 Tage. Nur 1 Jahresbrut.

Weidenmeise

Parus montanus

11.5 cm

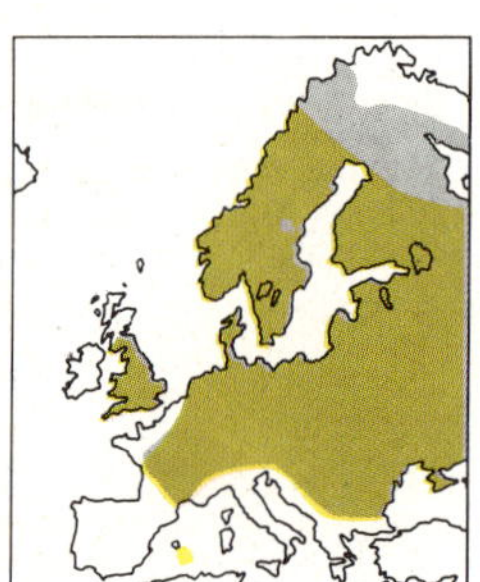

Kennzeichen: Der Sumpfmeise sehr ähnlich, wirkt flauschiger; Kappe nie glänzend, schwarzer Kinnfleck oft größer. Ein kennzeichnendes helles Flügelfeld ist oft gut zu erkennen.
Stimme: Kennzeichnender Ruf ein nasales „däh". Gesang (Balzpfiff) gereihte helle Pfiffe „zjü-zjü-zjü-zjü...".
Biotop: Feuchte Laub- und Mischwälder, vor allem Auwälder, Erlenbrüche und dgl.
Nahrung: Wie andere Meisen.
Fortpflanzung: Schlägt selbst eine Nisthöhle in morsches Holz. 8–9 Eier, Brutdauer 13–14 Tage; Nestlingszeit 17–19 Tage.

Schwanzmeise
Aegithalos caudatus

14 cm

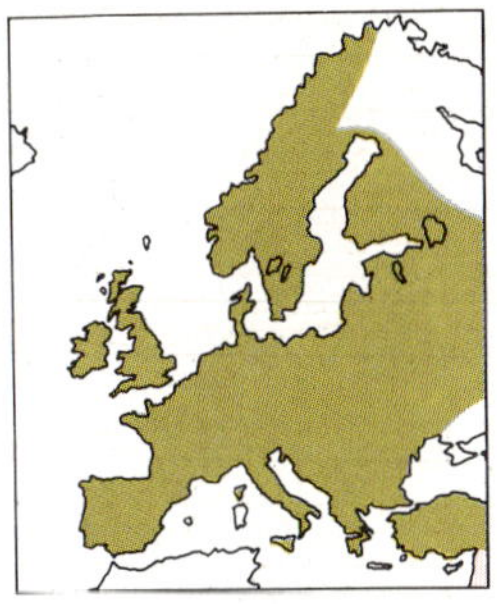

Kennzeichen: Keine echte Meise. Unverkennbar, winzig, schwarzbraun, weiß und blaßrosa, mit sehr langem, schmalem Schwanz; nord- und osteuropäische Vögel mit rein weißem Kopf, west- und südeuropäische mit breitem, dunklem Brauenstreif.
Stimme: Ein wiederholtes, trillerndes „zerrp“, ein hohes „si-si-si“ und ein leises, scharfes „tarp“.
Biotop: Wälder, Dickichte, Hecken usw.
Nahrung: Hauptsächlich kleine Insekten und Spinnen; auch Samen. Besucht selten Futterstellen.
Fortpflanzung: Beide Partner bauen in Büschen, Dorngestrüpp usw. ein ovales, geschlossenes Nest mit einem Einschlupfloch oben an der Seite, aus Moos, Spinnweben usw. und mit Federn gepolstert. 10–12 Eier bei der ersten, 6–7 bei der zweiten Brut. Bebrütung hauptsächlich durch das Weibchen; Brutdauer 12–14 Tage. Die Jungen fliegen nach etwa 17–19 Tagen aus.

Haubenmeise
Parus cristatus

11.5 cm

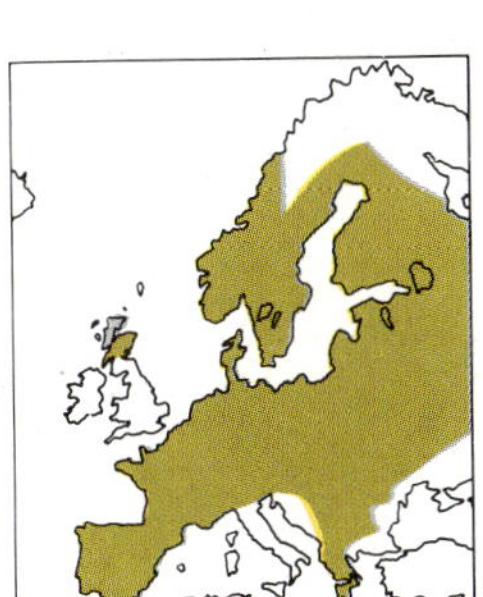

Kennzeichen: Gut blaumeisengroß, oberseits hellbraun, unterseits weißlich, Kopf weißlich mit schwarzer Wangenumrahmung und schwarzem Lätzchen und mit auffälliger schwarz-weiß gefleckter Haube.
Stimme: Ein hohes, dünnes, gereihtes „zi, zi“, gefolgt von einem sehr kennzeichnenden, ziemlich leisen Triller „gürr“.
Biotop: Bei uns vor allem Nadel-, besonders Kiefernwald; anderswo auch Mischwald und dgl.
Nahrung: Insekten, Spinnen, Sämereien, Beeren.
Fortpflanzung: Nistet in Höhlen in morschem Holz, die sie oft selbst erweitert. Das Nest wird vom Weibchen gebaut, während das Männchen sich nur an der Beschaffung von Nistmaterial beteiligt. 5–10 Eier; nur das Weibchen brütet (15–18 Tage). Die Jungen fliegen mit 17–18 Tagen aus.

Beutelmeise
Remiz pendulinus

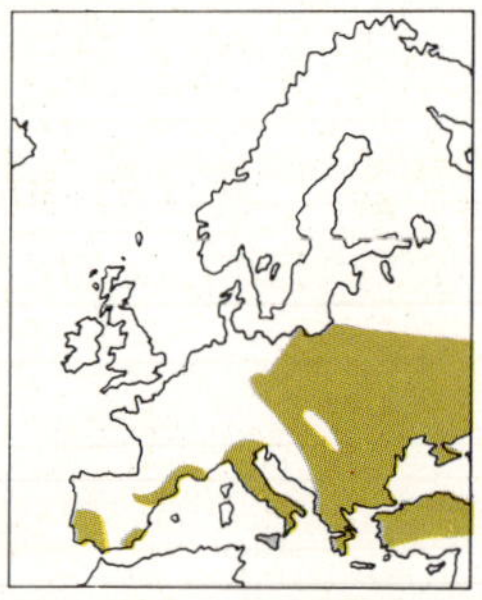

Kennzeichen: Keine echte Meise. Kleiner als Blaumeise. Kopf weißgrau mit schwarzem Gesicht, Vorderrücken rotbraun, Hinterrücken und Bürzel gelblichbraun, Unterseite rahmfarben.
Stimme: Ein gedehntes „zieh" und ein dünnes „zi-zi-zi".
Biotop: Sumpfgebiete – Dickichte am Wasser und dgl.; in manchen Gebieten auch trockeneres Gelände.
Nahrung: Kleine Insekten und Spinnen sowie Sämereien.
Fortpflanzung: Das Nest wird vom noch unverpaarten Männchen angelegt; später beteiligt sich das Weibchen am Ausbau. Der große Beutel aus Tier- und Pflanzenwolle und größeren Halmen hat oben seitlich eine Einschlupfröhre; er hängt stets frei an den äußersten Zweigen eines Baumes über dem Wasser. 5–10 Eier, Brutdauer 12–14 Tage, Nestlingszeit 16–18 Tage. Die Brutpflege obliegt allein dem Weibchen, während das Männchen ein neues Nest für ein anderes Weibchen baut.

Bartmeise
Panurus biarmicus

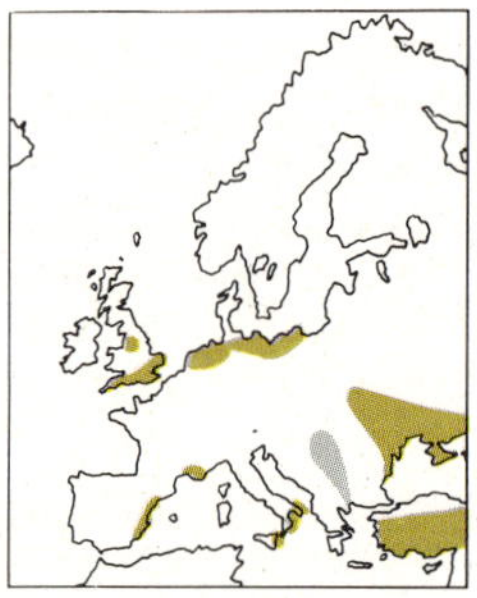

Männchen

Kennzeichen: Keine Meise. Unverkennbar, langschwänzig, Männchen oberseits zimtbraun mit grauem Kopf, breitem schwarzem Bartstreif und gelbem Schnabel, unterseits weißlich mit schwarzen Unterschwanzdecken; Weibchen gelblicher mit braunem Kopf und grünlichgelbem Schnabel, ohne schwarze Abzeichen, Jungvögel ähnlich, mit dunkler Rückenzeichnung. Kennzeichnender Schwirrflug mit hängendem Schwanz dicht über dem Röhricht.
Stimme: Häufigster Laut ein kennzeichnendes metallisches „ping, ping...".
Biotop: Ausgedehntes Röhricht. Streift im Winter weit umher.
Nahrung: Insekten und kleine Schnecken, im Winter hauptsächlich Samen von Schilf, Rohrkolben usw.
Fortpflanzung: Lebenslange Einehe. Das Nest, ein tiefer Napf aus Schilf und dgl., wird von beiden Partnern dicht über dem sumpfigen Boden gebaut. 5–7 Eier; beide Partner brüten (12–13 Tage). Die Jungen verlassen das Nest mit 9–12 Tagen, noch ehe sie fliegen können. Später schließen sie sich zu großen Trupps zusammen, in denen die Paarbildung stattfindet. 2–3 Jahresbruten.

Waldbaumläufer
Certhia familiaris

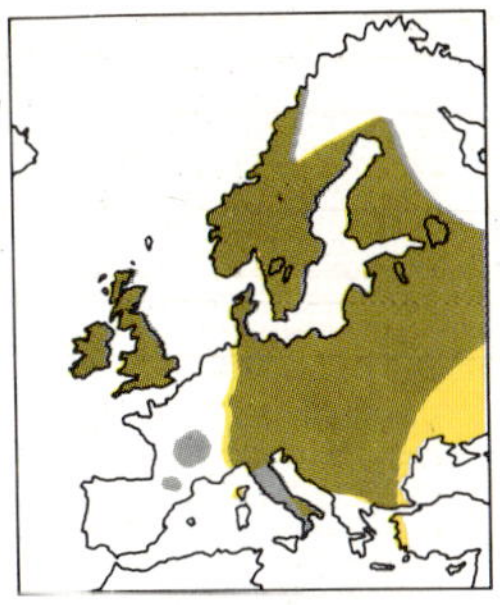

Kennzeichen: Oberseits braun gestrichelt, unterseits weiß, mit dünnem, gebogenem Schnabel und steifen, spitzen Schwanzfedern. Klettert ruckweise in Spiralen an Baumstämmen hoch, fliegt dann nach unten zu einem anderen Stamm und beginnt von neuem.
Stimme: Ein hohes, dünnes „zih-zih…“; Gesang ein leises, hohes, zum Schluß schneller werdendes „sih-sih-sih-sissi-sih“.
Biotop: Im mittleren und südlichen Europa nur in Wäldern im Bergland; auf den Britischen Inseln und im nördlichen Europa auch in Parks im Tiefland.
Nahrung: Fast ausschließlich Insekten, ihre Larven und Eier sowie Spinnen, die er in Rissen und Spalten der Rinde findet.
Fortpflanzung: Das Nest wird anscheinend nur vom Weibchen erbaut und steht hinter abstehender Rinde, in Baumspalten und dgl.; auch Nistkästen werden angenommen. 5–7 Eier; nur das Weibchen brütet (nach einigen Angaben 13–16, nach anderen 17–20 Tage). Die Jungen verlassen das Nest nach 14–16 Tagen, noch ehe sie richtig fliegen können. 2 Jahresbruten.

Gartenbaumläufer
Certhia brachydactyla

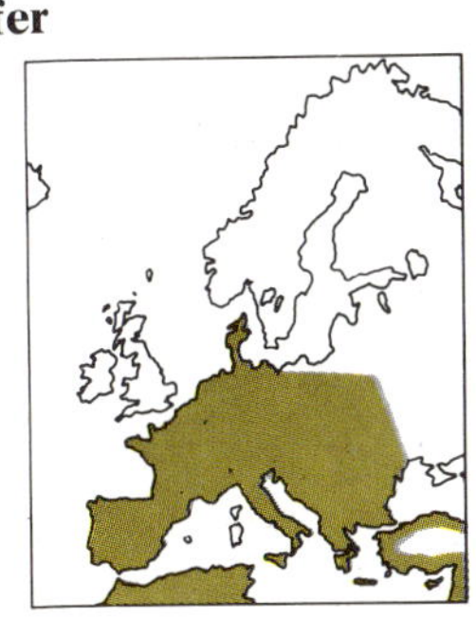

Kennzeichen: Im Feld vom Waldbaumläufer praktisch nur an der Stimme zu unterscheiden. Stirn ungefleckt, Flanken und Hinterbauch bräunlich, Schnabel länger, Zehen kürzer.
Stimme: Ein hohes, schrilles „srrieh“, ein kräftiges, hohes „ti“ (auch gereiht); Gesang kennzeichnend, ein rhythmisches „tit, tit, tit terroitit“.
Biotop: Wälder, Parks und große Gärten, nicht über 1500 m.
Nahrung: Wie Waldbaumläufer.
Fortpflanzung: Ähnlich wie Waldbaumläufer. 6–7 Eier, Brutdauer etwa 16 Tage, Nestlingszeit mindestens 16 Tage. 2 Jahresbruten.

Zaunkönig
Troglodytes troglodytes

9,5 cm

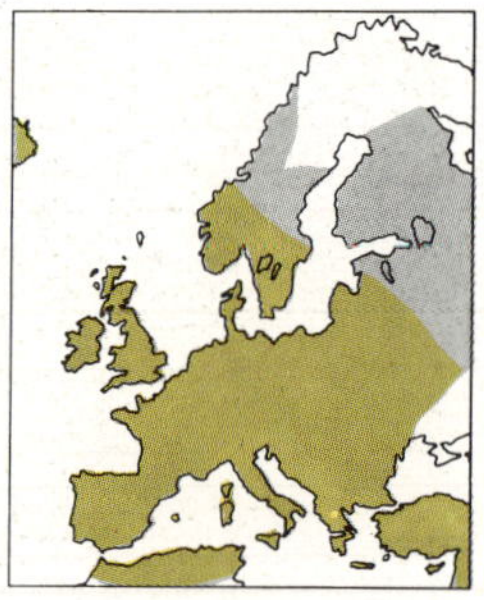

Kennzeichen: Unverkennbar – ein winziger, rundlicher, brauner Vogel mit hellerer Unterseite und hellem Brauenstreif. Der kurze Schwanz wird charakteristisch gestelzt.
Stimme: Laut und hart „tit-tit-tit", erregt ein rauhes Schnurren „zerr". Gesang von dem aller anderen europäischen Vögel verschieden, sehr laut, schmetternd, mit vielen Trillern, immer schneller werdend.
Biotop: Unterholzreiche Wälder, Parks, Gärten, Hecken und dichtes Gebüsch; auch Sumpfränder, Felsküsten und -inseln.
Nahrung: Hauptsächlich Insekten und Spinnen.
Fortpflanzung: Das Männchen baut mehrere große Kugelnester mit seitlicher Öffnung in dichtem Gebüsch, Felsspalten, Mauerlöchern und dgl., von denen das Weibchen eines auswählt und auspolstert. 5–7 Eier; nur das Weibchen brütet (14–16 Tage). Die Jungen fliegen mit 16–17 Tagen aus. 2 Jahresbruten.

Kleiber
Sitta europaea

14 cm

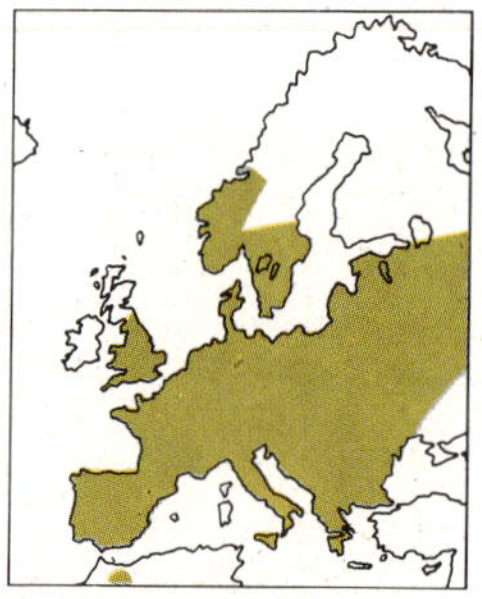

Kennzeichen: Kohlmeisengroß, gedrungen, dickköpfig und kurzschwänzig, oberseits blaugrau mit schwarzem Augenstreif; Wangen und Kehle weiß, Flanken rotbraun, Unterseite bei west- und südeuropäischen Rassen rostgelb, bei nord- und osteuropäischen weiß. Klettert gewandt an Baumstämmen, als einziger europäischer Vogel auch kopfabwärts.
Stimme: Sehr ruffreudig, verfügt über ein großes Repertoire, u. a. ein weittragendes „tuit, tuit, tuit"; Gesang ein lautes, helles „tüh, tüh …", ein trillerndes „kwi-kwi-kwi-kwi …" usw.
Biotop: Hochstämmige Wälder, Parks, Obstgärten usw.
Nahrung: Sucht die Baumrinde nach Insekten, ihren Larven, Puppen und Eiern und nach Spinnen ab; nimmt auch Beeren, Samen, Nüsse usw. Besucht gern Futterstellen.
Fortpflanzung: Nistet in Baumhöhlen und Nistkästen; die Öffnung wird – anscheinend nur vom Weibchen, das auch das eigentliche Nest baut – bis auf ein passendes Einschlupfloch mit Lehm zugemauert. 6–11 Eier; nur das Weibchen brütet (14–15 Tage). Die Jungen bleiben etwa 24 Tage im Nest. 1 Jahresbrut.

Wasseramsel
Cinclus cinclus

18 cm

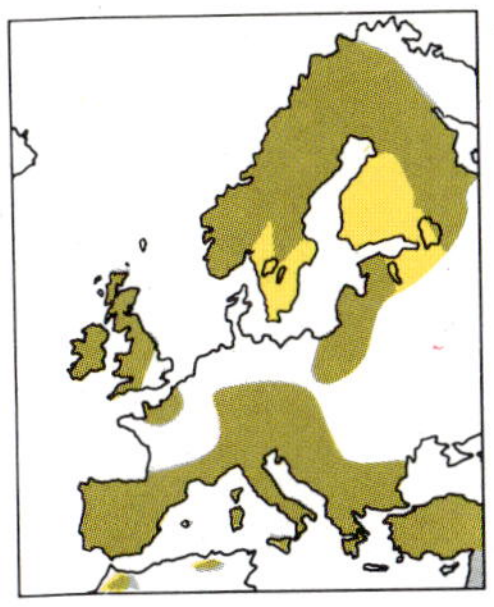

Kennzeichen: Starengroß, gedrungen, mit kurzem, meist gestelztem Schwanz, vorwiegend schieferschwarz mit großem weißem Brustlatz; einige Rassen, z. B. in West- und Mitteleuropa, nicht aber in Skandinavien, haben rostbraunen Oberkopf und Nacken und rotbraunen Bauch. Wippt beständig auf und ab und blinzelt, zeigt dabei das weiße Augenlid. Fliegt schwirrend, meist dicht über dem Wasser, dabei dem Bachlauf folgend.
Stimme: Ruft hart und scharf „zit", im Flug „zrrt"; lauter Gesang aus rasselnden, pfeifenden und trillernden Tönen.
Biotop: Schnellfließende, steinige Bäche und Flüsse.
Nahrung: Hauptsächlich im Wasser lebende Insekten und ihre Larven. Watet ins Wasser, auch wenn es noch so wild ist, schwimmt wie ein Korken, taucht und sucht, stromaufwärts laufend, auf dem Boden Nahrung, hält sich dabei mit den kräftigen Füßen fest.
Fortpflanzung: Beide Partner bauen ein großes, oben geschlossenes Nest am Wasser zwischen Steinen, unter Wurzeln, unter Brücken usw. 4–6 Eier; nur das Weibchen brütet (15–17 Tage). Die Jungen verlassen das Nest mit 19–25 Tagen; sie können dann bereits tauchen, aber noch nicht richtig fliegen. 2 Jahresbruten.

Männchen

Weibchen

Ringdrossel
Turdus torquatus

24 cm

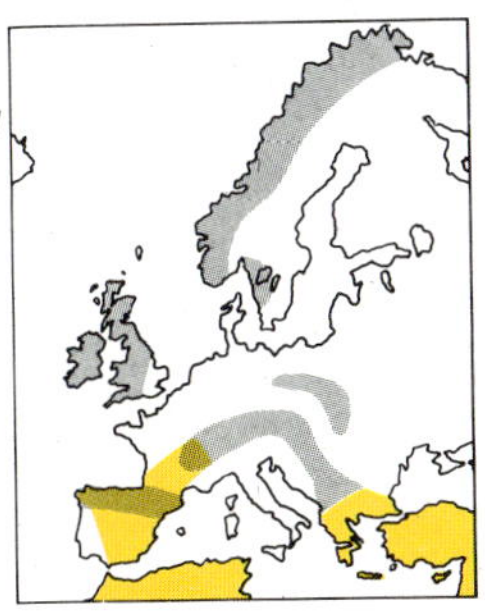

Kennzeichen: Knapp amselgroß, Männchen mattschwarz mit breitem weißem Halbmond auf der Brust, Weibchen bräunlich mit schmalerem, matterem Halbmond; im Winter geschuppt aussehend. Helle Federränder bilden einen deutlichen hellen Fleck auf den Flügeln.
Stimme: Kennzeichnender lauter, schnarrender Alarmruf „täck-täck-täck...". Der weithin hörbare, wehmütige Gesang besteht aus einer Reihe kurzer, flötender Motive, die mehrfach wiederholt werden.
Biotop: Gebirge an und oberhalb der Waldgrenze.
Nahrung: Würmer, Insekten und andere Wirbellose, im Herbst auch Beeren und andere Früchte.
Fortpflanzung: Nistet niedrig in Bäumen, im Gestrüpp, zwischen Steinen und an verlassenen Gebäuden. 4–5 Eier; beide Partner brüten (etwa 14 Tage). Die Jungen verlassen das Nest etwa 14 Tage später.

Weibchen

Jungvogel

Männchen

Amsel
Turdus merula

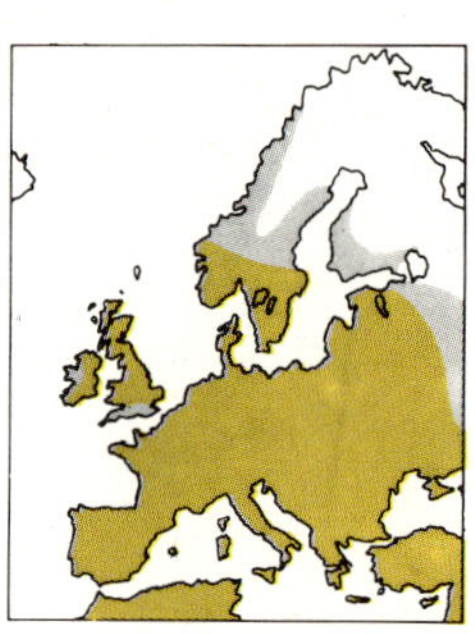

Kennzeichen: Männchen unverkennbar, kohlschwarz mit gelbem Schnabel und Augenring, Weibchen dunkelbraun in verschiedenen Schattierungen, unterseits heller, vor allem das Kinn, mit braunem Schnabel. Jungvögel mehr rötlich braun, deutlich gefleckt.
Stimme: Der allbekannte laute, flötende Gesang ist sehr charakteristisch; er wird, wie bei allen Drosseln, meist von einer erhöhten Singwarte aus vorgetragen. Bei Störungen ein lautes, aufgeregtes Zetern; ferner ein dünnes „zih“ (auch im Flug), ein kurzes „tschap“, ein lautes „tschink, tschink, tschink...“ (meist bei Alarm).

Biotop: Wälder, Parks, Gärten, selbst mitten in Großstädten.
Nahrung: Würmer, Insekten und andere Wirbellose, Beeren und andere Früchte.
Fortpflanzung: Das Nest, ein tiefer, fester Napf, wird allein vom Weibchen gebaut, in einer Hecke, einem niedrigen Baum, im Gebüsch, an einem Gebäude usw. 4–5 Eier; nur das Weibchen brütet (13–14 Tage). Die Jungen werden von beiden Eltern gefüttert; sie verlassen das Nest nach knapp 2 Wochen noch vor dem Flüggewerden. Mindestens 2 Jahresbruten.

Misteldrossel
Turdus viscivorus

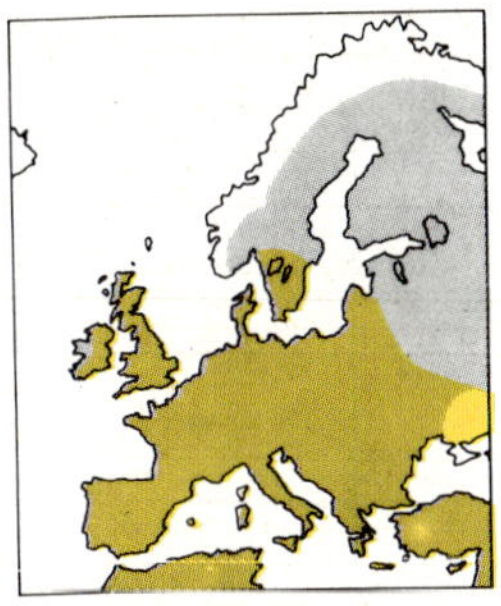

Kennzeichen: Unsere größte Drossel, viel größer als Singdrossel, oberseits grauer, Gesicht weißlich, unterseits gelblicher, kräftiger gefleckt. Zeigt im Flug weißliche Schwanzecken und Unterflügel.
Stimme: Bekanntester Ruf ein hartes Schnarren, auch im Flug. Der weittragende, wohllautende Gesang erinnert an Amsel, klingt aber weniger schmelzend, und die kurzen Motive sind deutlich voneinander getrennt.
Biotop: Waldränder, große Parks, Friedhöfe, Obstgärten; seit dem 2. Weltkrieg auch in Siedlungen.
Nahrung: Wie bei anderen Drosseln; liebt Mistelbeeren.
Fortpflanzung: Nistet früh; das Nest steht meist hoch in einer Astgabel. Brutverhalten wie bei anderen Drosseln; verteidigt das Nest auch gegen Menschen. Meist 4 Eier, Brutdauer 13–14 Tage, Nestlingszeit 14–16 Tage. 2 Jahresbruten.

Singdrossel
Turdus philomelos

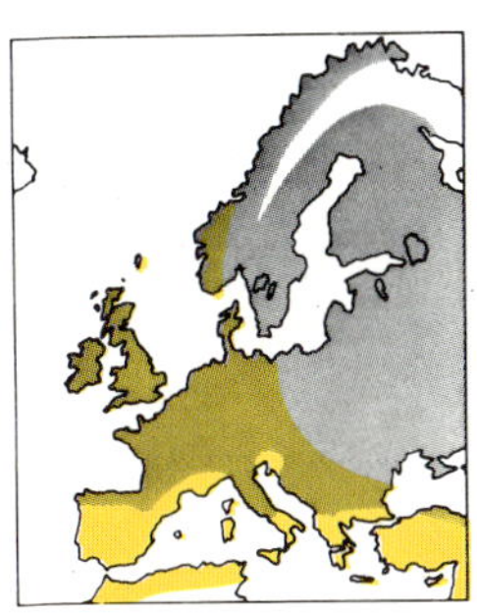

Kennzeichen: Kleiner als Amsel, oberseits hellbraun, unterseits weißlich mit kleinen dunklen Flecken. Hält sich, wie alle Drosseln, viel auf dem Boden auf.
Stimme: Lockruf „zip", auch im Flug; Alarmruf „tschick", auch gereiht. Der laute, wohlklingende Gesang besteht aus ein- bis viersilbigen Motiven, die zwei- bis viermal wiederholt werden. Singt, wie alle Drosseln, noch spät in der Dämmerung.
Biotop: Wie bei der Amsel.
Nahrung: Wie bei anderen Drosseln; liebt Schnecken, deren Gehäuse sie auf einem flachen Stein („Drosselschmiede") zerschlägt.
Fortpflanzung: Das Nest steht in einer Hecke oder einem Strauch und wird innen mit Lehm ausgeschmiert. Brutverhalten wie bei anderen Drosseln. Meist 5 Eier, Brutdauer 12–14 Tage, Nestlingszeit höchstens 14 Tage. 2–3 Jahresbruten.

Rotdrossel
Turdus iliacus

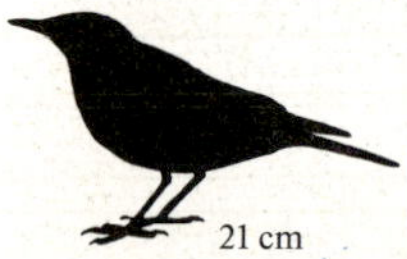

21 cm

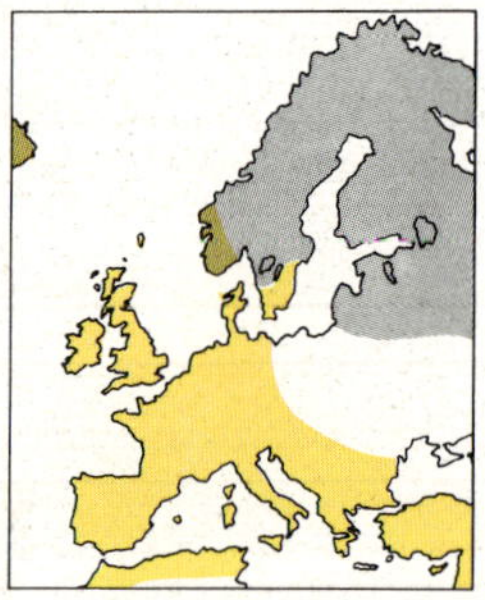

Kennzeichen: Kleiner als Singdrossel, oberseits dunkler, unterseits mehr gestrichelt als gefleckt, mit breitem rahmweißem Brauenstreif und besonders im Flug auffallenden rostroten Flanken und Unterflügeln. Außerhalb der Brutzeit meist in großen Scharen.
Stimme: Flugruf, oft nachts von ziehenden Verbänden zu hören, ein dünnes „zieh". Der sehr variable Gesang besteht aus kurzen Motiven, z. B. „trü-trü-trü-trü". Bei uns hört man im Frühjahr von rastenden Durchzüglern ein starenähnliches Geschwätz.
Biotop: Zur Brutzeit lichte Nadel- und Birkenwälder, aber auch Parks und Gärten; bei uns auf dem Durchzug und im Winter offenes Gelände, aber auch Parks, Friedhöfe usw.
Nahrung: Wie andere Drosseln.
Fortpflanzung: Nistet in Bäumen und Büschen, oft in lockeren Kolonien. 5–6 Eier; anscheinend brüten beide Partner (etwa 13 Tage). Die Jungen verlassen das Nest mit 12–14 Tagen. 1 Jahresbrut.

Wacholderdrossel
Turdus pilaris

25,5 cm

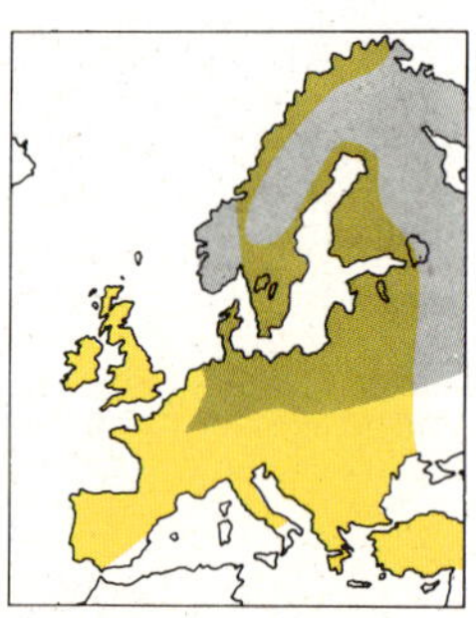

Kennzeichen: Fast so groß wie Misteldrossel, auffällig bunt, Kopf, Nacken und Bürzel hellgrau, Rücken rotbraun, Schwanz dunkel, Brust und Flanken gelblich, grob dunkel geschuppt, Bauch weißlich. Sehr gesellig.
Stimme: Häufigste Laute ein rauhes „schack-schack-schack" und ein gedehntes „zieh" (beides auch im Flug). Beim Sturzflug auf Nestfeinde ein hartes „terrr terrr …".
Gesang ein hartes Gezwitscher, meist im Flug von Baum zu Baum vorgetragen.
Biotop: Offenes, verhältnismäßig feuchtes Gelände mit Gebüsch und Baumgruppen, aber auch Parks und Gärten; im Winter ähnlich wie Rotdrossel.
Nahrung: Wie bei anderen Drosseln.
Fortpflanzung: Nistet gewöhnlich in Kolonien, die gegen Feinde durch Sturzflüge mit Kotbeschuß verteidigt werden. 5–6 Eier; nur das Weibchen brütet (13–14 Tage). Die Jungen verlassen das Nest nach rund 2 Wochen.

Männchen

Weibchen

Steinrötel
Monticola saxatilis

19 cm

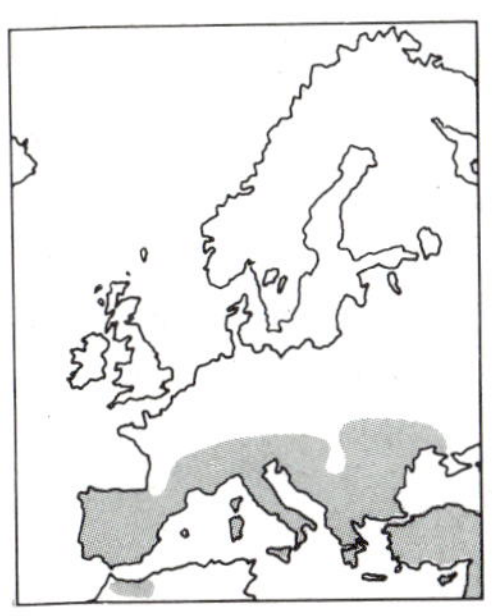

Kennzeichen: Kleiner als Singdrossel, mit rotbraunem Schwanz. Männchen auffallend gefärbt mit schieferblauem Kopf und Rükken, dunklen Flügeln, weißem Bürzel und orangeroter Unterseite; Weibchen viel schlichter, oberseits hauptsächlich braun gefleckt, manchmal mit etwas Weiß auf dem Unterrücken, unterseits gelblich gesprenkelt.
Stimme: Leise „tschack, tschack". Der flötende Gesang wird von einer Singwarte aus oder im Balzflug vorgetragen.
Biotop: Offenes, felsiges Gelände, oft mit einzelnen Bäumen und Büschen, meist im Gebirge; wo die Blaumerle fehlt, auch hinunter bis zur Küste.
Nahrung: Insekten, Würmer, Beeren.
Fortpflanzung: Nistet in Felsspalten, Ruinen usw. 4–5 Eier; nur das Weibchen brütet (etwa 15 Tage). Die Jungen fliegen mit etwa 14 Tagen aus.

Weibchen

Männchen

Blaumerle
Monticola solitarius

20 cm

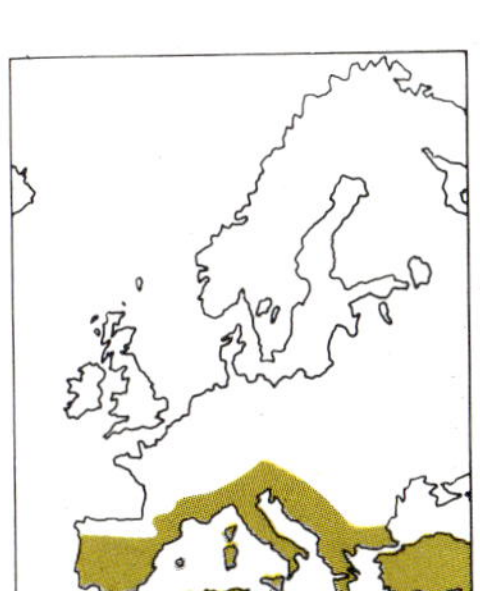

Kennzeichen: Etwas größer als Steinrötel, Männchen sehr dunkel schieferblau, im Winter mehr schwärzlich. Weibchen oberseits bräunlichblau, unterseits heller, fein grau gebändert, mit graubraunem Schwanz. Recht scheu.
Stimme: Ein scharfes „tschack" und ein kennzeichnendes „zieh". Lauter, flötender Gesang, manchmal an Amsel erinnernd, aber schlichter. Singt von einem Felsen aus oder im Balzflug.
Biotop: Ähnlich wie Steinrötel, aber im Gebirge nicht so hoch, dafür hinunter bis zur Küste.
Nahrung: Hauptsächlich Insekten und ihre Larven, ferner Beeren usw.; erbeutet auch kleine Eidechsen.
Fortpflanzung: Nistet in Felsspalten, Mauerlöchern usw. 4–6 Eier; nur das Weibchen brütet (etwa 15 Tage). Die Jungen fliegen mit 14–18 Tagen aus. 1–2 Jahresbruten.

Männchen im Brutkleid

Weibchen

Jungvogel

Steinschmätzer
Oenanthe oenanthe

Kennzeichen: Gut sperlingsgroß. Männchen im Brutkleid oberseits hell blaugrau, mit weißem Brauenstreif, schwarzem Zügel und Ohrfleck, schwarzen Flügeln und schwarzem Schwanz, weißem Bürzel und weißen Oberschwanzseiten, unterseits rahmgelb; im Ruhekleid viel matter und bräunlich, ebenso Weibchen und noch mehr Jungvögel.
Stimme: Verschiedene kurze, harte Rufe, z. B. „wi-täck". Das kurze, kratzende und zwitschernde Lied wird oft in kurzem Singflug vorgetragen.
Biotop: Offenes, meist spärlich bewachsenes Gelände von der Küste bis zum Hochgebirge.
Nahrung: Hauptsächlich Insekten.
Fortpflanzung: Nistet in Löchern im Boden, unter Steinen, in Mauern usw.; das Nest wird von beiden Partnern gebaut. Meist 6 Eier, die hauptsächlich vom Weibchen 14 Tage bebrütet werden. Die Jungen fliegen mit etwa 15 Tagen aus. 1 Jahresbrut.

Mittelmeer-Steinschmätzer
Oenanthe hispanica

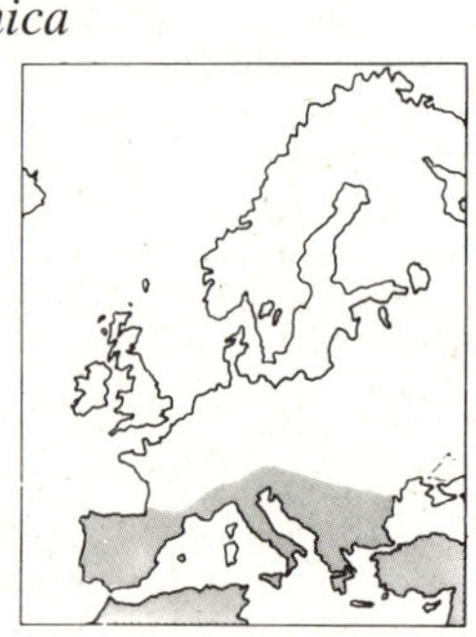

Kennzeichen: Männchen sehr hell sandfarben (bei der östlichen Rasse fast weiß wirkend), Scheitel und Bürzel weißlich, Brust gelblichbraun, entweder mit schwarzem Gesicht und schwarzer Kehle oder nur mit schwarzem Augenstreif. Weibchen ähnlich dem des Steinschmätzers, aber mit dunkleren Ohrdecken, schwärzeren Flügeln und mehr Weiß an der Schwanzwurzel.
Stimme: Ein hartes „tack", gefolgt von einem Pfiff. Gesang, von einer Singwarte aus oder im Balzflug, hoch und schnell „schwer, schwi, wschwiuh".
Biotop: Offenes, trockenes Gelände, auch steinige Hänge mit leichter Deckung.
Nahrung: Hauptsächlich Insekten.
Fortpflanzung: Nistet auf oder dicht über dem Boden. 4–5 Eier; das Weibchen brütet etwa 14 Tage. Die Jungen fliegen nach etwa der gleichen Zeit aus.

Männchen

Braunkehlchen
Saxicola rubetra

12.5 cm

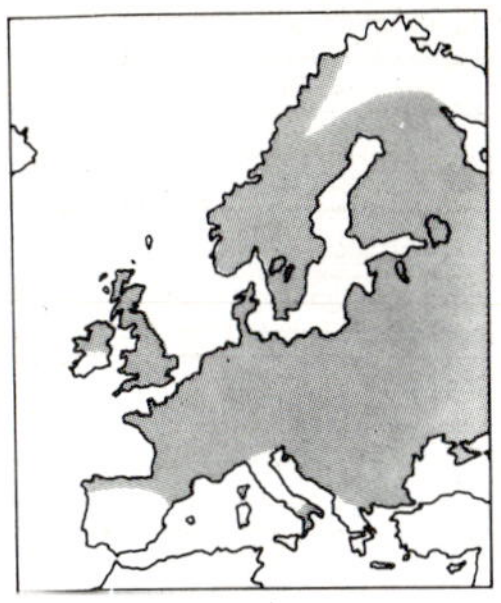

Männchen (kleines Bild: Weibchen)

Kennzeichen: Oberseite und Kopf schwarz und rostbraun gestreift, Wangen oben und unten abstechend weiß begrenzt; Kehle und Brust rostgelb; an der Schwanzwurzel und auf dem Flügel weiße Abzeichen. Weibchen und Männchen im Ruhekleid blasser, aber auch mit Brauenstreif.
Stimme: Lockruf „füd-teckteck". Das kurze, etwas metallisch, aber angenehm klingende Lied wird von einer Singwarte aus oder in kurzem Balzflug vorgetragen; es enthält oft Nachahmungen.
Biotop: Offenes Gelände mit Büschen, Wiesen und dgl.; selten an der Küste, außer auf dem Zug.
Nahrung: Hauptsächlich Insekten, Spinnen und Würmchen.
Fortpflanzung: Das Nest wird vom Weibchen im Gras gebaut, gern neben einem Strauch. 5–6 Eier, die vom Weibchen 13 Tage bebrütet werden. Die Jungen fliegen mit etwa 13 Tagen aus. 1 Jahresbrut.

Männchen

Weibchen

Jungvogel

Schwarzkehlchen
Saxicola torquata

12.5 cm

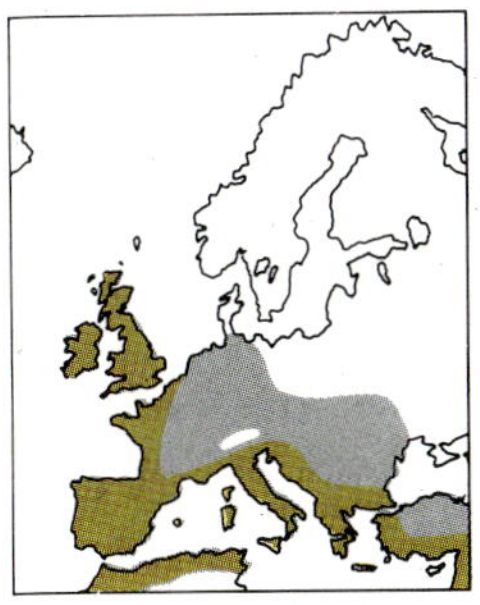

Kennzeichen: Männchen sehr auffällig gefärbt, mit schwarzem Kopf, schwarzer Kehle, weißen Halsseiten, hellroter Brust und dunkel gestreiftem Rücken mit weißem Bürzel und Flügelfleck. Weibchen oberseits schlicht graubraun, unterseits rötlich; Jungvögel noch matter gefärbt. Sitzt gern auf erhöhter Warte.
Stimme: Ein hartes „fiht, teck-teck" und ein einzelnes „tick". Der Gesang erinnert an Heckenbraunelle, ist aber einfacher und kratzender; er wird von einer Singwarte aus oder im Flug vorgetragen.
Biotop: Trockenes Ödland mit einzelnen Büschen und dgl.
Nahrung: Hauptsächlich Insekten, Spinnen und Würmchen.
Fortpflanzung: Ähnlich wie beim Braunkehlchen, doch scheint sich das Männchen am Nestbau und am Brüten zu beteiligen. 5–6 Eier, Brutdauer 14–15 Tage. Die Jungen verlassen das Nest, noch kaum flugfähig, mit etwa 14 Tagen.

Weibchen

Gartenrotschwanz

Phoenicurus phoenicurus

Kennzeichen: Männchen im Brutkleid auffallend bunt, Stirn weiß, Gesicht und Kehle schwarz, Oberseite hellgrau, Brust orangerot, Bürzel und Schwanz rostrot; im Ruhekleid dem Weibchen ähnlich. Dieses ist bräunlich, unterseits blasser, hat aber auch roten Schwanz. Jungvögel ober- und unterseits gefleckt.
Stimme: Lockruf hart „füid, teck-teck". Singt meist hoch im Baum, kurz, aber nicht unmusikalisch, „hüh, lülü sissississi".
Biotop: Waldränder und Lichtungen, Parks, Obstgärten usw.
Nahrung: Hauptsächlich Insekten, aber auch Beeren und Früchte.
Fortpflanzung: Nistet in Höhlungen, meist in Bäumen; nimmt Nistkästen an. Das Weibchen baut das Nest und brütet die 6–7 Eier allein in 13–14 Tagen aus. Die Jungen fliegen mit 14–15 Tagen aus. 2 Jahresbruten.

Männchen

Männchen

Weibchen

Hausrotschwanz
Phoenicurus ochruros

14 cm

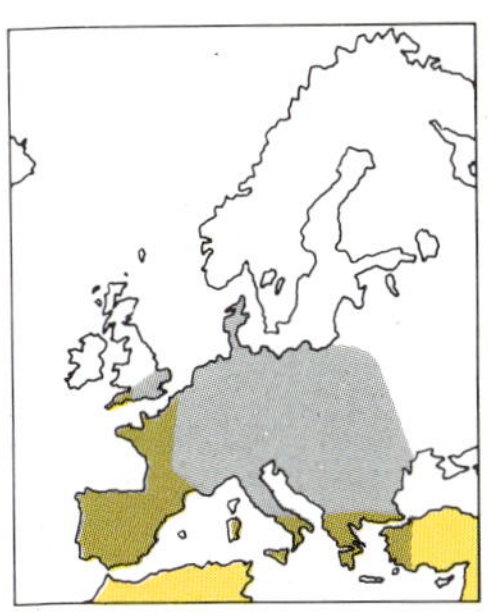

Kennzeichen: Alte Männchen unverkennbar, schwarz, unterseits besonders dunkel, mit weißem Flügelfleck und rostrotem Schwanz; jüngere Männchen grauer, oft ohne Flügelfleck. Weibchen noch blasser, viel grauer als die vom Gartenrotschwanz, aber auch mit rotem Schwanz.
Stimme: Ruft kurz „zip" und „tititit". Singt früh als erster von hoher Warte aus sein unverwechselbares, kurzes, kratzendes Lied.
Biotop: Ursprünglich Felsbewohner; jetzt auch im Flachland an Gebäuden, selbst mitten in Großstädten; gern an Neubauten.
Nahrung: Ähnlich wie Gartenrotschwanz; sucht seine Nahrung mehr am Boden.
Fortpflanzung: Ähnlich wie beim Gartenrotschwanz. Neststand in Höhlungen in Felsen oder an Gebäuden. 4–6 Eier, Brutdauer 12–13 Tage. Die Jungen verlassen das Nest, noch nicht voll flugfähig, mit 16–18 Tagen. 2 Jahresbruten.

Nachtigall
Luscinia megarhynchos

16,5 cm

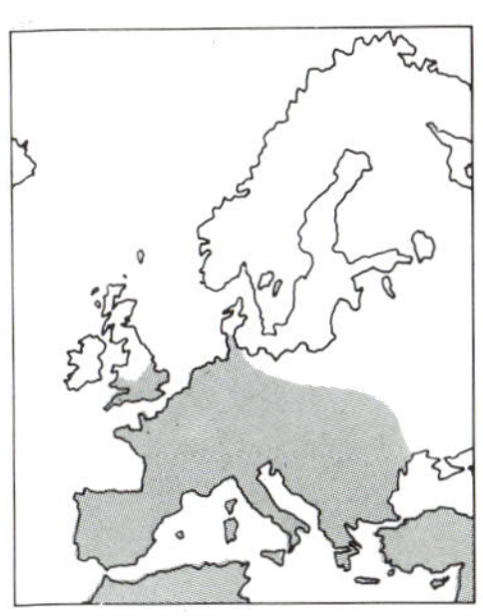

Kennzeichen: Größer als Rotschwänze, schlicht erdbraun, unterseits heller, mit rotbraunem Schwanz. Meist sehr heimlich und schwer zu beobachten, viel öfter zu hören als zu sehen. – Im Osten wird die Nachtigall durch den sehr ähnlichen Sprosser *(L. luscinia)* mit grauerem Rücken und gewölkter Brust vertreten.
Stimme: Lockruf „hüit", Warnruf „karr". Gesang voll und laut, mit charakteristischen Wiederholungen, einem wohlklingenden, sprudelnden „tschuck-tschuck-tschuck" und einem langen, hohen, gedehnten, langsam an Umfang zunehmenden wiederholten „zieh". Singt auch bei Tag.
Biotop: Lichte Laubwälder, Auwälder, Parks usw. mit viel Unterholz und Fallaub; im Süden auch Olivenhaine und Macchie.
Nahrung: Hauptsächlich Insekten und andere kleine Wirbellose sowie Beeren.
Fortpflanzung: Das Nest wird vom Weibchen, das auch allein brütet, an oder dicht über dem Boden gebaut. Meist 5 Eier, Brutdauer 13–14 Tage, Nestlingszeit 11–12 Tage. 1 Jahresbrut.

Heckensänger

Cercotrichas galactotes

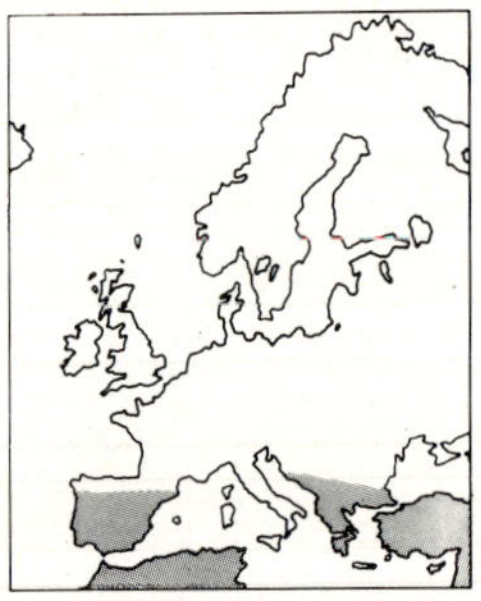

Kennzeichen: Gut rotschwanzgroß, schlank, langbeinig, oberseits rotbraun (östliche Rasse graubraun), mit langem, rotbraunem Schwanz mit schwarz-weißen Spitzen, rahmweißem Brauenstreif, unterseits sandfarben. Keck, sitzt auffällig mit erhobenem, gefächertem Schwanz auf erhöhter Warte wie auf dem Boden.
Stimme: Lockruf ein hartes „teck". Gesang wohlklingend, mit hellen, ansteigenden Flötentönen, aber abgerissen, von erhöhter Singwarte aus oder in langsamem, sinkendem Flug vorgetragen.
Biotop: Offene Gärten, Weinberge, Olivenhaine usw.
Nahrung: Hauptsächlich Insekten und ihre Larven.
Fortpflanzung: Neststand in Gestrüpp, Kaktushecken und dgl. dicht über dem Boden. 4–5 Eier; nur das Weibchen brütet. Einzelheiten der Brutpflege unbekannt.

Blaukehlchen

Luscinia svecica

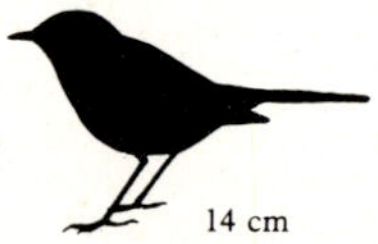

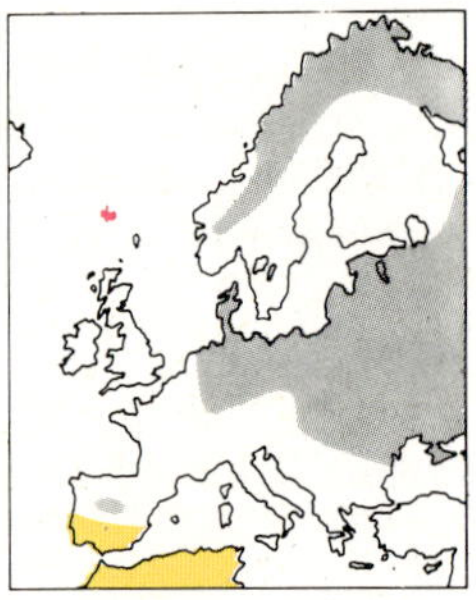

Kennzeichen: Rotkehlchengroß, oberseits bräunlich mit gelblichweißem Brauenstreif und rotbrauner Schwanzwurzel. Männchen im Brutkleid mit leuchtend blauer, unten schwarz und rotbraun gesäumter Kehle, bei der skandinavischen Rasse *(L. s. svecica)* mit rostrotem, bei den südlichen Rassen *(L. s. cyanecula und L. s. namnetum)* weißem „Stern"; Weibchen mit unterbrochenem schwärzlichem Halsband; Jungvögel streifig.
Stimme: Ein sanftes „huit" und ein hartes „tack". Gesang wohlklingend und sehr abwechslungsreich, mit zahlreichen Nachahmungen, von einer Singwarte aus oder im Zickzackflug vorgetragen.
Biotop: Feuchtes Gebüsch an Flüssen und Seen, im Norden auf dem Fjell, in Frankreich (am Atlantik) Salzsümpfe mit Tamariskengebüsch.
Nahrung: Insekten und andere Wirbellose sowie Samen.
Fortpflanzung: Neststand gut versteckt am oder dicht über dem Boden. 5–7 Eier; nur das Weibchen brütet (13–15 Tage). Nestlingszeit etwa 2 Wochen.

Altvogel (kleines Bild: Jungvogel)

Rotkehlchen
Erithacus rubecula

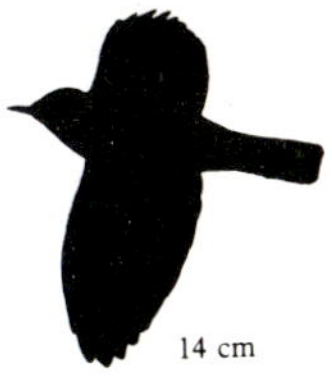

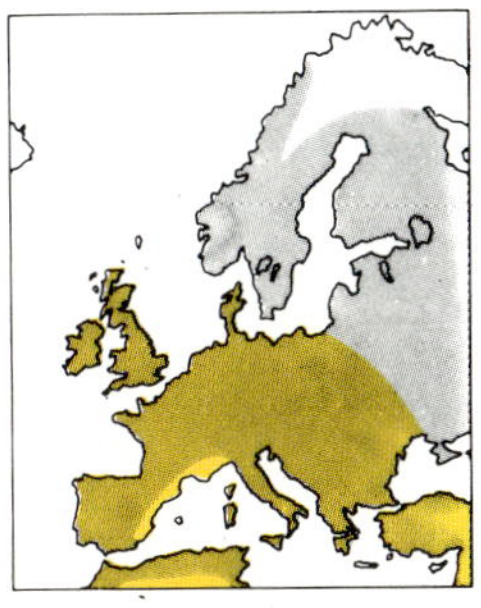

Kennzeichen: Rundlich, oberseits olivbraun, unterseits weißlich, Gesicht und Brust feuerrot, unten blaß blaugrau eingefaßt. Sehr vertraut.
Stimme: Ein dünnes „zieh" und ein hartes „tick", auch gereiht („Schnickern"). Der laute, wohlklingende, abwechslungsreiche, etwas schwermütige Gesang beginnt mit einigen hohen, gepreßten Lauten, gefolgt von perlenden und flötenden Tönen.
Biotop: Unterholzreiche Wälder aller Art, Parks, Gärten, Gebüsch, Hecken usw.
Nahrung: Hauptsächlich Insekten und andere Wirbellose, ferner Samen, Beeren und Früchte.
Fortpflanzung: Das Nest wird allein vom Weibchen gebaut, es steht gut gedeckt am oder dicht über dem Boden in einer Halbhöhle. 4–7 Eier; nur das Weibchen brütet (13–14 Tage) und wird während dieser Zeit vom Männchen gefüttert. Die Jungen verlassen das Nest nach etwa 14 Tagen. Sie werden manchmal noch vom Männchen gefüttert, während das Weibchen schon ein zweites Gelege bebrütet („Schachtelbrut").

Seidensänger
Cettia cetti

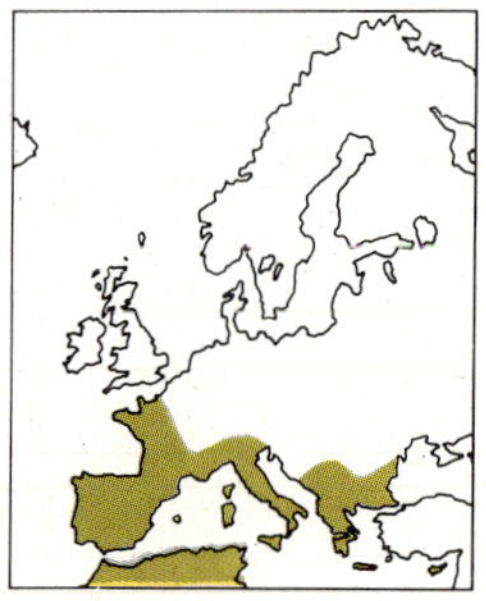

Kennzeichen: Rotkehlchengroß, heimlich, schwer zu beobachten, oberseits rötlichbraun mit dünnem, blassem Brauenstreif, unterseits grauweiß, mit breitem, gerundetem Schwanz.
Stimme: Verrät sich meist durch seine Stimme. Ruft kennzeichnend kurz „tuick“ und laut „tschih“. Gesang kurz, sehr laut, plötzlich ausbrechend und endend, etwa „tschi-tschi-tschütt! tschütti-tschütti-tschütti!“, aus dichtem Bewuchs heraus.
Biotop: Dichtes, niedriges Pflanzengewirr, meist dicht am Wasser.
Nahrung: Hauptsächlich Insekten und andere Wirbellose.
Fortpflanzung: Nistet in niedrigem Bewuchs. 3–5 Eier; nur das Weibchen brütet (etwa 2 Wochen); die Jungen fliegen mit 12–14 Tagen aus.

Rohrschwirl
Locustella luscinioides

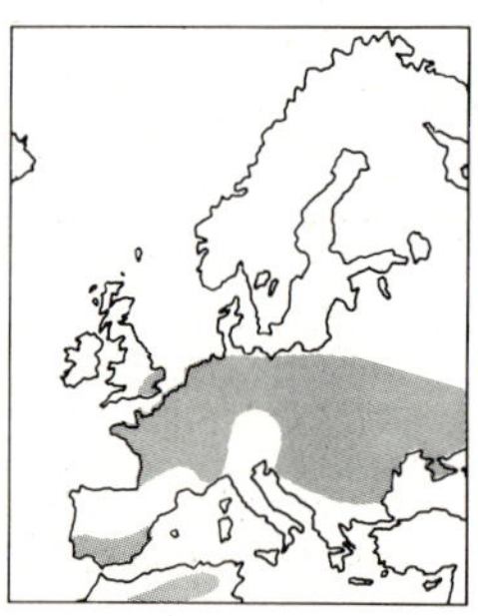

Kennzeichen: Rohrsängerähnlich, oberseits bräunlich, ungestreift, mit kurzem, gelblichem Brauenstreif, unterseits weißlich mit bräunlichen Flanken.
Stimme: Bestes Kennzeichen der Gesang, ein Schwirren ähnlich dem des Feldschwirls, aber langsamer, etwas tiefer und meist viel kürzer, „örrrr...“. Ruft gedämpft „tsuick“. Singt von der Spitze eines Schilfhalmes oder eines Busches.
Biotop: Ausgedehntes Röhricht mit einzelnen Büschen.
Nahrung: Hauptsächlich Insekten und andere Wirbellose.
Fortpflanzung: Das umfangreiche Nest aus Schilfblättern steht niedrig im Röhricht über dem Wasser. 4–6 Eier; nur das Weibchen brütet (etwa 12 Tage); die Jungen fliegen nach etwa der gleichen Zeit aus. 2 Jahresbruten. Oft beginnt das Männchen schon mit dem Bau eines zweiten Nestes, während das Weibchen noch mit der ersten Brut beschäftigt ist.

Feldschwirl
Locustella naevia

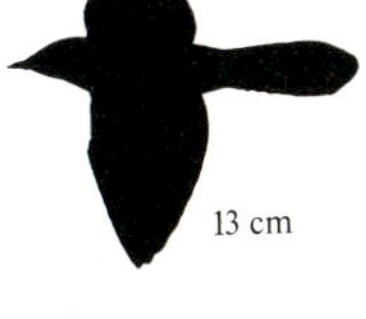

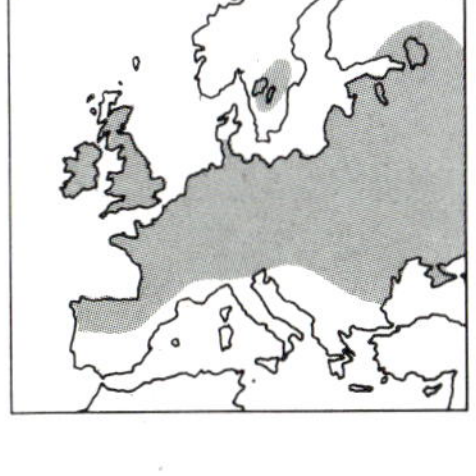

Kennzeichen: Sehr heimlich, häufiger zu hören als zu sehen. Oberseits olivbraun, kräftig gestreift, mit stark gerundetem, schwach gebändertem Schwanz, unterseits gelblichweiß.
Stimme: Ruft kurz „huit" oder ähnlich. Am bekanntesten der Gesang, ein anhaltendes, mechanisches, hohes Schnurren, wie das Aufspulen einer Angelschnur, „errr…", von etwa 2 Minuten Dauer, bei Tag und Nacht zu hören.
Biotop: Trockene und feuchte offene Landschaft mit dichtem Bodenbewuchs und einzelnen Büschen – Sümpfe, feuchte Wiesen, trockene Heide, junge Schonungen usw.
Nahrung: Insekten und andere Wirbellose.
Fortpflanzung: Das Nest steht gut versteckt am Boden, oft in einer Bülte; es wird von beiden Partnern gebaut. Meist 6 Eier; beide Altvögel brüten (13–15 Tage). Die Jungen verlassen das Nest mit 10–12 Tagen. Wahrscheinlich nur eine Jahresbrut.

Drosselrohrsänger

Acrocephalus arundinaceus

19 cm

Kennzeichen: Wie ein großer Teichrohrsänger (fast starengroß), mit deutlichem hellem Brauenstreif, eckigem Kopf und großem Schnabel. Setzt sich oft frei hin, selbst auf Bäume oder Leitungsdrähte.
Stimme: Sehr laut. Warnruf „karr, karr". Gesang knarrend und krächzend, etwa „karre-karre-kiet-kiet-kiet, karre-karre-kiet..." und dgl.
Biotop: Ausgedehntes Röhricht mit einzelnen Büschen.
Nahrung: Insekten und andere Wirbellose; auch kleine Fische und Kaulquappen.
Fortpflanzung: Koloniebrüter. Das Nest, ein tiefer, an Rohrhalmen über dem Wasser hängender Napf, wird nur vom Weibchen erbaut. 4–6 Eier; beide Partner brüten (14–15 Tage). Die Jungen fliegen nach etwa der gleichen Zeit aus. 1–2 Jahresbruten.

Sumpfrohrsänger

Acrocephalus palustris

12.5 cm

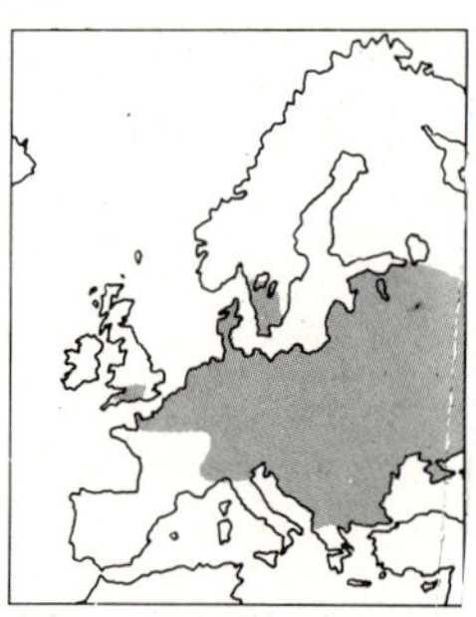

Kennzeichen: Im Feld vom Teichrohrsänger meist kaum zu unterscheiden, aber oft oberseits mehr olivbraun mit etwas deutlicherem Brauenstreif und weißerer Kehle. Verläßlichstes Unterscheidungsmerkmal der Gesang.
Stimme: Verschiedene Rufe ähnlich denen des Teichrohrsängers. Gesang ähnlich aufgebaut, aber viel abwechslungsreicher und wohlklingender, mit vielen Trillern und Nachahmungen anderer Vögel.
Biotop: Weniger Sümpfe als dichtes Gestrüpp von Stauden und Büschen, Raps- und Kornfelder usw.
Nahrung: Hauptsächlich Insekten, aber auch Beeren.
Fortpflanzung: Brutverhalten wie bei anderen Rohrsängern. Nest flacher als beim Teichrohrsänger, an Getreidehalmen, Brennnesselstengeln und dgl. aufgehängt. 3–5 Eier; Brutdauer 12–13 Tage, Nestlingszeit 10–14 Tage. Anscheinend nur 1 Jahresbrut.

Teichrohrsänger
Acrocephalus scirpaceus

12.5 cm

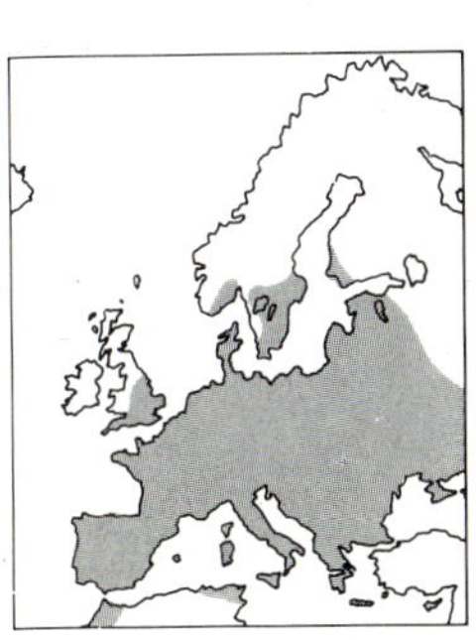

Kennzeichen: Spitzköpfig, mit ziemlich langem, spitzem Schnabel. Oberseits braun mit schwach rötlichem Bürzel und ganz schwachem Brauenstreif (der auch fehlen kann), unterseits weißlich mit leicht gelblichen Flanken.
Stimme: Verschiedene kurze, harte, schnarrende Rufe, ein tiefes „tscharr", ein rauhes „skarr" und ein kurzes, scharfes „teck". Der lange, unmusikalische Gesang, ähnlich dem des Drosselrohrsängers, aber leiser, besteht aus verschiedenen, mehrfach wiederholten Motiven – „terre-terre-tet-tet-tet, terre-terre-tet...", „tschirrak-tschirrak", „djäg-djäg-djäg" und dgl. – und enthält manchmal auch Nachahmungen anderer Vögel.
Biotop: Röhricht und andere Ufervegetation; manchmal auch weit vom Wasser entfernt.
Nahrung: Wie seine Verwandten.
Fortpflanzung: Nest ein tiefer Napf, meist an Rohrhalmen aufgehängt. Meist 4 Eier; beide Partner brüten (11–12 Tage). Die Jungen fliegen nach 11–12 Tagen aus.

Schilfrohrsänger
Acrocephalus schoenobaenus

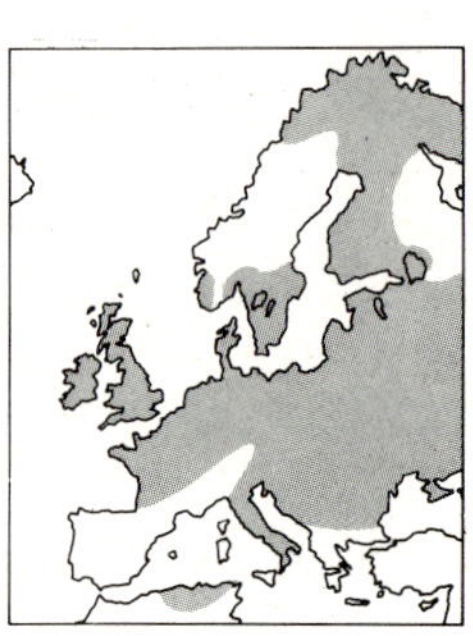

Kennzeichen: Von Teich- und Sumpfrohrsänger durch kräftigere Zeichnung unterschieden. Oberseits schwarz-braun gestreift mit ungestreift rostbraunem Bürzel, dunklem, gestreiftem Scheitel, dunklem Augen- und auffallendem weißlichem Brauenstreif; unterseits rahmweiß mit gelbbraunen Flanken.
Stimme: Ein scharfes „tack", ein ratternder Laut und ein hartes Schnarren. Gesang abwechslungsreicher und musikalischer als der des Teichrohrsängers, mit weniger Wiederholungen, enthält lange Triller und ein kennzeichnendes „woid-woid-woid"-Motiv, wird von einer Sitzwarte oder in einem kurzen, senkrechten Balzflug vorgetragen.
Biotop: Röhricht und andere Ufervegetation mit einzelnen Büschen.
Nahrung: Wie seine Verwandten.
Fortpflanzung: Neststand meist in geringer Höhe in dichter Vegetation, möglichst am oder über dem Wasser. 4–6 Eier, die allein oder vorwiegend vom Weibchen bebrütet werden (13–14 Tage). Die Jungen fliegen mit etwa 2 Wochen aus. 1–2 Jahresbruten.

Cistensänger
Cisticola juncidis

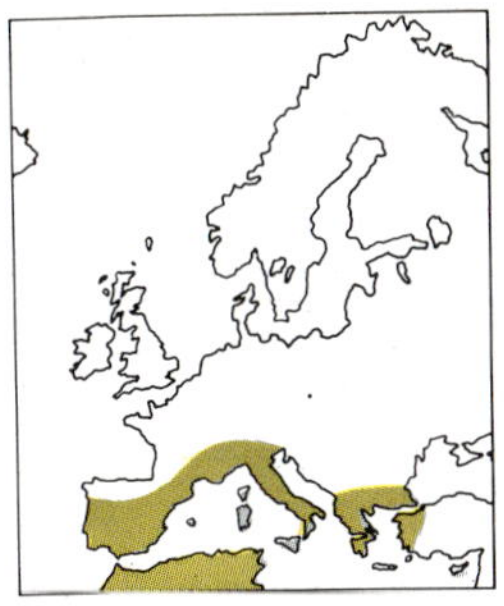

Kennzeichen: Winzig (kleiner als Zilpzalp), mit kurzem, gerundetem Schwanz. Scheitel und Rücken braun und rostgelb gestreift, Bürzel rotbraun, äußere Schwanzfedern mit schwarz-weißen Spitzen, Unterseite weißlich, Brust und Flanken leicht rostgelb. Heimlich, am besten beim Balzflug zu beobachten.
Stimme: Ruft kurz „tiu“. Singt in mattem Wellenflug über dem Revier „zihp, zihp, zihp“, wobei jeder Ton auf einen Aufstieg fällt.
Biotop: Offenes trockenes oder feuchtes Gelände, z. B. Wiesen, Sümpfe, Ackerland; nicht an Cistrosen gebunden.
Nahrung: Insekten und andere kleine Wirbellose.
Fortpflanzung: Das birnenförmige Nest steht in niedriger Vegetation. 4–6 Eier; beide Partner brüten (10–11 Tage). Die Jungen fliegen nach etwa der gleichen Zeit aus.

Mariskensänger
Acrocephalus melanopogon

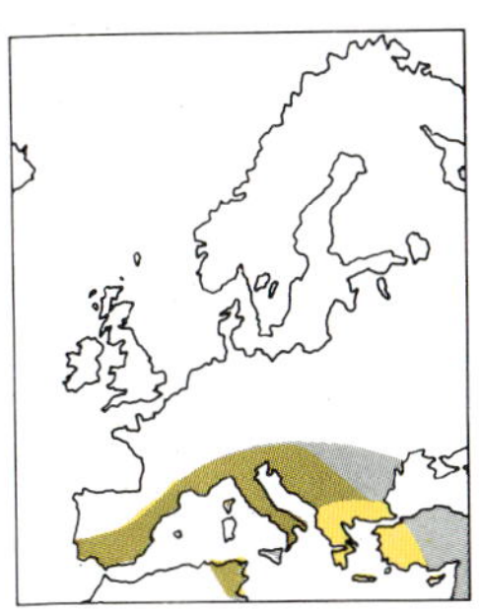

Kennzeichen: Dem Schilfrohrsänger sehr ähnlich, aber oberseits oft mehr rostfarben, mit fast schwarzem Scheitel, weißerem, breit bis zum Genick verlaufendem Brauenstreif, dunkleren Wangen und sehr weißer Kehle.
Stimme: Ein hartes „tschack“ und ein weiches „trrrt“. Gesang ähnlich dem des Schilfrohrsängers, aber sanfter und wohlklingender, mit vier- bis sechsmal wiederholten Motiven.
Biotop: Röhricht und Sümpfe.
Nahrung: Wie andere Rohrsänger.
Fortpflanzung: Nistet im Röhricht oder Gebüsch am Wasser. 3–4 Eier. Brutverhalten sehr ähnlich wie Schilfrohrsänger.

Gelbspötter
Hippolais icterina

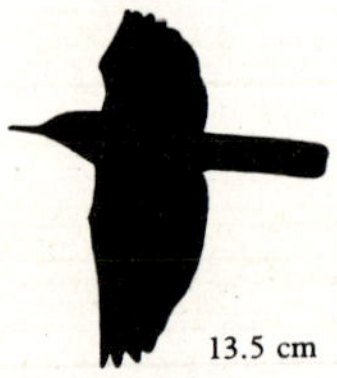

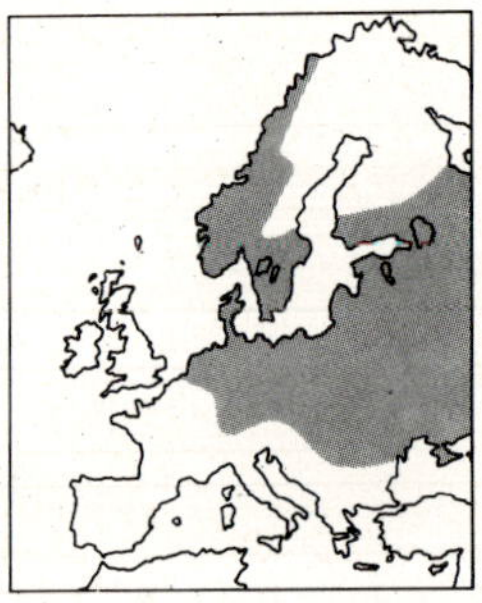

Kennzeichen: Etwas größer als Sumpfrohrsänger, spitzköpfig, mit kräftigem Schnabel; oberseits grünlich mit hellem Flügelfleck, unterseits gelb.
Stimme: Lockruf kennzeichnend „dideroíd", Warnruf schnarrend „errr"; ferner scharf „teck" und „huit". Gesang an Sumpfrohrsänger erinnernd, aber schärfer; ein langes, lautes, abwechslungsreiches Gemisch aus wohlklingenden und mißtönenden Lauten, wobei jedes Motiv mehrfach wiederholt wird.
Biotop: Waldränder, Parks, Gärten usw.
Nahrung: Insekten und ihre Larven.
Fortpflanzung: Das Nest wird in die Zweige eines Baumes oder Strauches eingebaut; beide Partner beteiligen sich. Meist 5 Eier, die vorwiegend vom Weibchen 13 Tage bebrütet werden. Die Jungen verlassen das Nest nach etwa der gleichen Zeit. 1 Jahresbrut.

Orpheusspötter
Hippolais polyglotta

Kennzeichen: Dem Gelbspötter sehr ähnlich, mit rundem Kopf, oberseits etwas brauner, Flügel kürzer, mit unauffälligem gelblichem Fleck, unterseits kräftiger gelb; Füße meist bräunlicher.
Stimme: Scharf „tit-tit", sanft „huit"; ferner mehrere sperlingsartige Rufe. Langer, wohlklingender Gesang mit wenig Wiederholungen; oft werden schilpende Laute eingefügt.
Biotop: Ähnlich wie Gelbspötter; gern in dichter Vegetation am Wasser.
Nahrung: Wie Gelbspötter
Fortpflanzung: Ähnlich wie Gelbspötter. Neststand in Astgabel. Meist 4 Eier; nur das Weibchen brütet (12–13 Tage). Die Jungen fliegen nach etwa der gleichen Zeit aus.

Männchen

Weibchen

Mönchsgrasmücke
Sylvia atricapilla

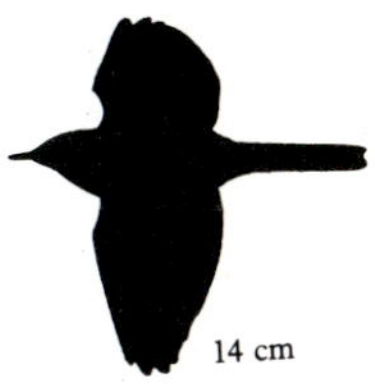

14 cm

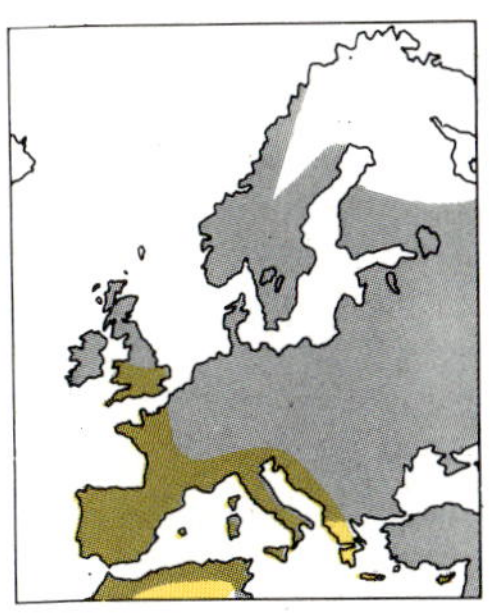

Kennzeichen: Größer, von anderer Gestalt und mit anderem Verhalten als die ähnlich gefärbte Sumpfmeise. Männchen oberseits gräulichbraun mit schwarzer Kappe, unterseits heller; Weibchen mit rotbrauner Kappe, unterseits bräunlicher. Jungvögel oberseits mehr rostfarben, unterseits mehr gelb, junge Männchen mit schwarzbrauner Kappe.
Stimme: Ein hartes „tack, tack" und ein rauhes Schnarren. Das wohlklingende Lied beginnt mit einem leiseren Zwitschern und endet mit einem lauten, flötenden „Überschlag". Dieser wird in manchen Gebieten durch ein „Leiern" ersetzt, das sich anscheinend ausbreitet.
Biotop: Unterholzreiche Wälder usw.; seltener in Gärten.
Nahrung: Hauptsächlich Insekten und andere kleine Wirbellose, aber auch Beeren und andere Früchte.
Fortpflanzung: Neststand in Büschen oder niedrig in Bäumen. Beide Partner beteiligen sich an Nestbau und Brutpflege. Meist 5 Eier; Brutdauer nach einigen Angaben 10–11, nach anderen 14–15 Tage. Die Jungen fliegen mit 10–13 Tagen aus. 2 Jahresbruten.

Sperbergrasmücke
Sylvia nisoria

15 cm

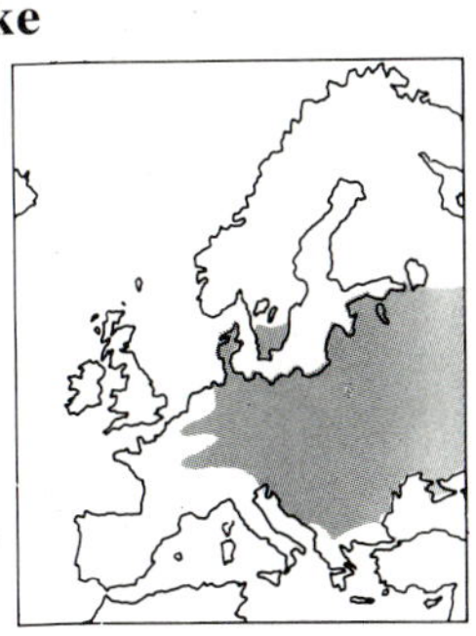

Kennzeichen: Größer als Mönchsgrasmücke, untersetzt, mit kräftigem Schnabel und gelben Augen. Oberseite aschgrau mit zwei weißlichen Flügelbinden, Schwanz ziemlich lang, außen mit etwas Weiß, Unterseite weißlich, dunkelgrau gewellt. Weibchen bräunlicher, Jungvögel unterseits bräunlichgrau, fast ohne Zeichnung.
Stimme: Ein scharfes „tscheck" und ein schnarrendes „tschärr, tschärr", das auch im Gesang vorkommt. Dieser erinnert an Gartengrasmücke, ist aber kürzer und kratzender; er wird oft in dorngrasmückenähnlichem Singflug vorgetragen.
Biotop: Dickichte, bebuschtes Gelände usw., gern in Wassernähe.
Nahrung: Insekten und andere Wirbellose sowie Beeren.
Fortpflanzung: Nistet in Dornbüschen und dgl. Brutverhalten wie bei anderen Grasmücken. 5–6 Eier, Brutdauer 14–15 Tage, Nestlingszeit bis zu 14 Tagen. 1 Jahresbrut.

Weibchen (kleines Bild: Jungvogel)

Garten-grasmücke
Sylvia borin

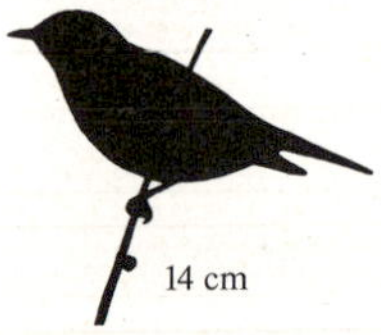

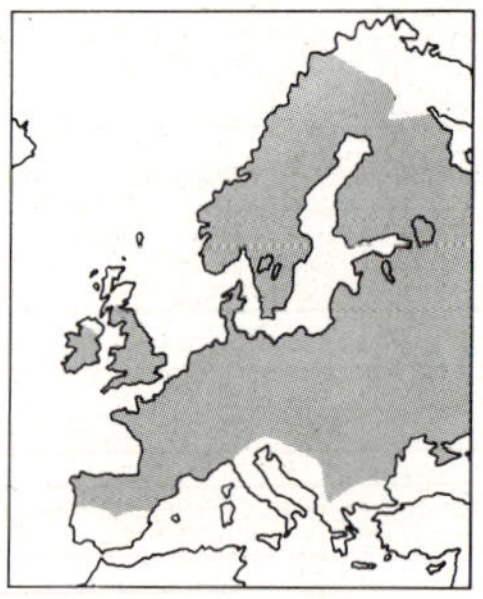

Kennzeichen: So groß wie Mönchsgrasmücke, aber rundlicher, schlicht gefärbt, oberseits bräunlichgrau, unterseits heller, ohne alle Abzeichen; Schnabel kurz.
Stimme: Rufe ähnlich wie Mönchsgrasmücke, aber weniger hart. Gesang viel länger, ein gleichmäßiges, eiliges, wohlklingendes Plätschern.
Biotop: Unterholzreiche Wälder, Schonungen usw.; selten in Gärten.
Nahrung: Wie andere Grasmücken.
Fortpflanzung: Nistet im Gebüsch, gern im Dorngestrüpp. 4–5 Eier. Brutdauer etwa 12 Tage, Nestlingszeit 10–12 Tage. 1 Jahresbrut.

Dorngrasmücke
Sylvia communis

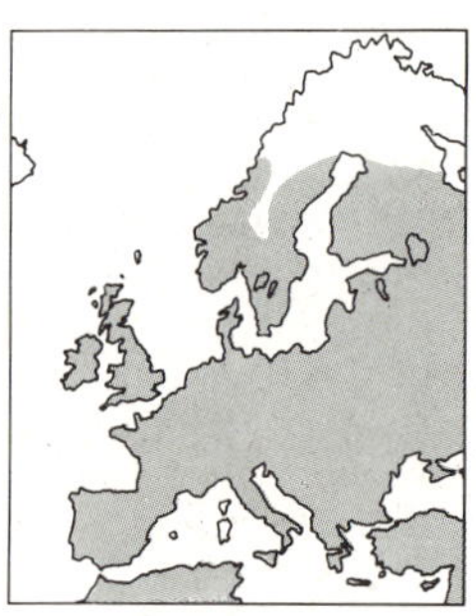

Kennzeichen: Kleiner als Mönchsgrasmücke. Männchen mit grauer Kappe, auffallend weißer Kehle, rostbraunen Flügeln und ziemlich langem Schwanz mit weißen Seiten; unterseits weißlich, bräunlichrosa überhaucht. Weibchen ähnlich, aber matter und bräunlicher. Ständig in Bewegung, mal im Dickicht, mal im Freien.
Stimme: Ein kennzeichnendes „wäd-wäd-wäd", ein hartes „tscheck" und ein scheltendes „tschörr". Gesang ein kurzes, eiliges Gezwitscher, von einer Singwarte aus oder in kurzem, tanzendem Balzflug vorgetragen.
Biotop: Hecken und niedriges Gebüsch, meist in ziemlich offenem Gelände.
Nahrung: Wie andere Grasmücken.
Fortpflanzung: Wie andere Grasmücken. Nistet im Gebüsch niedrig über dem Boden. 4–6 Eier, Brutdauer 11–13 Tage, Nestlingszeit 10–12 Tage. 2 Jahresbruten.

Klapper-grasmücke

Sylvia curruca

13,5 cm

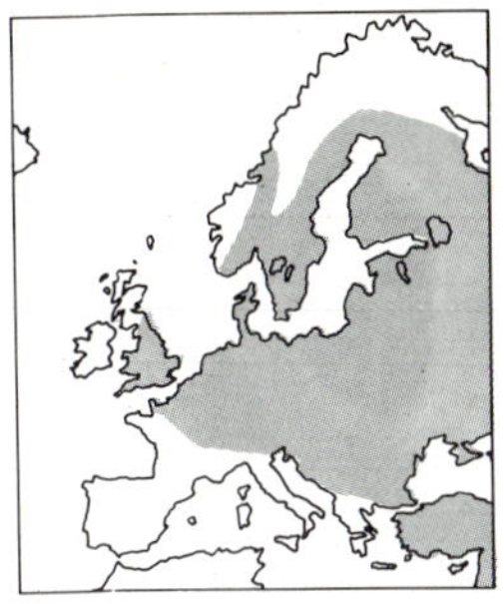

Kennzeichen: Der Dorngrasmücke ähnlich, aber kleiner, mit kürzerem Schwanz; oberseits grauer (ohne Braun), mit dunklerer Kappe und dunklen Ohrdecken, unterseits weißer, ohne Rosa.
Stimme: Viele Rufe ähnlich denen der Dorngrasmücke; singt ganz anders (nicht im Flug): einem leisen, oft unhörbaren Gezwitscher folgt ein lautes, eintöniges, an Sumpfmeise erinnerndes Klappern.
Biotop: Ähnlich wie Dorngrasmücke, zieht aber höheres Gebüsch mit einigen Bäumen vor; auch in Parks und Gärten.
Nahrung: Wie andere Grasmücken.
Fortpflanzung: Das kleine, flache Nest wird vom Männchen niedrig im Gebüsch angelegt und vom Weibchen vollendet. 4–6 Eier; meist brütet nur das Weibchen (10–11 Tage). Nestlingszeit etwa 11 Tage.

Orpheusgrasmücke

Sylvia hortensis

15 cm

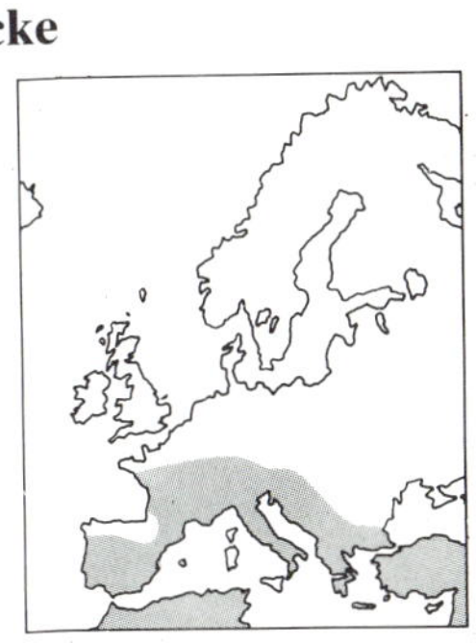

Kennzeichen: Größer als Mönchsgrasmücke, mit hell strohgelben Augen, weißen äußeren Schwanzfedern und mattschwarzer, bis unter die Augen, reichender und allmählich in den grauen Rücken übergehender Kappe und weißer Kehle; Weibchen mehr bräunlich.
Stimme: Verschiedene harte Rufe wie „täck“ und ein schnarrender Alarmruf. Lauter, wohlklingender, drosselartiger Gesang mit vier- bis fünfmal wiederholten Motiven.
Biotop: Wälder, Olivenhaine, Obstgärten, Macchie usw. – gewöhnlich an Bäume gebunden.
Nahrung: Insekten, Beeren, Früchte.
Fortpflanzung: Nistet in einem Busch oder kleinem Baum. 4–5 Eier; beide Partner brüten (etwa 12 Tage). Die Jungen fliegen nach etwa der gleichen Zeit aus.

Männchen

Weibchen

Weißbart-Grasmücke
Sylvia cantillans

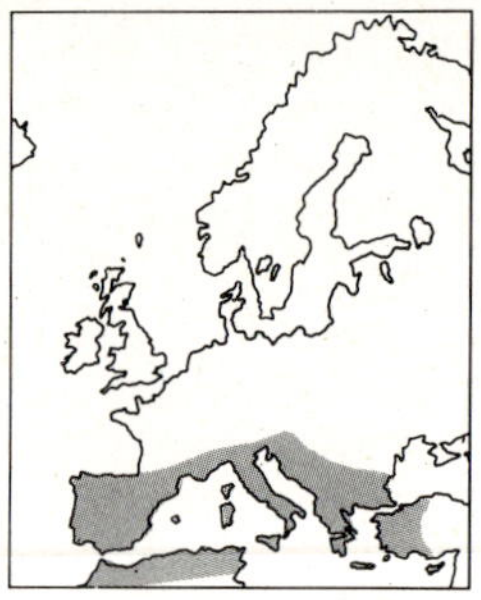

Kennzeichen: Kleiner als Klappergrasmücke, oberseits hellgrau, unterseits gelblichrot, mit ziemlich langem, dunklem, außen weißem Schwanz. Männchen mit auffallendem schmalem, weißem Bartstreif; Weibchen matter und blasser.
Stimme: Ein leises, abgehacktes „teck, teck" und ein schneller, schnarrender Alarmruf. Gesang an Dorngrasmücke erinnernd, aber langsamer und wohlklingender, von einer Sitzwarte aus oder in kurzem, tänzelndem Balzflug.
Biotop: Macchie, Dickichte, Strauchheide, Waldränder, Flußufer usw.
Nahrung: Insekten und andere kleine Wirbellose.
Fortpflanzung: Nistet gut versteckt in niedrigem Gebüsch. 3–4 Eier; nur das Weibchen brütet (11–12 Tage). Die Jungen fliegen nach etwa der gleichen Zeit aus. 2 Jahresbruten.

Samtkopf-Grasmücke
Sylvia melanocephala

Kennzeichen: So groß wie Klappergrasmücke. Männchen oberseits grau mit bis unter das Auge hinabreichender schwarzer Kappe und scharf abgesetzter weißer Kehle, unterseits weißlich mit grauen Flanken; ziemlich langer, gestufter schwarzer, außen weißer Schwanz; Auge rot umrandet. Weibchen bräunlicher, Kappe kaum dunkler als Rükken.
Stimme: Laut „tscha-tscha-tscha-tscha"; langer, wohlklingender Gesang, von einer Singwarte aus oder in kurzem, tänzelndem Balzflug.
Biotop: Trockenes Gestrüpp, Dickichte, immergrüne Eichenwälder, Gärten usw.
Nahrung: Hauptsächlich Insekten und andere kleine Wirbellose, ferner Früchte und Samen.
Fortpflanzung: Nistet gut versteckt in geringer Höhe. 3–5 Eier; beide Partner brüten (13–15 Tage). Die Jungen fliegen nach 11–14 Tagen aus. 2 Jahresbruten.

Männchen

Provencegrasmücke
Sylvia undata

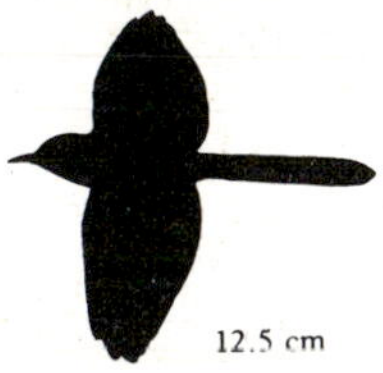

12.5 cm

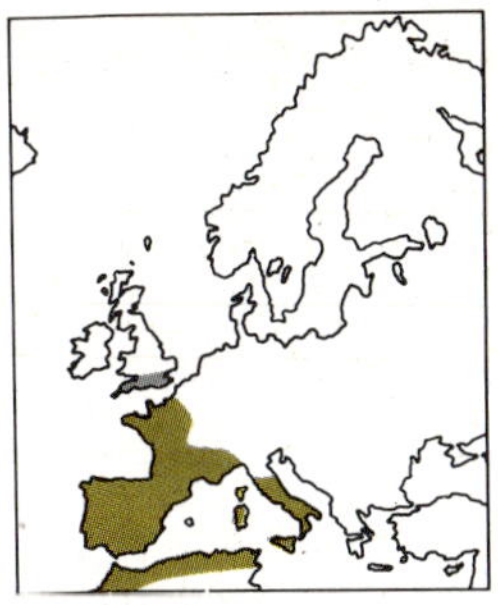

Kennzeichen: Etwas größer und langschwänziger als Weißbartgrasmücke. Männchen mit dunkelgrauem Kopf (mit meist gesträubtem Scheitel), schwarzbrauner Oberseite, schwarzbraunem, außen weißem Schwanz und dunkel rotbrauner Unterseite (mit weiß geflecktem Kinn). Weibchen matter gefärbt. Rotbraune Iris, roter Augenring. Sehr heimlich. Auf den westlichen Mittelmeerinseln brütet die nahe verwandte, auch unterseits dunkle Sardengrasmücke *(S. sarda)*.
Stimme: Häufigster Laut ein undeutliches „tschirrr". Gesang an Dorngrasmücke erinnernd, aber wohllautender, von einer Singwarte aus oder in kurzem Balzflug.
Biotop: Offene Heide und dgl., vor allem mit Ginster, Cistrosen, Heidekraut usw.
Nahrung: Hauptsächlich kleine Insekten, Spinnen und dgl.
Fortpflanzung: Nistet niedrig, gut versteckt. 3–4 Eier, die vorwiegend vom Weibchen bebrütet werden (12–13 Tage). Die Jungen fliegen mit 11–13 Tagen aus. 2–3 Jahresbruten.

Brillengrasmücke
Sylvia conspicillata

12.5 cm

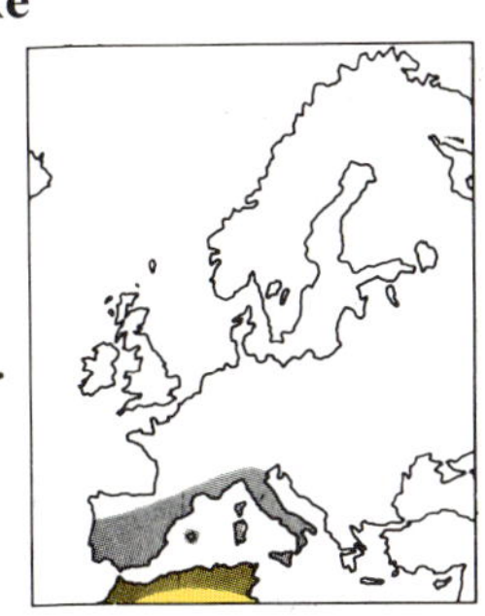

Kennzeichen: Sehr ähnlich einer kleinen, dunkelköpfigen Dorngrasmücke, mit auffallend weißer Kehle und rötlicher Brust. Füße auffallend gelblich-weiß; nur aus der Nähe erkennt man den schmalen weißen Augenring.
Stimme: Ein sehr kennzeichnender leiser, schnarrender Alarmruf. Gesang ziemlich leise, an Dorngrasmücke erinnernd, im Balzflug oder von einer Singwarte aus.
Biotop: Niedriges Gestrüpp sowie besonders mit Queller bewachsenes Gelände an Flachküsten.
Nahrung: Hauptsächlich Insekten und dgl.
Fortpflanzung: Nistet niedrig, gut versteckt. 4–6 Eier; beide Partner brüten (etwa 12–14 Tage). Die Jungen fliegen nach etwa der gleichen Zeit aus.

Fitis
Phylloscopus trochilus

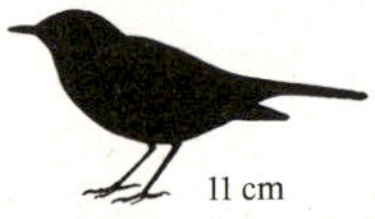

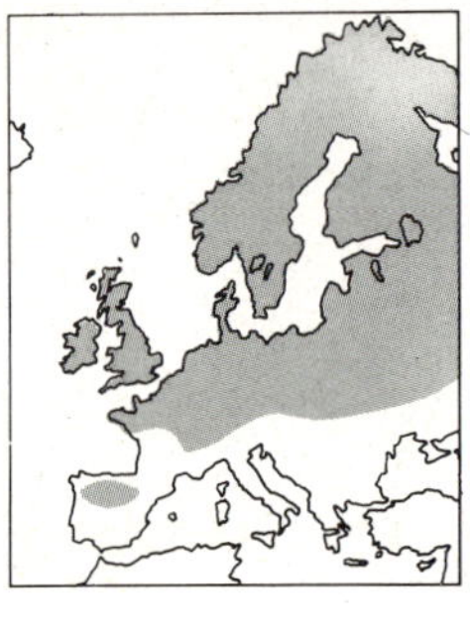

Kennzeichen: Kleiner als Blaumeise, oberseits hell grünlichbraun mit schwachem Brauenstreif; Unterseite gelblichweiß, am kräftigsten gelb bei Jungvögeln im Herbst. Füße gewöhnlich hellbraun.
Stimme: Ruft ziemlich leise zweisilbig „hüid“. Gesang wohlklingend, entfernt an Buchfink erinnernd, aber weniger kraftvoll, sich langsam steigernd, dabei abfallend und in einem kurzen Schnörkel endend.
Biotop: Vor allem Niederwald; auch ziemlich offenes Gelände mit einzelnen Bäumen und Gebüsch.
Nahrung: Hauptsächlich kleine Insekten usw.; im Herbst auch Beeren.
Fortpflanzung: Das Weibchen baut ein überdachtes Nest, meist am Boden. 6–7 Eier; nur das Weibchen brütet (etwa 13 Tage). Die Jungen verlassen das Nest nach 13–14 Tagen. 1 Jahresbrut.

Zilpzalp
Phylloscopus collybita

11 cm

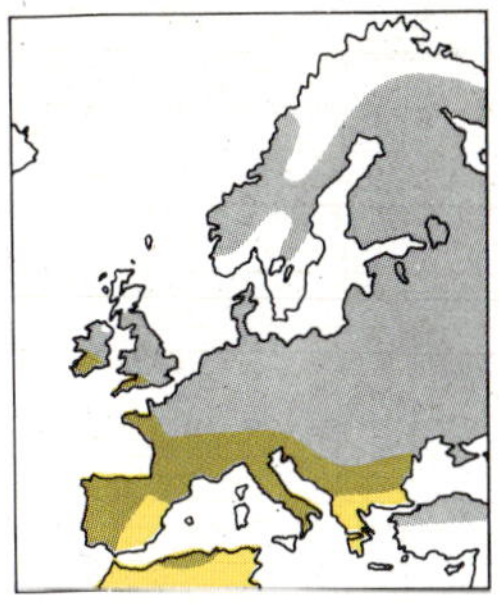

Kennzeichen: Im Feld – außer an der Stimme – vom Fitis kaum zu unterscheiden, meist etwas bräunlicher und unterseits weniger gelblich. Füße gewöhnlich schwärzlich.
Stimme: Ruft mehr einsilbig „hüid", ferner lauter „tuit" und leise „ziff-ziff-ziff". Gesang unverkennbar, eine auf- und absteigende Wiederholung zweier Töne in wechselnder Reihenfolge „zilp-zalp-zilp-zalp-zilp-zilp-zalp...".
Biotop: Höhere Wälder aller Art; mehr Baumbewohner als der Fitis.
Nahrung: Wie Fitis.
Fortpflanzung: Ähnlich wie Fitis. Kugelnest mit nach oben gerichtetem Einschlupf. 6–7 Eier, Brutdauer 13–14 Tage, Nestlingszeit etwa 14 Tage. 1 Jahresbrut.

Nordlaubsänger
Phylloscopus borealis

12 cm

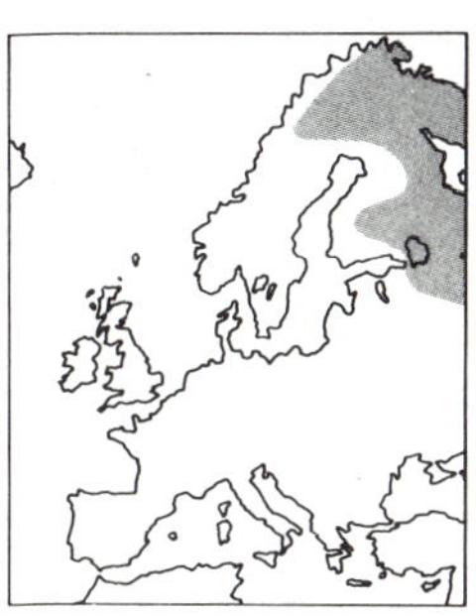

Kennzeichen: Größer als Fitis, oberseits gräulich- oder bräunlichgrün, unterseits weißlich, mit heller Kehle, gelblichem Brauenstreif, dunklem Augenstreif, schmaler weißlicher Flügelbinde und hellgelblichen Füßen.
Stimme: Ruft u.a. kennzeichnend „tssp" oder „tzri" und hart „zick" oder „zwi-ipp". Gesang ein schneller, schwirrender Triller „sresresresresresre...tsihr".
Biotop: Dicht bewachsene Bachtäler und mit Birken bestandene Hänge an Gewässern.
Nahrung: Wie andere Laubsänger.
Fortpflanzung: Überdachtes Nest in niedriger Deckung. 5–6 Eier. Einzelheiten des Brutverhaltens nicht genau bekannt.

Berglaubsänger
Phylloscopus bonelli

Kennzeichen: Oberseits viel grauer als Fitis (besonders der Kopf wirkt zuweilen hellgrau), mit gelblichem Bürzel (meist schwer zu sehen), einem gelben Fleck am Flügelbug und einem gelblichen Fleck auf den Flügeln.
Stimme: Ruft sanft zweisilbig „hu-ihd" und „tschi-tschi". Gesang ein Triller auf einem Ton, langsamer und wohlklingender als der des Waldlaubsängers, mit deutlicher getrennten Einzeltönen.
Biotop: Laub-, Misch- und Nadelwald, in manchen Gebieten auch sehr lichte Waldungen.
Nahrung: Wie andere Laubsänger.
Fortpflanzung: Das backofenförmige Nest mit seitlichem Einschlupf steht immer am Boden. 4–6 Eier. Das Weibchen brütet allein (13 Tage); es wird vom Männchen nicht gefüttert, wohl aber die Jungen, die mit 12 Tagen ausfliegen.

Waldlaubsänger
Phylloscopus sibilatrix

Kennzeichen: Größer und langflügliger als Fitis. Oberseite leuchtend gelblichgrün mit gelbem Brauenstreif, Kehle und Brust schwefelgelb, Bauch weiß.
Stimme: Ruft leise „hüit, hüit, hüit" und sanft „düh". Gesang zweiteilig: einer Reihe von flötenden „düh-düh..." (bis zu zwanzigmal wiederholt) folgen immer schneller werdende „sib-sib...", die mit einem schwirrenden „sirrrrrr" enden; der zweite Teil wird oft in langsamem, waagerechtem Balzflug zwischen zwei Bäumen vorgetragen.
Biotop: Vorwiegend hochstämmiger Laub-, vor allem Buchenwald mit wenig Unterwuchs.
Nahrung: Hauptsächlich kleine Insekten, aber auch Beeren.
Fortpflanzung: Wie bei anderen Laubsängern. 6–7 Eier, Brutdauer etwa 13 Tage, Nestlingszeit 11–12 Tage. 1 Jahresbrut.

Sommergoldhähnchen
Regulus ignicapillus

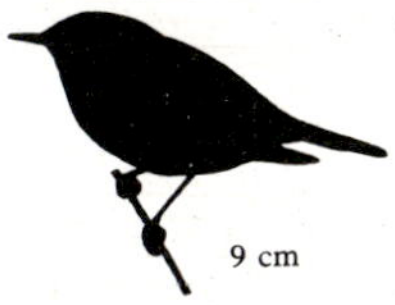

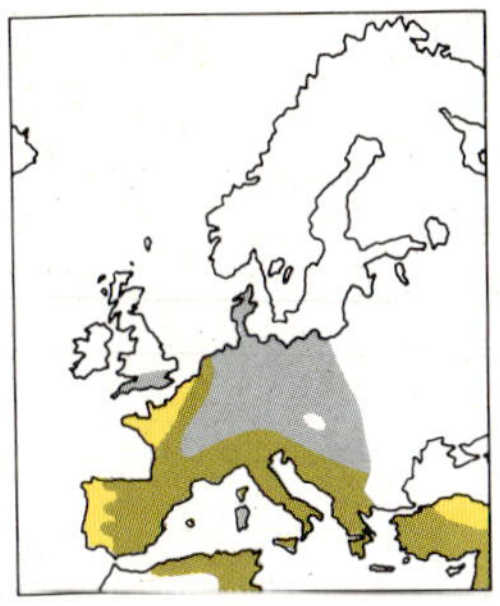

Kennzeichen: Kräftiger grüne Oberseite, schärfer von der weißeren Unterseite abstechend als beim Wintergoldhähnchen; bei gutem Licht goldener Schimmer auf Halsseiten erkennbar. Schwarzer Augen- und kräftiger weißer Brauenstreif; Scheitel, beim Männchen kräftig orangerot, beim Weibchen gelb, schwarz eingefaßt.
Stimme: Stimmfühlungslaut ähnlich wie beim Wintergoldhähnchen, aber tiefer, ferner ein kennzeichnendes „zit". Gesang Wiederholung eines einzigen Tones mit betontem Schluß, „sisisisisisisisiä".
Biotop: Weniger an Nadelwald gebunden als Wintergoldhähnchen, öfter in niedrigem Unterholz.
Nahrung: Kleine Insekten und Spinnen.
Fortpflanzung: Kleines Kugelnest gut versteckt hoch in den Außenzweigen einer Fichte oder Tanne oder niedrig in einem Wacholderbusch oder dgl. 7–12 Eier; Brutdauer 14–15 Tage. 2 Jahresbruten.

Wintergoldhähnchen
Regulus regulus

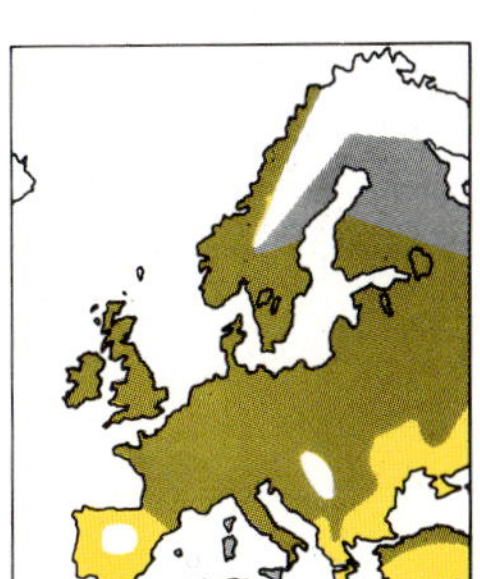

Kennzeichen: Winzig (Goldhähnchen sind unsere kleinsten Vögel), rundlich, oberseits olivgrün mit zwei schmalen weißen Flügelbinden, unterseits matt weißlich. Schwarzer Fleck ums Auge. Scheitel gelb, schwarz eingefaßt, beim Männchen in der Mitte orange.
Stimme: Sehr hoch und spitz „sih-sih-sih-sih..." und dgl. Gesang eine hohe, dünne, hastige, auf- und absteigende Wiederholung von zwei Tönen, am Ende mit einem kurzen Zwitschern.
Biotop: Nadel- und Mischwald; im Winter auch Hecken und Gebüsch.
Nahrung: Kleine Insekten und Spinnen.
Fortpflanzung: Das fast kugelförmige Nest wird von beiden Partnern gebaut und steht gut versteckt hoch in den Außenzweigen einer Tanne oder Fichte. 7–11 Eier; das Weibchen brütet allein (14–16 Tage). Die Jungen fliegen mit etwa 3 Wochen aus.

Trauerschnäpper

Ficedula hypoleuca

13 cm

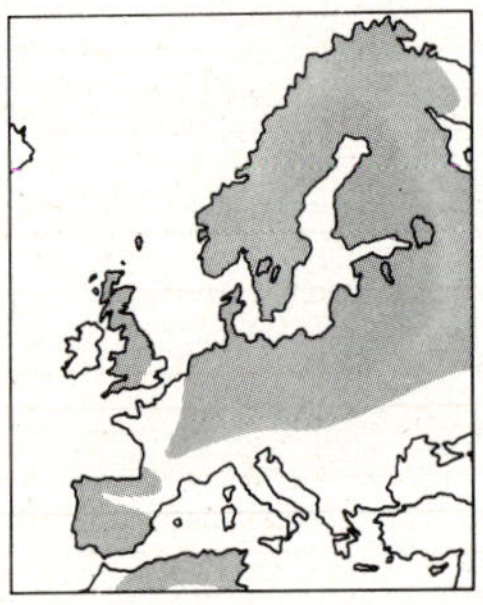

Kennzeichen: Kleiner als Kohlmeise, Männchen im Brutkleid oberseits schwarz mit weißer Stirn, großem weißem Flügelfleck und weißen Schwanzseiten, unterseits weiß. Weibchen oberseits olivbraun mit weißer Flügelbinde und weißen Schwanzseiten. Männchen im Ruhekleid ähnlich, aber mit weißer Stirn; in Mitteleuropa tragen die meisten Männchen dieses Kleid ganzjährig.
Stimme: Verschiedene kurze, scharfe Rufe, „tick“, „huitick“ usw., klagend „pfuiht“; Gesang eine Wiederholung von zwei Tönen, „wuti-wuti-wuti“.
Biotop: Lichte Wälder, Parks, Gärten.
Nahrung: Insekten, die teils im Flug, teils am Boden erbeutet werden, ferner andere Wirbellose und Beeren.
Fortpflanzung: Nistet in Baumhöhlen; nimmt gern Nistkästen an. 5–9 Eier; nur das Weibchen brütet (12–15 Tage). Nestlingszeit 13–14 Tage. 1 Jahresbrut.

Weibchen (kleines Bild: Männchen)

Halsbandschnäpper

Ficedula albicollis

12,5 cm

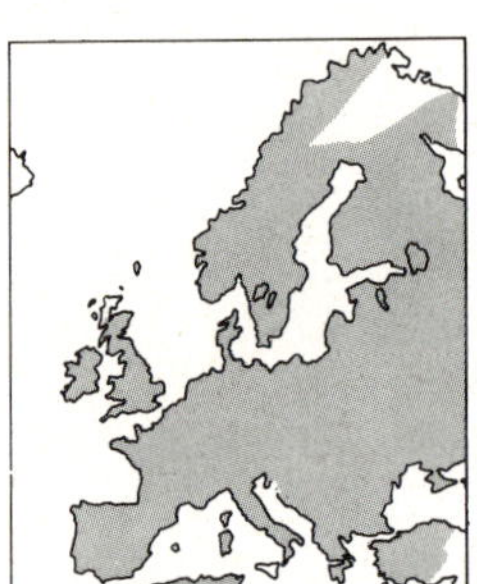

Kennzeichen: Männchen dem Trauerschnäpper sehr ähnlich, aber mit weißem Kragen, weißem Bürzel und größerem weißem Flügelfleck; Weibchen meist grauer als bei jenem.
Stimme: Sehr ähnlich der des Trauerschnäppers; Gesang kürzer und einfacher, der vorletzte Ton tiefer, „zit-zit-zit-sjü-si“.
Biotop: Wie Trauerschnäpper.
Nahrung: Wie Trauerschnäpper.
Fortpflanzung: Wie Trauerschnäpper.

Männchen (kleines Bild: Weibchen)

Grauschnäpper
Muscicapa striata

14 cm

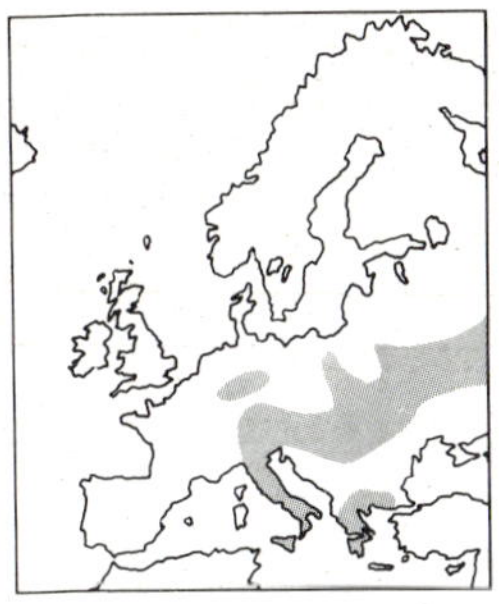

Kennzeichen: Größer als Trauerschnäpper, oberseits matt graubraun, unterseits weißlich, Scheitel gefleckt, Brust zart gestrichelt.
Stimme: Ein scharfes „pst", ein dünnes, hohes „zieh" und ein schnelles „zih-tök-tök". Einfacher Gesang, eine kurze Reihe dünner Töne „zip-zip-zih-zitti-zih-zih".
Biotop: Waldränder, Lichtungen, Parks, Gärten.
Nahrung: Insekten, die fast immer im Flug erbeutet werden. Sitzt in kennzeichnend aufrechter Haltung auf einer Warte, stößt nach einem vorüberfliegenden Insekt und kehrt zu derselben oder einer anderen Warte zurück.
Fortpflanzung: Nistet in Halbhöhlen oder Nischen an Bäumen, Felsen, Gebäuden usw.; beide Partner bauen und brüten. 4–5 Eier, Brutdauer 12–14 Tage, Nestlingszeit 12–13 Tage. 1–2 Jahresbruten.

Zwergschnäpper
Ficedula parva

11,5 cm

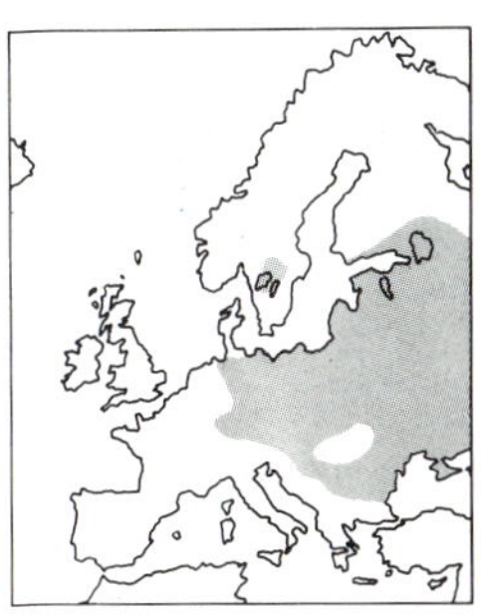

Männchen

Kennzeichen: Blaumeisengroß, oberseits graubraun, unterseits gelblich; läßt oft die Flügel hängen und zuckt mit dem kurzen, schwärzlichen Schwanz, so daß die auffallenden weißen Flecken an der Schwanzwurzel sichtbar werden. Alte Männchen haben leuchtend orange Kehle und sehen Rotkehlchen recht ähnlich.
Stimme: Warnt ausdauernd „hü-ti" und zaunkönigsartig „trrrt". Kurzer, abwechslungsreicher, auffallend lauter Gesang, beginnt leise „zit, zit…", dann laut „tü-ti tü-ti tü-ti…, ting ting ting", endet abfallend „tjü".
Biotop: Laub- und Mischwald; auf dem Zug auch an der Küste.
Nahrung: Insekten, die z. T. im Flug, meist aber nach Laubsängerart in den Zweigen erbeutet werden.
Fortpflanzung: Nistet meist in Halbhöhlen hoch in Bäumen; nimmt Nistkästen an. 5–6 Eier; anscheinend brütet nur das Weibchen. Einzelheiten des Brutverhaltens noch unbekannt. 1 Jahresbrut.

Fasan *(Phasianus colchicus)*: Beim Fasan liegen die Fußspuren in einer Reihe; die äußeren Zehen stehen fast im rechten Winkel. Hier sehen wir mehrere Spuren. Hähne sind größer als Hennen; die Länge der Trittsiegel schwankt zwischen 6 und 8 cm. Siehe S. 100.

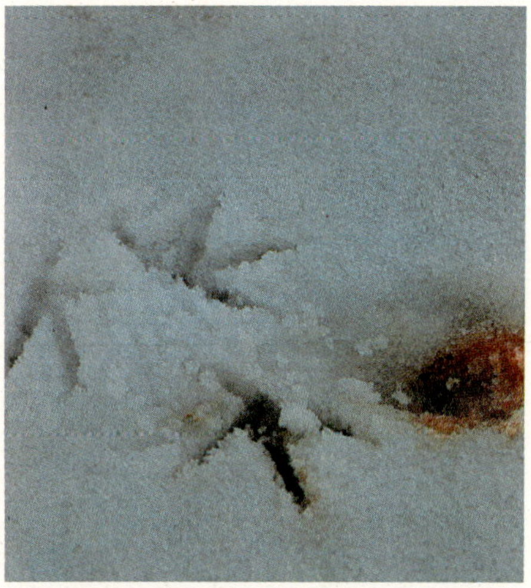

Sperber *(Accipiter nisus)*: Fußspuren von Greifvögeln sieht man fast nur im Schnee, wenn sie Beute geschlagen oder verzehrt haben. Die Abdrücke sind sehr breit. Dieser wurde nur nach den Resten der Beute bestimmt. Siehe S. 81.

Silbermöwe *(Larus argentatus)*: Die Schwimmhäute drücken sich bei den Möwen weniger deutlich ab als die Zehen; die mittlere Zehe ragt über die Schwimmhäute hinaus. Das Trittsiegel der Silbermöwe ist 6–7 cm lang. Siehe S. 136.

Teichhuhn *(Gallinula chloropus)* und **Bleßhuhn** *(Fulica atra)*: Beider Trittsiegel sind pfeilförmig mit auffallend langer Hinterzehe. Teichhuhn: 13 cm lang und schmal; Bleßhuhn: etwa 10 cm lang mit Schwimmlappen. Siehe S. 104 und 105.

Knutt *(Calidris canutus)*: Fußspuren von Schnepfenvögeln sind sehr schwer zu bestimmen. Die Größe gibt einen gewissen Anhalt. Bei Schnepfenvögeln sind die Zehen weit gespreizt, und die äußeren Zehen bilden einen Winkel von fast 180°. Siehe S. 120.

Flußregenpfeifer *(Charadrius dubius)*: Die Fußspuren von Regenpfeifern sind die von typischen Schnepfenvögeln, aber die Krallen drücken sich nicht ab. Beachte den Winkel zwischen den Zehen. Die Größe schwankt je nach der Art. Siehe S. 109.

Amsel *(Turdus merula)*: Als typischer Sperlingsvogel hat die Amsel lange Zehen. Die drei vorderen stehen in spitzem Winkel zueinander; die hintere schleift oft im tiefen Schnee. Die Krallen hinterlassen schwache Abdrücke. Siehe S. 194.

Elster *(Pica pica)*: Die Elster hat, wie alle Krähenvögel, lange Hinterzehen, bei deren Abdrücken die einzelnen Zehenglieder zu erkennen sind. Siehe S. 182.

Buchfink *(Fringilla coelebs)*: Ein hüpfender Buchfink hinterläßt parallele Spuren, wobei die langen Hinterzehen Striche ziehen. Beim Auffliegen hinterlassen die Flügel Spuren im Schnee; beim Landen berühren die Flügel den Schnee nicht. Siehe S. 237.

Heckenbraunelle
Prunella modularis

14.5 cm

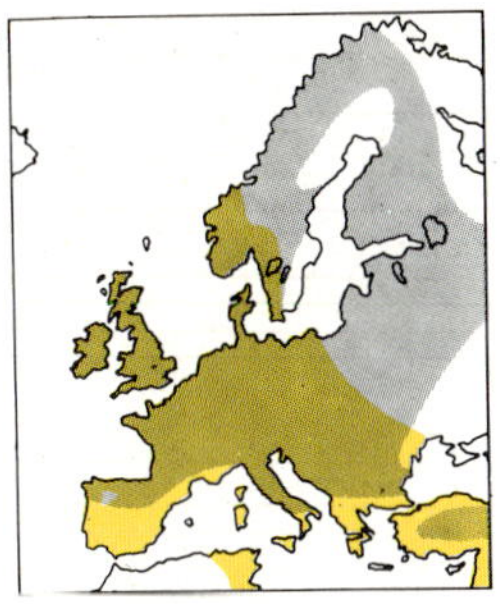

Kennzeichen: Sperlingsgroß und oberflächlich einem Sperlingsweibchen ähnlich, aber mit dünnem Schnabel; oberseits dunkelbraun, schwarz gestreift, unterseits, vor allem Kehle und Hals, bleigrau, Flanken dunkel gestreift. Unauffällig; huscht meist auf dem Boden umher.
Stimme: Ruft hoch „zihp“. Der eilige, etwas klirrende, auf- und absteigende, wohlklingende Gesang wird von einer Singwarte aus vorgetragen; er ist fast das ganze Jahr über zu hören.
Biotop: Waldränder, Schonungen, Hecken, Parks, Gärten usw.
Nahrung: Insekten und andere kleine Wirbellose, aber auch Beeren und Samen.
Fortpflanzung: Das Nest steht in einer Hecke oder im Gebüsch; es wird nur vom Weibchen gebaut, das auch allein die 4–5 Eier in 12–14 Tagen ausbrütet. Nestlingszeit 12–14 Tage. 2 Jahresbruten.

Alpenbraunelle
Prunella collaris

18 cm

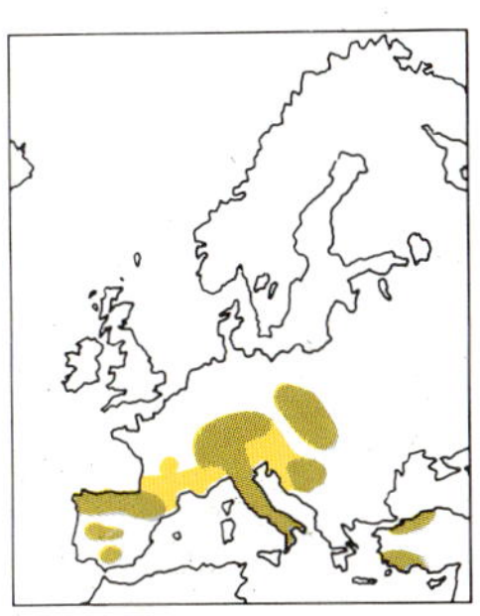

Kennzeichen: Bedeutend größer und etwas bunter als Heckenbraunelle, oberseits graubraun mit zwei weißen Flügelbinden, Kinn weiß mit schwarzen Flecken, Brust gräulich, Flanken rotbraun gestreift.
Stimme: Trillernd „trr-lit“ und vibrierend „trrüi“. Gesang angenehm zwitschernd, vom Boden aus oder in kurzem Balzflug vorgetragen.
Biotop: Felsiges Gelände oberhalb der Baumgrenze; im Winter weiter unten.
Nahrung: Insekten und andere kleine Wirbellose sowie Beeren und andere Früchte.
Fortpflanzung: Nistet gut versteckt in Felsspalten und dgl. 3–5 Eier; beide Partner brüten (etwa 15 Tage). Die Jungen verlassen das Nest nach etwa 2 Wochen, noch ehe sie voll flugfähig sind.

Brachpieper
Anthus campestris

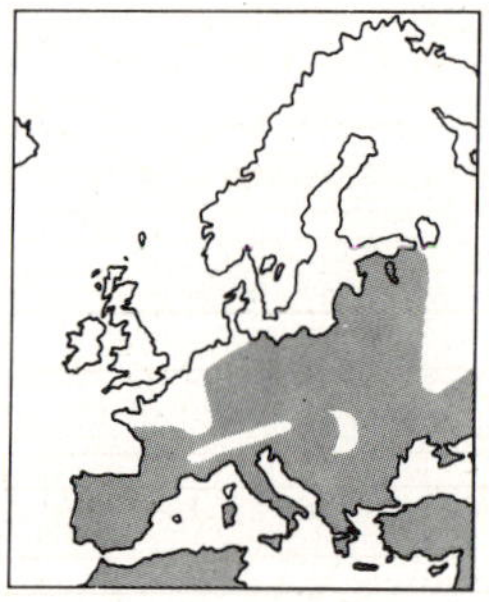

Kennzeichen: So groß wie eine Schafstelze, schlank, fast einfarbig sandbraun, oberseits etwas dunkler mit dunkler Flügelzeichnung und auffälligem rahmfarbenem Brauenstreif. Beine gelblich, ziemlich lang.
Stimme: Ein langes „zihp“, ein kurzes „zip“ und ein sperlingsartiges „schilp“. Gesang ein gereihtes „zirluih“, meist in hohem Singflug vorgetragen.
Biotop: Sandiges Öd- und Brachland mit Gestrüpp, auf dem Zug auch Kulturland.
Nahrung: Hauptsächlich Insekten.
Fortpflanzung: Das Nest steht gut versteckt am Boden; es wird anscheinend nur vom Weibchen gebaut, das auch allein brütet. 4–5 Eier, Brutdauer 13–14 Tage. Nestlingszeit 12–14 Tage. Wahrscheinlich nur eine Jahresbrut.

Baumpieper
Anthus trivialis

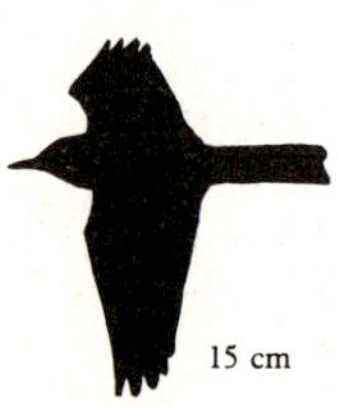

Kennzeichen: Kleiner als Brachpieper, oberseits hellbraun, dunkler gestreift, Brust gelblich, kräftig gestreift, äußere Schwanzfedern weiß, Füße rosa.
Stimme: Lockruf „psih“, Warnruf „sib-sib-sib...“. Gesang laut und wohlklingend, mit kanarienartigen Trillern, von der Spitze eines Baumes aus vorgetragen; meist schwingt der Sänger sich nach einigen Tönen empor und schwebt zum Schluß unter lautem „zia, zia, zia...“ wie an einem Fallschirm zu einer anderen Singwarte hinab.
Biotop: Waldränder, Lichtungen, offene Landschaft mit einzelnen Bäumen oder Büschen. Setzt sich viel häufiger auf Bäume als Wiesenpieper.
Nahrung: Kleine Insekten und andere Wirbellose.
Fortpflanzung: Ähnlich wie Brachpieper. 4–6 Eier, Brutdauer 13–14 Tage, Nestlingszeit 12–13 Tage. 1 Jahresbrut.

Wiesenpieper

Anthus pratensis

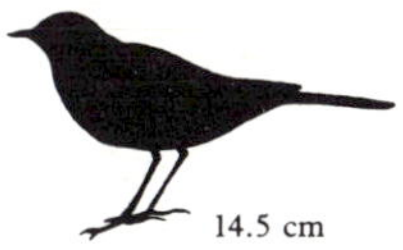

14.5 cm

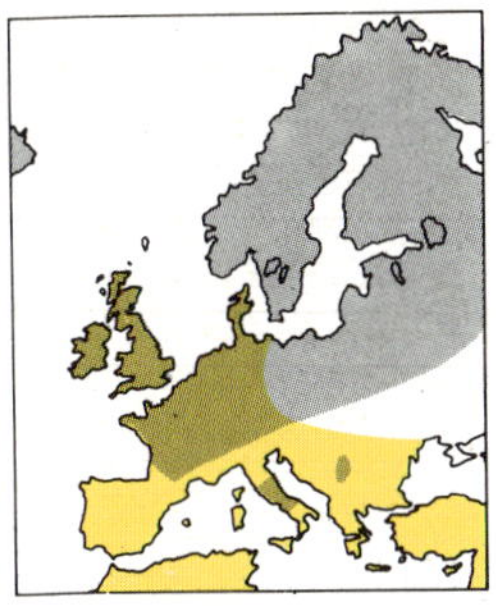

Kennzeichen: Dem Baumpieper sehr ähnlich, aber gewöhnlich Oberseite mehr olivbraun, enger gestreift, Brust weißlicher, Füße bräunlicher. Stimme ganz anders.
Stimme: Lockruf dünn „ist-ist", Warnruf „zititt"; auch klagend „zihp". Gesang ähnlich aufgebaut wie beim Baumpieper, aber viel dünner, im Balzflug vom Boden oder einer niedrigen Warte aus vorgetragen, beim Aufstieg ein schneller werdendes „dipdip...", beim Niederschweben ein langer Triller.
Biotop: Offenes, niedrig bewachsenes Gelände, Wiesen, Weiden, Moore usw.; im Winter auch Felder und Küsten.
Nahrung: Kleine Insekten und andere Wirbellose, im Winter auch Samen.
Fortpflanzung: Ähnlich wie Baumpieper. 4–6 Eier, Brutdauer 13–14 Tage, Nestlingszeit 13–14 Tage; 1 Jahresbrut.

Felsenpieper

Bergpieper

Wasserpieper

Anthus spinoletta

16.5 cm

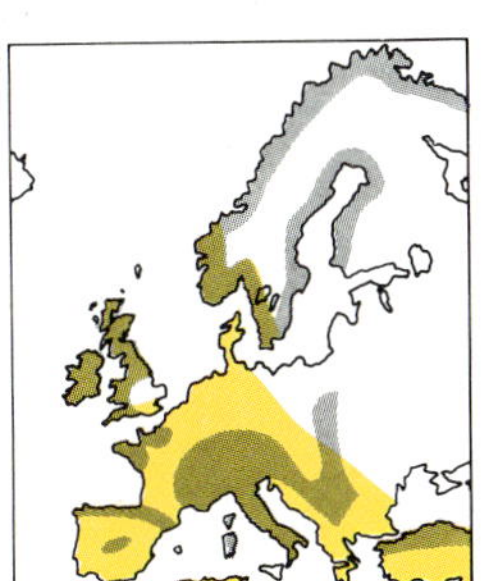

Kennzeichen: So groß wie Brachpieper, mit dunklen Füßen. Zwei Formen: Gebirgsvögel – Bergpieper *(A.s. spinoletta)* in Mittel- und Südeuropa – oberseits aschgrau, unterseits ungestreift weißlich (im Brutkleid rosa überhaucht), mit weißen Schwanzseiten und weißem Brauenstreif; Küstenvögel – in Westeuropa Felsenpieper *(A.s. petrosus),* in Nordeuropa Strandpieper *(A.s. littoralis)* – dicht gestreift, oberseits dunkel olivbraun, unterseits olivgelblich, mit hellgrauen Schwanzseiten.
Stimme: Dünn „zihp" oder „zihp-ihp" bzw. „psi-psi" und „sst"; Gesang ähnlich wie Wiesenpieper.
Biotop: Bergpieper zur Brutzeit im Gebirge an der Baumgrenze, im Winter im Tiefland; Felsen- und Strandpieper an Felsküsten.
Nahrung: Kleine Insekten und andere Wirbellose sowie Samen und andere pflanzliche Stoffe.
Fortpflanzung: Ähnlich wie andere Pieper. Neststand in Felsspalten usw. oder in der Bodenvegetation. 4–6 Eier, Brutdauer etwa 14 Tage, Nestlingszeit etwa 16 Tage.

Singdrossel *(Turdus philomelos)*: Die Singdrossel zertrümmert Schneckenhäuser auf einem Stein, der sogenannten „Drosselschmiede“. Siehe S. 197.

Kleiber *(Sitta europaea)*: Der Kleiber klemmt Nüsse in Rindenspalten und schlägt sie mit seinem scharfen Schnabel auf. Siehe S. 194.

Buntspecht *(Picoides major)*: Spechte verzehren im Holz lebende Insekten. Dieser Zaunpfahl ist nach und nach von einem Buntspecht auf der Suche nach Insekten und ihren Larven zerstört worden. Siehe S. 171.

Buntspecht *(Picoides major)*: Dieser Haufen von Kiefernzapfen ist von einem Buntspecht zusammengetragen worden, der sich im Winter von Koniferensamen ernährt. Siehe S. 171.

Buntspecht *(Picoides major)*: Um an die Samen heranzukommen, schlägt der Buntspecht eine Spalte in die Rinde eines Baumes und klemmt den Zapfen hinein, entfernt die Schuppen und holt die Samen mit seiner langen, klebrigen Zunge heraus. Siehe S. 171.

Grünspecht *(Picus viridis)*: Hier ist deutlich das Loch zu sehen, das der Grünspecht mit seinem Schnabel in das Nest von Wiesenameisen geschlagen hat. Mit seiner langen, mit Widerhaken versehenen Zunge zieht er Ameisen und Puppen heraus. Siehe S. 169.

Grauwürger *(Lanius excubitor)*: Würger sind Singvögel und haben keine Krallen wie die Greifvögel, die damit ihre Beute festhalten, während sie sie verzehren. Sie müssen ihre Beute vielmehr auf einem Dorn aufspießen oder sie festklemmen. Siehe S. 234.

Neuntöter *(Lanius collurio)*: Auch der Neuntöter spießt seine Beute auf. Manchmal hebt er mehrere Beutetiere zu späterem Gebrauch in einer „Speisekammer“ auf. Diese hier enthält eine Eidechse, eine Biene und einen Käfer. Siehe S. 235.

Neuntöter *(Lanius collurio)*: Dieses Bild zeigt dieselbe Speisekammer zu einem späteren Zeitpunkt. Ein Eichelhäher hat die bequeme Nahrungsquelle entdeckt und ist dabei, die Eidechse zu stehlen. Siehe S. 235 und S. 184.

Trauerbachstelze (Männchen)

Trauerbachstelze (Jungvogel)

Bachstelze (Männchen im Brutkleid)

Bachstelze (Jungvogel)

Bachstelze

Motacilla alba

18 cm

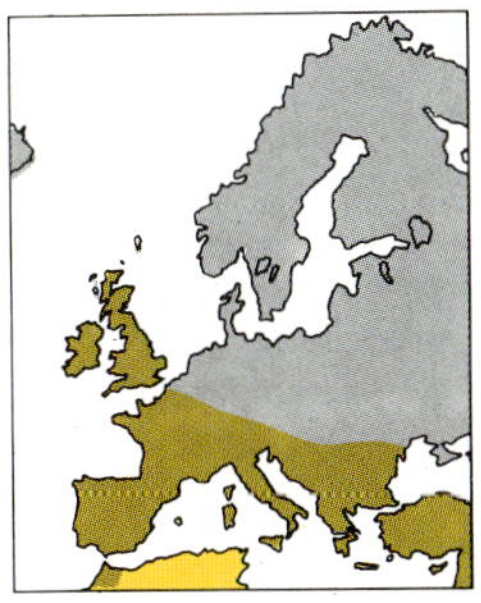

Kennzeichen: Schlank, langschwänzig. Männchen im Brutkleid oberseits hellgrau, Scheitel, Kehle und Brust schwarz, Gesicht und Bauch weiß, Schwanz schwarz, außen weiß; im Ruhekleid Scheitel grau, Kehle weiß, auf der Brust ein hufeisenförmiges schwarzes Band. Weibchen weniger kräftig gezeichnet. Männchen der britischen Rasse – Trauerbachstelze *(M. a. yarrellii)* – oberseits schwarz; Weibchen oberseits mehr dunkelgrau mit schwarzem Bürzel.

Stimme: Zweisilbiger Ruf, „zilipp", „zississ" und dgl. Einfacher, zwitschernder Gesang aus Kombinationen dieser Laute.

Biotop: Offenes Gelände, Wiesen und dgl., gern in Wassernähe; auch in städtischen Parks usw.

Nahrung: Hauptsächlich kleine Insekten und andere Wirbellose.

Fortpflanzung: Nistet in Höhlungen aller Art, häufig an Gebäuden, auch in Nistkästen. Nur das Weibchen baut, das auch fast oder ganz allein brütet. 5–6 Eier, Brutdauer 12–14 Tage. Die Jungen fliegen mit 14–15 Tagen aus und sind eine Woche später selbständig. 2 Jahresbruten.

Englische Schafstelze

Maskenstelze

Spanische Schafstelze

Schafstelze
Motacilla flava

18 cm

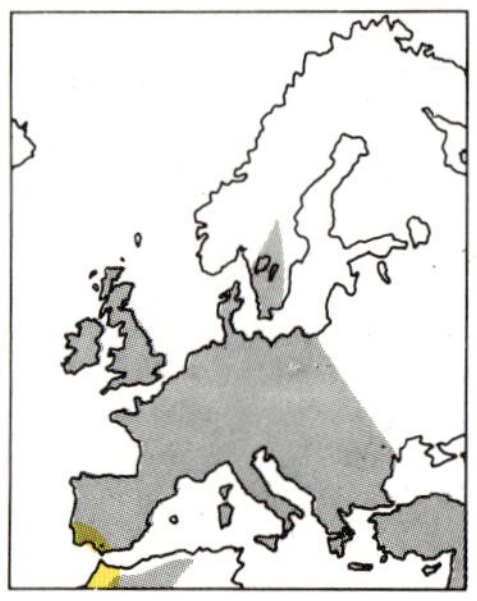

Kennzeichen: Zahlreiche Rassen, alle sehr ähnlich. Männchen unterseits gelb, oberseits oliv- bis gelblichgrün, die mitteleuropäische Rasse *(M. f. flava)* mit grauem Oberkopf, schwarzen Wangen, weißem Brauen- und weißem Bartstreif; die bei uns durchziehende skandinavische Rasse *(M. f. thunbergi)* mit sehr dunkelgrauem Oberkopf ohne Brauenstreif; die auch auf einigen Nordseeinseln brütende englische Rasse *(M. f. flavissima)* mit gelblichgrünem Kopf, gelbem Brauenstreif und gelbem Kinn; die Maskenstelze *(M. f. feldegg)* der Balkanhalbinsel mit schwarzem Kopf und gelbem Kinn usw. Weibchen stets matter gefärbt.
Stimme: Lockruf „zihp", Gesang „zip-zip-zipsi".
Biotop: Offenes, am liebsten feuchtes Gelände in Wassernähe – Wiesen, Sümpfe usw.
Nahrung: Hauptsächlich Insekten.
Fortpflanzung: Ähnlich wie Bachstelze. Bodenbrüter. 5–6 Eier, Bebrütung vorwiegend durch das Weibchen (12–14 Tage). Nestlingszeit 12–14 Tage. 1–2 Jahresbruten.

Weibchen (kleines Bild: mitteleuropäische Rasse der Schafstelze)

Gebirgsstelze (Bergstelze)

Motacilla cinerea

18 cm

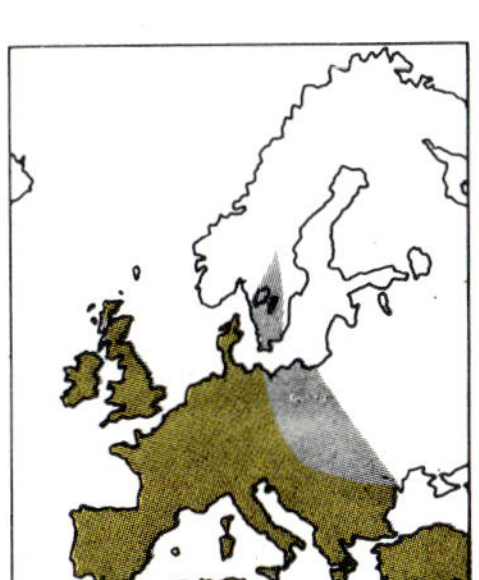

Kennzeichen: Besonders schlank und langschwänzig. Oberseits aschgrau mit weißem Brauenstreif, unterseits blaßgelb mit schwefelgelben Unterschwanzdecken. Kehle bei Männchen im Brutkleid schwarz, sonst, wie beim matter gefärbten Weibchen, weiß.
Stimme: Lockruf hart und scharf „zick-zick", Alarmruf „zisiht". Gesang aus ähnlichen Lauten bestehend, abwechslungsreich, recht wohlklingend, oft in niedrigem Balzflug vorgetragen.

Biotop: Schnellfließende, steinige Bäche und dgl., ursprünglich im Berg- und Hügelland, jetzt auch im Tiefland. Im Winter auch andere Feuchtgebiete.
Nahrung: Kleine Insekten und andere Wirbellose, selbst kleine Fische.
Fortpflanzung: Nistet zwischen Steinen, in Felsspalten, Mauerlöchern usw. am Wasser. 4–6 Eier; beide Partner brüten (12–14 Tage). Nestlingszeit 12–13 Tage. 2 Jahresbruten.

Star
Sturnus vulgaris

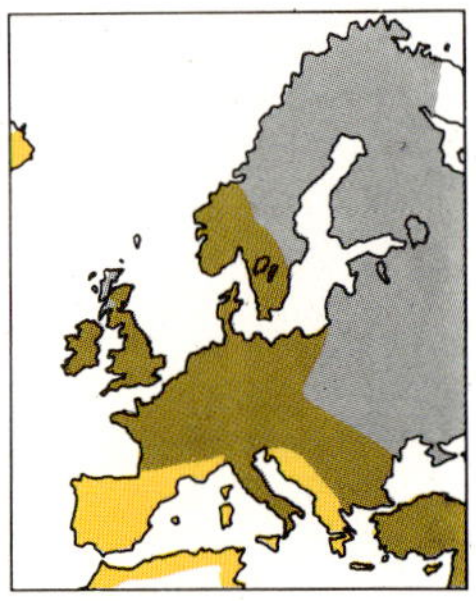

Kennzeichen: Kleiner als Amsel, gedrungen, kurzschwänzig, mit kurzen, dreieckigen Flügeln; schwärzlich mit violett-grünem Schimmer, im Brutkleid wenig, im Ruhekleid dicht weiß getüpfelt; Schnabel im Brutkleid zitronengelb, sonst dunkel. Schneller, geradeausgerichteter Flug. Sehr gesellig, im Winter oft in riesigen Scharen.
Stimme: Ein umfangreiches Repertoire von pfeifenden, schnalzenden, schnarrenden usw. Lauten. Langer, abwechslungsreicher Gesang ein Gemisch aus ähnlichen Lauten mit vielen Nachahmungen.
Biotop: Sehr anpassungsfähig, überall anzutreffen.

Nahrung: Hauptsächlich Insekten und andere Wirbellose, aber auch Beeren und andere Früchte.
Fortpflanzung: Nistet in Höhlen aller Art in Bäumen, Felsen, an Gebäuden usw.; nimmt gern Nistkästen an. Das Männchen beginnt mit dem Bau, das Weibchen vollendet ihn. 5–7 Eier; beide Partner brüten (12–14 Tage). Nestlingszeit etwa 3 Wochen. 1–2 Jahresbruten. – In Spanien der nahe verwandte Einfarbstar *(Sturnus unicolor)*, mit mehr violettem Glanz, ohne Tüpfelung.

Seidenschwanz
Bombycilla garrulus

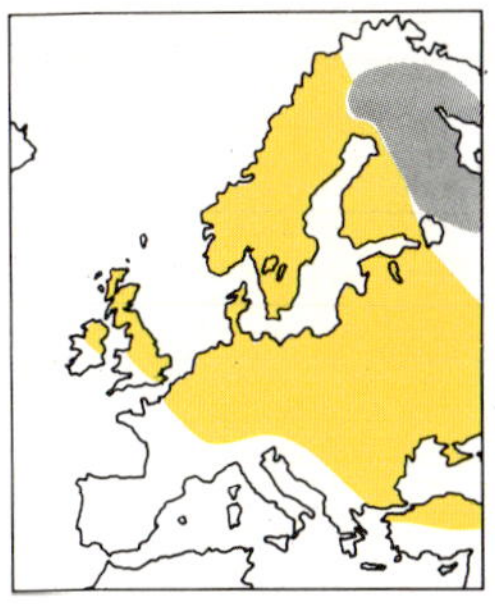

Kennzeichen: Kleiner als Star, gedrungen, kurzschwänzig, mit rötlichbraunem Schopf, oberseits graubraun, unterseits rosigbraun, mit schwarzem Augenstreif und Kinn, weißgelb-roter Flügelzeichnung, grauem Bürzel und schwarzem Schwanz mit gelber Endbinde. Flugbild starenähnlich.
Stimme: Lockruf ein helles, klingendes „sirrr"; bildet mit rauheren Lauten vermischt auch den leisen, langsamen Gesang.
Biotop: Zur Brutzeit nordischer Nadel- und Birkenwald (Taiga), im Winter weiter südlich, zuweilen invasionsartig, in Parks, Alleen, Gärten usw.
Nahrung: Zur Brutzeit vorwiegend Insekten, sonst hauptsächlich Beeren und andere Früchte.
Fortpflanzung: Nistet in Nadelbäumen. 4–6 Eier; Bebrütung durch das Weibchen (etwa 14 Tage); Nestlingszeit 15–17 Tage.

Rosenstar
Sturnus roseus

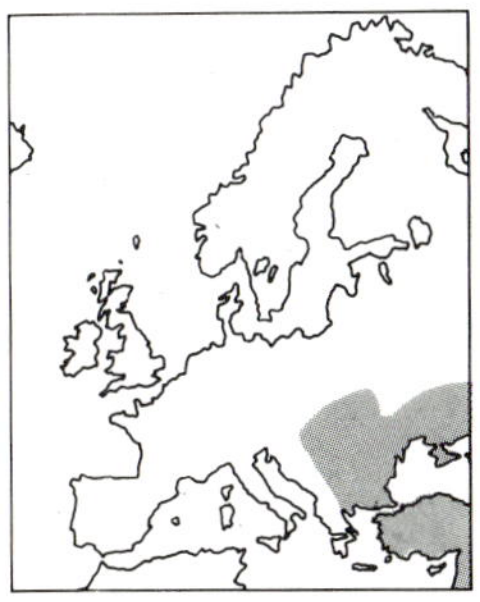

Kennzeichen: Altvogel unverwechselbar, ein echter Star, aber rosenrot mit glänzend schwarzem Kopf und Häubchen, Hals, Flügel und Schwanz, orange Schnabel und rosa Füßen. Jungvogel gelblichbraun (heller als junger Star), Flügel und Schwanz dunkler, ohne Haube; Schnabel gelblich. Sehr gesellig, oft mit Staren vergesellschaftet.
Stimme: Ähnlich wie Star, aber das hohe Geschwätz ist lauter und wohlklingender.
Biotop: Offenes Gelände aller Art, Steppen, Ackerland, Viehweiden, auch Felsen.
Nahrung: Ähnlich wie Star.
Fortpflanzung: Nistet in Höhlen zwischen Steinen, in Mauern usw. 5–6 Eier; Bebrütung durch das Weibchen (11–14 Tage); Nestlingszeit 14–19 Tage.

Grauwürger (Raubwürger)

Lanius excubitor

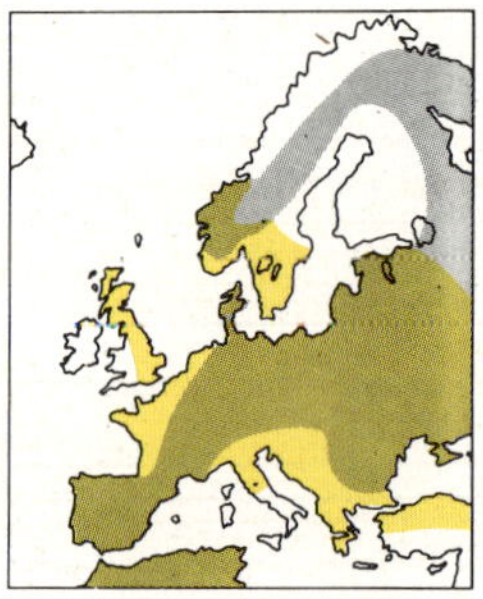

Kennzeichen: Drosselgroß mit Hakenschnabel, oberseits hellgrau mit weißem Brauen- und breitem schwarzem Augenstreif, schwarzem Flügel mit weißer Binde und schwarzem, außen weißem Schwanz; unterseits weiß. Südliche Rassen oberseits z. T. dunkler, unterseits rosig. Weibchen sehr ähnlich, unterseits quergewellt.
Stimme: Elsternartig „schäck-schäck“; Alarmruf kratzend „äk-äk“. Gesang ein leises Gemisch aus ähnlichen rauhen Lauten und wohlklingendem Gezwitscher.
Biotop: Zur Brutzeit halboffenes Gelände, Waldränder, Obstgärten, Heide, Moor usw.; im Winter auch offenes Gelände mit verstreuten Bäumen und Büschen.
Nahrung: Jagt von erhöhtem Ansitz (Spitze eines Strauchs usw.) aus, hauptsächlich Insekten, aber auch kleine Vögel, Säugetiere, Eidechsen usw.
Fortpflanzung: Nistet in Bäumen oder Büschen; beide Partner bauen. 5–7 Eier, Bebrütung vorwiegend durch das Weibchen (etwa 15 Tage). Nestlingszeit etwa 19–20 Tage. 1 Jahresbrut.

Schwarzstirnwürger

Lanius minor

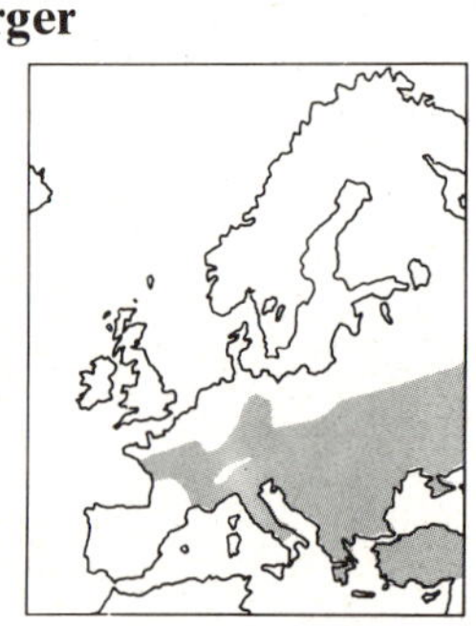

Kennzeichen: Ähnlich wie Grauwürger, aber kleiner und kurzschwänziger, ohne weißen Brauenstreif, mit schwarzer Stirn und rosig überhauchter Unterseite. Verhalten ähnlich wie Grauwürger, aber Flug geradeaus gerichtet, nicht wellenförmig.
Stimme: Warnruf „gek gek gekekek“ und dgl. Leiser, schwätzender Gesang aus rauhen und wohlklingenden Lauten.
Biotop: Halboffenes Gelände mit einigen Bäumen und Büschen.
Nahrung: Hauptsächlich Insekten und andere kleine Wirbellose.
Fortpflanzung: Ähnlich wie Grauwürger. Nistet meist in Bäumen. 5–7 Eier, Brutdauer etwa 15 Tage, Nestlingszeit etwa 14 Tage. 1 Jahresbrut.

Rotrückenwürger (Neuntöter)

Lanius collurio

17 cm

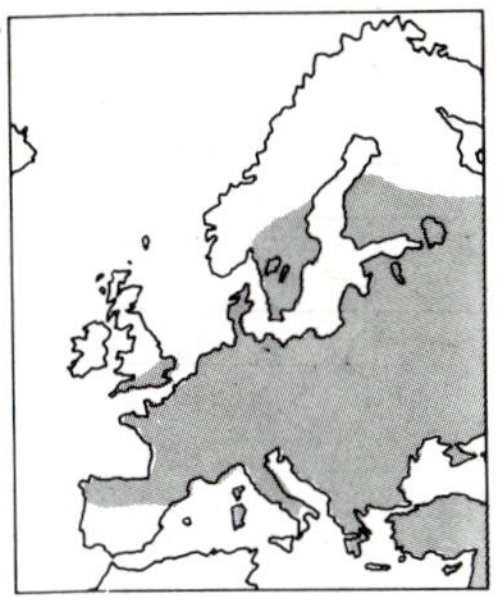

Kennzeichen: Kleiner als Star, Männchen mit hellgrauem Kopf mit breitem schwarzem Augenstreif, rotbraunem Rücken, hellgrauem Bürzel, schwarzem, außen weißem Schwanz und rosigweißer Unterseite. Weibchen oberseits rötlichbraun, meist ohne dunklen Augenstreif, unterseits gelbbräunlich, braun geschuppt. Jungvögel ähnlich jungen Rotkopfwürgern, aber dunkler, ohne hellen Bürzel und weiße Schulterflecken.
Stimme: Rauh „gäck-gäck" und dgl. Gesang ein leises, wohlklingendes Zwitschern mit eingeflochtenen rauhen Rufen und vielen Nachahmungen.
Biotop: Feldgehölze, Hecken, Dickichte, Heide, Macchie.
Nahrung: Wie andere Würger.
Fortpflanzung: Wie andere Würger. Nistet meist in dichtem Gebüsch. 4–6 Eier, Bebrütung vorwiegend durch das Weibchen (14–16 Tage); Nestlingszeit 14–15 Tage. 1 Jahresbrut.

Weibchen (kleines Bild: Männchen)

Jungvogel

Männchen

Rotkopfwürger

Lanius senator

17 cm

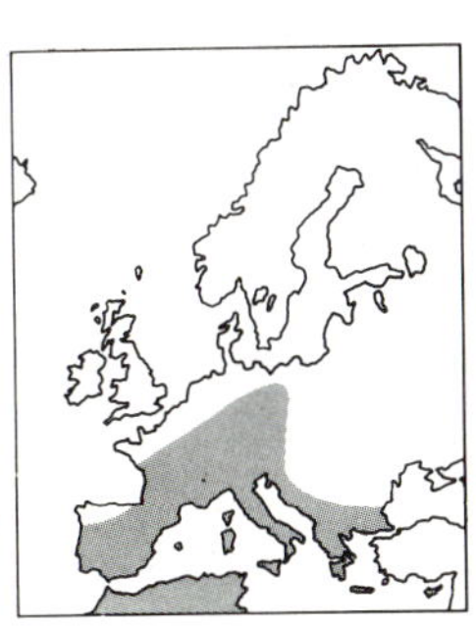

Kennzeichen: So groß wie Neuntöter, Scheitel und Nacken rotbraun, Gesicht schwarz, Oberseite schwarz mit großem weißem Schulterfleck, Bürzel und Unterseite weiß; Jungvögel hellbraun, dunkel geschuppt, mit hellem Bürzel und oft mit hellen Schulterflecken.
Stimme: Mehrere kurze, rauhe Rufe und ein längeres Schackern. Gesang ein langes, recht wohlklingendes Gezwitscher mit eingeflochtenen rauhen Tönen und Nachahmungen.
Biotop: Halboffene, trockene Landschaft mit einzelnen Bäumen und Büschen, Olivenhaine, Obstgärten, Strauchheide usw. Sitzt wie andere Würger gern auf Leitungsdrähten.
Nahrung: Hauptsächlich Insekten und andere kleine Wirbellose.
Fortpflanzung: Ähnlich wie Neuntöter. Nistet meist in Bäumen. 5–6 Eier, Brutdauer 14–16 Tage, Nestlingszeit 18–20 Tage. 1 Jahresbrut.

Männchen

Weibchen

Gimpel (Dompfaff)

Pyrrhula pyrrhula

14.5 cm

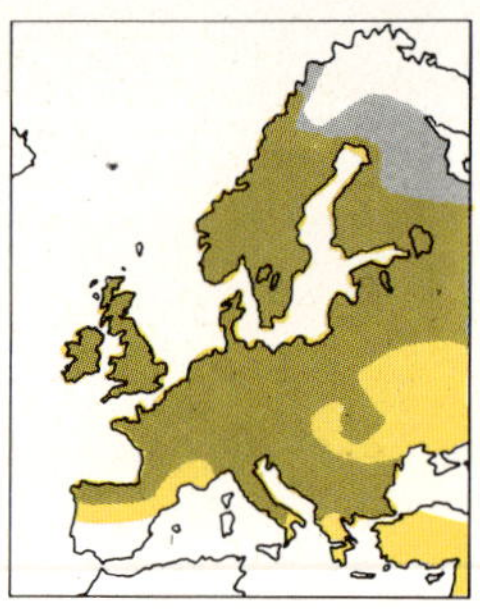

Kennzeichen: Gedrungen, mit kurzem schwarzem Schnabel, schwarzem Oberkopf, weißem Bürzel, schwarzem Schwanz und schwarzen Flügeln mit weißem Fleck. Männchen mit blaugrauem Rücken und rosenroter Unterseite, Weibchen oberseits bräunlichgrau, unterseits bräunlichrosa; Jungvögel hauptsächlich hellbraun, ohne schwarze Kappe.
Stimme: Lockruf leiser Pfiff „düh"; Gesang ein leises, angenehm plauderndes Gezwitscher.

Biotop: Wälder, Parks, Obstgärten, Gebüsch.
Nahrung: Sämereien, Körner, Knospen, Bee-
Nahrung: Sämereien, Körner, Knospen, Beeren, Früchte; die Jungen werden mit Insekten, vor allem Raupen, ernährt.
Fortpflanzung: Das Nest steht gut versteckt meist in geringer Höhe in einem immergrünen Busch oder Baum; es wird nur vom Weibchen gebaut, das auch fast oder ganz allein brütet. 4–5 Eier, Brutdauer 12–14 Tage. Die Jungen werden von beiden Eltern gefüttert und fliegen nach 12–16 Tagen aus. 2 Jahresbruten.

Kernbeißer

Coccothraustes coccothraustes

18 cm

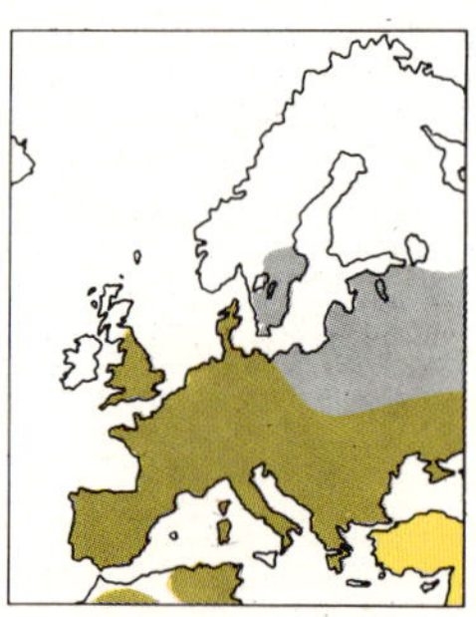

Kennzeichen: Fast starengroß, plump, dickköpfig mit mächtigem Kegelschnabel, kurzschwänzig. Kopf gelbbraun, Nacken grau, Rücken braun, Flügel blauschwarz mit weißen Schulterflecken, Schwanz braun mit weißer Endbinde, Unterseite bräunlichrosa. Weibchen etwas matter gefärbt. Schnabel im Brutkleid blaugrau, im Ruhekleid hornfarben.
Stimme: Häufigster Laut ein scharfes „zick"; einfacher, leiser Gesang, meist von einem Baumwipfel aus.
Biotop: Laub- und Mischwälder, Parks, Obstgärten usw.
Nahrung: Hartschalige Früchte (Kirschkerne usw.), die er mit dem mächtigen Schnabel knackt, sowie andere Samen (Bucheckern usw.), Knospen und junge Triebe. Die Jungen werden mit Insekten ernährt.
Fortpflanzung: Nistet meist in Bäumen. 4–6 Eier, Bebrütung durch das Weibchen (10–14 Tage), Nestlingszeit etwa ebensolang. 1 Jahresbrut.

Männchen

Buchfink

Fringilla coelebs

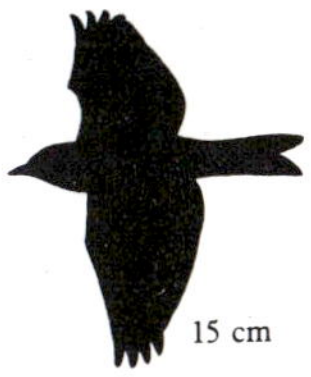

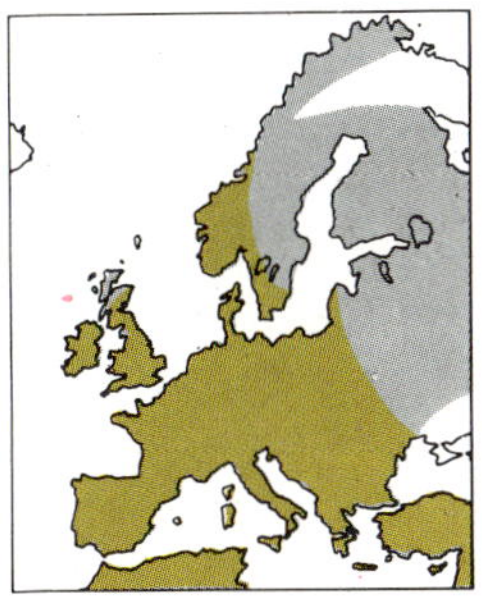

Kennzeichen: Allbekannt, Männchen mit graublauem Scheitel und Nacken, rotbraunem Rücken, moosgrünem Bürzel und rötlichbrauner Unterseite, Weibchen oberseits hell olivbraun, unterseits blasser; beide mit zwei weißen Flügelbinden und weißen Schwanzseiten.
Stimme: Lockruf „pink“, ferner „huit“, „trief“ usw.; Flugruf leise „jüp“. Gesang eine Reihe schmetternder Töne mit einem (lokal unterschiedlichen) Schnörkel am Ende.
Biotop: Wälder, Parks, Obstgärten usw.
Nahrung: Hauptsächlich Sämereien; zur Brutzeit Insekten und dgl.
Fortpflanzung: Das Nest steht meist in einer Astgabel und wird nur vom Weibchen gebaut, das auch allein brütet. 4–6 Eier, Brutdauer 11–13 Tage; Nestlingszeit etwa 14 Tage. 2 Jahresbruten.

Weibchen

Weibchen (kleines Bild: Männchen)

Grünling (Grünfink)

Carduelis chloris

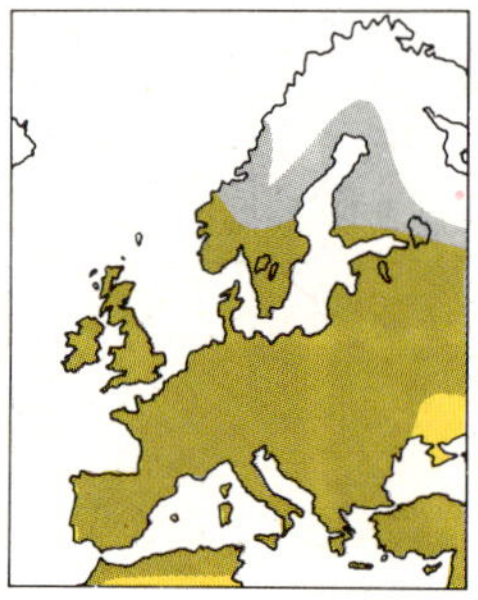

Kennzeichen: Haussperlingsgroß, mit kräftigem Kegelschnabel. Männchen olivgrün mit gelbgrünem Bürzel sowie gelben Flügelfeldern und Schwanzseiten. Weibchen matter gefärbt, mehr graubraun, Jungvögel bräunlich und streifig.
Stimme: Häufigste Laute ein klingelnder Triller und ein langes, nasales „tschuih". Gesang aus ähnlichen Lauten zusammengesetzt, von einem Baumwipfel aus oder in langsamem, fledermausartigem Kreisflug vorgetragen.

Biotop: Waldränder, Parks, Obstgärten, Gebüsch usw. Im Winter oft in Schwärmen auf Feldern.
Nahrung: Hauptsächlich Sämereien, Knospen und Beeren; zur Brutzeit auch Insekten.
Fortpflanzung: Das Nest steht in einem Busch, einer Hecke oder einem niedrigen Baum; es wird nur vom Weibchen erbaut, das auch allein brütet; und während dieser Zeit vom Männchen gefüttert wird. 4–6 Eier, Brutdauer 12–14 Tage; Nestlingszeit 13–16 Tage. 2 Jahresbruten.

Männchen im Ruhekleid

Bergfink

Fringilla montifringilla

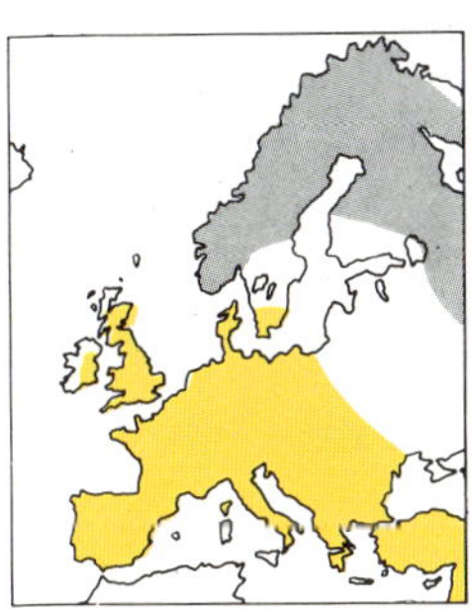

Kennzeichen: So groß wie ein Buchfink, immer mit weißem Bürzel, orange Brust und Schultern und deutlich eingekerbtem Schwanz. Männchen im Brutkleid mit schwarzem Kopf und Rücken (im Ruhekleid bräunlich); Weibchen blasser und bräunlicher als Buchfinkweibchen, mit dunklen Scheitelstreifen.
Stimme: Lockruf ein kennzeichnendes „quäk", ferner ein hartes „slitt"; Flugruf „jäck, jäck". Gesang ein eintöniges, wiederholtes, nasales „zwiäh".
Biotop: Zur Brutzeit nordische Nadel- und Birkenwälder; im Winter Buchenwälder, Parks usw. und Felder.
Nahrung: Hauptsächlich Samen, vor allem Bucheckern; zur Brutzeit Insekten.
Fortpflanzung: Nistet in Bäumen und Büschen, oft in lockeren Kolonien. 5–7 Eier; nur das Weibchen brütet (11–12 Tage). Nestlingszeit etwa 14 Tage.

Weibchen im Winter

Stieglitz (Distelfink)
Carduelis carduelis

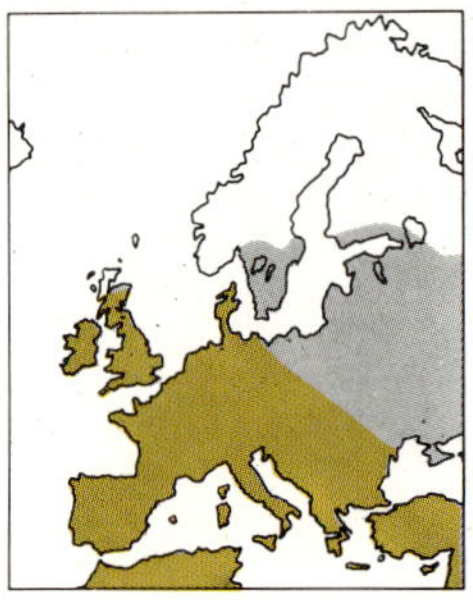

Kennzeichen: Kleiner als Buchfink. Kopf rot-weiß-schwarz, Rücken hellbraun, Bürzel und Unterseite weißlich, Flügel schwarz mit großem gelbem Feld, Schwanz schwärzlich. Geschlechter gleich; Jungvögel brauner, Kopf braun.
Stimme: Lockruf unverkennbar, „stiglitt". Zwitschernder, manchmal an Kanarienvogel erinnernder Gesang aus ähnlichen Lauten.
Biotop: Offenes Gelände (Kultur- und Brachland), Obstgärten, Gärten usw.

Nahrung: Hauptsächlich Samen von Korbblütlern, besonders Disteln; auch Insekten.
Fortpflanzung: Das Nest steht meist gut versteckt in Bäumen; es wird nur vom Weibchen gebaut, das auch allein brütet. 5–6 Eier, Brutdauer 12–13 Tage; Nestlingszeit 13–14 Tage. 2 Jahresbruten.

Weibchen

Männchen

Hänfling
Acanthis cannabina

13.5 cm

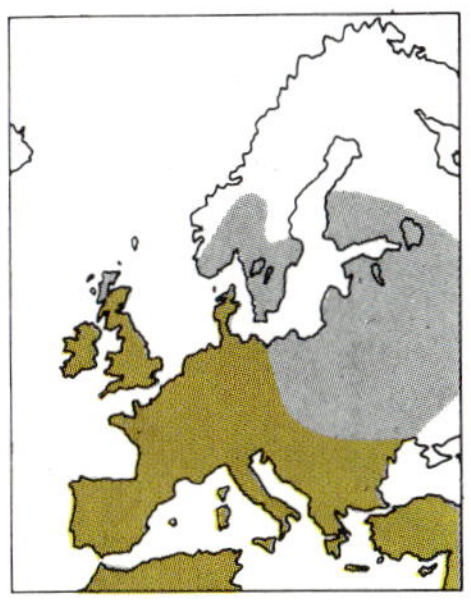

Kennzeichen: So groß wie Feldsperling. Männchen im Brutkleid mit gräulichem Kopf, roter Stirn und Brust und rotbraunem Rücken; Weibchen brauner und streifiger, ohne Rot. Flügel und Schwanz bei beiden weiß gesäumt.
Stimme: Flugruf kennzeichnend „gäk-gäk-gäk"; ferner „zwiht". Langer, abwechslungsreicher, zwitschernder Gesang mit eingestreuten kurzen Trillern und nasalen Lauten.
Biotop: Offenes Gelände mit Gebüsch und Hecken, Schonungen usw. Wie andere Finkenvögel im Winter oft in großen Schwärmen auf Feldern, Ödland usw.
Nahrung: Samen von Unkräutern, Hanf, Lein, Raps usw.; auch Insekten.
Fortpflanzung: Nistet meist niedrig in Hekken, Büschen usw. 4–6 Eier, Bebrütung hauptsächlich durch das Weibchen (10–14 Tage); Nestlingszeit 11–12 Tage. 2–3 Jahresbruten.

Berghänfling
Acanthis flavirostris

13.5 cm

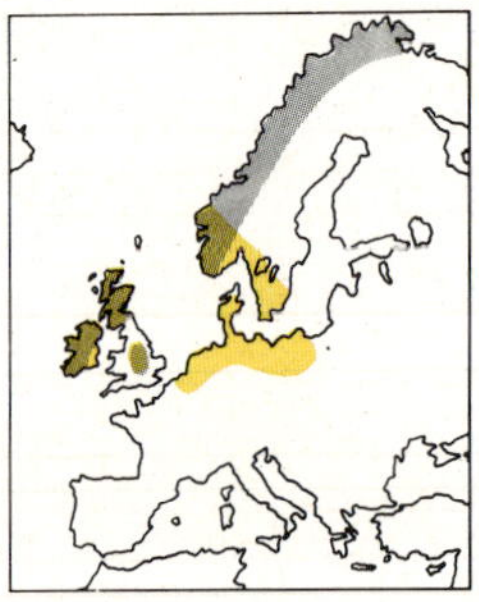

Kennzeichen: Ähnlich einem dunklen Hänflingsweibchen, aber mit viel weniger Weiß an Flügel und Schwanz. Kehle gelblichbraun, Schnabel im Sommer gelbgrau, im Winter gelb. Bürzel beim Männchen rosa überhaucht. Im Winter sehr gesellig.
Stimme: Ein kennzeichnendes nasales „tschuit"; Flugruf zwitschernd „gjä-gjä-gjä". Gesang hänflingsartig, aber langsamer.
Biotop: Offenes Gelände im Hochland, aber auch an der Küste; im Winter vor allem im Küstengebiet.
Nahrung: Hauptsächlich Unkrautsamen.
Fortpflanzung: Nistet meist in lockeren Kolonien, am oder dicht über dem Boden. 4–6 Eier, Bebrütung durch das Weibchen (12–13 Tage); Nestlingszeit etwa 15 Tage. 1–2 Jahresbruten.

Birkenzeisig
Acanthis flammea

13.5 cm

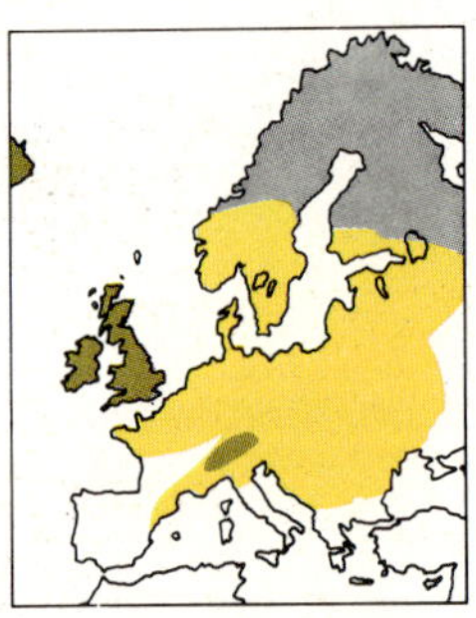

Männchen

Kennzeichen: Hänflingsgroß, graubraun gestreift, mit roter Stirn und schwarzem Kinn, Männchen mit rosa Brust. Rasse der Alpen und der Britischen Inseln *(A.f. cabaret)* kleiner und brauner, die skandinavische *(A.f. flammea)* größer und grauer, mit hellerem Bürzel, die grönländische *(A.f. rostrata)* noch größer, aber dunkler; die beiden letzteren erscheinen im Winter invasionsartig bei uns im Binnenland.
Stimme: Flugruf zwitschernd „tschä-tschä-tschä", auch „tschütt"; der zwitschernde Gesang enthält Flugrufe und wird oft im Flug vorgetragen.
Biotop: Wald, Gebüsch, Gestrüpp, besonders von Birken, Erlen und Weiden, im Norden auch offenes Gelände.
Nahrung: Hauptsächlich Samen, aber auch Insekten.
Fortpflanzung: Nistet einzeln oder in lockeren Kolonien am Boden oder im Gebüsch. 4–6 Eier, Bebrütung ganz oder fast allein durch das Weibchen (10–11 Tage). Nestlingszeit etwa 14 Tage. 1–2 Jahresbruten.

Männchen

Weibchen

Zeisig
Carduelis spinus

12 cm

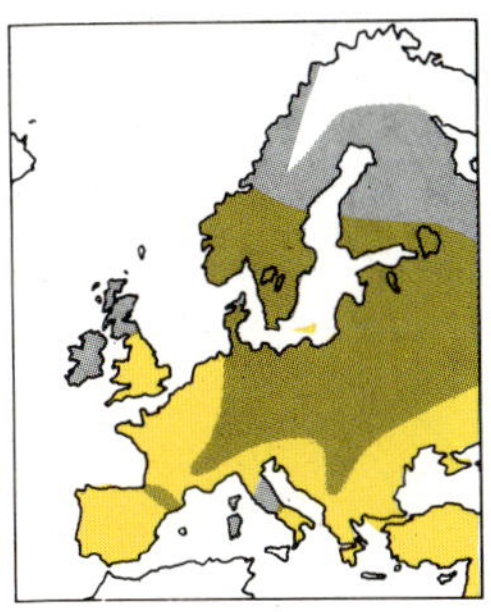

Kennzeichen. So groß wie Blaumeise. Männchen grünlichgelb, Scheitel und Kinn schwarz, Augenstreif, Bürzel, Schwanzseiten und Flügelbinde gelb, Weibchen grauer, unterseits stärker gestreift, weniger gelb an Flügeln und Schwanz, ohne Schwarz am Kopf.
Stimme: Zwitschert ständig; ein hohes, sehr kennzeichnendes „dlüi-dlüi" und ein schnelles „tjet-tjet-tjet"; Gesang ein schnelles Gezwitscher, mit grünlingsähnlichem Quäklaut endend, oft im „Fledermausflug" vorgetragen.
Biotop: Zur Brutzeit Nadelwälder, im Winter Birken- und Erlenbestände, Parks, Friedhöfe usw.
Nahrung: Hauptsächlich Koniferen-, Erlen- und Birkensamen.
Fortpflanzung: Nistet meist hoch in Nadelbäumen. 3–5 Eier, nur das Weibchen brütet (11–12 Tage). Nestlingszeit etwa 15 Tage. 2 Jahresbruten.

Girlitz
Serinus serinus

11.5 cm

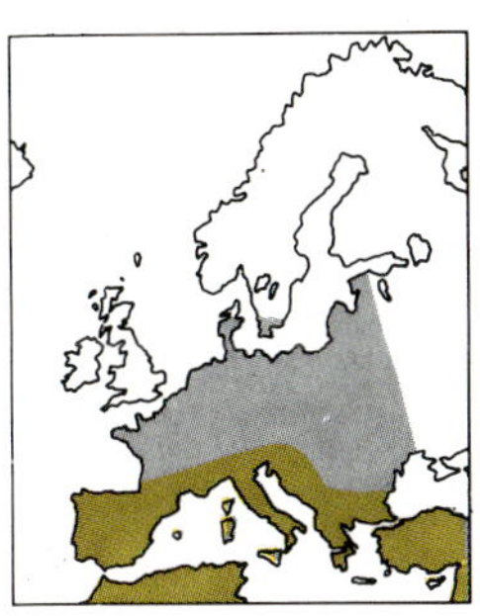

Kennzeichen: Knapp zeisiggroß, gelblich, dunkel gestreift, mit kleinem Schnabel und gelbem Bürzel. Beim Männchen sind Augenstreif, Kehle und Brust gelb; Weibchen stärker gestreift, oberseits brauner, unterseits grauer.
Stimme: Flugruf klirrend „girlitt"; Gesang ein schnelles Gezwitscher „si-twi-twi-twi" von einem Baumwipfel aus oder im „Fledermausflug".
Biotop: Im Süden lichte Kiefernwälder, Olivenhaine, Macchie, in Mitteleuropa Parks, Obstgärten und dgl.
Nahrung: Hauptsächlich Sämereien.
Fortpflanzung: Nistet meist auf Bäumen, aber auch im Gebüsch. 4–5 Eier; nur das Weibchen brütet (13 Tage). Nestlingszeit 13–17 Tage. 2 Jahresbruten.

Weibchen

Zitronengirlitz

Serinus citrinella

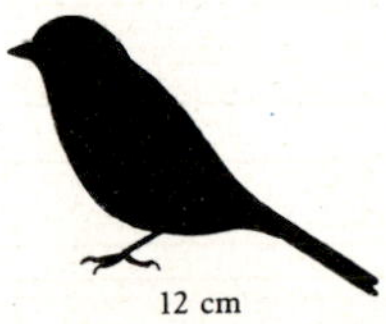

12 cm

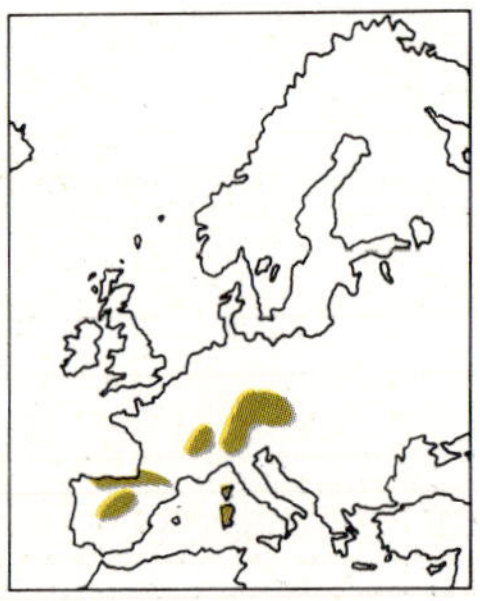

Kennzeichen. Zeisiggroß, gelblichgrün, Nakken und Halsseiten grau, Bürzel gelblich, Unterseite gelb, ungestreift; Weibchen matter gefärbt und streifiger als Männchen.
Stimme: Kennzeichnend „zi-i", ferner „ditdit" und hart „tschuick"; Gesang ein Gemisch aus zwitschernden und knarrenden Lauten, oft im Kreisflug vorgetragen.
Biotop: Bergland mit verstreuten Nadelbäumen, im Schwarzwald um 700 m, in den Alpen um 1500 m; im Winter tiefer.
Nahrung: Hauptsächlich Samen.
Fortpflanzung: Nistet in Nadelbäumen. Meist 4–5 Eier; anscheinend brütet nur das Weibchen. Brutdauer und Nestlingszeit nicht bekannt. Die Jungen werden von beiden Eltern gefüttert. Wahrscheinlich 2 Jahresbruten.

Schneefink (Schneesperling)

Montifringilla nivalis

18 cm

Kennzeichen. Kein Fink, sondern ein Sperling! Größer als Haussperling, Oberseite braun, Kopf grau, Kehle schwarz, Unterseite weißlich; besonders im Flug fallen die bis auf die schwarzen Spitzen größtenteils weißen Flügel und der weiße, nur innen schwarze Schwanz auf. Beim Weibchen ist das Weiß weniger ausgedehnt als beim Männchen.
Stimme: Ruft rauh „zwihk"; Gesang ein gereihtes „sittitsche-sittitsche".
Biotop: Hochgebirge von der Baum- bis zur Schneegrenze; im Winter tiefer. Findet sich gern bei Berghütten, Skiliften und dgl. ein.
Nahrung: Sämereien und Insekten; auch Abfälle.
Fortpflanzung: Nistet in Felsspalten, Mauerlöchern und dgl., beide Partner bauen. 4–5 Eier, Bebrütung vorwiegend durch das Weibchen. Brutdauer nach einigen Angaben 13–14, nach anderen etwa 18 Tage. Nestlingszeit 2 oder 3 Wochen. Möglicherweise 2 Jahresbruten.

Männchen

Weibchen

Fichtenkreuzschnabel
Loxia curvirostra

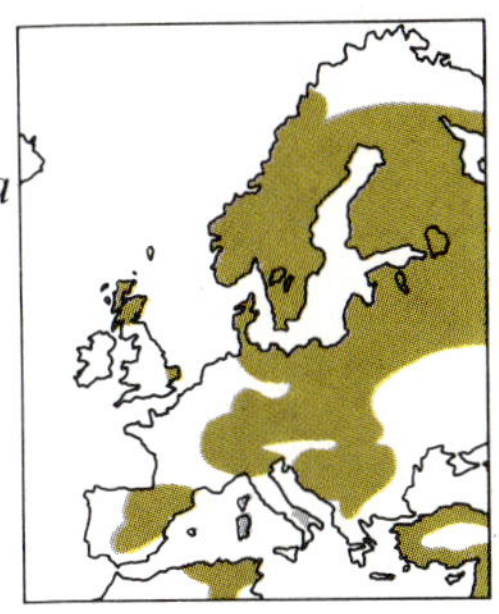

16.5 cm

Kennzeichen: Dickköpfiger, gedrungener Fink mit kurzem, eingekerbtem Schwanz und starkem Schnabel, dessen obere und untere Hälfte gekreuzt sind. Männchen ziegelrot mit dunklen Flügeln; Weibchen grünlich, Bürzel und Unterseite mehr gelb. Jungvögel streifig.
Stimme: Läßt ständig den Lockruf „gip-gip-gip" hören. Gesang ein Gemisch aus Trillern, Zwitschern und „gip"-Lauten.
Biotop: Nadelwälder (vor allem Fichten und Lärchen). Erscheint zuweilen invasionsartig außerhalb des Verbreitungsgebietes.
Nahrung: Hauptsächlich Koniferensamen, die er mit dem gekreuzten Schnabel aus den Zapfen hervorholt.
Fortpflanzung: Das Nest steht hoch in Nadelbäumen; es wird nur vom Weibchen gebaut, das auch allein brütet. 3–5 Eier, Brutdauer 12–16 Tage. Nestlingszeit 17–23 Tage. Brütet je nach Nahrungsangebot zu allen Jahreszeiten, meist im Spätwinter. 1–2 Jahresbruten.

Hakengimpel
Pinicola enucleator

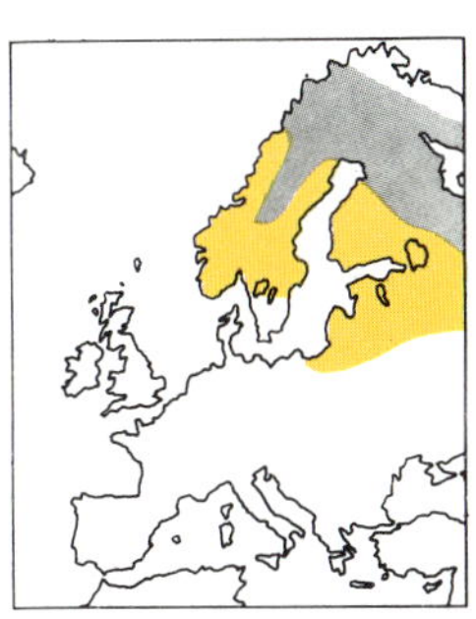

20 cm

Kennzeichen: So groß wie Kernbeißer, aber langschwänzig. Männchen vorwiegend rosenrot mit grauem Bauch und dunklen Flügeln mit zwei weißen Binden; Weibchen goldgrün statt rosa.
Stimme: Pfeifend „ti-ti-tjü"; Gesang laut flötend mit eingestreuten nasalen Lauten.
Biotop: Nordische Nadel- und Birkenwälder.
Nahrung: Hauptsächlich Samen und Beeren, ferner Insekten.
Fortpflanzung: Nistet in Nadelbäumen. Meist 4 Eier; Bebrütung durch das Weibchen (etwa 2 Wochen). Einzelheiten der Brutpflege wenig bekannt.

Weibchen

Grauammer
Emberiza calandra

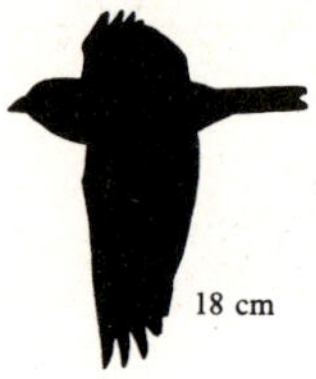

18 cm

Kennzeichen: Geschlechter gleich. Einem Haussperlingsweibchen ähnlich, aber größer, mit kräftigem, gelblichem Schnabel; oberseits streifig braun, unterseits heller mit gestrichelter Brust. Sitzt gern auffällig auf Büschen, Zaunpfählen, Leitungsdrähten usw.
Stimme: Lockruf „ticks" oder „tschip". Gesang kennzeichnend, eilig, leiernd „zick-zick-zick-zick-schnirrrps".
Biotop: Offenes, steppenartiges Gelände mit einzelnen Bäumen und Büschen; in Mitteleuropa vor allem Ackerbauflächen im Tiefland.
Nahrung: Hauptsächlich Sämereien und Körner, zur Jungenaufzucht auch Insekten und andere Wirbellose.
Fortpflanzung: Bodenbrüter. Männchen z. T. polygam. Nestbau, Bebrütung und Fütterung der Jungen allein durch das Weibchen. 3–6 Eier, Brutdauer 12–14 Tage. Die Jungen verlassen das Nest noch nicht flugfähig mit 9–12 Tagen. 2 Jahresbruten.

Männchen

Goldammer

Emberiza citrinella

16.5 cm

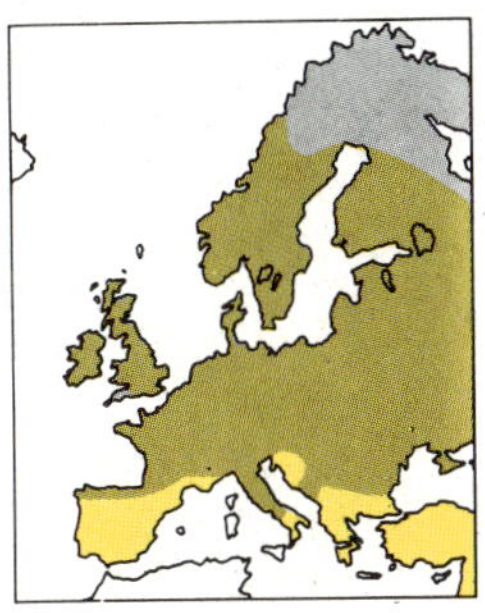

Weibchen

Kennzeichen: Größer und langschwänziger als Buchfink. Männchen oberseits rotbraun mit dunklen Streifen, Kopf und Unterseite leuchtend gelb; Weibchen brauner und streifiger, viel weniger gelb, aber auch mit rotbraunem Bürzel und weißen äußeren Schwanzfedern.
Stimme: Lockruf scharf „zick", Flugruf klirrend „zjürr", Gesang klimpernd „zi-zi-zi-zi-zi-zi-zih" – im Volksmund „wie, wie, wie hab' ich dich lieb!"
Biotop: Offenes Gelände – Felder und Wiesen, Heide, Straßenränder usw.
Nahrung: Hauptsächlich Sämereien, Knospen, Beeren und andere pflanzliche Stoffe; während der Jungenaufzucht auch Insekten usw.
Fortpflanzung: Nistet am Boden oder niedrig im Gebüsch. 3–5 Eier, Bebrütung fast ganz oder nur durch das Weibchen (12–14 Tage). Die Jungen verlassen das Nest mit 12–13 Tagen, sind aber erst mit 16 Tagen voll flugfähig. 2–3 Jahresbruten.

Männchen im Brutkleid

Weibchen am Nest

Rohrammer
Emberiza schoeniclus

Kennzeichen: Sperlingsgroß, oberseits dunkelbraun mit schwarzen Streifen, unterseits weißlich; Schwanz außen weiß. Bei Männchen im Brutkleid Kopf und Kehle schwarz, Bartstreif und Kragen weiß. Weibchen mit braunem Kopf, gelblichbraunem Brauenstreif sowie einem weißen und darunter einem schwarzen Bartstreif; Männchen im Ruhekleid und Jungvögel ähnlich.
Stimme: Lockruf ein lautes, klagendes „zih"; einfacher Gesang, zum Schluß beschleunigt „zih-zih-zih-zississis".
Biotop: Feuchtgebiete; im Winter auch Felder.
Nahrung: Sämereien sowie Insekten und andere kleine Wirbellose.
Fortpflanzung: Nistet in niedriger Vegetation auf oder dicht über dem Boden in Wassernähe. Brutverhalten wie bei anderen Ammern. 4–6 Eier, Brutdauer 12–14 Tage, Nestlingszeit 10–13 Tage. 2–3 Jahresbruten.

Zaunammer
Emberiza cirlus

16.5 cm

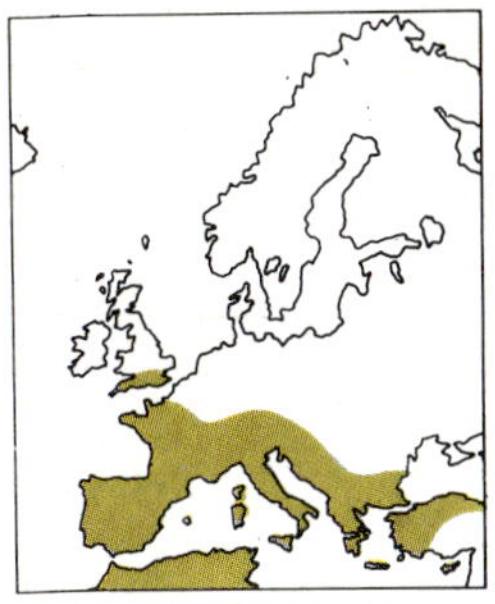

Männchen (kleines Bild: Weibchen)

Kennzeichen: Der Goldammer ähnlich, vor allem Weibchen und Männchen im Ruhekleid, aber immer mit olivbraunem Bürzel; Männchen im Brutkleid durch dunklen Scheitel, schwarzen Augenstreif, schwarze Kehle und grünliches Brustband vom Goldammermännchen unterschieden.
Stimme: Lockruf leise „zip“, Flugruf „zissi-ssissi-ssip“; Gesang eintönig rasselnd „zirrrl“.
Biotop: Sonnige, gebüschreiche Hänge, Kulturland mit Hecken und Bäumen.
Nahrung: Ähnlich wie Goldammer.
Fortpflanzung: Ähnlich wie andere Ammern. Nistet meist niedrig im Gebüsch. 3–5 Eier, Brutdauer 11–13 Tage, Nestlingszeit 10–13 Tage.

Ortolan (Gartenammer)
Emberiza hortulana

16.5 cm

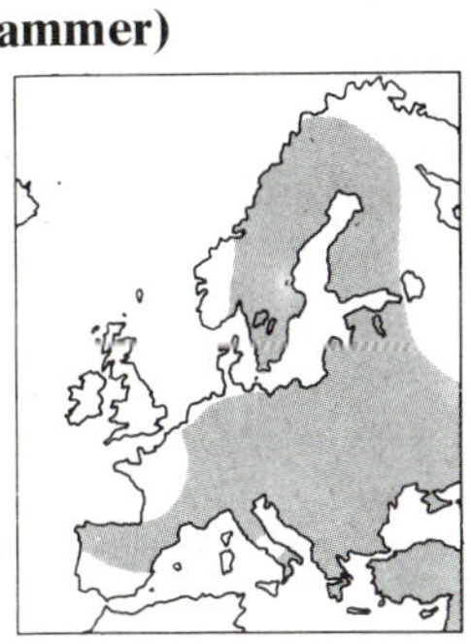

Männchen (kleines Bild: Weibchen)

Kennzeichen: Männchen im Brutkleid oberseits braungestreift, unterseits zimtfarben, Kopf und Brust olivgrün, Kehle gelb, mit grünlichem Bartstreif, gelbem Augenring und rosa Schnabel. Weibchen blasser, Brust dunkel gestreift. Jungvögel brauner, aber Augenring und Schnabel wie Altvögel.
Stimme: „Zi-ip“, „zip“ und „ziüh“; einfacher Gesang aus 6–7 Tönen, zum Schluß abfallend „dü-dü-dü-dü-dü-düh“.
Biotop: Offenes Gelände mit Bäumen und Gebüsch, vom Tiefland bis ins Gebirge; gern an Alleen.
Nahrung: Wie andere Ammern.
Fortpflanzung: Wie andere Ammern. 4–6 Eier, Brutdauer 11–14 Tage, Nestlingszeit 10–15 Tage. 2 Jahresbruten.

Männchen

Kappenammer
Emberiza melanocephala

Kennzeichen: Männchen mit schwarzem Kopf, rotbraunem Rücken, gelbem Halsband und gelber Unterseite; Weibchen matter gefärbt, mit ungestreifter gelblicher Unterseite und rotbraunem Bürzel. Schwanz immer ohne Weiß. Fliegt mit hängenden Beinen.
Stimme: Lockruf ein munteres „pjüh", ferner „tschilp"; Flugruf ein fallendes „pschlü" oder „plütt". Gesang wohlklingend „zi-zia-zia-zia-zerlü-zerlü-zerlü" und dgl.
Biotop: Offenes, gebüschreiches Gelände, Olivenhaine, Gärten.
Nahrung: Wie andere Ammern.
Fortpflanzung: Wie andere Ammern. Nistet im Gebüsch. 4–5 Eier, Brutdauer 14 Tage.

Zippammer
Emberiza cia

Kennzeichen: Männchen oberseits rötlichbraun mit dunklen Streifen, Bürzel rostrot, Schwanz außen weiß, Kopf aschgrau mit schwarzen Streifen, Kehle aschgrau, Unterseite hell rostrot; Weibchen ähnlich, aber matter gefärbt.
Stimme: Häufigste Rufe ein scharfes „zi" und ein kurzes „tüp". Einfacher Gesang „zi-zi-zi-zirr" und dgl.
Biotop: Steinige, mit Gebüsch bestandene Hänge, Weinberge, Gärten.
Nahrung: Wie andere Ammern.
Fortpflanzung: Nistet am Boden zwischen Steinen oder in Mauerlöchern. 4–6 Eier, Brutdauer 12–13 Tage, Nestlingszeit 12–13 Tage. 1–2 Jahresbruten.

Männchen

Männchen im Brutkleid

Weibchen

Spornammer
Calcarius lapponicus

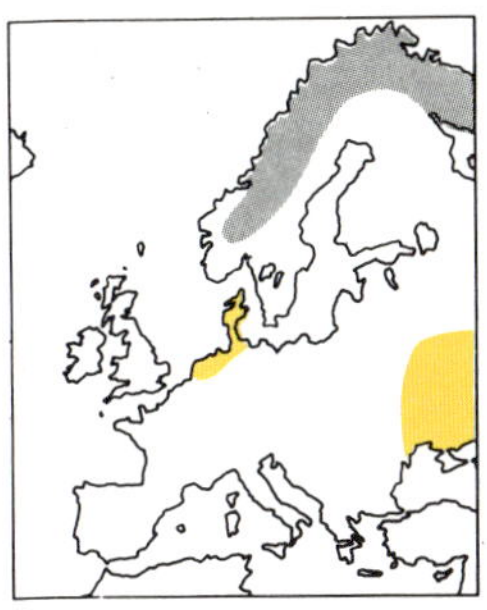

Kennzeichen: Männchen im Brutkleid Kopf und Kehle schwarz, mit weißem Band, das vom Auge ausgehend die Wange einfaßt, Nacken rostrot, Bauch weiß. Weibchen matter gefärbt, Kopf graubraun mit heller Zeichnung, Kehle und Unterseite weiß. Beide im Winter streifig braun mit weiß eingefaßtem rostbraunem Flügelfeld. Schwanzseiten immer weiß. Läuft meist am Boden.
Stimme: Ein kurzes „tiuh" und im Flug ein kennzeichnendes „ticki-tick-tiuh". Flugruf auf dem Zug „prrrt", meist verbunden mit einem nasalen „tjüh". Gesang kurz, wohlklingend, an Ohrenlerche erinnernd, oft im Singflug „prritüh-trillillili-tjirrü-tjürrü".
Biotop: Offenes oder halboffenes Gelände im Norden (Fjell und Tundra); im Winter Ödland, Stoppelfelder, meist an der Küste.
Nahrung: Hauptsächlich Sämereien; Insekten (Sommer) und Krebstiere (Winter).
Fortpflanzung: Bodenbrüter. 5–6 Eier, Brutdauer 10–14 Tage. Die Jungen verlassen das Nest nach 8–10 Tagen, sind aber erst mit 13 Tagen voll flugfähig.

Schneeammer
Plectrophenax nivalis

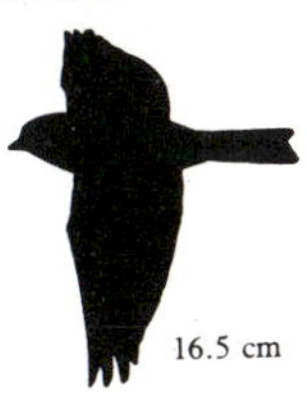

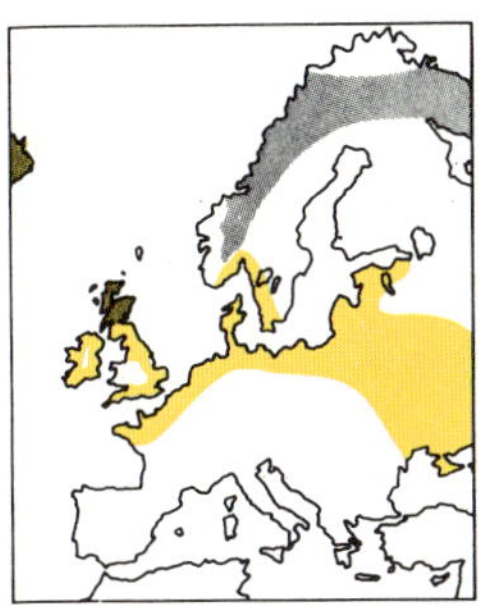

Kennzeichen: Männchen im Brutkleid weiß, Rücken, Handschwingen und innere Schwanzfedern schwarz. Im Winter Kopf sandfarben, Rücken graubraun, Unterseite mehr rahmfarben. Weibchen brauner, mit weniger Weiß im Flügel, Jungvögel noch brauner, Flügel ohne Weiß, aber Unterseite weißlich.
Stimme: Laut und wohlklingend ‚zuiht", „ti-uh" usw. Der an eine Lerche erinnernde, schnelle, hohe Gesang wird von einem Stein oder im abwärts gerichteten Singflug vorgetragen.
Biotop: Zur Brutzeit steinige Tundra vom Hochgebirge bis zur Küste; im Winter hauptsächlich offenes Gelände an der Küste, selten im Binnenland.
Nahrung: Wie Spornammer.
Fortpflanzung: Brutverhalten wie andere Ammern. Nistet zwischen Steinen, in Felsspalten usw. 4–6 Eier, Brutdauer 10–14 Tage. Die Jungen sind mit 14 Tagen flügge. 1–2 Jahresbruten.

Männchen im Brutkleid (kleines Bild: Männchen im Ruhekleid)

Männchen

Weibchen

Haussperling
Passer domesticus

14.5 cm

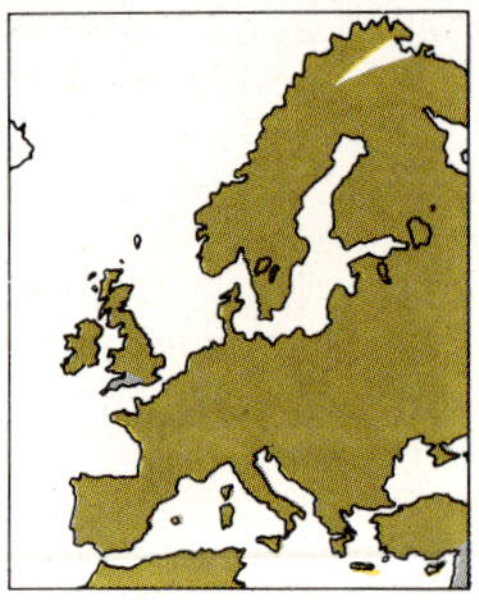

Kennzeichen: Männchen oberseits braun mit schwarzen Streifen, Scheitel dunkelgrau, Nacken rotbraun, Wangen grauweiß, Kinn und Kehle schwarz, Bürzel grau, Unterseite weißlich; Italiensperling *(P. d. italiae)* mit rotbraunem Scheitel und großem schwarzem Brustlatz. Weibchen und Jungvögel oberseits streifig graubraun, unterseits ungestreift graubeige.
Stimme: Allerlei unmelodische schilpende und zwitschernde Laute.
Biotop: Fast immer in und bei Siedlungen, bei Bauernhöfen wie in Großstädten. Im Winter in großen Flügen auf Stoppelfeldern.
Nahrung: Hauptsächlich Sämereien und Körner sowie andere pflanzliche Stoffe; besonders zur Jungenaufzucht auch Insekten.
Fortpflanzung: Großes, unordentliches Nest, von beiden Partnern gebaut, meist in Höhlungen an Gebäuden, selten freistehend in Büschen und Bäumen. 3–6 Eier; Bebrütung vorwiegend durch das Weibchen (12–14 Tage). Nestlingszeit etwa 15 Tage. 3 Jahresbruten.

Feldsperling
Passer montanus

14 cm

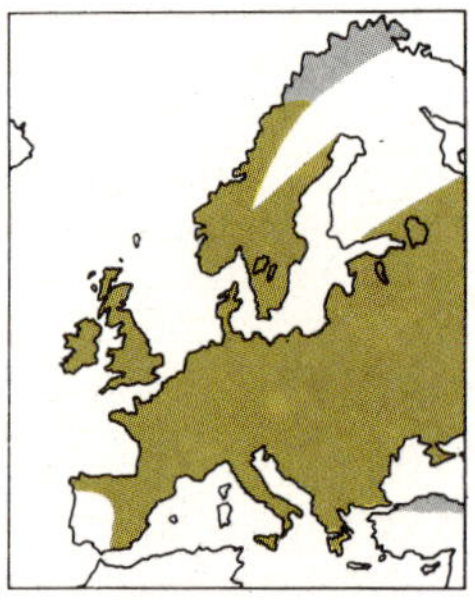

Kennzeichen: Dem Haussperlingsmännchen ähnlich, aber etwas kleiner, Geschlechter gleich. Scheitel rotbraun, Wangen weiß mit schwarzem Fleck, Kinn schwarz, Kragen weiß.
Stimme: Hart „tett-tett", im Flug kennzeichnend „teck-teck"; Gesang ähnlich.
Biotop: Ähnlich wie Haussperling, aber meist mehr auf dem Lande.
Nahrung: Ähnlich wie Haussperling.
Fortpflanzung: Brutverhalten ähnlich wie Haussperling. Nistet meist in Baumhöhlen, auch in Nistkästen. 4–6 Eier, Brutdauer 12–14 Tage; Nestlingszeit 12–14 Tage. 2–3 Jahresbruten.

Register

Baumpieper
Baumpieper
Buchfink
Haussperling
Hänfling
Stieglitz
Garten-
baumläufer
Kleiber
Grünling
Goldammer
Feldlerche
Blaumeise
Sumpfmeise
Kiebitz
Bekassine
Rabenkrähe
Neuntöter
Raubwürger
Winter-
goldhähnchen
Zilpzalp
Flußregenpfeifer
Uferläufer
Bachstelze
Wald-
baumläufer
Kohlmeise
Flußseeschwalbe
Sperber
Turmfalk
Schwanzmeise
Grauschnäpper
Gelbspötter
Mäusebussard
Wespenbussard
Baumfalk
Fitis
Wald-
laubsänger